JN437053

무역학개론

황호만 저

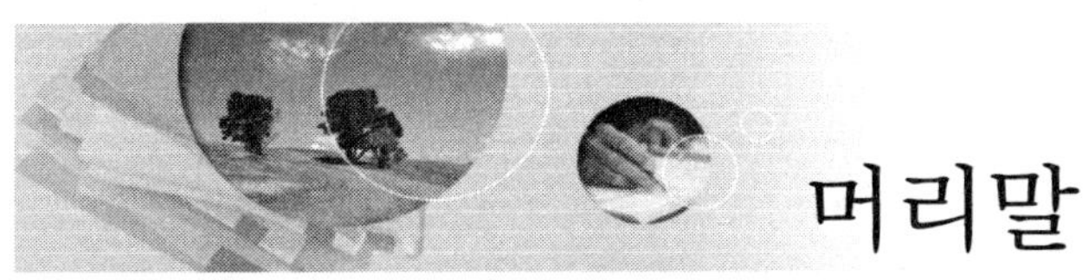

머리말

오늘날 우리가 살고 있는 21세기의 세계는 끊임없는 변화 속에서 새로운 패러다임을 형성하고 있다. 즉 국가와 국가간의 긴밀한 관계가 필요하였던 국제화(Internationalization) 체제에서 이제는 국경이라는 개념이 무의미해지고 하나의 지구촌을 의미하는 세계화(Globalization) 체제로 진전되고 있다.

이러한 변화는 지난날 동서냉전시대의 종식과 사회주의 경제체제의 붕괴로 전세계가 시장경제원리에 의한 자본주의 경제체제로 전환되었고, 한편으로는 정보통신 및 운송수단의 발달로 말미암아 경제적의미의 국경이 무의미해지고 경제활동의 범위가 전 세계로 광역화되면서 지구촌 단일경제권체제가 수립되고 있음에 기인하고 있다.

이와 같은 세계화의 추세는 다자주의를 지향하는 국제무역기구(WTO)에 의해 더욱 진전되어 왔는데 최근 도하개발의제(DDA)협상의 결렬과 세계 각국의 상호 이해관계에 따른 지역간 경제통합체의 강화에 따라 자유무역협정(FTA)으로 대표되는 지역주의(Regionalism)가 대두되고 있다.

또한 국제통상환경도 급변하여 국제무역의 대상과 범위가 급속히 확대되어 전통적인 무역인 상품교역(수출입거래)에서 최근에는 서비스, 기술, 지적재산권 등의 교역과 노동・자본 등 생산요소의 이동이 활발해지고 있다. 특히 국제무역 및 투자가 보다 자유화되고 국제경쟁이 치열해 지면서 선진제국들은 공정무역질서의 강화로 환경・노동・경쟁・기술라운드 등 새로운 협상의제를 제기함으로서 개도국들을 견제하고 있는 실정이다.

이상과 같은 세계화체제의 진전과 국제통상환경의 변화에 효율적으로 대처하고 적응하기 위해서는 국제무역현상에 관한 올바른 지식과 새로운 정보의 이해가 절실히 요구되고 있다. 특히 부존자원이 절대적으로 빈약하고 무역의 존도가 매우 높은 우리나라에서 무역의 중요성은 아무리 강조해도 지나치지 않을 것이다.

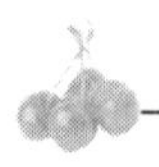

이 책은 국제무역학의 원론서로서 무역학 전공자의 기초입문서인 동시에 사회 과학분야의 일반교양과목으로 이용할 수 있도록 국제무역과 관련되는 전 분야를 기초 원리와 지식 그리고 최근 정보를 총 정리하여 집필하였다.

특히 최근에 세계적인 FTA확대추세와 개정된 「INCOTERMS 2010」의 시행 그리고 전자무역의 보편화 등 국제통상환경이 급변하게 되어 이에 따른 새로운 내용과 정보를 수정、보완할 필요성이 제기되었다. 따라서 기존에 간행되었던 저자의 무역학 원론서를 새롭게 개편、보강하여 출간하게 되었다.

이를 위해 이 책은 총 9장으로 편성되어 있는데, 제1장은 서론으로 무역의 의의와 형태에 관하여 설명하였고 제2장에서는 국제무역의 기본원리를 소개하였으며 제3장에서는 무역정책에 관하여 자유무역정책과 보호무역정책으로 구분하여 설명하였고 제4장에서 최근 국제통상환경에 관하여 WTO에 의한 범 세계화와 FTA 추진에 따른 지역주의를 중심으로 다루었다. 또한 제5장에서는 외환과 국제수지를, 제6장에서는 기업의 국제화와 국제경영에 관하여 개략적으로 설명하였다. 그리고 제7장에서는 우리나라의 무역관리제도를 현행 무역관련 법규를 중심으로 설명하고 제8장에서 무역계약으로부터 대금결제에까지 이행되는 수출입 절차와 내용 등에 관하여 체계적으로 설명하였으며 제9장에서는 최근 인터넷을 기반으로 하는 전자무역(Electronic Trade)에 관하여 체계적으로 다루었다.

이상과 같이 이 책은 총 9장으로 구성되어 대학에서 한 학기에 전 장을 다루기에는 다소 어려움이 있을 것으로 본다. 따라서 강의 교수님의 재량에 따라 각 장을 적절히 선정하여 신축적으로 운영할 수도 있을 것이다.

마지막으로 이 책이 출간될 수 있도록 많은 도움을 주신 유하상 교수님께 심심한 감사의 말씀을 드리며 아울러 출판을 위해 수고해 주신 두남의 전두표 사장님과 관계자 여러분들께도 감사를 드린다.

2011년 6월

미룡골 연구실에서 저자 씀

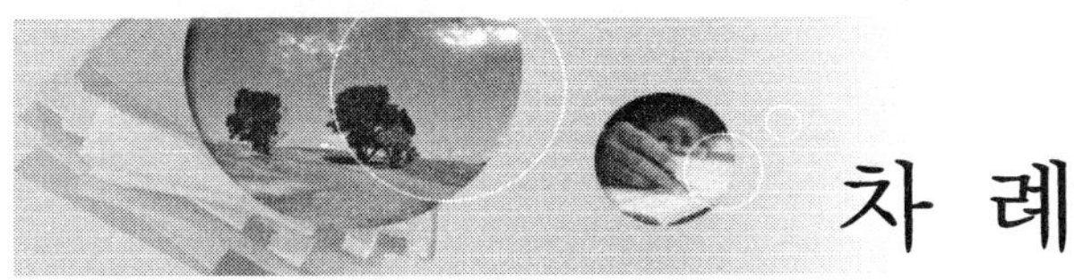

차 례

제2장 무역의 원리 / 31

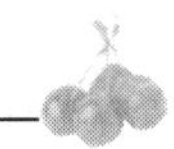

제3장 무역정책 / 67

제4장 국제통상환경 / 99

제 1 장

총론

Chapter 1 총론

1.1 무역의 의의

1. 무역의 필요성

오늘날 우리가 살고 있는 이 지구상에는 2백 개가 넘는 국가가 존재하는데 그 어느 나라에서도 경제적으로 완전한 자급자족을 하는 나라는 하나도 없다. 아프리카의 어느 문맹지역에 사는 원주민들도, 또한 남태평양의 어느 작은 섬에 사는 사람들도 어떠한 형태든 이웃지역과 경제적 교류관계를 유지하면서 살아가고 있다.

중국, 인도, 러시아 등과같이 큰 나라에서는 물론, 경제선진국인 미국이나 일본에서도 국민생활에 필요한 모든 물자를 국내에서 생산하고 소비한다는 것은 거의 불가능한 일이다. 더욱 우리나라와 같이 국토도 좁고 부존자원이 빈약한 나라에서는 필요한 제품을 생산하기 위하여 생산원자재를 외국으로부터 수입해야 하고 또한 수입을 하기 위해서는 수입에 필요한 자금을 외국으로부터 차용하거나 수출을 하여 외화를 마련해야 한다.

더 나아가 국내에서 생산이 가능하더라도 생산비가 외국보다 비쌀 경우 외국으로부터 수입하는 것이 경제적으로 유리할 것이고 반대로 외국에 비해 싸게 생산할 수 있는 상품은 더 많이 생산해서 수출해야 할 것이다.

동서고금을 통해 당시의 선진 강대국은 대부분 강과 바다를 이용하여 외국과 교역을 실시하였던 해상무역국가였음을 알 수 있다. 특히 근대국가의 성립 이후 무역의 필요성은 더욱 강조되었는데, 16~17세기의 유럽제국들은 강력한 보호무역정책으로 국력을 강화시키려고 하였고 18세기의 영국은 산업혁명에 성공하여 대량생산된 제품을 외국에 수출함으로서 국부를 달성하였으며 20세기에는 교통과 통신의 발달로 국제무역은 더욱 발전하게 되었다.

다음에 수출과 수입의 파급효과에 관하여 생각해 보자. 수출은 국내의 생산활동을 촉진시키는데 생산량을 증가시키기 위해서는 생산 공장의 근로자를 더 고용해야 하고 이는 근로자의 소득을 증가시켜 소비지출이 늘어나게 되어 또다시 생산 활동을 촉진시켜 한 나라의 국내총생산(GDP)증가를 가져온다. 예를 들면 자동차를 수출하기 위해서는 자동차의 생산량을 증가시켜야 하고 생산량증가를 위해 자동차 회사와 자동차 부품회사의 고용이 늘어나고 이는 근로자들의 소득이 증가하여 소비가 더욱 늘어나게 될 것이다.

반면 수입은 종래의 국산품 소비에서 수입품의 대체소비로 국내생산을 위축시켜 고용과 소득의 감소를 초래하게 된다. 그러나 이러한 현상은 수입품이 완제품일 경우 그리고 국내 상품이 외국상품에 비해 경쟁력이 약할 경우에 일어나게 되며, 원료나 중간재의 수입은 이를 필요로 하는 국내생산을 촉진시키는 역할을 하게 된다. 즉 수출품을 생산하는데 필요한 원료나 중간재가 국내에서 생산되지 않거나 생산은 가능하지만 품질이 좋지 못할 경우 수입원자재를 사용하여 우수한 수출품을 생산할 수 있기 때문이다. 한편 수입은 국내 소비자들에게 값싸고 품질 좋은 상품을 소비 할 수 있게 함으로써 소비자의 후생수준을 향상시키게 된다.

이와 같이 무역은 국내에서의 생산과 고용을 촉진하고 소득을 증가시킴으로써 일국의 경제성장과 소비자의 후생수준향상을 실현하여 국가경제의 발전에 기여하게 된다.

2. 무역의 개념

우리 인간은 태초에 지구상에 출현한 후 삶을 영위하기 위하여 다른 동물들과는 달리 원시적인 경제활동을 시작하게 되는데 그 최초의 경제행위가 교환(交換)이라 한다.

교환은 쌍방의 소유물 가치를 증가시켜 양 재화의 효용성을 높혀준다. 이는 각자의 소비성향과 환경이 다를 수 있기 때문인데 예를 들면, 농촌에서 농업에 종사하는 사람과 어촌에서 어업에 종사하는 사람이 쌀과 생선을 교환하는 경우 농촌에 사는 사람은 생선에 더 높은 가치를 갖게 되고 어촌에 사는 사람은 쌀에 더 높은 가치를 갖기 때문이다.

이러한 경제행위는 처음에 개인과 개인 사이에서 이루어지다가 점차 집단과 집단과의 교환으로 확대되어 왔는데, 화폐와 언어가 소통되기 전 가장 초기의 교환형태는 물물교환이라고 할 수 있다. 그 후 교환의 규모나 범위가 점차 확대되고 매개체인 화폐가 등장하면서 매매와 무역이란 용어로 사용되어 왔다.

무역(貿易)이란 문자는 중국의 고전인『사기(史記)』와『18사략(十八史略)』에서 사용된 문구로 칼(刀)이나 조개껍질(貝)등을 매개로 한 교환행위로 해석되고 있다. 영어의 Trade는 항로나 육로 등 '경로'를 의미하는 Track과 '걷다、밟다'의 의미인 Tread에서 파생된 단어로 일정한 경로를 통하여 상품을 교환하고 매매하는 행위를 의미하고 있다.

오늘날에 와서 무역의 개념에 관하여 그 대상과 범위에 따라 다양하게 규정하고 있는데 일반적으로 무역이란 재화(財貨, Goods)와 용역(用役, Services)등을 자연적、경제적 조건이 다른 국가간에 교환、매매함으로서 경제적 효과를 증대시키려는 국제경제거래를 말한다.

무역이란 용어는 대체로 국가경제관점에서 볼 때 외국무역(Foreign trade) 또는 해외무역(Overseas trade)등으로 불리워 지고 있으며, 세계경제관점에서 볼 때 국제무역(International trade) 또는 세계무역(World trade)등으로 불리워 지고 있다.

〈그림 1-1〉 무역의 용어

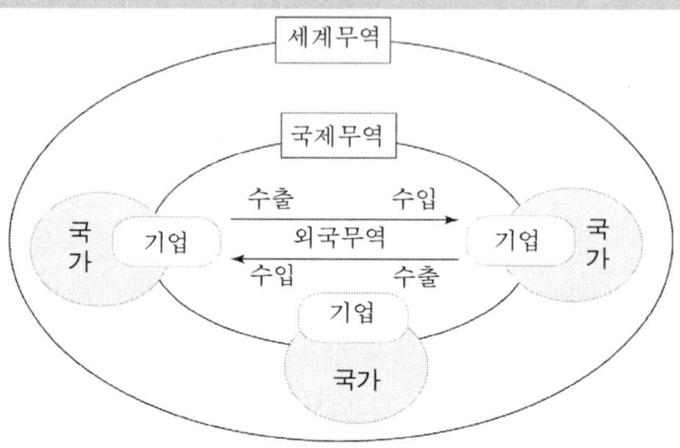

무역의 대상은 제품생산에 필요한 원료로부터 부품, 중간재, 완재품등의 유형재(Visible goods)와 서비스, 기술, 자본 등의 무형재(Invisible goods)를 모두 포함한다. 이 때 유형재의 거래를 상품거래 즉 수출입이라고 하는데 이 수출입을 포함하여 수출입과 관련된 운송, 보험, 금융 등 서비스의 거래를 좁은 의미의 무역이라 하고, 이 좁은 의미의 무역에 자본, 노동, 기술 등 생산요소의 이동을 포함하여 넓은 의미의 무역이라고 한다.

최근에 무역이라는 용어를 대체해서 통상 또는 국제통상이라는 용어가 널리 사용되고 있는데 무역과 통상이라는 용어는 사전(辭典)적으로는 개념상의 차이가 없다고 할 수 있다. 그러나 일반적으로 무역은 국가와 국가간에 행해지는 상품의 수출입과 이와 관련된 서비스의 거래(좁은 의미의 무역)로 인식하고 있고, 통상은 무역을 포함하여 각종 서비스, 지적소유권, 생산요소의 이동 그리고 국제투자까지 포함하는 것으로 인식하고 있다. 또한 무역은 무역의 주체인 개별기업측면에서 볼 때의 개념으로 보고, 통상은 무역을 관리 통제하는 정부측면에서 볼 때의 개념으로 구분하기도 한다.

3. 무역의 특성

국가와 국가간에 거래되는 무역은 국내거래와는 달리 새로운 환경과 상황

에서 진행되기 때문에 다음과 같은 몇 가지 특성을 갖는다.

1) 해상의존성

무역은 대부분이 해상운송으로 이행되고 있다. 상품의 수송이 해상에 크게 의존하는 이유는 해상운송을 통하지 않고는 많은 물동량을 저렴하고 효과적으로 처리 할 수 없기 때문이다. 따라서 역사적으로 무역은 대부분 해상운송에 의하여 이루어졌고 육로운송은 이러한 해상운송의 보조수단으로 이용되어 왔다. 동、서양의 주요항구도시들도 해상무역을 통하여 발전되어 왔으며 무역거래에 적용되는 각종제도와 국제상관습도 선박이나 항구와 연관되어 있고 해상보험이나 해상법등이 해상무역과 함께 발전되어 왔다. 오늘날 항공기의 발전과 함께 항공운송도 많이 이용되고 있지만 고가의 물류비용과 운송량의 제한으로 여전히 해상운송이 국제운송수단의 주류가 되고 있는 실정이다.

2) 기업위험성

무역을 행하는 개별기업에서는 국내거래에서는 발생되지 않거나 잘 발생될 수 없는 위험들을 부담하게 된다. 무역거래에서 발생되는 통상적인 기업위험은 다음과 같다.

첫째, 수출입화물의 장거리 이동시 운송이나 보관과정에서 상품에 부패、변질이 발생하거나 도난、파손 등의 위험이 초래될 수 있다. 따라서 무역거래에서는 이러한 위험을 처리하기 위하여 무역계약시 해상보험의 가입을 기본조건으로 하고 있다.

둘째, 무역대금의 결제와 관련하여 지급불능이나 지급거절의 위험이 존재한다. 이러한 위험을 대비하고 대금결제의 안정성을 기하기 위하여 신용장제도나 신용보험제도 등을 이용하고 있으나 국내거래에 비해 그 위험성은 높고 사고발생시 해결이 복잡하게 된다.

셋째, 외환시세의 변동으로 인한 환 위험(Exchange risk)이 존재한다. 국내거래 시에는 한 국가의 일정통화를 사용하므로 외환율의 변동과는 관련이 없으나 외화로 결제하는 무역거래에는 계약시와 대금결제시의 환율변동으로 인한 환차손의 위험에 처하게 된다. 따라서 이러한 환 위험을 피하기 위해 무역당사자는 외국환은행과 선물환거래[1])를 행하기도 한다.

3) 국제관습성

무역거래는 국내거래와는 달리 언어와 제도 특히 상거래의 관습이나 법규 등이 상이한 국가간의 거래이므로 무역거래를 체결할 때부터 이에 대한 충분한 지식과 정보를 갖고 임해야 한다. 이러한 문제를 해결하고 무역을 증진시키기 위하여 국가간에 포괄적으로 적용 할 수 있는 국제규칙들이 제정되어 이용되고 있는데 특히 국제상업회의소(International Chamber of Commerce : I C C)에서는 각국의 상이한 상관습을 통일시켜 정형화된 국제적 통일규칙을 제정、권고함으로서 무역거래에 활용되고 있다.

1.2 무역의 형태

무역의 형태와 종류는 매우 다양하여 이와 관련된 용어도 지속적으로 생성、발전되어 왔다. 무역의 형태를 비교되는 성격에 따라 분류하면 다음과 같다.

1. 자유무역과 보호무역

자유무역이란 국가가 무역거래에 대하여 인위적인 규제나 조치를 가능한 축소 또는 폐지하여 자유로운 무역을 촉진하려는 형태이고, 보호무역은 국가가 국내산업보호나 국제수지개선 등의 목적으로 무역거래에 대하여 인위적인 조치를 취하는 형태이다.

---

1) 선물환 거래란 환 위험관리기법의 하나로 미래의 일정시점에서 매매할 외환가격을 현시점에서 미리 약정하는 거래를 말한다.

자유무역의 이론적 근거는 전통적 무역의 원리를 제공한 리카도(D. Ricardo) 등의 비교우위론에 의하고 있으며 현재 W T O체제하에서 자유무역이 적극적으로 추진되고 있다. 한편 보호무역은 리스트(F. List)의 유치산업보호론에 그 이론적 기초를 두고 있는데 자유무역에 비해 이론적 당위성은 약하다고 할 수 있으나 대부분의 국가들이 각국의 국내사정에 따라 여러 형태의 보호무역을 실시하고 있는 실정이다.

2. 동서무역과 남북무역

동서무역(East-west trade)이란 사회주의 국가와 자본주의 국가간의 무역을 말한다. 이는 과거 동유럽에 위치한 사회주의 국가들과 서유럽에 위치한 자본주의 국가들 간에는 경제체제가 다르고 산업구조와 발전단계의 차이가 존재함으로 상호 보완적 측면에서 무역의 필요성을 인식하고 나아가 이념적 대립에서 평화공존의 협력분위기를 조성하기 위해 국제 정책적으로 확대의 필요성이 대두되었는데 최근 사회주의국가들의 시장경제화로 인하여 그 의미가 퇴색되고 있다.

남북무역(South-north trade)은 주로 적도 남반부에 위치한 개발도상국들과 북반부에 위치한 선진공업국들 간의 무역을 의미하는데, 개발도상국은 1차산품을, 선진공업국은 공산품을 주로 수출하는 전통적인 무역구조를 의미하기도 한다. 대체로 1차산품은 공산품에 비해 수출시장이 상대적으로 제한되어 있고 개도국의 산업구조를 고착화시킴으로서 교역조건을 악화시킨다. 이에 따라 개발도상국의 경제성장 둔화와 국제수지 악화를 유발하여 선진국과 개도국간의 경제적·정치적 격차를 심화시켜 이른바 남북문제(South- north problems)를 야기하기도 하였다.

3. 유형무역과 무형무역

유형무역(有形貿易;Visible trade)은 우리의 육안으로 볼 수 있는 구체적 형태를 가진 상품의 거래를 말하고 무형무역(無形貿易;Invisible trade)이란 육안

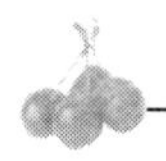

으로 보이지 않는 운송·보험·통신·금융·유통·관광 등의 서비스 및 기술·지적재산권 등과 같은 무형의 상품거래를 의미한다.

유형무역과 무형무역이 결합된 형식으로 플랜트무역(Plant trade)이 있다. 이는 원자재, 부품, 중간재, 인력, 기술, 자본, 경영 등의 유형·무형재를 복합하여 공장이나 산업설비의 설계·건설을 완성하고 시운전을 하는 초기 운영단계까지를 수출하거나 수입하는 형태의 무역으로 종합적 형태의 무역을 의미한다.

전통적으로 무역은 상품의 수출입을 중심으로 하는 유형무역이 대부분을 차지하였는데 최근에 이르러 국제간 서비스거래의 확대에 따라 무형무역의 중요성이 더욱 강조되고 있다.

4. 수평무역과 수직무역

수평무역(Horizontal trade)이란 생산단계가 같거나 유사한 상품간의 무역을 말하는 것으로 1차 상품 상호간의 무역 또는 공산품 상호간의 무역 등 경쟁관계의 무역을 의미한다. 반면 수직무역(Vertical trade)이란 생산단계가 다르거나 상호 보완적 성격을 가진 상품간의 무역으로 1차 산품과 공산품 또는 생산원료와 완제품 등의 무역을 말한다.

이러한 의미에서 수평무역은 기술수준이나 산업구조 그리고 소비 및 소득구조가 유사한 국가간의 무역이 되며, 수직무역은 선진국과 개발도상국 또는 개발도상국과 저개발국 등 경제구조가 다른 국가간에 이루어지게 된다.

5. 직접무역과 간접무역

직접무역(Direct trade)은 제3국의 무역업자를 개입시키지 않고 거래당사자가 직접 무역계약으로부터 대금결제까지를 담당하고 수행하는 방식의 무역이다. 반면 간접무역(Indirect trade)이란 중간상·종합무역상사·수출조합 등과 같은 제3자와 연계하여 수행하는 무역의 형태이다.

이러한 간접무역의 경우 중간상인 제3자의 역할에 따라 중개무역·중계무

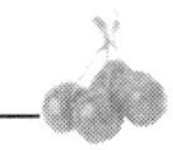

역、스위치무역、통과무역、우회무역 등의 무역형태로 구분된다.

중개무역(仲介貿易, Merchandising trade) : 제 3국의 무역업자(중개상)가 개입하여 매매계약이 체결되며 상품은 수출국에서 수입국으로 직접 이동하는 무역형태이다. 중개상은 수출입업자로부터 수수료를 받는 경우와, 수입업자로부터 대금을 수취하여 수수료를 공제하고 수출업자에게 지급하는 경우도 있다.

중계무역(中繼貿易,Intermediate trade) : 수입업자가 수출할 것을 목적으로 상품을 수입하여 그것을 다시 제 3국에 수출하는 형태의 무역이다. 수입품을 원형그대로 수출한다는 의미에서 가공무역과는 구분되며 자기의 계산으로 매매차익을 추구한다.

이러한 형태의 무역은 홍콩, 마카오, 싱가포르등 대표적인 중계항에서 주로 이루어지는데, 중계항의 요건으로는 관세가 없는 자유항, 환전상의 복잡성이 없는 외환자유화 지역, 국제물류시설이 완비된 교통 중심지 등을 들 수 있다.

스위치무역(Switch trade) : 무역계약이나 상품의 이동은 거래당사자간에 직접 이루어지지만 대금결제만은 제 3국의 업자가 개입하여 이루어지는 무역을 말한다. 이러한 형태의 무역은 수입국이 특정외화를 가지고 있지 못할 때 제 3국을 개입시켜 대금결제를 원활히 하기 위해 이용되기도 한다.

통과무역(通過貿易,Transit trade) : 수출지에서 수입지로 상품이 이동하는 과정에서 제 3국을 통과하는 형태의 무역인데, 상품운송 상 부득이하거나 기간단축 등의 목적에서 제3국을 지나는 경우이다. 이때 제3국은 자국통과의 대가로 통과수수료, 운임, 노임, 보험료 등을 얻게 된다.

우회무역(迂廻貿易 Round-about trade) : 무역상대국이 자국의 외환거래에 대하여 심한 통제를 하거나 또는 높은 관세 및 비관세장벽을 이용하여 무역을 규제하는 경우 외환통제나 무역규제를 받지 않는 제 3국을 통하여 우회하여 행해지는 무역을 말한다. 예를 들면 우리나라에서 미국에 자동차를 수출하려는데 미국의 수입규제가 심각하여 캐나다를 경위하여 수출하는 경우를 말한다.

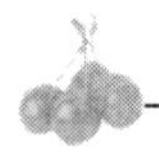

6. 가공무역과 판매무역

가공무역(Processing trade)이란 수출을 목적으로 수출품생산에 필요한 원자재의 전부나 일부를 외국에서 수입하여 이를 이용하여 수출품을 생산 · 수출하거나 또는 수입을 목적으로 국산 원자재를 외국생산업자에게 수출하여 가공한 후 다시 수입하는 형태의 무역이다. 전자를 수탁가공무역이라 하고 후자를 위탁가공무역이라 한다.

판매무역(Consignment trade)은 무역에 대한 지식이나 거래상대국과 거래처에 대한 정보 등이 부족하여 직접무역이 어려운 경우 제품의 판매만을 조건으로 이루어지는 무역이다.

만약 외국에 있는 수입업자에게 물품을 무환으로 수출하고 판매된 범위내에서 대금을 결제받은 형식의 무역이 이루어지면 위탁판매무역(Consignment trade)이 되며, 외국의 수출업자로부터 무환으로 상품을 수입한 후 판매된 범위 내에서 대금을 결제하는 형식의 경우는 수탁판매무역(Indent trade)이 된다.

7. 새로운 무역형태

1) OEM(Original Equipment Manufacturing)수출

외국의 수입업자로부터 생산을 주문받아 생산된 제품에 수입업자의 상표를 부착하여 수출하는 방식으로 "주문자상표 부착방식의 수출"이라 한다. 이러한 경우 수출업자는 적은 위험과 비용으로 수출이 가능하고 이를 통하여 기술축적의 계기가 될 수 있지만 자신의 고유 브랜드를 개발하지 못하게 되고 해외시장에 대한 정보를 얻을 수 없게 되어 독자적인 수출시장개척이 어려워진다. 따라서 OEM 방식의 수출은 수출초기에 주로 이용되고 점차 수입시장의 정보를 얻게 되면 자신의 브랜드로 수출하게 된다.

2) Knock-down방식의 수출

현지조립식 수출방식으로 수출업자는 완제품이 아닌 반제품이나 부품을 수

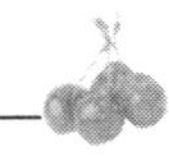

출하고 이를 현지에서 완제품으로 조립·판매하는 방식을 말한다. 이는 대체로 수출국이 국내의 고임금구조나 공해문제 등을 회피하기 위한 경우와 수입국의 완제품 수입규제 장벽을 해소하기 위한 수단으로 이용된다.

3) Turn-key방식의 수출

Plant 수출에 있어서 공장건설 후 기자재의 공급이나 기술제공 그리고 A/S까지 제공하는 형태의 수출이다. 이러한 수출은 건당 수출금액이 크고 고도의 기술이 요구되기 때문에 산업구조가 고도화된 기술선진국에서 개도국에 제공하는 수출방식이다.

1.3 무역학의 학문적 체계

1. 무역학의 성립배경

인류의 출현과 더불어 시작된 교환·매매 등의 경제행위가 점차 확대됨으로서 발전된 무역은 인간의 생활을 더욱 풍요롭고 유익하게 하였으며, 19세기 이후에는 교통·통신의 발달로 국제무역량이 더욱 증가되면서 무역은 국가의 경제와 사회발전에 크게 기여하게 되었다. 20세기 국제화시대에 와서도 국가간의 무역과 경제교류는 더욱 활발해지면서 무역의 국가발전에 미치는 영향은 점차 크게 되어 국제무역현상에 관한 올바른 지식과 새로운 정보의 이해가 절실히 요구되었다.

이와 같은 시대적인 요청에 따라 무역에 관한 학문적 연구는 해상무역을 중요시하는 국가들을 중심으로 시작하였는데 오늘날 무역학은 기존의 경제학이나 경영학과는 구별된 사회과학의 한 학문영역으로 그 정체성을 갖고 활발히 연구되고 발전되었다.

우리나라에서는 1950년대 초부터 일부 대학에 무역학과가 설치되고 점차 대부분의 대학과 전문대학에 무역학과 또는 무역과가 신설됨으로서 오늘날 무역학은 대학의 전통적인 중견학과로 성장하게 되었다.

또한 일본이나 중국 등 무역이 국가경제에 중요한 비중을 차지하고 있는 나라에서도 대부분의 대학에 무역학과와 무역학 전공이 설치되어 무역학의 학문적인 발전과 국가의 경제성장에 크게 기여하고 있다.

2. 무역학의 학문적 체계

무역학의 학문적 체계에 관한 논의는 무역학계의 많은 학자들에 의해 연구되어 왔는데 아직까지 합의되고 통일된 체계는 수립되어 있지 못하고 있다. 그러나 무역학의 학문적 체계를 정립하려는 노력은 끊임없이 계속되고 있으며 지금까지 다수의 학자들에 의해 보편적으로 인정되어 분류된 무역학의 학문적 체계는 다음과 같다.

먼저 무역학은 무역의 주체가 누구인지에 따라 국가경제적 관점과 기업경영적 관점으로 구분된다.

국가경제적 관점은 국제경제학의 측면에서 무역의 원리와 현상을 파악하려는 것으로 다시 국제통상분야와 국제금융분야로 분류된다. 한편 기업경영적 관점은 무역을 경영하는 개별기업의 측면에서 연구하려는 분야로 다시 국제경영분야와 국제상무분야로 분류할 수 있다.

1) 국제통상분야

국제통상분야는 국제경제학적인 측면에서 무역의 기본원리와 현상을 분석하고 체계화한 분야로 대체로 실물경제이론으로 설명되어진다. 즉 국제경제거래에서 상품의 이동과 관련된 무역의 원리와 현상을 재화의 상대가격에 의한 교환문제를 중심으로 다루게 되는데 이 분야에는 국제무역론과 무역정책론 그리고 국제통상환경론이 있다.

국제무역론은 무역학의 순수이론으로 무역의 발생원인과 무역으로 얻어지

는 무역이익의 배분, 국가간 상품의 교역조건 등 무역의 본질적인 원리를 시대적인 발전과정을 통하여 다루게 된다.

무역정책론은 무역학의 정책이론으로 자유무역정책과 보호무역정책 등 무역정책에 관한 이론적인 근거와 경제적 효과, 관세ㆍ비관세 등 무역정책수단의 내용 등을 다루게 된다.

국제통상환경론은 다시 국제경제협력론과 경제통합론으로 분류 할 수 있는데, 전자는 WTO(세계무역기구)체제에 의한 자유무역주의를 지향하는 세계화(Globalization)를 중점적으로 다루게 되고, 후자는 FTA(자유무역협정)의 확대에 따른 지역주의(Regionalism)를 중심으로 다루게 된다.

제2차 세계대전 후 경제문제로 인한 전쟁을 재발하지 않기 위하여 당시 선진국들을 중심으로 국가간 경제협력문제가 활발히 논의되었다. 이러한 국제경제협력논의는 21세기에 국제화와 세계화의 진전에 따라 더욱 가속화되었으며 이에 따라 국제통상환경에 관한 학문적 연구가 활발히 진행되고 있다.

2) 국제금융분야

국제금융분야는 전술한 국제통상분야와 같이 국제경제학적인 측면에서 무역의 이행과 관련되어 이루어지는 화폐나 자본 등 금융분야의 현상을 분석하고 체계화한 분야로 대체로 화폐경제이론으로 설명되어 진다. 이 분야에는 외환론, 국제수지론, 국제자본이동론 등이 있다.

외환론은 무역거래에서 결제수단이 되는 외화의 흐름과 기능을 체계화한 과목으로, 국가 간 통화의 교환비율인 환율의 결정과 변동 또한 환율의 변동으로 인한 당사국의 경제에 미치는 영향, 환율에 대한 국가의 운용제도, 환율에 대한 전 세계적인 협조체제 등을 다루게 된다.

국제수지론은 국가경제의 관점에서 대외경제거래를 화폐적 측면에서 분석하는 과목으로, 국제수지의 구조, 국제수지의 균형과 불균형문제, 국제수지의 균형정책 등이 다루어진다.

국제자본이동론은 자본이 수출되는 투자국과 자본이 도입되는 피투자국간의 자본이동을 유발하는 요인분석과 자본이동의 유형, 자본이 이동함으로서

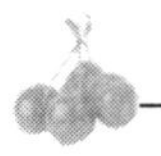

양당사국에 미치는 경제적 효과 등을 다루는 과목이다.

3) 국제경영분야

국제경영분야는 기업의 입장에서 기업의 대외거래 및 국제적 사업을 전반적으로 다루게 되는 분야이다. 이 분야에는 해외투자론, 다국적기업론, 국제마케팅, 국제재무론 등이 있다.

해외투자론은 기업이 해외에 진출함에 있어 외국의 사업환경을 분석하고 평가하여 성공적인 해외사업을 수행하는데 필요한 투자의 형태 및 전략문제를 분석한다.

다국적기업론은 해외투자로부터 여러 형태의 해외진출전략 구사로 국내기업이 국제화하고 다국적화하는 과정과 각 단계별 문제점 및 관련 국가들의 경제적 영향 등 문제를 다루게 된다.

국제마케팅은 국제적 기업경영에 있어 생산 및 로지스틱스, 유통, 판촉 등과 제품전략 등 국제기업의 자체 또는 지역별, 제품별, 시장별, 구분된 전략을 결정하고 집행하는 모든 단계를 다루게 된다.

국제재무론은 국제기업의 필수적이고도 가장 가변성이 많아 점차 복잡화하는 재무자원의 조달 및 운용관리와 관련된 과목으로, 환율변동과 외환통제 등을 효율적으로 관리하는 국제조세관리, 인플레이션관리 등과 관련되는 분야라 할 수 있다.

4) 무역상무분야

무역상무분야는 개별거래를 이행하는데 현실적으로 따르게 되는 실무적 과정을 포괄하는 분야이다. 즉 상품의 거래를 주안점으로 하여 국내외의 무역관련 법규와 제도에 따라 무역업무를 능률적으로 수행하는 구체적인 방법을 다루게 된다. 이 분야에는 무역계약론, 무역상무론, 신용장론, 해상운송과 보험론, 무역관습론 그리고 전자상거래 등이 있다.

무역계약론은 무역계약의 체결과 관련된 절차 및 수출입이행에 필요한 일련의 내용들을 국제상거래 규범 및 관습에 따라 이행되는 모든 과정이 다루어진다.

무역상무론은 해외시장조사로부터 무역계약의 이행과 대금결제에 따르는 무역실무의 전반작인 내용을 다루는 과목이다.

신용장론은 수출입 대금결제에 가장 중요한 역할을 하는 신용장(L/C)에 관하여 그 이론과 실무를 다루는 과목이다.

해상운송과 보험론은 국제화물운송의 대부분을 차지하는 해상운송에 관하여 선하증권(B/L)을 비롯한 선적서류와 해상보험에 관한 사항을 다루는 과목이다.

무역관습론은 무역계약을 이행하는 과정에서 계약 관련 국가간의 법규 및 관습이 상이함으로써 제기되는 문제점을 완화 내지는 제거하고, 국제경제거래를 활성화시키기 위한 ICC 등 국제기구를 중심으로 하는 국가간 협약을 다루게 된다.

전자상거래는 인터넷과 새로운 IT 기술이 무역업무에 보급되면서 활용되고 있는 개념으로 인터넷무역 또는 사이버무역이라고도 한다. 이는 가상공간인 인터넷을 통해 국제간에 상품이나 서비스를 매매하는 형태로 이와 관련된 제반 이론 및 실무를 다루는 과목이다.

제2장

무역의 원리

Chapter 2 무역의 원리

2.1 국제무역이론의 발전과정

국제무역의 기본원리는 국가간에 왜 무역을 하는가(Why?)와 이로 인한 무역이익을 어떻게 성취할 것인가(How?)를 규명하는데 있다. 전자는 무역이라는 현상을 어떻게 설명할 것인가라는 실증적 측면의 문제로서 무역이 왜 발생하며 또한 무역이 생산, 분배 및 소비면에서 어떠한 경제적 효과를 파생시키는가를 분석한다. 한편 후자는 이러한 무역을 어떻게 실현하여야 유익할 것인가라는 당위적 측면의 문제로 일국의 경제성장과 후생수준의 향상을 위해 외국무역을 어떻게 조정ㆍ규제할 것이며 경제통합 등 국제경제협력을 통한 세계전체의 후생증진에 어떻게 기여 할 것인가를 분석하게 된다.

본 장에서는 국제무역의 기본원리에서 실증적 측면의 과제인 소위 「국제무역론」에 관하여 다루게 된다. 국제무역론은 무역이라는 경제현상을 실물경제이론을 통하여 설명하고 예측하는 것으로, 전통적으로 다음과 같은 주요 과제들을 연구대상으로 하고 있다.

첫째, "국가간에 왜 무역이 발생하는가?" 즉 "무역을 하면 경제적이익이 발생되는가?"(The gains of trade) 라는 무역의 발생원인에 관한 문제이다. 이는 국제무역론의 가장 기초적인 연구대상이며 중심적인 과제라 할 수 있다.

둘째, "무역패턴은 어떻게 결정되는가?" 라는 무역패턴(The pattern of trade)의 결정문제인데, 이는 무역이 실시될 경우 일국이 어떤 상품을 수출하고 또한 어떤 상품을 수입하는가 하는 무역구조를 의미하기도 한다.

셋째, "수출품과 수입품의 가격이 국제시장에서 어떻게 결정되는가?" 라는 교역조건(The terms of trade)의 결정문제이다. 이러한 교역조건의 문제는 무역이익이 교역당사국에 어떻게 배분되는가를 결정하게 되는 중요한 과제이다. 대체로 국제무역론에서는 국제가격을 상대가격으로 표시되고 설명되어진다.

넷째, 국제무역과 경제성장과의 관계(The relations between trade and economic growth)이다. 즉 국제무역이 일국의 경제성장에 미치는 영향은 무엇이며, 반대로 일국의 경제성장이 그 나라의 무역에 미치는 영향을 분석하는 과제가 된다.

국제무역에 관한 원리는 18세기 중엽부터 많은 경제학자들에 의하여 연구되기 시작하였는데 특히 산업자본주의시대 이후 현대에 이르기까지 체계적으로 연구되고 발전되어 왔다. 이들의 연구를 시대적으로 구분한다면 대체로 고전파무역이론, 근대무역이론 및 현대무역이론으로 나누어 볼 수 있다. 먼저 고전파무역이론은 아담 스미스(A. Smith), 리카도(D. Ricardo) 그리고 밀(J. S. Mill)등의 고전파 경제학자들에 의해 연구되었는데 특히 리카도에 의한 '비교우위의 원리'는 오늘날까지 자유무역정책의 유력한 논거가 되고 있다. 이들은 노동가치설[1]에 입각하여 노동이라는 생산요소로써 무역의 발생요인과 무역이익 등을 설명하는데 주력하였다. 그러나 노동이라는 단일생산요소를 전제로 이론을 전개하였다는 비현실성과 왜 각국간에 생산비 차이가 존재하는가에 관해서는 규명하지 못한 문제점을 제기하고 있다.

이러한 고전파무역이론의 한계성을 극복하고 보다 현실적인 무역의 발생원리를 해명하려는 연구가 20세기 전반기에 여러 학자들에 의하여 시도되었다.

---

1) 勞動價値說 : 고진파 경제학자들이 채택하고 있는 단순화 가정으로 노동이 유일한 생산요소이며 모든 재화의 가치는 각 재화의 생산과정에 투입된 노동량에 의하여 결정된다는 주장.

1930년대에 하벌러(G. Haberler)는 기회비용의 개념을 도입하여 무역의 원리를 설명하고 있으며, 비교우위원리를 결정케 하는 비교생산비차이의 발생원인에 대한 연구는 헥셔(E. Hecksher)와 오린(B. Ohlin)에 의해 이루어 졌는데, 이들에 의한 '생산요소 부존도의 원리'는 근대무역이론의 중심이 되고 있다.

그러나 국제경제 환경의 변화와 세계무역량의 증가에 따른 현대무역의 현상을 설명하는 데는 고전파 무역이론이나 근대 무역이론만으로는 역시 불완전할 수 밖에 없다. 더욱 20세기 후반기와 오늘날의 무역패턴은 전통적인 무역패턴으로부터 크게 변화되어 이를 설명하고 나아가 미래의 무역을 예측할 수 있는 새로운 무역이론이 필연적으로 요구되고 있다. 따라서 현대무역이론은 시간의 흐름에 따라 변하는 동태이론으로 발전되어 왔고 이러한 이론들은 대체로 무역패턴의 결정요인으로 기술요인과 연구、개발요소 등을 중심으로 하는 새로운 이론으로 정립되고 있다.

2.2 비교우위의 원리

1. 절대우위의 원리

고전파 경제학자인 아담 스미스(Adam Smith)는 근대국가의 형성기인 17~18세기의 지배적 경제사조인 중상주의(Merchantilism)를 비판하고 새로운 사조인 자유주의(Liberalism)을 지지하였다. 이 자유주의사상은 자유무역론의 기초가 되는 것으로서 그는 국가의 간섭을 배제하고 자유경쟁의 원리에 따르는 것이 국가의 이익을 가져온다고 강조하고 있다. 그는 1776년에 발간한 「국부론」(國富論,The Wealth of Nation)에서 국부(國富)란 금、은 등 귀금속의 국내축적이 아니고 국민이 소비할 수 있는 생산물의 증가이며 이를 위해 '분업(分業)'의 필요성을 강조하였다. 또한 이러한 분업의 원리를 국제무역에 도

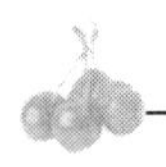

입하여 한 나라가 다른 나라보다 생산에 있어서 절대우위(absolute advantage)에 있는 상품에 특화하여 생산、교환함으로서 교역당사국의 이익을 얻을 수 있음을 설명하고 있다.

예컨대, Ⅰ국이 Ⅱ국에 비해 어떤 재화를 생산하는데 있어 노동량이 적게 소요되는 경우를 생각할 수 있다. 즉 <표 2-1>에 예시된 것처럼 Ⅰ국이 X재 1단위를 생산하는데 10인의 노동이 필요하고 Ⅱ국은 20인의 노동이 필요하며, 반면에 Y재 1단위를 생산하는 데는 Ⅰ국은 20인의 노동을, Ⅱ국은 10인의 노동이 필요하다고 하자.

두 나라가 서로 무역을 하지 않을 경우 두 재화를 각 각 1단위씩 생산하기 위해서는 30인의 노동이 필요하다. 그러나 양국이 절대우위를 갖는 재화생산에 특화할 경우 즉 Ⅰ국은 X재만 생산하고 Ⅱ국은 Y재만을 생산하여 양국이 두 재화를 1 : 1의 비율로 교환한다면 동일한 노동량으로 필요한 재화를 1단위씩 더 얻을 수 있게 된다. 따라서 무역당사국은 모두가 무역이익을 얻게 된다. 이와 같이 스미스는 노동생산성에 있어서의 절대우위가 무역을 발생케 하는 요인으로 규정하고 국제무역의 원리를 설명하고 있다.

〈표 2-1〉 절대생산비차의 비교

〈표 2-1〉 절대생산비차의 비교

	Ⅰ국	Ⅱ국
X 재	10 인	20 인
Y 재	20 인	10 인

이상은 아담 스미스의 절대우위의 원리(Theory of absolute advantage) 또는 절대생산비설이라 하는데 이는 국제무역의 핵심원리라 할 수 있는 '비교우위의 원리' 의 기초가 되고 있다. 그러나 이 이론은 노동을 유일한 생산요소로 보는 노동가치설에 의존하였다는 점과 양국이 두 재화를 1 : 1의 비율로 교환한다는 가정 그리고 한 국가가 두 재화 생산에 모두 절대우위나 절대열위를

가질 때의 무역가능성에 대해서는 설명하지 못한 점 등의 문제가 있다고 할 수 있다.

2. 비교우위의 원리

영국의 경제학자 리카도(David Ricardo)는 아담 스미스의 절대우위의 원리로 설명할 수 없었던 국제무역의 원리를 비교우위(Comparative advantage)의 개념으로 더욱 발전시켜 체계화하였다. 그는 「정치·경제 및 과세의 원리(The Principles of Political Economy and Taxation, 1817)」에서 절대우위의 여부에 관계없이 각국은 생산에 있어 비교우위에 있는 재화를 특화·수출하고 비교열위에 있는 재화를 수입하면 무역이익을 획득할 수 있다는 비교우위의 원리를 주장하였다.

이러한 리카도의 비교우위의 원리는 스미스의 절대우위의 원리와 같이 비현실적인 노동가치설을 기초로 하고 있지만 그 후 하벌러(Gottfried Haberler)에 의해 기회비용(Opportunity Cost)[2)]이라는 새로운 개념으로 체계화되면서 국제무역의 핵심원리로 널리 인정받고 있다.

리카도는 당시의 영국과 포르투갈이 의류와 포도주를 생산하여 교역하는 경우를 상정하여 무역의 원리를 설명하고 있다. 즉 영국과 포르투갈은 의류와 포도주를 각각 1단위씩 생산하는데 필요한 노동량은 <표 2-2>와 같이 포르투갈은 두 재화 생산에 있어 모두 영국보다 절대우위에 있고 영국은 두재화 모두 절대열위에 있다. 그런데 포르투갈의 영국에 대한 절대우위의 정도가 의류(90인 : 100인)보다 포도주(80인 : 120인)가 더 크므로 포르투갈에서 포도주의 생산이 더욱 효과적이다. 한편 영국은 절대열위의 정도가 포도주(120 : 80)보다 의류(100인 : 90인)가 더 작으므로 의류의 생산이 더욱 효과적임을 알 수 있다. 즉 포르투갈은 절대우위가 큰 포도주의 생산에 비교우위가 있고 영국은 절대열위가 작은 의류의 생산에 비교우위를 갖는다.

---

2) 機會費用(Opportunity Cost) : 어느 재화 1단위를 追加生産하기 위하여 포기해야만 하는 다른 재화의 양의 가치.

〈표 2-2〉 비교생산비차(기회비용)

	영 국	포르투갈
의 류	100인$\left(\frac{100}{120}\right)$	90인$\left(\frac{90}{80}\right)$
포도주	120인$\left(\frac{120}{100}\right)$	80인$\left(\frac{80}{90}\right)$

이와 같은 리카도의 비교우위의 원리를 기회비용의 개념으로 설명하면 다 같다.

먼저 영국에서는 의류 1단위 생산에 100명의 노동력이 필요하고 포도주 1단위 생산에는 120명의 노동력이 필요하므로 의류생산의 기회비용은 100/120이 되고 포도주 생산의 기회비용은 120/100이 된다. 한편 포르투갈의 경우는 의류와 포도주 생산의 기회비용이 각각 90/80과 80/90이 된다. 따라서 영국에서는 기회비용이 상대적으로 낮은 의류생산에 비교우위를 갖게 되고 반대로 포르투갈은 기회비용이 낮은 포도주생산에 비교우위를 갖게 된다.

리카도는 또한 각국이 비교우위를 갖는 재화생산에 특화하여 서로 교환할 경우 당사국 모두가 무역이익을 얻을 수 있음을 설명하고 있다. <표 2-3>은 영국과 포르투갈이 각각 비교우위가 있는 의류와 포도주의 생산에 완전특화(Complete specialization)할 경우의 생산량과 무역이익을 보여주고 있다. 즉 각국이 비교우위 상품생산에 완전특화하고 1 : 1로 서로 교환한다면 영국은 의류 0.2단위의 초과이익을, 포르투갈은 포도주 0.125단위의 초과이익을 얻게 된다. 이 때 두 재화 생산에 절대우위에 있는 포르투갈보다 절대열위의 영국에 귀속되는 무역이익이 더욱 크다는 것을 알 수 있다.

〈표 2-3〉 완전특화후의 무역이익

	영 국	포르투갈
의 류	220인 → 2.2단위	0
포도주	0	170 → 2.125단위
무역이익	0.2단위	0.125단위

이상과 같은 비교우위의 원리는 각국이 모든 생산요소를 비교우위 상품생산에만 투입한다는 '완전특화'와 두 재화를 1 : 1로 교환한다는 가정을 전제하고 있고 비현실적인 노동가치설을 기초로 하고 있다는 문제점이 있다. 그러나 이러한 문제점에도 불구하고 비교우위의 원리는 국제무역의 핵심원리로 인정받고 있으며 오늘날 자유무역주의의 유력한 이론적인 근거가 되고 있다.

3. 상호수요의 원리

영국의 경제학자인 밀(John Stuart Mill)은 리카도의 비교우위의 원리에서 설명하고 있지 않는 국제무역의 교환비율(교역조건)과 무역이익의 배분에 관하여 규명하고 있다.

그는 국제무역의 원리는 교역상품의 생산비로서만 설명할 수 없고 수요측면도 동시에 고려해야한다고 주장하고 있다. 즉 교역상품의 국제교환비율은 자국상품에 대한 외국의 수요와 외국상품에 대한 자국의 수요가 일치하는 점에서 결정되며 이와 같은 상호수요의 일치는 각국의 수요의 규모와 탄력성에 의하여 결정되고 이에 따라 교역당사국의 이익배분이 이루어진다고 주장하였다.

이와 같은 밀의 상호수요의 원리는 교역당사국의 상호수요가 균등할 경우에 교역이 이루어진다는 이론으로 이를 "상호수요균등의 법칙(Law of equation of reciprocal demand)" 또는 "국제가치론(The theory of international value)"이라고도 한다.

<표 2-4>의 예시에서 영국에서는 일정한 노동량으로 면포 10야드 또는 아마포 15야드를 생산할 수 있으며, 독일에서는 동일한 노동량으로 면포 10야드 또는 아마포 20야드를 생산할 수 있다고 가정한다.

〈표 2-4〉 동일노동량에 의한 생산량 비교

	영 국	독일
면 포	10 야드	10 야드
아마포	15 야드	20 야드

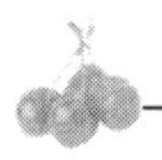

이 경우 비교우위의 원리에 따라 영국은 면포 생산에, 독일은 아마포 생산에 각각 비교우위를 가지게 되며 각국은 이를 특화하여 교역하게 될 것이다. 이때 두 상품의 국내교환비율은 영국에서는 면포 10야드 대 아마포 15야드이며, 독일에서는 면포 10야드 대 아마포 20야드이다. 따라서 무역이 이루어질 수 있는 조건 즉 국제교환비율의 범위는 면포 10야드에 대해 아마포 15야드 이상 20야드 이내이어야 할 것이다. 그 이유는 만일 영국이 10야드의 면포와 상응하여 독일산 아마포 15야드 이상을 얻지 못한다면 교역은 이루어 지지 않기 때문이다.

한편 독일의 입장에서는 20야드 이하의 아마포와 상응하여 영국산 면포 10야드를 얻지 못한다면 역시 교환에 응하지 않을 것이다. 즉 영국산 면포 10야드의 대가로 20야드 이상의 아마포를 주어야 한다면 차라리 국내에서 직접 생산하는 것이 유리하기 때문이다.

이때 국제교환비율이 무역전 영국의 국내교환비율(면포 10야드 : 아마포 15야드)에 접근할수록 독일의 무역이익은 커지며 영국의 이익은 작아진다.

〈그림 2-1〉 국제교환비율과 무역이익

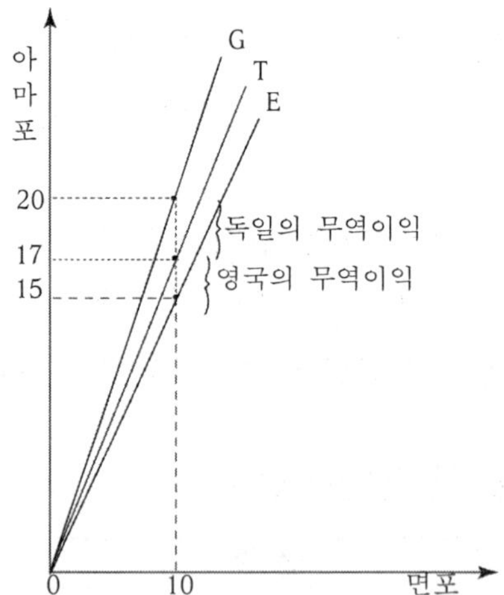

반대로 무역전 독일의 국내교환비율(면포 10야드 : 아마포 20야드)에 접근할수록 영국의 이익은 커지고 독일의 이익은 작아진다.

이와 같은 국제교환비율과 무역이익과의 관계를 그림으로 표시하면 <그림 2-1>과 같다.

그림에서 영국과 독일의 국내교환비율은 각각 상대가격선 O E와 O G로 표시된다. 만일 국제교환비율이 그림과 같이 면포 10야드에 대하여 아마포 17야드로 결정되었다면(O T선), 영국의 경우 국제교환으로 결국 면포 10야드마다 아마포 2야드의 이익을 얻을 수 있게 된다. 한편 독일의 경우는 국제교환을 통하여 면포 10야드를 수입할 때마다 아마포 3야드씩을 절약할 수 있으므로 그만큼 이익을 얻게 된다.

그런데, 두 나라에서 상품에 대한 수요가 변화하게 되면 국제교환비율(O T선의 기울기)도 변경되므로 교역당사국의 무역이익의 크기는 달라진다. 즉 무역이익의 귀속은 상품에 대한 수요의 규모와 탄력성 즉 교역조건에 따라 결정된다고 할 수 있다.

그러나 밀의 상호수요의 원리는 다른 고전파 무역이론과 마찬가지로 제한적이고 비현실적인 가정 하에서 수립되었다는 점과 이로 인한 국제교환비율이 그 상품의 진정한 국제적 가치를 반영하고 있는가에 대해서는 많은 비판을 받고 있다.

2.3 요조부존도의 원리

1. 기회비용과 무역이익

전 절의 고전파 무역이론에서는 노동이 유일한 생산요소라는 노동가치설을 기초로 하여 국제무역의 원리를 설명하고 있다. 그러나 재화를 생산하는 데는

노동 이외에 토지, 자본, 기술 등의 다른 생산요소도 필요하며, 또한 생산비는 생산량의 증가에 따라 체증하거나 체감하게 되는데 이러한 현실을 반영하지 못하고 있다는 한계를 가지고 있다. 따라서 이러한 한계성을 갖고 있는 고전파의 무역의 원리는 그 후 많은 비판을 받아 왔다.

20세기에 들어오면서 국제무역의 원리를 결정해 주는 '상품가치'(商品價値)의 개념에 대하여 많은 경제학자들에 의해 연구되었는데 그 대표적인 것으로 하벌러(Gottfried Haberler)의 '기회비용설'(機會費用說, Theory of opportunity cost)[3]이 있다.

하벌러에 의하면 상품의 가치는 노동이라는 하나의 생산요소 만에 의하여 결정되는 것이 아니라 모든 생산요소의 결합에 의하여 결정되는 것이며, 또한 모든 생산요소의 결합비율이 다양하기 때문에 상품가치를 생산요소의 실질비용으로 규정하기에는 거의 불가능하다는 것이다. 따라서 그는 실질비용 대신에 대체비용(Substitution cost) 또는 기회비용(Opportunity cost)의 이론을 도입하여 비교우위 원리의 타당성을 강조하였다. 그는 상품의 가격이란 그 상품의 생산을 가능하게 하기 위하여 희생되어야 하는 다른 상품의 생산량에 의하여 결정되는데 여기서 생산이 포기된 다른 상품의 양의 가치를 기회비용이라 하고 있다.

하벌러는 이와 같은 기회비용의 개념을 국제무역이론에 도입하여 각국이 기회비용이 낮은 재화에 비교우위를 갖게 되며 이러한 재화생산에 특화하여 교역할 경우 교역당사국 모두가 무역이익을 얻을 수 있다고 설명하고 있다. 예를 들면, 영국에서는 직물을 1단위 생산하기 위하여 포도주 0.5단위 생산을 포기해야 하고 포르투갈에서는 직물 1단위 생산을 위해 포도주 2단위 생산을 포기해야 한다고 가정하면, 영국의 직물 1단위 생산을 위한 기회비용은 포도주 0.5단위가 되고 포르투갈의 직물 1단위 생산을 위한 기회비용은 포도주 2단위가 된다. 따라서 기회비용이 낮은 상품 즉 영국은 직물생산에, 그리고 포르투갈은 포도주 생산에 비교우위를 갖게 된다. 따라서 리카도의 비교우위론

3) G. Haberler, "*The Theory of International Trade with its Applications to Commercial Policy*," W. Hodge and Co., London, 1936.

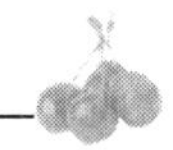

에 의거 영국은 직물생산에 특화하고 포르투갈은 포도주 생산에 특화하여 서로 교역하면 양국은 모두 무역이익을 얻게 된다.

하벌러는 기회비용의 개념을 생산가능곡선(生産可能曲線, Production Possibilities Curve)에 응용하여 리카도에 의한 비교우위의 원리를 더욱 구체화시켰는데, 생산가능곡선이란 일국의 가용생산요소를 총동원하여 생산할 수 있는 두 재화의 집합의 궤적을 말한다. 예컨데 영국이 모든 생산요소를 총동원하여 포도주를 생산할 경우 60단위의 생산이 가능하고, 직물을 생산할 경우 120단위의 생산이 가능하다면, 영국의 생산가능곡선은 <그림 2-2>와 같이 표시된다.

〈그림 2-2〉 생산가능곡선의 원리

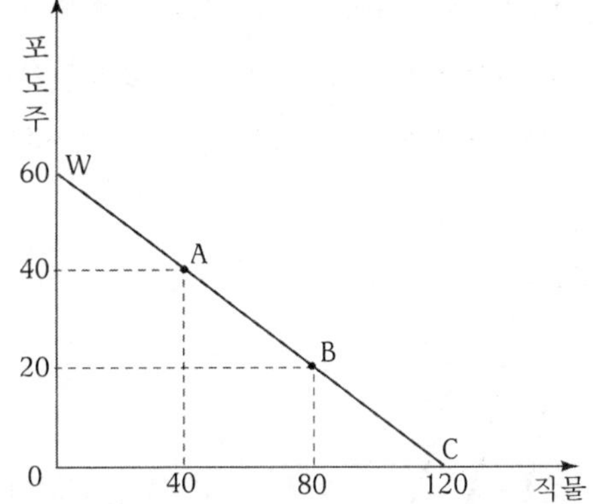

그림에 의하면 영국은 포도주만을 생산할 때에 60단위(W) 또는 직물만을 생산할 때에 120단위(C)를 생산할 수 있으며 A점과 B점에서와 같이 두 재화를 모두 생산할 수도 있다. 이러한 점 W, A, B, C 등의 재화의 조합들을 연결한 선이 생산가능곡선이 된다. 생산가능곡선의 기울기는 한 재화의 추가생산을 위해 포기되어야 하는 다른 재화의 양, 즉 기회비용을 나타내 준다.

그러나 현실적으로 생산가능곡선은 그림과 같이 직선의 경우는 거의 존재치 아니하고 원점에 대하여 오목한 곡선의 형태를 갖게 되는데, 그 이유는 한

상품의 생산량을 추가로 증가시킴에 따라 이로 인해 감소되는 다른 상품의 양은 점점 증가하는 즉 기회비용이 체증하기 때문이다.

다음은 일국의 소비현상을 나타내주는 사회무차별곡선(社會無差別曲線, Community Indifference Curve)에 대하여 살펴보고자 한다. 사회무차별곡선이란 한 사회 또는 나라에 동일한 만족을 줄 수 있는 두 재화의 여러 가지 조합을 궤적한 것으로 국민 전체의 기호 또는 선호를 나타낸다.

<그림 2-3>에서 A점, B점, C점은 일국의 소비자가 X, Y 두 재화를 소비하는데 동일한 만족 또는 효용을 얻을 수 있는 점들이고, 이러한 두 재화의 조합을 연결한 곡선 I_0가 사회무차별곡선이다. 이러한 사회무차별곡선은 우하향의 기울기를 나타내며 원점에 대하여 볼록하다. 또한 사회무차별곡선은 원점으로부터 멀수록 소비자에게 보다 큰 만족을 주게 된다. 즉 곡선 I_0보다는 I_1, I_1보다는 I_2에서 소비자들이 두 재화를 더욱 많이 소비 할 수 있으므로 더 큰 만족도를 얻게 되기 때문이다. 이러한 사회무차별곡선은 한 나라의 후생수준을 파악하고 경제현상을 설명하는데 매우 유용한 도구로 활용되고 있다.

〈그림 2-3〉 사회무차별곡선

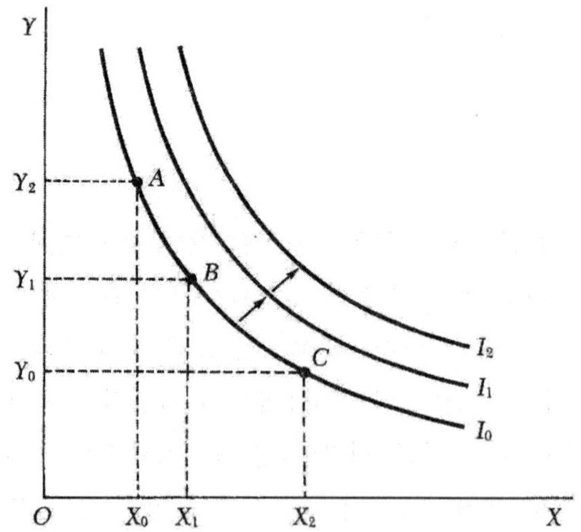

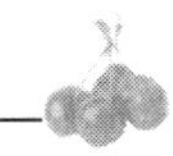

이제 단순한 형태인 불변비용하의 생산가능곡선과 사회무차별곡선을 이용하여 무역이익에 관하여 살펴보기로 한다.

〈그림 2-4〉 생산가능곡선과 무역이익

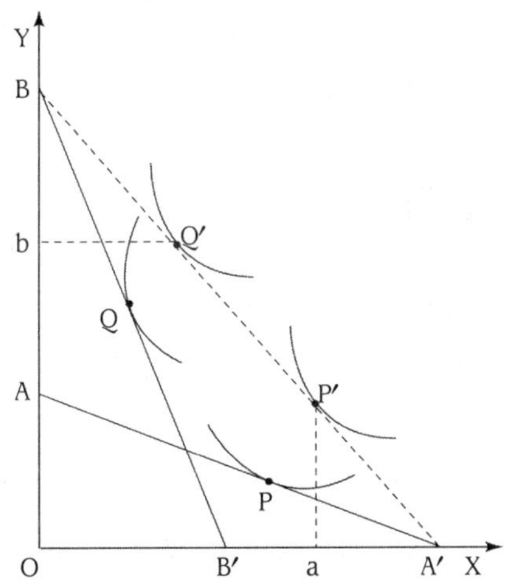

<그림 2-4>에서 A, B두 국가와 X, Y 두 재화를 상정한다. A국의 생산가능곡선은 AA′이며, B국의 생산가능곡선은 BB′가 된다. 무역이 실시되기 전 두 나라는 국내에서 생산되는 재화만을 소비하게 되는데, A, B양국이 각각 P점과 Q점에서 생산, 소비한다고 가정한다.

이제 무역이 시작되어 두 나라가 각국의 비교우위 상품을 완전특화하게 된다면 그림에서 A국은 X재의 기회비용이 B국에서 보다 낮기 때문에 비교우위를 가지며, 반대로 B국은 Y재에 비교우위를 가지기 때문에 A국은 X재만을 O A′만큼 생산할 것이고, B국은 Y재만을 O B만큼 생산하게 된다.

이때 양국간의 두 재화에 대한 교역조건이 1 : 1로 설정되었다고 가정하면, 양국은 B A′선에서 무역이 이루어지게 되고, A국의 소비점은 무역이전의 P점에서 P′점으로, B국은 Q점에서 Q′점으로 이동하게 된다. 즉 A국은 X재를 aA′만큼 수출하고 그 대신 Y재를 aP′만큼 수입하게 되며, 반대로 B국은 Y재를 bB만큼 수출하고 그 대신 X재를 bQ′만큼 수입한다. 따라서 A국의 무역삼각형 aP′A′와 B국의 무역삼각형 bBQ′는 서로 일치하게 되고, 두 나라의 후생수준을 나타내주는 사회무차별곡선은 무역을 통하여 각 각 상향되어 결국 양국은 무역이익을 얻게 되었음을 알 수 있다.

이상과 같이 하벌러의 기회비용설은 종래 고전학파이론의 기초가 되는 노동가치설의 한계성을 극복하여 현실에 보다 접근할 수 있는 무역의 원리를 제공하였다는데 그 의의가 있다 하겠다.

2. 요소부존도의 원리

리카도를 중심으로 하는 고전파 경제학자들은 노동가치설에 의한 비교생산비의 차이로써 국제무역의 원리를 설명하였는데 이러한 비교생산비차가 왜 발생하는가에 대해서는 규명하지 못하였다. 즉 비교생산비차의 원인을 단순히 기후나 토질 등 자연조건으로 보아 왔는데 이는 농산물의 경우에는 적용될 수 있겠으나 공산품 등 일반적인 재화의 교역을 설명하는 데는 미흡하였다. 그 후 스웨덴 학자인 헥셔(Eli F. Heckscher)와 그의 제자인 오린(Bertil G. Ohlin)에 의해 국가간에 비교생산비차가 발생하는 이유를 생산요소의 부존비차로 규명함으로서 무역의 원리를 설명하였는데 두 사람의 이름을 인용하여 헥셔-오린정리라 한다[4].이와 같은 요소부존도의 원리는 고전파이론에 이어 근대무역이론의 중심이 되고 있다.

헥셔-오린 정리의 내용은 두 가지 명제로 구분되는데, 하나는 요소부존이론으로서 국가간에 생산요소의 부존상태가 각각 다르고 또 각 재화 생산에 투입되는 생산요소의 비율이 다르기 때문에 국가간에 비교생산비차가 발생한다는 이론이고, 다른 하나는 요소가격균등화 이론으로 요소부존이론에 의하여 무역이 실시되면 국가간에 생산요소의 이동이 이루어지지 않더라도 국가간에 요소의 상대가격이 균등화되어 간다는 이론이다. 전자를 헥셔-오린정리의 제1

---

4) Eli F. Heckscher, "The Effects of Foreign Trade on the Distribution of Income," *Economisk Tidskrift*, vol. 21, pp. 1-32, 1919. ; Bertil G. Ohlin, "*Interregional and International Trade*", Harvard Univ. Press, Cambridge Mass, 1933.

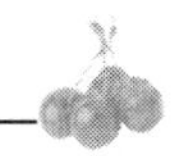

명제라 하고 후자를 제2명제라고 하는데 일반적으로 헥셔-오린정리라 하면 제1명제를 말한다.

1) 제 1 명제(요소부존이론)

국가간에 비교생산비차가 존재하는 원인은 생산요소의 부존량차에 기인하며 각국은 자국에 상대적으로 풍부하게 부존된 요소를 집약적으로 사용하는 재화를 수출하고 상대적으로 희소한 요소를 집약적으로 사용하는 재화를 수입하게 된다는 이론이다.

A, B두 나라가 두 생산요소(노동과 자본)를 투입하여 두 재화(X재 : 노동집약재, Y재 : 자본집약재)를 생산한다고 하고, A국은 B국에 비해 노동이 상대적으로 풍부한 나라이고 B국은 A국에 비해 자본이 풍부한 나라라고 가정한다. 이 경우 A국에서는 상대적으로 노동가격(임금)이 싸고 자본가격(이자)은 비쌀 것이며 B국에서는 이와 반대일 것이다. 그러면 노동이 풍부한 A국에서는 노동집약재인 X재의 생산이 유리하고 자본이 풍부한 B국에서는 자본집약재인 Y재의 생산이 유리하게 되어 각각 특화하여 교역하게 될 것이다. 즉 A국은 X재를 수출하고 Y재를 수입하게 되며 B국은 Y재를 수출하는 대신 X재를 수입하게 된다.

이와 같이 헥셔-오린 정리의 제1명제는 국가간에 생산요소의 부존상태가 각각 다르고 또한 각 재화의 생산에 투입되는 생산요소의 비율에 차이가 있음으로 해서 국가간에 비교생산비차가 발생하고 이로 인하여 무역이 이루어진다는 것이다

2) 제 2 명제(요소가격균등화 이론)

헥셔-오린 정리의 제1명제에 의하여 무역이 실시되면 결국 국가간에 생산요소의 이동이 없어도 양국의 생산요소가격이 균등화된다는 이론이다.

A국에서는 X재를 특화ㆍ수출하기 위하여 특화이전 Y재를 생산하는데 사용되었던 자본과 노동의 일부 또는 전부가 X재의 추가생산을 위해 전용될 것

이다. 그런데 X재는 노동집약재이므로 노동의 수요는 자본의 수요에 비해 상대적으로 증가하고 자본의 수요는 감소하게 된다. 그 결과 상대적으로 낮았던 노동가격(임금)은 오르게 되고 높았던 자본가격(이자)은 낮아지게 되어 두 생산요소의 가격은 점차 균형화되는 경향을 보이게 된다. 한편 B국에서는 반대 현상으로 높았던 노동가격(임금)은 떨어지고 낮았던 자본가격(이자)은 오르게 되어 두 요소가격은 역시 균형화의 경향을 나타낸다.

따라서 A, B양국의 노동과 자본의 가격은 결국 균등화되는데 이와 같은 요소가격의 균등화현상은 생산요소의 국제적 이동이 없더라도 무역의 실시로 나타나게 된다는 것이다.

이와 같은 요소가격균등화 이론은 헥셔와 오린 이후 사무엘슨(P. Samuelson)에 의해 계승 발전되었기 때문에 이를 헥셔-오린-사무엘슨 정리라고도 한다

3. 레온티에프 역설

헥셔-오린 정리는 연구 발표된 이후 많은 경제학자들에 의해 실제적인 통계자료를 통하여 검증되기 시작하였는데 처음으로 헥셔-오린 정리의 제1명제에 대한 검증이 레온티에프(W. W. Leontief)에 의해서 시도되었다[5]. 레온티에프는 1947년도 미국의 투입산출표(Input-Output Table)와 무역통계치를 이용하여 미국의 수출산업과 수입대체산업에 있어서의 요소집적도[6]를 비교하였다.

그러나 실증분석결과 헥셔 - 오린 정리에 의거 교역상대국에 비해 상대적으로 자본이 풍부한 미국은 자본집약재를 수출하고 노동집약재를 수입했을 것이라는 예상과는 달리, 오히려 정반대의 검증결과를 얻게 되었다. 따라서 이를 레온티에프의 역설(Leontief's Paradox)이라고 한다.

---

5) W. W. Leontief, *Domestic Production and Foreign Trade ; The American Capital Position Reexamined*, Proceedings of the American Philosophical Society, Sept. 1953. : "Factor Proportions and the Structure of American Trade ; Further Theoretical and Empirical Analysis," *Review of Economics and Statistics*, Nov. 1956.

6) 要素集積度(Factor Intensity)란 要素集約度 또는 資本集約度라고도 하는데 생산요소의 결합비율을 의미한다.

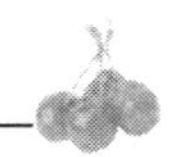

그가 산출한 자료인 <표 2-5>에 의하면, 미국은 노동자 1인당 자본장비(資本裝備)가 수출산업이 $14,015이고 수입대체산업[7]은 $18,184이기 때문에 미국의 수출사업은 수입대체산업에 비해 덜 자본집약적(노동집약적)이라고 할 수 있으므로 미국과 같이 자본이 풍부한 국가는 자본집약재를 수출할 것이라는 헥셔-오린 정리에 반대의 결과를 나타내었다. 그 후 레온티에프는 1951년도의 통계자료를 이용하여 동일한 방법으로 2차 검증을 하였는데 역시 1차 검증과 동일한 결과를 보였다.

〈표 2-5〉 100만 달러의 상품생산에 소요되는 자본과 노동

	수출 산업	수입대체산업
자본(1947년 가격)	$ 2,550,780	$ 3,091,339
노동(년 인원수)	182명	170명
자본/노동(자본장비율)	$ 14,015	$ 18,184

이와 같은 헥셔-오린 정리에 대한 검증결과에 대하여 레온티에프 자신이나 여러 경제학자들은 이 결과에 대한 문제점과 해명으로 다음과 같은 사항들을 제시하고 있다.

즉 ① 헥셔-오린 정리의 이론적인 한계와 통계상의 오류 ② 미국민의 자본집약재에 대한 수요편향 ③ 국가마다 다른 생산 함수 ④ 노동집약재에 대한 미국의 수입규제 ⑤ 미국 노동생산성의 우위 ⑥ 제3의 생산요소 영향 등을 지적하고 있다.

4. 스톨퍼-사무엘슨 정리

헥셔-오린 정리의 제 2 명제 즉 요소가격균등화이론에 의하면, 국제무역의

7) 수출산업과 수입산업에 대하여 비교하는 것이 당연하나 레온티에프는 미국에 각종 상품을 수출하는 여러나라의 투입산출표등 통계자료를 구할 수 없기 때문에 편의상 수입산업과 경쟁관계에 있는 국내의 수입대체산업을 수입산업으로 간주하여 작성하였다.

실시는 생산요소의 국제적 이동이 없더라도 국가간에 생산요소의 가격을 균등화 시킨다. 이 때 높은 임금을 받는 국가와 낮은 임금을 받는 국가간에 자유무역을 실시할 경우 높은 임금을 받는 국가의 실질임금수준은 낮아지게 되어 근로자의 소득과 고용수준을 낮추게 된다. 따라서 이를 방지하기 위하여 정부는 보호관세정책을 실시해야 한다는 이론으로 스톨퍼(W. F. Stolper)와 사무엘슨(P. A. Samuelson)에 의해 정립되었는데 이를 스톨퍼-사무엘슨 정리라 한다.[8].

즉 A국은 자본풍부국이고 B국은 노동풍부국이라고 할 때에 무역전에는 A국에서는 상대적으로 자본가격이 싸고 노동가격이 비싸며 B국은 이와 반대이다. 그러나 무역이 실시됨으로서 A국은 비교우위인 자본집약재에 특화하고, B국은 노동집약재에 특화함으로서 서로 교역하게 된다. 이에 따라 A국에서는 노동의 희소성이 완화되어 노동가격은 하락하고 B국에서는 자본의 희소성이 완화되어 자본가격이 하락된다.

이와 같이 자유무역이 실시되면 A국 노동자의 임금수준이 하락되기 때문에 이를 보호하기 위하여 수입물품에 보호관세를 부과해야 한다는 이론으로 보호무역정책의 유력한 정책수단이 되고 있다.

2.4 현대의 무역이론

국제무역의 원리를 규명하고 있는 지금까지의 고전파 및 근대무역이론에서는 여러 가지 비현실적인 가정을 전제로 하고 있기 때문에 많은 한계성과 문제점을 제기하고 있다. 특히 20세기 후반이후의 현대무역패턴은 전통적인 무역과는 달리 새로운 양상을 보이고 있어 이에 적합한 새로운 무역이론이 요구

8) W. F. Stolper and P. A. Samuelson, "Protection and Real Wages," *Review of Economic Studies*, Nov. 1941.

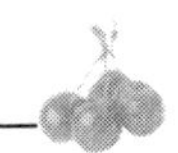

되었다.

따라서 많은 경제학자들은 비교우위의 원리와 요소부존의 원리 등 전통적인 무역이론에서 전제하고 있는 가정들을 완화시켜 보다 현실적이고 일반화된 이론으로 발전시키는데 노력해 왔으며 특히 시간의 흐름에 따라 변화하는 무역패턴의 원리를 규명하기 위해 새로운 동태적인 이론들을 연구ㆍ개발하여 왔다.

또한 전통적인 무역이론에서는 노동가치설에 의한 노동생산성의 차이나 생산요소의 부존비율 차이로 인한 생산비의 차이 등 가격경쟁요인으로 무역의 원리를 설명하고 있는데 반하여 현대무역이론에서는 기술이나 새로운 정보 등 비가격경쟁요인으로 무역패턴을 규명하고자 하는데 그 특징이 있다.

이러한 현대무역이론은 최근까지 많은 학자들에 의해 연구와 실증분석이 계속되고 있는데 현대무역이론 가운데 비교적 대표적이라고 할 수 있는 이론들을 중심으로 정리하면 다음과 같다.

1. 대표적수요이론(Representative demand theory)

대표적 수요이론은 수요구조에 중점을 두어 무역패턴을 설명하려는 이론으로 린더(S. B. Linder)[9]에 의하여 체계화되었다.

그는 1차 산물과 공산품간의 무역에 관해서는 H-O정리로 설명할 수 있겠지만 공산품 상호간의 무역패턴은 수요측면에서 그 요인을 찾아야 한다고 주장하고 있다. 즉 어떤 상품이 수출되기 위해서는 먼저 그 상품에 대한 상당한 국내수요가 선행되어야 한다는 것이다. 이 상당한 정도의 국내수요를 대표적 수요라고 하였는데 수출상품으로서의 가능성과 경쟁력은 대표적 수요에 의해 결정된다는 것이다.

또한 이와 같은 국내수요는 국민소득에 따라 달라지므로 일국의 무역패턴은 그 나라의 국민소득에 영향을 받게 된다는 것이다. 따라서 공산품간의 무

9) S. B. Linder, "*An Essay on Trade and Transformation,*" Columbia University, New York, 1961.

역은 거래당사국의 수요구조가 유사 할수록 긴밀해지며, 1인당 국민소득의 수준이 비슷할수록 무역은 활발해진다는 것이다.

요컨대 무역의 발생원리를 상당한 국내수요를 전제로 하고 이러한 수요는 그 상품을 효율적으로 생산할 수 있는 생산함수로 변화시켜 주며 생산함수의 변화는 상품의 비교우위구조를 개선시켜 준다는 것이다.

이와 같은 대표적 수요이론은 H-O정리에 수요측면을 보완하였다는데 의미가 있고, 종래의 정태적 무역이론을 시간의 흐름에 변화하는 동태적 이론으로 발전시키는데 기여하였다고 할 수 있다.

2. 기술격차론(Theory of technological gap)

기술격차론은 기술선진국이 새로운 상품을 개발하여 생산과 수출을 주도하는데 일정한 시간이 경과하면서 그 상품을 수입하던 기술후진국이 생산기술을 모방하여 국내생산하고 유리한 비교우위로 수출까지 함으로서 결국 무역이 역전되는 현상을 설명하는 이론으로 포스너(M. V. Posner)와 호프바우어(G. C. Haufbauer)[10]등에 의해 주장되었다. 즉 공산품무역에 있어서 기술선진국은 기술혁신으로 인한 기술격차가 비교생산비의 차이를 결정하며 기술후진국이 이러한 기술을 모방하고 나아가 비교생산비의 차이를 역전시킴으로 무역패턴을 변화시키는 과정을 단계적으로 설명하고 있다.

호프바우어의 <그림 2-5>에 의하면, 기술선진국(갑국)이 기술혁신으로 t_0 시점에서 신제품을 개발하고 생산하기 시작하여, t1 시점에 와서는 생산이 더욱 증가되며 일부는 기술후진국(을국)에 수출하기 시작한다. 또한 t2 시점에 이르면 그 제품은 을국에서 모방하여 생산되며, t3 시점에 이르면 갑국은 그 제품의 수출을 중단하고 오히려 을국으로부터 수입하게 된다.

10) M. V. Posner, "*International Trade and Technical Change,*" Oxford Economics Papers, No. 3, Oct, 1961. : G. C. Haufbauer, "*Syvthetic Materialo and the Theory of International Trade,*" London, Duckwor-th, 1965.

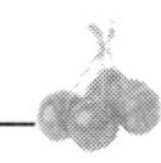

〈그림 2-5〉 기술격차에 의한 무역역전

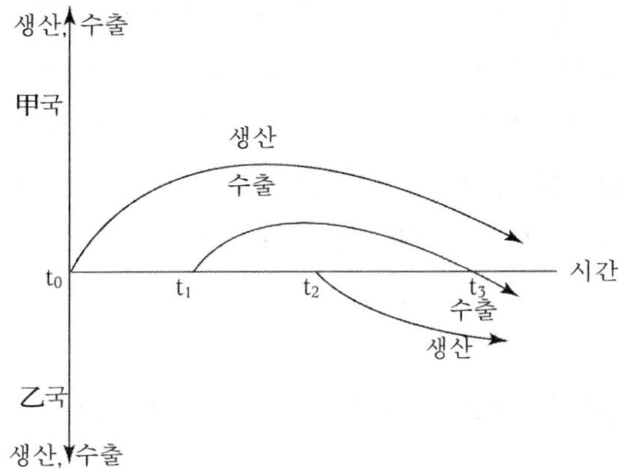

즉, 을국이 기술을 모방하여 국내에서 생산이 시작되고 일정단계에 이르면 저임금에 의한 비교우위의 확보로 수출하게 됨을 의미한다. 이러한 기술격차론은 기술격차에 의하여 비교우위가 결정된다는 의미도 있으나 시간의 흐름에 따라 모방에 의해 무역패턴이 역전된다는 동태적 이론으로 그 의의가 크다고 하겠다.

3. 연구개발요소이론(Theory of research and development factor)

연구、개발요소이론은 일반적으로 R&D 이론이라 하는데 연구·개발요소가 국가간 또는 상품간의 비교우위를 결정하는 주요한 요인이라는 이론이다. 이 이론은 미국등 대부분 선진국의 무역패턴이 연구·개발비의 투자에 의한 신제품의 발명이나 새로운 생산기술의 개발에 의하여 결정된다는 것이다.

이 이론은 그루버 등 3인의 공동연구(W. Gruber, D. Mehta, R. Vernon)[11]와 키이싱(D. B. Keesing)[12]의 연구에서 시작되었는데, 미국의 수출산업이 우위의 국제경쟁력을 확보하고 있는 이유는 신제품의 개발과 생산비용의 절감

11) W. Gruber, D. Mehta, R. Vernon, "The R&D factor in International Trade and International Investment of United States Industries," *J.P.E.*, vol. 75, No. 1, Feb. 1967.
12) D. B. Keesing, "The Impact of Research and Development on United States Trade," *J.P.E.*, vol. 75, No. 1, 1967.

을 위한 과학자, 기술자, 숙련노동자등 양질의 노동력을 갖추고 있기 때문이라고 주장하였다. 특히 키이싱은 미국의 국제경쟁력요인에 관한 상관관계분석에서 자본, 천연자원, 노동 그리고 규모의 경제 등 네 가지 요인과 R&D를 비교하였는데 결국 R&D가 가장 강력한 요인임을 확인하였다.

이와 같은 R&D 이론은 현대무역이론의 근간이 되고 있는데 근대무역이론인 레온티에프의 역설에 의한 해명과 연관되고 있으며 후술하는 제품사이클론의 기초가 되는 이론이기도 하다.

4. 제품 사이클론(Theory of Product Cycle)

제품순환이론이라고도 하는데 생물의 생애(Life)와 마찬가지로 상품의 출현과 소멸도 일정한 순환과정을 거치게 되는데 신제품이 출현하여 마침내 시장에서 사라지기까지의 과정을 몇 단계로 나누고 각 단계에서의 생산과 수출을 설명하는 이론으로 버논(R. Vernon)[13)]에 의해 주장되었다.

버논에 의하면 신제품의 수명주기(Life cycle)를 신제품 단계(New product stage), 성숙제품 단계(Maturing product stage), 표준화제품 단계(Standardized product stage)의 3단계로 구분하고 다음과 같이 설명하고 있다.

1) 신제품 단계

신제품 단계에서는 새로운 제품이 개발되어 국내 시장에 소개되고 판매된다. 이 단계에서는 상품의 생산코스트는 높고 많은 광고비가 지출되기 때문에 가격이 높다. 반면에 생산은 노동집약적 방식으로 아직 기술적으로 불안정하고 수요도 불확실한 상태이다. 따라서 이 단계에서는 수출이 이루어지기 어렵다.

2) 성숙제품 단계

규모의 경제가 실현됨으로서 대량생산이 가능해지며 생산코스트의 절감과

13) R. Vernon, "International Investment and International Trade in the Product Cycle," *Quarterly Journal of Economics*, May. 1966.

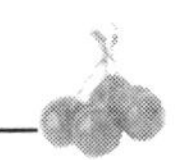

자본집약적 생산을 하게 된다. 수요의 증가로 판매량이 급속히 증가하게 되고 해외수출을 시작하게 된다. 그러나 이 단계에서는 경쟁상품이 출현하게 되며 국제경쟁력을 확보하기 위하여 R&D투자가 절실히 요청되는 시기이다.

3) 표준화제품 단계

제품의 표준화가 진전되면서 생산 공정의 단순화로 미숙련 노동에 의한 생산이 가능해 진다. 따라서 생산은 저임노동을 가진 후발개도국으로 이전되고 오히려 선진국에서 역수입하게 된다. 또한 이 단계에서는 다른 선진국에서 새로운 제품 즉 대체상품의 출현으로 수요가 급격히 감퇴되는 쇠퇴기(Decline stage)로 이어진다.

요컨대 제품사이클론은 시간의 경과에 따라 변하는 무역패턴을 동태적 이론으로 설명, 발전시켰다는데 의의가 있으나 현대의 다양한 무역패턴을 특정한 상품에 국한하여 설명하였다는 한계성을 내포하고 있다.

5. 산업 내 무역이론(Intra-Industry Trade Theory)

국제무역의 한 분류방식으로 산업 간 무역(Inter-Industry Trade)과 산업 내 무역(Intra-Industry Trade IIT)이 있다. 즉 1차 산업과 2차 산업 간의 무역이나 2차 산업에서도 경공업과 중화학공업간의 무역 등 산업간에 이루어지는 전통적인 무역패턴을 산업간 무역이라 하고 동일한 산업간 또는 동일업종간의 무역을 산업 내 무역 또는 수평적 무역이라고 한다.

산업 내 무역에서 수출、입 되는 상품들은 생산이나 소비에서 서로 밀접한 관련이 있는 대체재나 보완재가 일반적이고 대부분 공산품으로서 선진국들 간의 무역에서 주로 실시되고 있다.

산업 내 무역에 대한 이론적 연구는 비교적 최근에 와서 진행되고 있는데, 현대무역의 패턴이 종래의 수직적 무역에서 수평적 무역으로 전환됨에 따라 전통적 무역이론에서는 설명할 수 없게 되어 규모의 경제나 제품차별화 등 기술혁신에 따른 상품생산의 동태적 변화를 고려하게 되었다. 이러한 이론들은

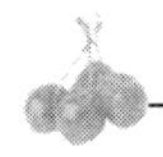

기존의 H-O 정리를 보완하여 비교우위를 발생케 하는 근거로서 다음과 같은 요인들을 제시하고 있다.

1) 상품차별화

소비자의 소득이 변화하면 소비패턴도 변화하게 된다. 생산자는 변화하는 소비자의 구매성향에 맞추기 위해 상품차별화를 시도하게 되는데 이에 따라 두 나라 사이에 산업 내 무역이 발생하게 된다.

상품차별화는 상품의 품질뿐만 아니라 디자인, 포장 그리고 상표 등에 의해 결정되기도 하며 각국간의 문화적 차이나 기호의 격차로도 발생할 수 가 있다. 예컨대, 한국에서 소득수준의 향상으로 일제 대형냉장고를 수입하고 일본에서는 저렴한 한국산 소형냉장고를 수입하는 경우이다.

2) 시간차별화

계절에 따라 각국마다 소비패턴이 변화하여 동종 또는 동일제품이 수입되고 수출됨으로서 산업 내 무역이 발생 된다.

예컨대 여름용 에어컨 등의 냉방기는 국내에서 비성수기인 겨울철에는 수출하고 여름철 성수기에 수요가 폭주할 경우 외국으로부터 수입하게 되어 산업 내 무역이 발생하게 된다.

3) 기술격차

국내기술에 의해 개발되고 생산하여 수출하였으나 상대국이 보다 나은 기술로 우수한 대체상품을 개발·생산할 경우 결국 역수입하게 된다.

일반적으로 기술의 격차는 선진공업국과 개도국간에 존재하다가 조만간 그 기술이 개도국으로 이전되어 보다 저렴한 노동력으로 생산되는 경우 무역패턴은 변화하게 된다.

예컨대 70년대 우리의 주종수출품인 합판이 80년대에 와서 원목생산국으로의 급속한 기술이전으로 이제는 우리가 합판수입국이 되어 품질에 따라 산

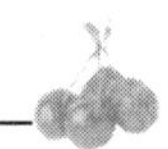

업 내 무역이 실시되고 있는 경우이다.

6. 합의적 분업론(Theory of Agreed Specialization)

생산 및 산업구조가 유사한 국가간에 합의에 의해 국가별로 특정산업 또는 특정상품을 특화하여 교역하면 교역당사국에 무역이익을 얻을 수 있다는 이론으로 미르달(G.Myrdal)에 의해 주장되었고 해롯드(R.F.Harrod)와 고 시마(小島 清)에 의해 계승 발전되었다. 이와 같은 합의적 분업론은 EU와 같은 경제통합체에서 역내무역을 촉진시키기 위한 수단으로 이용되기도 한다.

2.5 무역과 경제성장

1. 무역이 경제성장에 미치는 영향

무역은 무역당사국의 국민경제에 지대한 영향을 미치게 된다. 즉 무역은 일국의 경제성장을 촉진하는 효과를 얻게 되어 그 나라의 국민경제 발전에 기여할 수 있게 된다.

무역이 경제성장에 미치는 영향에 관하여 지금까지 많은 경제학자들에 의해 연구 발전되어 왔다. 고전학파인 스미스(A. Smith)는 무역이 국내생산량의 증가를 통하여 노동력을 증대시키고 이로 인해 국부 즉 경제성장을 가져온다고 하였다. 그 후 리카도(D. Ricardo)는 무역은 직접적으로 사용가치의 증대와 자본축적을 가져오게 한다고 하였다.

또한, 하벌러(G. Haberler)는 무역이 경제발전에 필요한 자본재 및 원자재등을 공급하고, 외국인투자를 통해 산업자본을 형성하고 해외의 선진기술과 경영기법등을 도입할 수 있다고 하였다. 그리고 근대학파인 케이즈(J. M. Keynes)는 무역승수이론으로 수출로 인한 소득 및 고용창출효과를 분석하여 무역을 통해 국내 불완전고용상태를 해소할 수 있고 이로 인해 경제성장에 기여할 수 있다고 설명하고 있다.

1) 수출의 경제성장효과

수출은 수출로 얻은 외화로 외국으로부터 자본재와 원자재 등을 수입함으로서 국내 생산활동을 촉진케 할 뿐 아니라 동시에 수출품의 생산에서 선적과 운송에 이르기까지 관련산업에 파급효과를 유발함으로서 경제성장에 크게 기여하게 된다.

킨들버거(C. P. Kindleberger)는 수출이 관련산업에 파급되어 경제성장에 기여하게 되는 산업연관효과를 다음과 같이 제시하고 있다.

첫째, 생산촉진효과

수출은 당해 수출산업의 수출품 생산을 유발하고, 이는 다시 그 수출품 생산과 관련된 연관산업의 생산을 연쇄적으로 유발함으로서 생산활동을 촉진하게 된다.

둘째, 고용창출효과

수출은 당해 산업뿐만 아니라 연관산업의 생산을 촉진하게 하여 이에 따른 신규고용을 창출하게 된다.

셋째, 소득증대효과

수출은 수출상품을 생산하기 위하여 수출산업은 물론이고 이와 관련되는 연관산업에서 부가가치를 창출하게 되어 소득증가를 유발하게 된다.

넷째, 수입대체산업 육성효과

수출품을 생산하기 위해서는 수출용원자재의 수입을 유발하게 된다. 따라서 수입의존도를 낮추어 수출품의 외화가득률을 높이기 위해 수출용원자재의 국산화를 위한 수입대체산업을 육성하는 효과를 얻을 수 있다.

2) 수입의 경제성장효과

수입을 통하여 일국의 경제성장에 필요한 산업자본의 투자와 생산을 위한 원자재를 조달받을 수 있으며 이를 통해 선진생산기술 및 경영기법의 도입이

가능하게 된다. 수입의 경제성장효과는 비경쟁형 수입과 경쟁형 수입 그리고 외국인투자와 기술도입으로 구분하여 설명할 수 있다.

(1) 비경쟁형 수입

어떠한 제품을 생산하려면 생산과정에서 여러 가지 원료와 중간재가 필요하게 되는데 국내에서는 공급받을 수 없는 경우 수입에 의존하지 않을 수 없다. 이 경우 비경쟁형 원자재의 수입은 국내생산을 가능케 할 뿐만 아니라 당해 산업의 생산과 연관되는 산업부문에 전후방 파급효과를 나타내어 국내생산 및 고용효과를 얻게 함으로서 일국이 경제성장을 촉진하게 한다.

또한 비경쟁형 수입품이 최종소비재일 경우 국내 소비자는 국내에서는 생산이 불가능한 다양한 상품을 구입하여 소비할 수 있으므로 국민의 후생수준을 향상시킨다.

(2) 경쟁형 수입

경쟁형 수입이란 국내생산품과 경쟁관계에 있는 상품의 수입 즉 국내상품과 대체관계에 있는 수입을 의미한다. 경쟁형 수입은 수입품과 국내산업과의 건전한 경쟁을 통하여 국내산업의 비능률적인 독점화를 견제할 수 있으며 국제경쟁력을 향상시킴으로 경제성장효과를 얻을 수 있다.

(3) 외국인투자와 기술도입

외국인의 국내산업에 대한 직접투자는 여러부문으로 국내생산을 촉진시켜 경제성장효과를 얻을수 있다. 힉스(J. R. Hicks)는 일국의 경제성장을 위해서는 자본축적을 통한 생산력의 증강이 필요하다고 하면서 외국인투자의 경제적 효과를 강조하고 있다. 특히 개발도상국의 경우 저축이 투자로 전환되기에는 한계가 있어 국내에서 산업자본을 축적하기에는 어렵기 때문에 외국인투자는 절실히 요구된다.

또한 외국인투자는 선진기술 및 경영기법의 도입을 실현시킴으로 효율적인 생산과 국제경쟁력강화로 경제성장효과를 얻게 한다.

지금까지 수입이 수입국의 경제성장에 기여할 수 있는 점들을 강조하였다. 그러나 한편으로는 수입은 국내산업의 생산력약화와 소비자의 과소비조장에 의한 외화낭비등 부정적인 영향을 미치게 되어 경제성장을 저해할 수도 있다.

3) 무역승수이론

무역승수이론이란 불완전고용하에서 수출의 증가가 국민소득을 얼마나 증대시키는가 하는 문제를 분석하는 이론이다. 이 이론은 케인즈(J.M.Keynes)의 이론을 해로드(R.F.Harrod)가 국제무역에 적용하여 전개하였는데, 무역이 국민경제에 미치는 효과를 설명하는데 널리 이용되고 있다.

이론의 단순화를 위해 경제주체가 가계와 기업만이 존재하는 개방경제체제라고 가정하면, 국민소득(Y)을 창출하는 것은 소비(C), 투자(I), 수출(X)이고, 반면 국민소득Y)의 지출은 소비C), 저축(S), 수입(M)으로 구성된다. 이 때 국민소득이 균형되기 위해서는 생산국민소득과 지출국민소득이 같을 때, 즉,

$$C + I + X = C + S + M \quad (1)$$

에서 결정된다. 따라서 균형국민소득은 식 (1)에서 I+X=S+M, 즉 투자와 수출의 합계가 저축과 수입의 합과 같을 때 결정된다. 이 때 투자증가분(dI)과 수출증가분(dX)의 합은 저축증가분(dS)과 수입증가분(dM)의 합과 동일해야 국민소득은 균형을 이룬다. 즉,

$$dI + dX = dS + dM \quad (2)$$

여기서 양변을 소득의 증가분(dY)으로 나누면

$$\frac{dY}{dI + dX} = \frac{dY}{dS + dM} \quad (3)$$

위 식(3)에서 우변을 역수로 취하면

$$\frac{dY}{dI + dX} = \frac{1}{\frac{dS + dM}{dY}} \quad (4)$$

이 된다. 여기서 dS/dY는 한계저축성향(MPS)이고, dM/dY는 한계수입성향(MPM)이므로

$$dY = \frac{1}{MPS + MPM} \times (dX + dI) \text{ ———— } (5)$$

라는 관계가 성립된다. 따라서 투자와 저축을 고려한 무역승수는 1/(MPS+MPM)으로 표시할 수 있다.

이와같이 무역승수식(식5)에서 알 수 있는 바와 같이 무역승수가 크면 클수록, 다시 말해서 한계수입성향이나 한계저축성향이 작으면 작을수록 수출증가에 따른 소득증가효과는 커지게 된다.

요컨대, 일국이 불완전고용하에서 국민소득수준을 증대시키기 위해서는(경제성장) 저축과 외국수입을 감소시키거나 아니면 수출과 투자를 증대시켜야 함을 의미한다.

2. 경제성장이 무역에 미치는 영향

1) 경제성장의 요인

경제성장(Economic growth)이란 시간이 경과함에 따라 경제활동규모가 커지는 현상을 의미하는데, 일반적으로 국내총생산(GDP)의 실질증가율로 측정한다. 따라서 경제성장율(Economic growth rate)이란 GDP의 증가율로 표시한다. 이때 GDP는 노동, 천연자원, 자본등 생산요소의 증가와 기술진보에 의하여 증가된다. 그러므로 경제성장의 주요 요인은 노동, 천연자원, 자본 등의 생산요소의 공급증대와 기술진보라고 할 수 있다.

전통적이 국제무역이론에서는 생산요소의 공급량이나 기술진보는 일정불변하다는 가정하의 정태분석(Static analysis)이었는데, 현실세계는 시간이 경과함에 따라 생산요소의 공급량은 변화하며 기술수준 역시 발전하는 것이 일반적이라 할 수 있다. 따라서 이러한 생산요소의 공급증대와 기술진보 즉 경제성장이 무역에 미치는 영향은 매우 중요한 과제라 할 수 있다.

(1) 생산요소의 공급증대

생산요소라 함은 전통적으로 노동, 자본 및 천연자원 등을 의미하는데, 경제사적으로 오랫동안 노동과 자본을 주요 생산요소로 인정하여 왔는데 20세기 후반부 자원민족주의(Resource nationalism) 시대 이후 천연자원이 새로운 생산요소로 작용하게 되었다.

노동은 노동인구증가에 저임금의 노동력을 제공함으로서 경제성장을 촉진시키며, 자본은 생산을 위한 투자를 가능케 하여 경제성장의 원동력이 된다. 또한 석유 등 천연자원의 개발과 이용으로 생산과정에서 에너지와 원료 등을 제공함으로서 경제성장을 촉진시키게 된다.

(2) 기술진보

기술진보(Technical progress)란 일정한 생산량을 보다 적은 생산요소의 투입으로 산출할 수 있게 하는 기술적 변동을 의미한다. 또한 일정한 생산요소로써 보다 많은 생산을 가능케 하는 변화를 기술진보라 한다. 이와 같은 기술진보는 과학의 발달, 신자원 및 신제품의 개발, 생산방법 및 경영방식의 개선 등으로 이루어 진다.

슘페터(J. A. Schumpeter)는 기술진보를 기술혁신이라 하고, 이는 창조와 파괴의 작용을 통하여 경제발전의 원동력이 된다고 하였다. 따라서 기술진보를 통한 경제성장은 국제무역에 미치는 영향은 매우 크다고 할 수 있다.

2) 경제성장이 무역에 미치는 영향

일국의 경제성장이 이루어진 경우 즉 생산요소의 공급량이 증가하였거나 기술진보로 인하여 생산량이 증가하는 경우 당해 국가의 무역에 어떠한 영향을 미치는가 알아보고자 한다. 이를 알아보기 위하여 먼저 offer곡선의 의의와 도출방법을 제시한다.

(1) offer곡선의 의의와 도출

국제시장에서 어떤 상품의 국제가격이 변동할 경우 이 상품의 무역량은

영향을 받게 된다. 예컨대 국제유가가 인상될 경우에 일반적으로 우리나라와 같은 수입국은 수입량을 줄일 것이고 수출국은 그들의 수출량을 증가시키려고 할 것이다. 이처럼 offer곡선이란 국제가격(교역조건)의 변동에 따른 수출입량의 변동을 나타내는 곡선이라 할 수 있다. 이러한 offer곡선은 마샬(A.Marshall)과 에지워드(F.Y.Edgeworth)가 처음 사용하였으며 국제무역이론의 분석에 유용한 도구로 널리 사용되고 있다.

이와 같은 offer곡선은 생산가능곡선, 사회무차별곡선 및 교역조건선에 의한 무역삼각형을 이용하여 도출할 수 있다.

<그림 2-6>의 (a)에서 AA'는 A국의 생산가능곡선이고, I는 사회무차별곡선 그리고 α 는 교역조건선이 된다. 아직 무역이 실시되기전에 A국은 생산가능곡선과 사회무차별곡선 Ic'가 접하는 P점에서 생산과 소비가 이루어지고 이 때의 X재와 Y재의 국내교환비율은 α_1이 된다.

〈그림 2-6〉 offer곡선의 도출

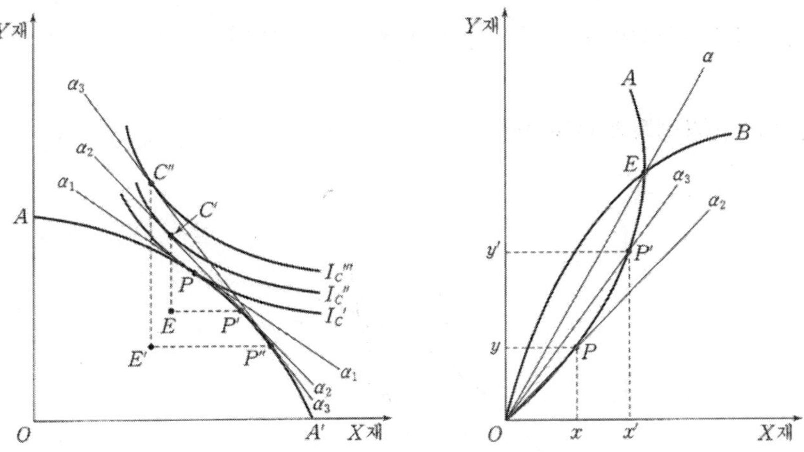

이제 B국과 무역이 실시되어 교역조건선이 α_2로 변동된다면 X재는 EP'만큼 수출되고 Y재는 EC'만큼 수입된다. 이러한 A국의 수출입량을 그림(b)에

표시하게 되면, 무역이 실시되기 전에는 원점 O가 되고, 그림(a)의 α_2 상태에서는 X재의 수출량 EP'와 Y재의 수입량 EC'는 그림(b)에서 각각 Ox, Oy로 표시할 수 있다. 이 때 두 재화의 수출입량은 동일하기 때문에 그림(a)의 무역삼각형 EP'C'와 그림(b)의 무역삼각형 OxP는 합동이 된다.

또한 그림(a)에서 교역조건선이 α_s로 변동된다면 X재는 E'P"만큼 수출되고 Y재는 E'C"만큼 수입되므로 수출입량도 위와 같은 방법으로 그림(b)에 각각 Ox'와 Oy'로 표시할 수 있어 무역삼각형은 Ox'P'가 된다.

이러한 방법으로 두 재화의 수출입량을 표시하는 점 O, P, P' ···를 연결하면 OA와 같은 하나의 곡선이 나타나는데 이 곡선이 offer곡선이다. 한편 동일한 방법으로 교역상대국인 B국의 offer곡선도 도출할 수 있는데 이렇게 도출된 것이 곡선 OB이다. 이 때 A, B양국의 offer곡선 OA와 OB가 교차하는 점 E점이 무역의 일반균형점이며, OA로 표시되는 α 선을 균형교역조건선이라 한다.

(2) 경제성장과 교역조건

경제성장이 그 나라의 교역조건을 악화시키는가 아니면 개선시키는가에 대해서 검토하기 위하여 offer곡선을 이용하여 분석한다.

〈그림 2-7〉 경제성장과 offer곡선

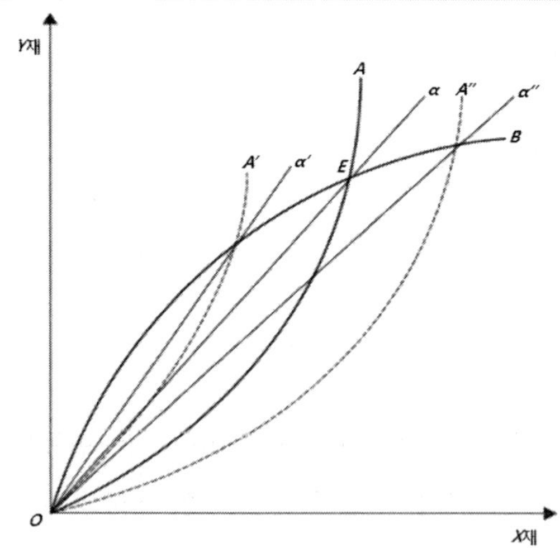

<그림 2-7>에서 A국의 offer곡선 OA와 B국의 offer곡선 OB와의 만나는 E점과 원점을 연결한 직선 α가 균형교역조건선이다.

여기서 A국의 경제성장이 수입경쟁재인 Y재 산업에 편향적으로 이루어진 경우, Y재의 국내생산량은 증가하고 수출재인 X재의 생산량은 상대적으로 감소하게 된다. 이 때 B국의 offer곡선이 불변하다고 가정할 경우 A국의 교역조건은 개선되게 되나 교역량은 감소하게 된다. 즉 A국의 offer곡선은 OA'가 되고 새로운 교역조건선은 A'가 되어 교역량은 감소되었음을 알 수 있다.

한편, A국의 경제성장이 수출재인 X재 산업에 편향적으로 이루어진 경우, 이 나라의 교역조건은 악화되나 교역량은 증가하게 됨을 알 수 있다. 즉 A국의 offer곡선은 OA"가 되고 이 때 새로운 교역조건선은 a"가 되어 교역량이 증가되었음을 알 수 있다.

이상에서 A국의 경제성장이 이루어질 경우 offer곡선의 변화와 이에 따른 교역조건을 살펴보았는데 이는 교역상대국의 offer곡선이 불변하다는 전제를 가정하고 있다. 따라서 A국의 경제성장으로 교역재의 국내생산량이 증가하여 offer곡선이 변동하게 되면 교역상대국에서도 이에 반응하여 B국의 offer곡선도 변동되어 또 다른 교역조건이 형성될 것이다.

(3) 궁핍화성장(Immiserizing Growth)

전술한 바와 같이 일국에서 경제성장이 이루어지면 어느 정도 교역조건의 악화를 초래할 수 있지만 그 나라의 경제적 후생이 향상되는 것이 일반적이다. 그러나 경제성장의 극단적인 경우로서 경제성장에 의한 생산량증가에 따라 발생되는 이익보다 교역조건의 악화에 의하여 발생되는 손실이 더 큰 경우의 경제성장이 일어 날 수 있다. 이러한 성장을 궁핍화성장이라고 하며, 이는 바그와티(J. Bhagwati)에 의해 주장되고 있다.

<그림 2-8>에서 한 나라의 경제성장 이전의 생산가능곡선은 AA이고 교역조건선은 α선 이라고 할 때에 균형생산점과 균형소비점은 각각 P점과 C점이다. 그리고 이때의 경제적 후생수준은 균형소비점 C점에 의한 사회무차별곡선 I선이 된다.

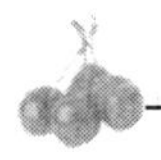

이러한 상태에서 이 나라의 경제가 수출재인 X재 산업에 편향적으로 성장하여 생산가능곡선이 A'A'가 되었다. 이 때 이 나라는 X재의 수출공급 과잉으로 X재의 수출가격이 하락(교역조건 악화)하여 교역조건선이 α 에서 α '가 됨으로서 균형생산점과 균형소비점은 각각 P'점과 C'점이 된다.

〈그림 2-8〉 궁핍화성장

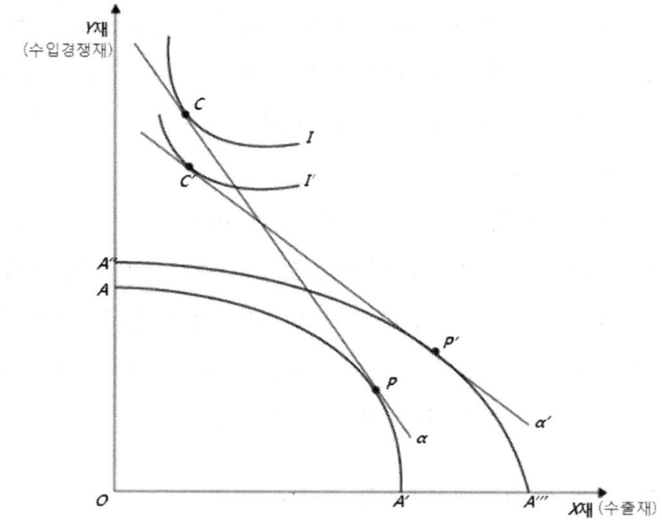

이러한 경우에 이 나라의 후생수준은 균형소비점 C'에 의한 사회무차별곡선 I'선이다. 이는 이 나라 경제성장 전의 후생수준인 I 보다 낮은 수준으로 후생수준이 저하되었음을 알 수 있다.

이와 같은 현상은 경제성장에 의한 생산량 증가에서 얻는 성장이익이 공급량 증가에서 초래되는 교역조건의 악화로 말미암아 결과적으로 경제적 궁핍화를 초래하였음을 의미한다.

그러나 이상과 같은 경제성장에 의한 궁핍화성장은 발생조건이 제한적이기 때문에 현실적으로 발생할 가능성은 매우 적다고 할 수 있다.

제 3 장

무역정책

3.1 무역정책의 의의
3.2 자유무역정책
3.3 보호무역정책
3.4 신보호무역주의
3.5 무역정책수단

Chapter 3 무역정책

3.1 무역정책의 의의

1. 무역정책의 개념과 특성

국제무역이론에 의하면 자유무역은 세계자원의 효율적 배분을 통하여 무역당사국에 무역이익을 얻게 하며 양국의 후생수준을 향상시킨다. 그러나 현실경제에서는 재화시장이나 생산요소시장에 여러 가지 왜곡(Distortion)이 존재하기 때문에 자유무역에 의한 자원배분은 효율적이지 못하고 무역당사국의 후생수준도 향상시키지 못 할 수가 있다.

따라서 무역을 통한 후생수준의 향상과 국민경제의 발전을 위하여 정부의 정책적개입이 요구되는데 이러한 경우 필요한 경제정책으로 무역정책이 제기된다.

한 나라의 경제정책은 농업정책, 산업정책, 재정정책 등 대내적 경제정책과 무역정책, 외환정책, 국제수지 조정정책 등 대외적 경제정책으로 구분할 수 있는데, 이와 같이 무역정책은 대외적 경제정책의 일환으로 정부가 국민경제의 발전을 위하여 수출입 등 대외경제활동을 관리, 조정, 규제하는 정책이다.

일반적으로 무역정책은 정책의 대상이나 수단에 따라 여러 가지 형태를 갖게 되는데, 어떠한 형태의 무역정책이던지 국내경제활동을 대상으로 하는 대

내적 경제정책과는 달리 다음과 같은 특성을 갖는다.

첫째, 무역정책의 국제성

무역정책은 대외경제활동을 대상으로 하고 있기 때문에 교역상대국의 반응이나 국제경제기구 등의 규범을 고려해야 한다. 즉 정책결정이나 정책수단의 선택에 있어서는 교역상대국의 입장 특히 경제정책 등을 파악해야 하며 한편 세계무역기구(WTO)와 국제통화기금(IMF) 등 국제경제기구에 의한 국제협력체제와 국제통상환경 등을 고려하여 실시되어야 한다.

둘째, 무역정책의 종합성

무역정책의 시행은 국내고용, 산업, 물가 등 국내경제의 각 분야에 영향을 미친다. 즉 한 나라의 고용수준이나 산업구조 그리고 물가변동은 그 나라의 대외무역의 확대 또는 축소에 따라 영향을 받을 뿐 아니라, 국내경기변동 등 전반적인 국내경제부문에 그 영향을 미치게 된다. 이와 같이 무역정책은 한 나라의 경제를 성장ㆍ발전시키는 전면적이고 종합적인 성격을 갖는다.

셋째, 무역정책의 국제수지균형

무역정책의 궁극적인 목표는 대외경제활동을 조정함으로서 국제수지의 균형을 유지하는데 있다. 국제수지의 가장 중요한 구성요소는 무역수지라 할 수 있는데 이 무역수지의 균형유지는 무역정책에 있어서 중요한 과제가 된다.

국제수지균형은 국민경제의 균형ㆍ발전에 직결되며 대외신용에 영향을 미치게 되므로 모든 국가가 자국의 국제수지 개선과 균형을 이룩하기 위하여 노력하고 있다. 이와 같이 무역정책은 국제수지의 균형이라는 특수한 목적을 지니고 있기 때문에 다른 경제정책보다도 더욱 중요시하고 있다.

2. 무역정책의 기조

무역정책의 기조는 크게 자유무역정책과 보호무역정책으로 구분되는데 이러한 구분은 한 나라의 정부가 대외무역거래에 대하여 인위적인 규제조치를 취하는냐의 여부에 따라서 결정되는 것이다.

자유무역정책(Free trade policy)은 정부가 대외무역거래에 대하여 인위적인

조치를 가능한 한 축소 또는 폐지하여 외국무역을 자유롭게 보장함으로써 국제 분업을 통한 자원의 최적배분과 무역이익의 극대화를 추구하려는 대외통상정책이다. 이에 반하여 보호무역정책(Protective trade policy)은 정부가 국내 산업보호, 국제수지개선 등 여러 정책목표를 달성하기 위하여 관세 및 비관세 수단을 동원하여 대외무역을 규제하려는 대외통상정책이다.

이와 같은 두 가지의 무역정책은 시대 또는 국가의 산업구조와 경제발전단계에 따라 지금까지 다양하게 실시되어 왔다. 경제가 발전된 선진공업국에서는 기술발전에 의한 비교우위를 앞세워 자유무역정책을 실시하여 왔으며 반면, 상대적으로 선진공업국에 비해 기술수준이 낮고 경제발전단계가 낮은 개발도상국에서는 국제경제력이 약하기 때문에 보호무역정책을 실시하여 왔다. 그러나 최근에 와서 선진공업국에서도 특정산업의 보호와 국내고용의 안정 그리고 국제수지의 개선을 위해 보호주의적인 무역정책을 실시하는 경우도 있다.

무역정책은 역사적으로 볼 때 17세기 당시 지배적인 사상이었던 중상주의[1]에 의한 강력한 보호무역의 실시에서부터 논의되었다. 이 당시 유럽에서는 봉건적 도시경제체제가 몰락하고 중앙집권적 근대국가를 수립하기 위해 각국은 국부(國富)를 축적하기 위해 국내산업을 보호하고 수출증대와 수입억제라는 보호무역을 실시하여 금·은 등 귀금속의 국내유입을 시도하였다.

그 후 영국에서 산업혁명이 이루어지고 영국출신의 고전파 경제학자들에 의해 국제분업에 의한 무역이익이 강조되면서 자유무역론이 대두되었다. 그러나 자유무역론의 이론적 근거가 되는 비교우위론이 경제발전단계가 다른 인근국가들로부터 강력한 비판을 받게 되면서 보호무역론의 타당성이 제기되었다. 즉 영국보다 상대적으로 산업혁명이 늦게 진행된 독일과 미국을 중심으로 국내산업 보호의 필요성이 강력하게 대두되었는데, 특히 미국의 해밀튼(A.

1) 重商主義(Merchantilism)란 15세기 말부터 18세기 중엽에까지 유럽제국에서 전개되었던 經濟政策 내지 經濟思想을 말한다. 중상주의 정책은 화폐의 중시, 외국무역의 존중 및 제조업의 보호등으로 특징지을수 있는데 近代國家의 형성과정에서 國富를 성취하기 위한 經濟政策이다.

Hamilton)에 의한 공업보호론과 독일의 리스트(F. List)에 의한 유치산업보호론이 그 대표적이라 할 수 있다.

이와 같이 19세기 중엽 이후 영국이 주도하는 자유무역정책과 독일과 미국을 중심으로 주장되고 있는 보호무역정책이 공존되어 오다가 20세기에 들어와 전 세계가 극심한 보호무역주의로 전환됨으로서 결국 1930년대 초에 세계대공황을 초래하게 되었다.

제2차 세계대전 이후 보호무역주의의 피해를 경험한 선진국들의 대표들이 전후 세계경제를 부흥시키고 국제경제질서를 수립하기 위해 서로 협력한 결과, 관세 및 무역에 관한 일반협정(GATT)과 국제통화기금(IMF)등의 국제경제기구를 설립하게 되었고, 이에 따라 세계무역은 다시 자유무역체제로 전개됨으로써 세계무역량의 증가와 국제경제발전에 기여하게 되었다.

그러나 1970년대에 와서 전후 세계경제를 주도하면서 자유무역을 추진하였던 미국이 국내재정 및 국제수지의 적자가 심화되고 두 차례의 석유파동을 비롯한 자원민족주의(Resources Nationalism)의 대두로 다시 세계 각국은 보호무역정책으로 전환하게 되었다. 이때의 보호무역정책은 전통적인 보호무역정책과는 달리 보호대상이 종래의 유치산업에서 사양산업으로 전환되었는데 이 때의 보호무역주의를 전통적인 보호무역주의와 구별하여 신보호무역주의(Neo-Protectionism)라고 한다.

이와 같은 신보호무역주의는 1980년대에도 더욱 심화되었는데, GATT에서는 이에 대처하기 위하여 우루과이라운드(UR)협상을 추진하면서 무역자유화를 위한 노력을 계속하였다. 그 결과 1993년 말 UR협상이 타결되고 세계무역기구(WTO)가 창설됨으로써 세계무역의 자유화를 지향하는 국경없는 무한경쟁시대가 시작되었다.

따라서 앞으로는 WTO체제가 국제무역의 자유화를 주도함으로서 세계경제의 안정과 발전에 기여할 것으로 보인다.

3.2 자유무역정책

1. 자유무역정책의 논거

18세기 후반 유럽에서는 케네를 중심으로 하는 중농주의[2)]가 대두되면서 자유주의사상이 전파되었는데 이를 자유무역론으로 발전시킨 것은 영국의 아담스미스를 시작으로 하는 고전파 경제학자들이었다.

아담 스미스는 종래의 중상주의를 비판하면서 국부(國富)라고 하는 것은 금、는 등의 귀금속의 축적 그 자체가 아니고 이로서 구입되어지는 재화의 양에 의하여 규정되어진다고 하였다. 또한 재화의 생산량을 증가시키기 위하여 '분업(分業)'을 해야 하며 이러한 국내분업의 원리를 국가간으로 확대、적용함으로서 국제분업을 통한 무역이익의 발생을 강조하였다

이와 같은 아담 스미스의 국제분업론은 각국간의 자유로운 생산활동으로 자국이 타국보다 절대적으로 싼 생산비로 생산된 상품을 특화하여 교역하면 교역당사국에 이익을 가져다준다는 절대우위의 원리를 제공하게 되었다.

그 후 영국의 리카도(D. Ricardo)는 스미스의 절대우위의 원리를 더욱 발전시켜 국가간에 절대생산비차가 존재하지 않더라도 비교생산비의 차가 존재할 때에는 자유무역을 통하여 무역이익을 얻을 수 있다는 비교우위의 원리를 제시함으로서 자유무역정책의 유력한 이론적인 근거를 제공하고 있다.

2. 자유무역의 이익

리카도의 무역이론에 의하면 자유무역은 비교우위의 원리에 의하여 무역이익을 얻게 하며 경제적 당사국에 경제적 후생수준을 향상시킨다고 하였다. 그

---

2) 重農主義(physiocracy)란 18세기 후반 프랑스의 케네(F. Quesney)에 의하여 체계화된 農業重視의 思想과 그 政策을 의미한다. 1758년에 발표된 케네의 「經濟表」에서는 일국의 富의 源泉을 농업생산량으로 보고 있다.

러면 자유무역의 이익을 그림을 통하여 고찰하여 본다.

<그림 3-1>에서 무역이 이루어지지 않는 봉쇄경제체제하에서 생산점과 소비점은 생산가능곡선 AB와 사회무차별곡선 I, 그리고 국내가격선 α 가 상호 접하는 P점이 된다. 이때의 P점을 수급균형점 또는 자급자족점(Autarky point)이라고 하는데 이 균형점에서 얻을 수 있는 최대의 경제적 후생수준은 사회무차별곡선(I)상에서 결정된다.

〈그림 3-1〉 자유무역의 이익

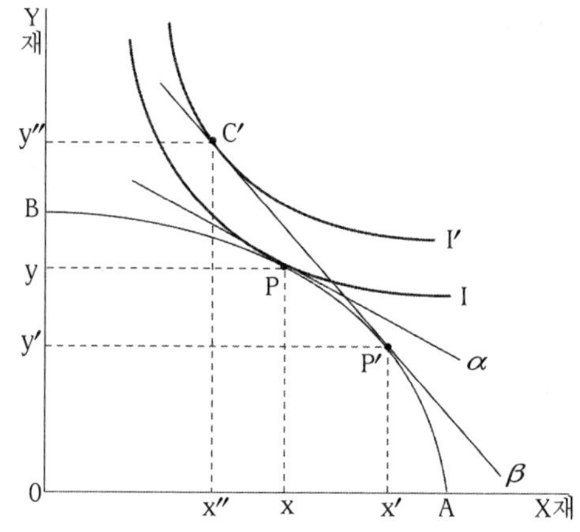

이제 무역이 개시됨에 따라 국내가격선(α)은 국제가격선(교역조건)인 β 로 이동되고, 생산은 생산가능곡선과 교역조건선이 접하는 P′점으로 이동되며, 소비는 교역조건선과 새로운 사회무차별곡선(I′)이 접하는 C′점에서 결정된다. 즉 무역이 실시되면 이 나라는 P′점에서 X재를 Ox′만큼 생산하고 Y재를 Oy′만큼 생산한다. 한편 소비는 C′점에서 X재를 Ox″만큼 소비하고 Y재를 Oy″만큼 소비한다. 따라서 X재의 초과공급량인 x′x"만큼 수출하게 되고, Y재의 초과수요량인 y′y″만큼 수입하게 된다.

이와 같이 무역이 실시됨에 따라 봉쇄경제체제하에서 얻을 수 있는 사회무차별곡선(I)보다 한층 더 높은 사회무차별곡선(I′)에 도달할 수 있으므로 일국

의 경제적 후생수준이 향상되었음을 알 수 있다. 결국 자유무역을 통하여 비교우위 상품을 특화하여 수출하고 비교열위에 있는 상품을 수입한다면 무역이익을 얻게 되어 경제적 후생수준을 향상시키게 됨을 의미한다.

3. 자유무역정책에 대한 비판

자유무역정책은 경제원론적으로 생산자원의 합리적 이용과 소비자의 효용수준향상 등으로 경제적 후생을 증진시킨다하여 합리적인 무역정책으로 인정되어 왔다.

그러나 이와 같은 자유무역정책의 합리성은 경제발전단계와 경제구조가 상이한 모든 국가에게 보편적이지 못하고, 현실경제의 왜곡 등의 이유로 많은 비판과 문제점을 제기하고 있다. 이러한 비판은 이미 오래 전부터 여러 학자들에게 의하여 제기되어 왔는데, 특히 독일의 리스트(F. List)는 국내의 유치산업을 보호하기위한 유치산업보호론을 주장하였고, 미국의 해밀튼(A. Hamilton)은 당시 영국에 비해 상대적으로 낙후된 국내공업을 보호、육성해야 한다는 공업보호론을 주장하기도 하였다. 20세기에 와서도 싱거(H. W. Singer), 프레비쉬(R. Prebisch) 등에 의하여 자유무역정책에 대한 반대는 계속되었는데, 이들은 개발도상국의 경우 선진국과 자유무역을 할 경우 개도국의 교역조건이 악화되고 무역이익을 얻을 수 없기 때문에 국내경제사정에 따라 적절한 보호무역정책을 실시해야 한다고 주장하였다.

자유무역정책에 대한 문제점을 여러 비판론자들의 주장에 근거하여 요약해 보면 다음과 같다.

첫째, 자유무역이론의 비현실적인 가정 전제

자유무역정책의 유력한 이론적 근거가 되는 비교우위의 원리는 많은 비현실적 가정 하에서 전개되고 있다는 점이다. 즉 현실적으로 국내의 생산요소시장이나 생산물시장은 왜곡이 존재하기 때문에 생산자원이 최적으로 배분되지 못하고 생산 및 소비의 최적상태가 실현되지 못하고 있다. 따라서 이러한 왜곡된 현실경제하에서는 차선책(second best policy)으로 국내산업과 무역에 대한 보호정책이 필요하게 된다는 것이다.

둘째, 산업구조의 고정화

자유무역의 실시는 각국의 생산특화에 의하여 산업구조 및 무역패턴이 고정화됨에 따라 선·후진국간의 격차가 더욱 심화된다. 즉 산업의 특화에 따라 선진공업국은 풍부한 자본과 기술로 공산품을 계속 특화·수출하게 되어 고도의 공업화가 진전될 것이며, 후진농업국은 농업부문만을 특화할 수 밖 에 없어 공업화의 기회가 상실되어 산업구조가 고정화됨으로서 결국 선·후진국간의 경제적 격차가 점차 심화된다는 것이다.

셋째, 개도국의 교역조건 악화

자유무역은 장기적으로 선진공업국의 교역조건은 개선되지만 후진 농업국의 교역조건은 악화되어 무역이익은 점차 개발도상국에서 선진국으로 이전된다는 것이다. 이와 같은 개도국의 교역조건악화론은 주장한 학자의 이름에 따라 프레비쉬-싱거명제(Prebisch-Singer thesis)라고도 하는데, 이 이론은 그 후 여러 경제학자들에 의해 많은 비판을 받고 있다.

3.3 보호무역정책

1. 보호무역정책의 논거

국내산업을 보호하기 위하여 수입물품에 보호관세를 부과해야 한다는 전통적인 보호무역론은 일찌기 미국의 해밀톤(A. Hamilton)과 독일의 리스트(F. List)등에 의하여 주장되었다. 그런데 오늘날에도 보호무역정책은 개발도상국의 산업보호와 국제수지 개선을 위하여 널리 실시되고 있으며, 선진국에서도 국제경쟁력이 상대적으로 취약한 국내 사양산업의 보호나 고용증대 등 국내경제문제를 해결하기 위해 선별적으로 실시되고 있는 실정이다.

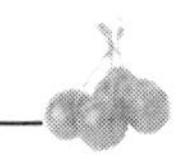

이와 같이 보호무역정책은 국내 유치산업보호의목적 뿐만 아니라 교역조건 개선론, 국제수지개선론, 소득분배론 등 여러 가지 이론적인 근거 하에서 다양하게 시행되고 있는데 그 대표적인 논거로는 유치산업 보호론이라 할 수 있다.

유치산업보호론(Infant industry protection argument)은 국내의 유치한 산업을 보호함으로서 자본의 축적과 기술진보를 통한 산업발전을 가져오게 되며 경제성장을 얻게 된다는 이론이다.

리스트에 의하면 자유무역정책은 선진공업국에 유익할 수 있으나 개발도상국에는 오히려 보호무역정책이 더 적합한 무역정책이라고 주장하고 있다. 즉 개도국의 유치산업은 자본과 기술이 부족하기 때문에 선진국의 성장산업과 경쟁할 수 없으므로 그 산업이 성장하여 어느 정도 경쟁력을 갖출 수 있을 때까지 일정기간 보호해야 한다는 것이다. 그리고 그 후 이 산업이 충분히 성장하였을 때 보호 장벽을 제거하여 자유무역을 실시해야 한다는 주장이다.

이와 같이 유치산업보호론은 자유무역론에서의 비교우위의 원리를 동태적인 경제성장론으로 파악하고자 하는데 그 의의가 크다고 할 수 있다. 그러나 어떠한 산업을 유치산업으로 볼 것인가에 관해서는 이론이 많다. 유치산업의 선정기준에 관해서 배스테이블(C. F. Bastable)[3]은 보호를 받는 산업이 일정기간이 경과한 후에 경쟁력을 갖출 수 있고, 또 경쟁력을 갖춘 후에 보호로 인한 비용을 보상하고도 남을 만큼의 이익을 얻을 수 있는 산업으로 제한하고 있다. 그러나 유치산업이 일정기간 후 경쟁산업으로 성장하였을 때 보호조치를 철폐해야하는데 현실적으로 어려움이 따른다는 것이다. 따라서 보호산업을 선정하는데는 사전에 충분한 검토가 필요하다는 것이다.

요컨대, 유치산업보호론은 보호무역정책의 여러 가지 이론적 근거 가운데 가장 유력한 논거로 인정받고 있으며 현실적으로 세계 각국에서 산업 및 무역정책수립에 이용되고 있다.

---

3) C. F. Bastable, *The Theory of International Trade*, 4th ed., Mac. & Co., Ltd., 1903, p. 140.

2. 보호무역의 이익

<그림 3-2>에서 보호무역의 경제적이익에 관하여 살펴보기로 한다. 봉쇄경제체제하에서 국내수급균형점은 P점에서 결정되며 이때의 국내가격선은 α 선으로 표시된다.

〈그림 3-2〉 보호무역의 이익

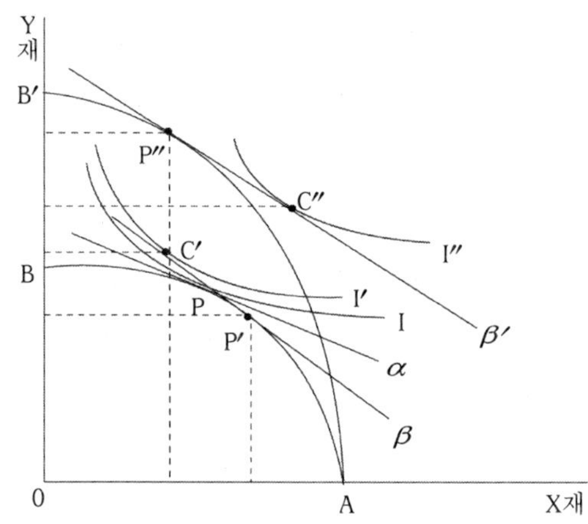

자유무역이 개시되면 전절에서 설명하였던바와 같이 α 선은 교역조건인 β 선으로 전환되고, 생산과 소비는 각각 P′점과 C′점에서 결정된다. 즉 X재를 특화하여 수출하고, Y재는 생산이 감소되어 일부 수입에 의존하게 된다. 또한 무역의 실시로 무역실시 전보다 사회무차별곡선이 I 에서 I′로 향상되어 높은 경제적 후생수준을 누리게 되었다.

이제 보호무역이 실시된다고 하자. 즉 수입되는 Y재에 수입관세가 부과되는 것을 생각할 수 있다.

먼저 단기적으로 볼 때, 수입품에 대한 관세부과는 수입량의 감소 내지는 수입중난으로 나타나 무역량의 축소를 초래한다. 결국 국내의 생산과 소비는 무역전의 P점으로 되돌아가게 되고 경제적 후생수준도 처음의 사회무차별곡선(I)으로 복귀하게 된다

그러나 장기적으로 보면, Y재 수입품에 대한 관세부과는 Y재와 경쟁관계에 있는 국내 Y산업에 산업보호효과를 가져다 주게 되어 결국 국산 Y재의 생산량이 증가되어 생산가능곡선은 종래의 AB에서 AB′로 확대된다. 이 때 다시 자유무역을 실시하게 되면 교역조건은 보호무역 실시 전의 교역조건선 β 선과 나란하고(기울기가 같고) 새로운 생산가능곡선과 접하는 β'선으로 이동하게 된다. (β 와 β'는 평행)

그림에서 보호무역의 실시로 유치산업인 Y산업이 육성되면 비교우위가 종래의 X재에서 Y재로 전환되어 X재의 수출에서 Y재의 수출로 교역품이 역전됨을 알 수 있다. 또한 생산과 소비는 각각 P″점과 C″점에서 결정되고 사회무차별곡선도 I″선상으로 이동되었다.

요컨대, 보호무역의 실시는 단기적으로는 무역량의 감소와 후생수준의 저하를 초래하게 되나 장기적으로는 산업보호의 효과로 생산량의 증가를 가져오게 되고 경제적 후생수준을 향상시키게 된다. 그러나 이렇게 되기 위해서는 산업보호를 통한 외부경제효과[4]와 규모의 경제에 의해 생산가능곡선이 보호산업 측면에서 확장되어야 한다. 만약 그러지 못할 경우 보호무역은 오히려 무역량의 감소만 초래하고 효율적인 자원배분을 저해하게 되는 것이다.

3. 보호무역정책에 대한 비판

보호무역정책의 대표적인 논거가 되는 유치산업보호론의 특징은 보호정책의 잠정적이고 선별적인 실시이다. 즉 어떤 산업을 영속적으로 보호하는 것이 아니라 보호조치를 통하여 산업이 육성되고 경쟁력을 갖출 수 있을 때까지만 일정기간 잠정적으로 보호해야 한다는 점과 또한 보호를 통해 일정기간 후에는 성장이 가능한 산업만 선별적으로 보호해야 한다는 점이다.

그러나 보호무역정책을 실시할 때 이러한 기준의 선택과 시행에 있어서는

4) 외부경제효과란 생산자나 소비자의 경제활동이 시장거래에 의하지 않고 직접적 또는 부수적으로 제3자의 경제활동에 영향을 미치는 효과를 말하는데 그 영향이 이익이 되면 외부경제, 손해가 되면 외부불경제라고 한다.

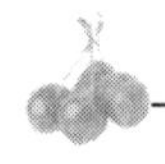

현실적으로 많은 문제점을 제기하게 되고 여러 가지 비판을 받게 되는데 이를 요약하면 다음과 같다.

첫째, 자원의 비합리적 배분

보호무역의 실시는 비교우위에 의한 특화를 억제함으로서 생산자원이 효율적으로 배분되지 못하고 전 산업의 생산성이 악화되어 생산량이 감소된다. 따라서 자유무역론자들은 보호무역이 생산자원을 비효율적인 산업부분으로 정체시켜 이로 인해 국내산업의 생산량 감소뿐만 아니라 세계전체의 생산량을 감소시키기 때문에 보호무역정책을 강력히 반대하고 있다.

둘째, 생산활동의 침체

보호무역정책은 산업간의 자유경쟁을 억제함으로서 산업의 경쟁심이 둔화되어 효율적인 생산활동이 침체되는 경향이 있다. 보호로 인하여 혜택을 받는 산업은 폐쇄적이고 안일한 경영방식으로 산업구조가 취약하게 되어 생산활동이 침체되고 결국 국제경쟁력의 약화를 초래하게 된다.

셋째, 소비자의 효용수준 저하

보호무역은 외국상품의 수입량을 감소시키고 수입품과 경쟁관계에 있는 국내 상품의 가격을 인상시킴으로 소비자의 효용수준을 감소시킨다. 즉 국내소비자는 국내외의 상품을 막론하고 품질이 좋은 상품을 싸게 구입하여 소비함으로서 효용수준을 높이게 되는데 관세 등 보호조치에 의하여 비싼 가격으로 구입해야 하므로 효용수준을 저하시키게 된다.

넷째, 교역상대국의 궁핍화 조장

수입제한조치에 의한 보호무역은 교역상대국의 수출을 저해함으로써 그 나라 경제의 궁핍화를 초래하게 된다. 즉 과도한 수입관세부과 등의 수입제한조치는 교역상대국의 수출을 저해하여 경제적 손실을 초래시키고 궁핍화를 조장하는데, 이러한 인근궁핍화정책(Begger-my neighbor policy)[5]은 상대국으로부터 강력한 보복조치를 초래함으로서 국제무역질서를 교란시키게 된다.

5) 隣近窮乏化政策이란 과도한 수입제한조치 등을 통하여 자국의 경제적이익을 추구하고, 이로 인하여 교역상대국의 경제적 손실을 초래시키는 對外通商政策을 말한다.

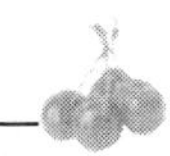

3.4 신보호무역주의

1. 신보호무역주의의 대두

보호무역정책은 전통적으로 공업화단계가 뒤떨어진 개발도상국가에서 선진공업국의 수출 공세로부터 자국의 유치사업을 보호하기 위한 목적으로 실시되었다. 그러나 1970년대에 와서 두 차례에 걸친 석유파동과 이에 따른 자원민족주의(Resource nationalism)의 대두, 그리고 미국 등 선진국의 경기침체로 인한 국제수지의 불균형으로 세계 각국은 자국의 경제안정과 국제수지개선을 위하여 여러 가지 무역제한수단으로 수입을 규제하기 시작하였다.

특히 2차대전 종전이후 자유무역주의를 표방하면서 세계경제를 주도해 왔던 미국이 국내의 심각한 외환 위기와 실업문제 등을 해소하고 국제수지를 개선하기 위하여 1971년 8월 신경제정책(Nison Doctrin)의 실시를 비롯한 보호무역정책을 강화하기 시작하였다.

이와 같이 1970년대 이후의 선진국을 비롯한 세계 각국의 보호무역정책의 강화현상을 신보호무역주의(Neo-protectionism)라고 부르는데, 이는 과거의 전통적인 보호무역주의와는 보호의 대상이나 보호정책수단이 여러 면에서 구별되기 때문이다. 즉 과거에는 보호대상산업이 주로 국내의 유치산업이었는데 이제는 유치산업보다는 국제경쟁력을 상실한 사양산업으로 전환되었고 보호정책수단도 과거에는 수입상품을 규제하는 관세가 일반적이었는데 이제는 관세이외의 규제조치 즉 비관세장벽으로 확대실시하게 되었다. 특히 수출자율규제조치(VERs)나 시장질서협정(OMAs) 등의 새로운 제한조치가 종래와는 달리 매우 광범위하게 실시되었다.

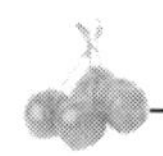

2. 신보호무역주의의 특징

1) 보호대상의 확대

전통적인 보호무역주의에서는 보호대상이 주로 국내의 유치산업 또는 수입대체산업으로 선진공업국의 수출공세를 규제함으로서 이들 산업을 보호、육성하려는 것이 목적이었다. 그러나 신보호무역주의하에서는 이러한 산업뿐만 아니라 국제경쟁력이 상실되었거나 상실되고 있는 사양산업을 대상으로 하고 있고, 더욱 기술산업보호론이 대두되면서 첨단산업이나 기술집약산업에까지 확대되고 있다. 이와 같은 신보호무역주의의 보호대상 확대는 대체로 국내의 고용증대 또는 국제수지의 개선을 목적으로 하고 있어 전통적인 보호무역정책의 목적과는 구별되고 있다.

2) 보호정책수단의 다양화

보호무역의 정책수단으로 종래의 관세보다는 비관세장벽을 주로 이용하고 있다는 점이다. 전통적인 보호무역정책에서는 관세가 주요한 수입규제 수단이었으나 신보호무역주의에서는 반덤핑규제조치, 상계관세부과, 수출자율규제, 그리고 시장질서협정 등 보호수단이 다양화되고 있다.

이와 같이 비관세장벽이 신보호무역주의의 주요한 정책수단으로 이용되는 이유는 GATT에 의한 여러 차례의 다자간무역협상으로 각국의 관세율이 크게 낮아져 관세를 보호수단으로 이용하는 데는 한계를 느끼게 되고, 또한 관세보다 비관세장벽이 국내물가에 미치는 파급효과가 적은 대신에 수입억제효과는 크기 때문인 것이다.

3) 수입규제조치의 차별화

신보호무역주의에서는 수입규제조치가 국가와 상품에 따라 선별적이고 차별적으로 실시되고 있다. 종래에는 무역제한조치가 대체로 GATT의 최혜국대우와 무차별원칙에 따라 모든 가맹국에 대해 무차별적으로 적용、실시되어야

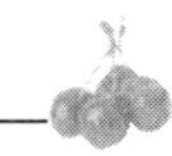

하였는데, 신보호무역주의하에서는 특정국 또는 특정상품의 수출을 대상으로 선별하여 차별적으로 실시하게 되었다.

특히 비관세장벽의 주요수단인 수출자율규제나 시장질서협정 등 회색지대조치[6]는 수입증가로 인한 국내시장교란 등을 방지하기 위해 특정국의 특정상품만을 제한하여 일방적으로 규제하고 있는 실정이다

4) 상호주의와 공정무역의 적용

상호주의(Reciprocity)란 국제무역에 있어서 교역당사국간의 동등한 대우의 공여, 동등한 정책적 조치의 채택, 동등한 권리와 의무의 수행 등을 의미한다. 즉 일국이 교역상대국에 대하여 관세율의 인하, 수입규제조치의 완화, 자국시장의 개방 등 정책적 조치를 실시하면 그 교역상대국도 이와 동일하거나 유사한 조치를 취하여야 하는 원칙이다.

또한 공정무역(Fair trade)이란 일반적으로 덤핑행위를 하지 않고 또 생산보조금이나 수출장려금 등을 받지 않는 공정가격(Fair price)으로 이루어지는 무역으로 불공정무역(Unfair trade)의 반대개념이다.

이러한 상호주의와 공정무역은 신보호무역주의의 정책적 수단으로 주로 미국, EU국가 등 경제대국들이 그들의 교역상대국에 대하여 시장개방 압력 등 공격적 무역규제조치로 이용하고 있다.

특히 미국은 1980년대부터 경제적 침체, 국제수지의 악화 등이 지속됨에 따라 이러한 조치를 대외통상정책에 적극적으로 적용하여 교역상대국들에게 준수할 것을 강요하고 있는 실정이다. 미국은 통상법 301조[7]에 의하여 상호

6) 회색지대조치란 GATT의 기본원칙인 최혜국대우원칙에 위배된 비합법적 수입규제조치를 말한다. 이는 GATT 제19조 긴급수입제한조치 조항에 부합되지 않으면서 취해지는 수출자율규제, 시장질서협정, 다자간 섬유협정 등의 수입제한조치로서 교역 당사국의 쌍무협정이나 다자간협정에 의해 채택되고 있다.

7) 미국 通商法 301條란 미국의 교역상대국이 미국에 대하여 불공정무역을 실시하므로 미국산업에 피해가 있다고 판단되면, 그 나라에 대하여 미국이 일방적으로 무역상의 보복조치를 취할 수 있는 법률규정이다. 이 조항은 1984년 通商關稅法에서 대폭 강화되어 不公正貿易慣行에 대한 대통령의 권한이 강화되고 조항의 적용대상 범위도 확대되었다.

주의와 공정무역의 원칙을 강력하게 적용함으로써 교역상대국의 시장개방 압력을 강화하고 이에 불응할 경우 보복조치를 취할 규정까지 마련하였으며, 또한 시장개방범위도 상품분야에서 서비스、지적소유권、투자 등 광범위한 분야까지 확대시키고 있다.

3.5 무역정책수단

지금까지 무역정책에 관하여 자유무역정책과 보호무역정책으로 구분하여 이론적인 근거를 중심으로 살펴보았다. 경제이론적으로는 자유무역정책이 생산자원의 최적배분을 실현하고 무역이익을 얻게 하여 교역당사국의 후생수준을 향상시켜주기 때문에 보호무역정책보다 합리적이다라고 할 수 있다.

그러나 현실적으로 완전한 자유무역정책을 실시하는 국가는 지구상에 한 나라도 존재하지 않고 세계 모든 국가는 자국의 이익을 위하여 직접적이던 간접적이던 여러 형태의 보호무역정책을 실시하고 있는 실정이다.

자유무역정책은 정부가 인위적인 개입을 하지 않으려는 것이므로 일반적으로 무역정책수단이라 하면 보호무역의 정책수단을 의미하며 이는 관세와 비관세로 구분한다.

Super 301條란 미국에 대한 불공정무역관행을 제거하기 위하여 優先的으로 협상을 추진할 국가를 지정하는 조항을 말하며, 이 조항에 대해 지정된 국가를 優先協商對象國(Priority Foreign Countries; PFC)이라 한다. 이 Super 301조는 통상법 301조의 별칭으로 1988년에 개정된 綜合貿易法(綜合貿易 및 競爭力 强化法)에 규정되어있다. Special 301條란 미국에 대한 불공정무역관행을 제거하기 위하여 商標權·著作權·特許權 등 知的財産權 보호가 미흡한 국가를 우선협상대상국으로 지정하도록 되어 있는 綜合貿易法의 규정이다.

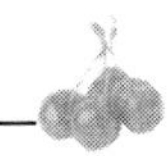

1. 관세정책

1) 관세의 개념과 성격

관세(Tariff, Customs duties)란 국가가 재정수입이나 국내산업보호를 위하여 관세선(關稅線)을 통과하는 상품에 대하여 부과하는 조세를 말한다. 관세의 과세주체는 국가로서 국가가 공권력에 의하여 부과하는 국세이기 때문에 지방자치단체 등 공공단체에서 징수하는 지방세와는 구별된다. 따라서 관세의 부과목적도 국가의 재정수입이나 국내산업보호에 두고 있다.

여기서 관세선(customs frontier)이란 관세가 부과되는 경계선으로 국경선과는 동일하지 않을 수 있다. 즉 정치적으로는 한 나라의 영역에 속해 있다 하더라도 자유항이나 자유무역지대와 같이 별도의 관세영역이 설정된 경우가 있으며, 다른 나라의 영역이면서도 국제법이나 관세제도상 자국과 동일한 취급을 하는 관세동맹국이나 보세구역이 존재하는 경우도 있다. 또한 관세는 국가가 법률에 의하여 부과하는 조세로서 「조세법률주의」에 근거하고 있다. 그러나 국제적인 조약이나 협정사항의 경우는 특별법우선적용의 원칙으로 예외가 된다.

관세의 성격은 크게 조세적 성격과 소비세적 성격 그리고 내국세와 다른 특수성격을 가지고 있다.

(1) 조세적 성격

관세는 국가가 징수하는 국세로서 법률에 의하여 부과ㆍ징수되는 조세적 성격을 말한다. 또한 수수료나 사용료와는 달리 관세납부에 대한 보상이나 반대급부가 없이 일방적으로 징수되는 세금을 의미한다.

(2) 소비세적 성격

수입품은 소비를 전제로 하기 때문에 관세는 소비세적인 성격을 갖고 있다. 직접적 소비재가 아닌 생산원자재나 기계 등도 궁극적인 생산요소로서 사용 또는 소비되는 것으로 인정하여 소비를 전제로 한다고 할 수 있다.

또한 관세의 부담은 전가(轉嫁)된다. 즉 관세는 원칙적으로 수입신고자가 납부하여야 하나 그 부담은 국내소비자에게 전가(前轉)시키거나, 혹은 외국의 수출업자나 생산자에게 전가(逆轉)시키기도 한다.

그리고 관세는 소비세의 일반원칙으로 소비억제적인 기능을 갖기 때문에 사치품에는 높은 관세를 부과하고 생활필수품에는 낮은 관세를 부과하는 것이 일반적이다.

(3) 특수성격

관세는 일반 내국세와는 다른 특별한 성격을 갖는다.

즉 수입물품에 부과하는 외국세로서 관세선이라는 특수영역을 전제로 하고 있으며, 일반 내국세와는 달리 교역 상대국과는 국제사회의 관계를 고려해야 하는 특수한 성격을 갖는다.

2) 관세의 종류

관세는 과세의 기회 · 목적 · 방법 등 여러 가지 기준에 의하여 분류될 수 있는데, 이들을 요약하면 다음과 같다.

(1) 과세기회에 의한 분류

① **수입세**(Import duties) : 수입품에 부과하는 관세로 일반적으로 관세라 하면 이 수입세를 의미한다.

② **수출세**(Export duties) : 수출품에 부과하는 관세로 국내자원의 해외유출을 억제하거나 재정수입을 목적으로 부과하는데 오늘날 대부분의 국가에서 수출세는 부과하지 않고 있다.

③ **통과세**(Transit duties) : 화물이 수출국에서 수입국으로 운송되는 과정에 제3국의 국경선을 통과할 때에 부과되는 관세로 주로 교통이 발달하지 못한 시대의 육상운송시 부과되었는데 오늘날에는 통과세를 부과하지 않는것이 일반적이다.

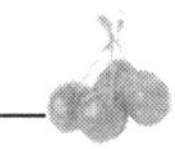

(2) 과세목적에 의한 분류

① **재정관세**(Revenue duties) : 정부가 재정수입을 확보하기 위하여 부과하는 관세로서, 이는 무역정책수단이라기 보다는 재정상의 수단이므로 내국세로 국가재원을 확보하기 어려운 경제후진국에서 채택하는 관세이다.

② **보호관세**(Protective duties) : 국내의 유치산업을 보호、육성하거나 또는 기존산업의 유지를 목적으로 부과하는 관세이다 대체로 공업선진국에서는 보호관세에 비중을 많이 두지 않는 반면 개발도상국에서는 보호관세에 중점을 두고 있다.

그러나 재정관세와 보호관세는 그 기능이 독립적으로 실현되지 못하고 상호 연관되어 효과가 발생하게 된다. 즉 재정수입을 위해 관세를 부과하더라도 부수적으로 국내산업 보호의 효과가 나타나고, 국내산업보호의 보호관세도 결국 국가의 재정수입으로 확보된다. 따라서 두 관세의 차이는 처음에 정부가 관세를 부과하게 된 근원적인 목적에 따라 구별될 수 있게 된다.

(3) 과세방법에 의한 분류

① **종가세**(Ad Valorem duties) : 일반적인 관세율의 형태로, 물품의 가격을 세액결정의 기준으로 한다. 대체로 수입항까지의 운임、보험료 포함가격(CIF가격)을 과세표준으로 삼는데 실제적인 평가에 있어서 많은 문제점이 따른다.

② **종량세**(Specific duties) : 상품의 수량을 기준으로 부과하는 관세를 말하는데, 이는 간단、명료하게 세액을 산정할 수 있는 반면 물가변동에 따른 시가적용의 문제와 상품별 계량단위의 차이에 따른 기술상의 어려움이 뒤따른다.

③ **혼합관세**(Combined duties) : 종가세와 종량세를 동시에 병용하여 부과하는 관세로, 이는 선택관세와 복합관세로 분류할 수 있다.

선택관세(Alternative duties)란 동일한 상품에 대해 결정된 종가세와 종량세중 어느 한쪽을 선택하여 부과하는 관세를 말하고, 복합관세(Compound duties)는 종가세와 종량세를 동시에 부과하는 관세로서, 특히 수입을 억제해야할 필요가 있는 경우에 이용된다. 우리나라에서는 혼합관세를 채택하고 있지 않다.

(4) 과세근거에 의한 분류

① **국정관세**(National duties) : 일국의 국내법에 의하여 자주적으로 정하여진 관세를 말하며, 이들 자주관세(Autonomous duties) 또는 일반관세(General duties)라고도 한다.

② **협정관세**(Conventional duties) : 외국과의 통상조약 또는 협정에 의거하여 특정물품에 부과되는 관세율을 협정세율이라고 하며, 이 세율의 적용을 받는 관세를 협정관세라 한다. 협정관세는 국정관세보다 일반적으로 저율이며 국정관세에 우선하여 적용된다.

(5) 기타의 관세

① **차별관세**(Differential duties) : 관세는 모든 국가의 동일상품에 대하여 동등하게 부과하는 것이 원칙이나 특정한 경우에 있어서는 특정국의 상품 또는 특정품목에 대하여 다른 상품과 세율을 달리 부과하는 경우가 있는데 이를 차별관세라 한다. 이에는 다른 상품보다 낮은 세율을 적용하는 할인관세(Discount duties)와 높은 세율을 적용하는 할증관세(Additional duties)가 있다. 그러나 GATT의 최혜국원칙에 의해 이 차별관세를 적용하는 국가는 거의 없다.

② **탄력관세**(Flexible duties) : 급변하는 국내외 경제환경에 신속히 대처하는 관세정책을 수행할 수 있도록 일정한 범위내에서 행정부가 관세율을 탄력적으로 조정、변경할 수 있는 관세를 말한다. 이는 조세법률주의의 예외로서 국내산업보호, 물가수급의 조정, 국제수지의 개선 등 긴급한 경제상황의 변동에 효율적으로 대응할 수 있도록 마련된 제도이다. 우리나라의 현행 탄력관세의 종류로는 덤핑방지관세, 상계관세, 보복관세, 긴급관세, 물가평형관세 등이 있다.

3) 관세의 경제적 효과

수입품에 관세를 부과하면 수입국에 여러 가지 경제적 효과를 가져다 준다. 이에 대한 분석은 일반균형분석과 부분균형분석의 방법으로 설명될 수 있는데 여기서는 킨들버거(C. P. Kindleberger)[8]에 의해 제시된 부분균형분석을 통해 관세의 경제적 효과를 살펴보고자 한다.

교역상대국의 공급이 완전탄력적이라고 가정할 때 수입품에 관세가 부과되면 수입품의 국내가격은 관세액만큼 상승된다고 할 수 있다. <그림 3-3>에서 S 와 D는 수입국의 국내공급곡선과 국내수요곡선을 나타내고, OP는 교역상대국의 공급가격으로 상대국의 수출공급이 완전탄력적이므로 외국의 공급곡선은 Sf가 된다.

〈그림 3-3〉 관세의 경제적 효과

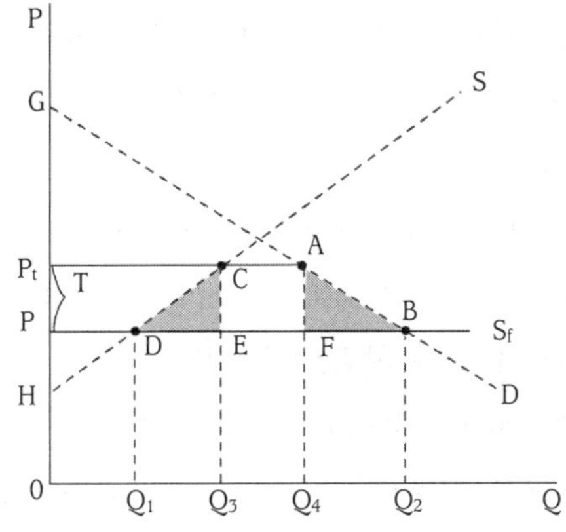

따라서 관세가 부과되기 이전의 자유무역하에서는 OP의 가격으로 OQ_1만큼 국내공급되며 OQ_2만큼의 국내수요가 있어 초과수요분인 Q_1Q_2만큼은 외국으로부터 수입한다. 이때 수입품에 T만큼의 관세를 부과하게 되면 다음과 같은 경제적 효과가 나타난다.

---

8) C. P. Kindleberger, International Economics, Richard D. Irwin, Inc., 1973. p.102.

① **보호효과**(Protective effect) : 관세의 부과로 수입품의 국내가격이 상승되고 이에 따라 국내 생산량은 증가하게 되어 국내산업이 보호를 받게 되는 효과이다. 즉, 관세부과후 수입품의 국내 공급가격이 OP에서 OP_t로 인상되므로서 국내 생산업자는 생산량을 OQ_1에서 OQ_3로 늘린다. 이때 국내생산량의 증가분인 Q_1Q_3가 관세의 산업보호효과가 된다.

② **소비효과**(Consumption effect) : 관세의 부과는 국내가격을 인상시키고 소비자의 수요를 감소시켜 결국 소비량을 감소시킨다. 즉 관세부과 후 상품의 국내가격이 상승되면 소비량은 OQ_2에서 OQ_4로 감소되는데 이때 감소분인 Q_2Q_4가 관세의 소비감소효과가 된다.

③ **재정수입효과**(Revenue effect) : 관세는 일종의 조세이기 때문에 정부의 재정수입원이 된다. 즉 수입량에 관세액을 곱한 사각형 ACEF가 정부의 재정수입이 된다.

④ **국제수지효과**(International B/P effect) : 관세부과로 인해 수요량이 감소하여 수입을 억제시키는 반면에 국내생산은 촉진되어 수출을 증대시킴으로서 국제수지가 개선된다. 즉 수입량이 관세부과전의 Q_1Q_2에서 관세부과후 Q_3Q_4로 감소되므로 국제수지의 개선을 가져온다.

⑤ **고용(소득)효과**(Enployment effect) : 관세부과는 국내생산을 촉진시킴으로 기업의 생산설비를 확충하고 생산요소의 수요를 증가시켜 고용이 확대되며 결국 국민소득이 상승하게 된다.

⑥ **소득재분배효과**(Income redistribution effect) : 관세의 부과로 소비자 잉여의 일부가 생산자 잉여로 이전되어 실질소득이 소비자로부터 생산자에게 재분배되는 효과를 말한다. 즉 관세의 부과에 따라 소비자는 전보다 비싼가격으로 상품을 구입해야 하는 반면, 생산자는 높은 가격으로 상품을 공급하게 된다는 의미이다.

그림에서 관세부과 전의 소비자 잉여는 PBG이었으나 관세부과로 가격이 상승함에 따라 소비자잉여는 PBAPt가 줄어든 PtAG가 된다. 한편, 생산자잉여는 관세부과 전의 PDH에서 관세부과로 PtCH가 되어 PtCDP만큼 증가된다.

따라서 소비자 잉여의 감소분 중 일부는 생산자잉여의 증가로 분배되며 일부는 정부의 재정수입(ACEF)과 사회전체의 손실[9](CDE+ABF)로 나누어진다.

4) 관세의 실효보호율

지금까지의 관세에 관한 이론은 교역상품이 최종소비재라는 전제하에서 시작되었다. 즉 최종소비재에 부과하는 법정관세인 명목관세(Nominal tariffs)만을 의미하였다. 그러나 현실적으로 관세는 완제품 등 최종소비재에 대해서만 부과하는 것이 아니고 완제품을 생산하는데 투입되는 중간재나 원료에도 관세를 부과하고 있다. 이러한 경우 관세는 산업보호효과 면에서 국내의 경쟁산업에 오히려 반보호의 효과를 초래하게 된다.

따라서 수입품에 부과하는 명목적인 관세율만으로는 각 상품 또는 산업에 대한 실질적인 보호효과를 파악할 수가 없다. 그러므로 관세부과에 따른 국내산업의 실질적인 보호정도를 알기 위해서는 실효보호율의 개념이 필요하게 된다.

관세의 실효보호율 또는 실효보호관세율(Effective rate of protection by tariffs)이란 어느 산업이 관세부과로 인한 보호를 받을 때 그 산업이 실질적으로 받는 보호의 정도를 말한다. 일반적으로 실효보호율은 보호조치로 인한 부가가치의 증가율로 표시되기 때문에 이를 부가가치보호율이라고도 하고 있다.

이제 단순한 예를 들어 실효보호관세율을 설명해 본다. 어느 상품의 국제가격이 10만원이라고 하고 이 상품은 국내에서도 생산이 된다. 이때 이 상품이 수입되는데 10%의 종가세가 부과된다면 국내가격은 11만원으로 상승할 것이다.

그런데 이 상품을 국내에서 생산하는데 5만원 상당의 수입원료가 필요하다고 하면, 국내생산의 부가가치는 10만원-5만원=5만원이 된다.

따라서 수입품에 대한 10%의 관세부과는 관세액 1만원 상당의 국내부가가치 증가를 가져와 국내부가가치는 5만원+1만원=6만원이 되고 부가가치증가율은

9) 이는 관세의 政策的 費用(Political cost) 또는 社會的 費用(Social cost)이라고 하는데, C. P. Kindleberger는 이를 관세의 死重損失(Dead-weight losses of tariffs)이라 하였다.

$$\frac{6\text{만원} - 5\text{만원}}{5\text{만원}} = 20\%$$

가 된다.

그러나 지금까지 수입원료에 부과되는 관세는 고려하지 않았는데, 만일 수입원료에도 관세가 부가된다면 그만큼 수입원료가격은 인상되고 국내부가가치는 감소될 것이다.

이제 5만원의 수입원료에 10%의 관세(5천원)를 부과한다면, 국내생산의 부가가치는 6만원-5천원=5만5천원이 되고 부가가치증가율은

$$\frac{5\text{만원}5\text{천원} - 5\text{만원}}{5\text{만원}} = 10\%$$

가 된다. 즉 완제품과 원료의 수입에 각각 10%의 관세가 부과되면 이 상품의 국내생산에는 10%의 부가가치 증가율을 가져다 주게 됨을 의미한다.

다음에는 5만원의 수입원료에 40%의 관세(2만원)가 부과되고 완제품에는 종전과 같이 10%의 관세가 부과된다면, 국내생산의 부가가치는 6만원-2만원=4만원이 되고 부가가치의 증가율은

$$\frac{4\text{만원} - 5\text{만원}}{5\text{만원}} = -20\%$$

가 된다.

결국 부(負)의 부가가치 증가율을 나타내어 국내생산의 부가가치는 감소하였음을 의미하고 있다. 따라서 관세부과로 인한 국내산업의 보호정도를 측정하기 위해서는 완제품 뿐만 아니라 원료 등 중간투입재의 관세구조도 고려하여야 하는데 이와 같이 관세부과로 인한 국내산업의 부가가치변화율을 실효보호관세율이라 한다.

실효보호율에 관한 연구는 20세기 초 쉴러(R. Schüler)와 바버(C. L. Barber) 등에 의하여 시작되었는데, 특히 레온티에프(W. W. Leontief)에 의한 투입ㆍ

산출분석이 보급되자 실효보호율의 측정이 가능하게 되었고 실제로 정책에 응용하게 되었다.

그 후 코덴(W. M. Corden)과 존슨(H. G. Johnson), 발랏사(B. Balassa) 등에 의해 실효보호율의 이론적 연구와 실증분석이 활발하게 진행되었으며, 최근에는 바그와티와 스리니바산(J. N. Bhagwati and T. N. Srinivasan) 그리고 브루노(M. Bruno) 등에 의하여 실효보호율의 개념을 일반균형하의 실효보호이론으로 확장、발전시켰다.

2. 비관세장벽

1) 비관세장벽의 개념과 성격

비관세장벽(Non-tariff barriers ; NTB)은 그 형태나 성격 그리고 그 영향이 매우 복잡하고 다양하기 때문에 통일된 정의를 내리기가 매우 어렵다.

볼드윈(R. E. Baldwin)[10]에 의하면 비관세장벽이란 정부 또는 민간에 의해 국제간에 거래되는 재화 및 서비스를 생산하는데 사용되는 자원이 비합리적으로 배분되어 세계의 잠재적인 실질소득을 감소시키는 일체의 수단이라고 정의하고 있고, 월터(Ingo Walter)[11]는 국제무역의 규모, 방향 또는 상품구성을 왜곡시키는 정부의 모든 정책과 관행을 포괄적으로 지칭하는 것이라고 하였다. 또한 고시마(小島 淸)[12]는 세계의 자유로운 무역을 저해하거나 교란시키는 관세이외의 수단으로 정부가 자국상품과 외국상품을 차별하는 직、간접의 선별적인 규제라고 정의하고 있다.

따라서 이와 같은 학자들의 비관세장벽에 대한 정의를 종합적으로 정리해보면, 비관세장벽이란 관세이외의 무역규제수단으로, 자원의 최적배분을 저해하고 무역의 자유로운 흐름을 왜곡시켜 세계후생수준을 저해하는 정부나

10) R. E. Baldwin, *Non-tariff Distortion of International Trade*, The Brookings Institution, 1970, p. 5.

11) Ingo Walter, "Non-tariff Barriers and the Export Performance of Developing Countries," The American Economie Review, May 1971, p. 195.

12) 小島 淸·小宮隆郎編, 「日本の非關稅障壁」, 日本經濟新聞社, 1972, p. 4.

민간의 인위적인 규제조치라고 할 수 있다.

비관세 장벽의 성격을 살펴보면 대체로 다음과 같이 요약할 수 있다.

(1) 효과측정의 난해성

관세의 경우와는 달리 비관세장벽의 경제적 효과를 종합적으로 측정하는 데는 극히 어렵다. 비관세장벽은 유형에 따라 그 영향이 미치는 범위가 각각 다르고 비공개적인 성격으로 인해 자료의 이용가능성이 현실적으로 제한되어 있기 때문에 그 효과를 계량화하여 측정한다는 것은 거의 불가능하다.

(2) 다양성

비관세장벽은 그 유형이 실시국가와 품목 그리고 실시기관에 따라 매우 다양하다. 어떤 유형은 처음부터 법률로서 제정되기도 하지만 어떤 유형의 것은 통일적이고 체계적인 조정을 통하지 않고 여러 행정기관에서 자의적으로 적용되고 집행되기 때문에 그 유형이 매우 복잡하다. 따라서 선진제국에서는 수입경쟁산업을 보호하기 위하여 관세보다는 비관세장벽을 이용하는 경향이 있는데 이는 공공연한 논란과 엄밀한 조사를 회피할 수 있기 때문이다.

(3) 불투명성

비관세장벽은 언제든지 예고 없이 실시되고 변경될 수 있기 때문에 수출업자는 미리 판단하고 대처하기가 매우 어렵다. 즉 수입국의 비관세장벽은 어느 시점에서나 아무런 통고 없이 시행되고 변경될 가능성이 있기 때문에 항상 수출업자의 불안요인이 되고 있다.

2) 주요 비관세장벽

전술한 바와 같이 비관세장벽은 그 유형이나 내용에 있어서 매우 다양하고 복잡하여 이를 정형적으로 분류한다는 것은 용이한 일이 아니다. 그러나 여러 학자들의 이론과 WTO나 UNCTAD 등 국제기구들에 의한 분류를 종합해 볼 때, 대체로 수입규제수단과 수출지원수단으로 구분되는데, 수입규제수단으로

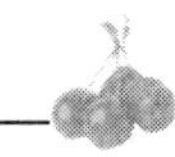

는 수입수량제한, 관세할당, 수입과징금 및 수입담보금 부과, 내국소비세 부과 그리고 수출자율규제 등이 있고, 수출지원수단으로는 수출보조금지급, 수출금융지원, 그리고 수출감면세조치 등이 포함된다. 이들 비관세장벽 가운데 주로 이용되고 있는 무역정책수단을 요약하면 다음과 같다.

(1) 수입수량제한(Quantitative restriction)

수입할당제(Import quota system)라고도 하는데 수입상품의 수량을 규제하여 직접적으로 수입을 제한하는 비관세장벽의 대표적인 수단이다. 즉 수입상품에 대하여 일정한 기준을 지정하고 일정한 기간동안 수입수량 또는 수입금액을 제한하는 제도이다.

이러한 수입할당제를 실시하는 목적을 특정한 수입품의 수입을 제한하여 국내산업을 보호하고 국제수지를 개선함과 동시에 환율 및 국내물가를 안정시키는 데 있다.

수입할당제는 자주적 할당제와 협정할당제로 구분되는데 전자는 수입국이 교역상대국과 일체의 협의 없이 일방적으로 할당조치를 취하는 것을 말하고, 후자는 수입국이 교역상대국과 사전에 협의하여 할당에 관한 협정을 체결하고 할당조치를 취하는 것을 말한다. 그런데 자주적 할당제는 교역상대국으로부터 보복조치를 유발시킴으로 오늘날에는 주로 협정할당제가 실시되고 있다.

(2) 관세할당제(Tariff quota system)

관세할당제란 수입상품의 일정량에 대해서는 낮은 관세율 또한 면세를 적용하고, 이를 초과한 양에 대해서는 보다 높은 관세율을 적용하는 수입규제수단이다.

관세할당제는 관세와 수입할당제를 혼합한 제도로서 그 운용에 있어서는 상당히 복잡하지만 선진국들에 의한 일반특혜관세제도(GSP)[13]의 시행에 따

13) 一般特惠關稅制度(Generalized System of Preference; GSP)란 선진국이 남북문제 해결의 일환으로, 개발도상국의 수출촉진과 경제개발을 위하여 개도국에서 생산ㆍ수출되는 상품이 선진국에 수입될 대 관세상의 특혜를 공여하는 국제적인 관세제도를 말한다.

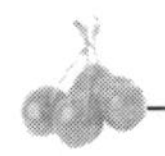

라 이를 널리 적용하고 있다.

즉, 선진국에서는 GSP협정에 따라 개발도상국으로부터 수입되는 일정량의 수입품에 대해 관세를 부과하지 않고 그 초과분에 대해서 일정율의 관세를 부과하는 관세할당제를 적용하고 있다. 이와 같이 GSP협정에 의하여 실시되고 있는 관세할당제는 개발도상국의 수출을 촉진시키기도 하지만 반면에 선진국의 비관세장벽으로 이용되어 수입량을 제한하는 보호무역정책수단이 되기도 한다.

(3) 수입과징금(Import surtax)

수입과징금이란 수입의 억제, 국내산업의 보호, 국제수지의 개선 등을 위하여 수입품에 부과되는 관세 이외의 일종의 조세를 말한다. 즉, 이 제도는 특정한 수입품에 과세부담을 주어 수입을 억제하기 위하여 실시되는 것으로 관세와 유사한 기능을 갖고 있으나 관세부과는 WTO규정에 제한받고 있기 때문에 관세를 대신하여 잠정적으로 이용되고 있다.

수입과징금제도는 일반적으로 수입품가격과 국내상품과의 가격차이를 조정하여 급격한 물가변동에 따른 충격을 완화시키고 상품의 수급을 원활히 하기 위하여 이용되고 있다.

(4) 수출자율규제(Voluntary Export Restraints ; VER)

수출자율규제란 수입국의 요구 및 실질적인 압력에 의하여 수출국이 스스로 특정상품에 대한 수출량을 일정수준으로 제한하는 경우를 말한다. 이 제도는 수출국이 수입국의 시장보호요청으로 상호간 쌍무협정에 의하여 부득이 수출을 자율적으로 규제하는 것으로, 대체로 수입국으로부터의 정치· 경제적인 보복을 예방하기 위하여 실시하게 된다. 최근에 미국에서 이 제도를 적극적으로 활용하면서 대상국가와 대상품목을 계속 확대하고 있다.

(5) 수출보조금(Export subsidies)

수출보조금이란 수출증대를 위하여 국가 또는 공공단체가 수출산업이나 수출거래에 지원해 주는 재정적 혜택을 말한다. 수출산업에 보조금이 지원될 경

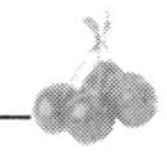

우 수출가격의 인하효과를 통해 국제경쟁력이 강화됨으로써 수출이 촉진되고, 또한 국내의 수입대체산업에 보조금이 지급되면 그 산업의 경쟁력이 강화되어 수입이 상대적으로 줄어들게 된다.

그러나 수입국의 입장에서는 수출국의 보조금 제도는 자국산업과 공정한 경쟁과 거래을 저해하기 때문에 상계관세(Countervailing duties)를 부과하여 보조금의 효과를 상쇄시키려 할 우려가 있고, WTO체제하에서는 보조금제도를 엄격히 규제하고 있어 앞으로 수출보조금제도의 시행은 어려울 것으로 예상된다.

제 4 장

국제통상환경

4.1 국제통상환경의 변화
4.2 WTO와 범 세계화
4.3 경제통합과 지역주의

Chapter 4 국제통상환경

4.1 국제통상환경의 변화

21세기가 시작되면서 세계무역을 지배하는 국제통상환경은 두 체제의 뚜렷한 양상을 보이며 급변하는 추세를 보이고 있다. 즉 WTO(세계무역기구)체제를 근간으로 하는 세계화(Globalization)추세와 한편으로는 FTA(자유무역협정)확산에 따르는 지역주의(Regionalism)의 심화이다.

제2차 세계대전 이후 약 반세기동안 세계무역을 주도해 왔던 GATT(관세 및 무역에 관한 일반협정)체제가 세계적인 경기침체로 인한 보호무역주의의 확대와 농업 및 서비스분야의 자유무역 규범부재 등으로 그 기능과 역할에 한계가 드러나게 되었다. 이에 따라 새로운 국제무역규범의 필요성이 제기되었고 결국 1993년 말 우루과이라운드 협상이 타결됨으로서 WTO가 발족되었다. WTO체제가 출범함으로서 그동안의 주 협상대상이었던 상품교역뿐만 아니라 농산물, 서비스, 투자 등 새로운 분야에 대한 무역자유화논의를 통하여 자유무역의 범위를 확대하는데 기여하였다. 그러나 지난 2001년 WTO체제의 첫 번째 다자간 무역협상인 DDA(도아개발의제)협상이 결렬됨으로서 자유무역을 통한 세계화를 추구하는 WTO의 역할과 위상에 문제를 제기하고 있다.

한편 국제통상환경은 FTA로 대표되는 경제통합체의 확산으로 인한 지역주의가 심화되고 있는데, 더욱 WTO의 DDA협상이 결렬된 후 공동의 경제적 이해관계를 가진 인근의 국가들이 지역 간 자유무역협정을 서두러 체결하고 있다. 따라서 국제무역에 있어 국경이라는 개념은 앞으로 무의미해 질 것이고 경제통합에 의한 역경(域境)의 개념이 주요관심사로 대두될 것이다.

요컨대 21세기의 국제통상환경은 WTO의 출범으로 다자간협상방식에 의한 자유무역의 세계화가 진전될 것이며, 한편으로는 FTA의 확대에 따른 지역주의가 더욱 심화될 것이다.

4.2 WTO와 범 세계화(Globalization)

1. GATT의 기본원칙

제2차 세계대전 종전 후 미국을 비롯한 연합국의 대표들은 자유무역의 확대를 통한 세계경제의 회복을 위하여 여러 차례의 국제회의를 추진한 결과 「관세 및 무역에 관한 일반협정」(General Agreement on Tariffs and Trade ; GATT)이라는 국제기구를 창립하게 되었다.

GATT는 국제무역에서 무역장벽의 완화 내지 철폐를 도모하고 무차별적인 국제무역체제를 확립함으로서 국제경제의 건전한 발전을 추구하는데 목적을 두고 있다. 따라서 GATT는 이러한 목적을 달성하기 위하여 관세인하 및 수입수량제한의 철폐를 통한 무역자유화와 가맹국간의 최혜국대우라는 2대 기본원칙을 두고 있다.

1) 무역자유화(Trade Liberalization)

GATT의 규정 제1조에 가맹국간에는 서로 협정에 의하여 관세율을 인하하

도록 하며 또 가맹국간에는 일체의 관세상 차별대우를 취하지 않도록 규정하고 있다

GATT에서의 무역자유화 추진을 위한 관세의 인하방식은 2국간 쌍무교섭에 의해 관세율을 가능한 한 인하하고 그 결과를 모든 가맹국에 무차별적으로 적용하도록 되어있다. 또한 수입 및 수출에 대한 수량제한조치는 관세보다 더욱 강력한 규제효과를 나타내는데 GATT에서는 이를 완전철폐할 것을 기본원칙으로 규정하고 있다.

2) 무차별원칙(Non-Discrimination)

GATT의 무차별원칙이란 GATT가맹국의 어느 국가에도 특정국가보다 차별적인 대우를 할 수 없다는 원칙이다. 이와 같은 GATT의 무차별원칙은 다음과 같은 "최혜국대우"와 "내국민대우"라는 규정으로 구체화하고 있다.

(1) 최혜국대우(Most favoured-nations treatment)

최혜국대우란 GATT가맹국의 일국이 협상당사국에 대하여 양허한 관세상의 특혜를 협상당사국이외의 다른 가맹국들에게도 차별없이 동등한 대우를 해야 한다는 원칙이다. 이와 같이 GATT는 무차별원칙에 입각하여 가맹국간의 불공평한 거래를 억제하여 무역을 확대하려 하고 있다.

(2) 내국민대우(National treatment)

내국민대우란 국내에 수입된 수입물품에 대하여는 국내법 및 규정에 의하여 같은 종류의 국산품과 동일한 대우를 부여해야 한다는 원칙이다.

그러나 이상과 같은 GATT의 무역자유화와 무차별원칙에도 여러 가지의 예외규정이 설정되어 있는데, 이 예외의 규정으로부터 무역분쟁의 요인이 되어 왔으며 결국 GATT의 실효성과 구속력에 한계를 나타내는 결과를 초래하게 되었다.

2. GATT의 다자간무역협상

다자간무역협상(Multilateral Trade Negotiation; MTN)이란 국제무역에 관한 사항을 협의、결정하기 위하여 일정한 기간동안 다국적 베이스로 추진되는 무역협상을 말한다. 다자간무역협상의 목적은 국제무역을 저해하고 있는 관세와 비관세장벽을 제거하거나 완화하여 무역을 확대하고, 이를 통하여 각국의 경제성장과 국제경제의 균형발전을 도모하는데 있다.

GATT 는 1947년에 창설되어 WTO가 출범하기까지 8차례에 걸쳐 다자간 무역협상을 추진하여 왔는데, 처음 창설 당시에 23개국이었던 회원국이 WTO가 출발하기전 1994년 12월 31일 현재에는 가입 회원국수가 128개국이나 되었다. 우리나라는 1967년에 정회원국으로 가입하였다.

〈표 4-1〉 GATT의 다자간무역협상

회수	명칭	기간	참가국	개최장소	신 양허 품목수	평균관세 인하율
제1차	일반관세협정	47.4~47.10	23	제네바(스위스)	약 45,000	불 명
제2차	일반관세협정	49.8~49.10	32	아느시(프랑스)	약 5,000	불 명
제3차	일반관세협정	50.9~51. 4	34	토쾌이(영 국)	약 8,000	불 명
제4차	일반관세협정	56.1~56. 5	22	제네바(스위스)	약 3,000	불 명
제5차	딜론라운드	61.5~62. 7	23	제네바(스위스)	약 4,400	7%
제6차	케네디라운드	64.5~67. 6	45	제네바(스위스)	약 30,000	35%
제7차	동경라운드	73.9~79. 4	99	동 경(일 본)	약 27,000	33%
제8차	우루과이라운드	86.9~93.12	116	푼타델에스테 (우루과이)		약 33%

주 : 케네디라운드에서는 54개국이 참가했으나 도중에 아랍연합국 등 9개국이 협정서에 서명하지 않았기 때문에 정식참가국 수는 45개국이다.

1) 일반관세인하협정

<표 4-1>에 표시되어 있는 바와 같이 GATT초기의 무역협상은 일반관세협상으로 주로 관세인하협상이 추진되었다.

일반관세협상은 GATT의 전 가맹국이 한자리에 모여 동시에 협상을 추진하기도 하지만, 대체로 2국간 쌍무적으로 그리고 주요대상품목을 중심으로

추진되었다. 그리고 2개국간의 관세인하협정에 의하여 결정된 새로운 관세율을 GATT의 최혜국대우의 원칙에 따라 협상당사국은 물론 모든 GATT 가맹국에도 차별없이 적용된다.

1947년 제1차 일반관세협상부터 제5차 딜론라운드(Dillon Round)[1]까지의 GATT협상은 2국간에 품목별로 교섭된 관세율이 모든 가맹국에 적용되는 관세인하협상방식이다. 따라서 주 협상대상이 수입품에 대한 관세율 인하로 50년대에 EEC, EFTA등 지역경제통합체의 결성에 대한 대응조치로 추진되었으며 대체로 미국에 의하여 주도되었다.

2) 케네디 라운드(Kennedy Round)

케네디 라운드란 GATT의 제6차 다자간무역협상을 말하는데, 미국 대통령 케네디(J. F. Kennedy)의 제안에 의하여 1964년부터 약 4년 동안 제네바에서 개최된 GATT 창설이후 가장 획기적인 관세인하교섭을 의미한다.

케네디 라운드의 주요특징과 성과를 요약하면 첫째, 종래의 2국간 품목별 관세인하 교섭방식을 지양하고 다국간일괄인하방식이 채택되었다. 이러한 방식이 채택된 배경으로는 종래의 여러 차례에 걸친 2국간 관세인하 교섭이 상당한 결함과 한계성을 노출시켰고, EEC 등 지역경제통합체의 결성 등으로 인하여 관세의 일괄인하가 불가피하게 되었다. 둘째, 관세인하협상의 대상품목이 종래에는 2차산업 상품에 집중되었는데 케네디라운드에서는 농산물 등 1차산품에까지도 포함되었다. 셋째, 케네디 라운드에서는 관세인하 뿐만 아니라 비관세장벽도 교섭의 대상으로 취급하였다. 그러나 실제로 비관세장벽을 다룬일은 극히 적었고 성과도 거의 없었다. 이와 같은 케네디 라운드의 협상결과로 우리나라를 포함한 37개국이 관세인하를 양허하고, 그 품목수는 30,300종이었고 그 무역액은 400억달러에 달했으며, 관세인하율도 평균 30%나 되었다.

---

1) Dillon Round : GATT의 제5차 多者間貿易協商을 말하는데 미국의 당시 국무차관이었던 D. Dillon의 제창에 의해 시작된 關稅引下協商이다.

3) 동경라운드(Tokyo Round)

동경라운드란 GATT의 제7차 다자간무역협상으로, 1973년 부터 약5년 동안 일본 동경에서 개최된 무역자유화 협상을 말한다.

동경라운드의 주요 특징과 성과를 요약해 보면 첫째, 협상대상이 관세율인하 뿐만 아니라 비관세장벽으로 확대되었다는 점이다. 이는 1970년대에 신보호무역주의가 대두되고 EC 등의 지역주의가 강화되므로서 관세보다는 비관세장벽이 각국에서 만연되었기 때문이다. 둘째, 개도국에 대한 우대협정을 체결하였다. 즉 일반특혜관세제도(GSP)를 공식적으로 인정하고 비관세장벽을 비롯한 여러 협정에서 개도국 우대조항을 설정하는데 합의하였다. 그러나 개도국 가운데 선발개도국 즉 신흥공업국에 대하여는 「졸업조항」(Graduation clause)[2)]을 적용하여 특혜공여를 축소하는 조치도 마련하였다. 셋째로 동경라운드에서는 개도국들이 다수 참여하여 협상의 주체적 역할을 하였다. 이는 70년대에 개도국의 국제정치、경제적 지위가 상당히 신장되었음을 의미한다.

4) 우루과이 라운드(Uruguay Round)

우루과이 라운드란 GATT의 제8차 다자간무역협상으로 1986년 9월 남미의 우루과이에서 개최되어 채택된 GATT 각료선언에 따라 추진된 국제무역협상을 말한다.

우루과이 라운드는 협상개시후 4년이내에 협상을 종결하도록 되어있으나, 주요의제에 관해 각국간에 첨예한 이해대립으로 협상이 지연되어 오다가 1993년 말에 극적으로 타결되었다.

우루과이 라운드의 특징으로는 첫째, 협상대상이 매우 다양하고 포괄적이라는 것이다. 종래의 다자간무역협상에서 다루었던 관세와 비관세 장벽은 물론이고 서비스무역과 지적재산권 그리고 무역관련투자 등 국제무역이 직면하

2) Graduation Clause : 종래의 GSP의 혜택을 받아오던 개발도상국이 경제개발을 통하여 수출상품의 국제경쟁력이 강화되었다고 GATT에서 인정하게 되면 이들 국가를 GSP 受惠對象國에서 제외하거나 또한 일부 특정품목을 GSP 수혜대상품목에서 제외시키는 것을 의미한다.

고 있는 모든 현안이 협상대상으로 채택되고 있다. 둘째, 우루과이 라운드는 새로운 국제경제환경 변화에 대한 대응요청으로부터 추진되었다. 정보통신과 교통의 발달 그리고 서비스 부문의 교역확대로 이에 부응할 수 있는 새로운 국제적 규범이 요청되었다. 또한 1980년대에 들어와 미국의 대내외 경제여건이 계속 악화되고, 일본을 비롯한 신흥공업국(NICs)의 경제력 부상으로 국제무역질서는 새롭게 개편되므로서 이에 대한 대응책이 요구되었다. 따라서 GATT는 이와같은 시대적인 요청하에서 새로운 무역협상이 불가피하게 되었다. 셋째, 우루과이 라운드는 신보호무역주의가 한창 강화된 80년대에 추진되므로서 신보호무역주의의 주요수단인 비관세장벽의 완화에 치중하였다. 그동안 여러 차례의 다자간무역협상으로 관세율은 대폭적으로 인하되어 무역규제수단으로서의 관세의 기능은 현저히 약화되었다. 따라서 관세를 대신하여 비관세장벽이 주요한 무역장벽으로 대두되었고 비관세장벽의 철폐 및 완화는 GATT의 지상과제가 되어왔다. 넷째로 GATT의 기능과 분쟁해결능력에 한계성을 노출시켜 이에 대한 해결책으로 GATT의 위상강화와 권능부여의 필요성에 각국은 인식을 같이하고 국제무역규범을 강력히 집행할 수 있는 새로운 국제무역기구의 창설에 합의 하였다.

우루과이 라운드 협상의 타결에 따른 성과를 요약하면 다음과 같다

첫째, 관세 및 비관세장벽 등 각종 보호주의적 무역장벽이 완화되거나 철폐되도록 하였다. 관세율 수준이 현행보다 1/3수준으로 인하되어 평균관세율이 선진국은 5%이내로, 한국 등 선발개도국은 10% 내외로 낮아질 것이다.

둘째, 종래 GATT 규제밖에서 운용되어 왔던 농산물과 섬유류 교역이 WTO 체제로 들어와 점진적으로 자유화되는데 특히 농산물의 경우는 각종 수입규제조치가 모두 관세화되고, 관세수준도 점차 낮아지게 되었다.

셋째, 수출자율규제(VER) 등과 같은 회색지대조치가 철폐되고, 각종 의무면제조항(waiver)이나 긴급수입제한조치(safeguards) 등도 폐지된다.

넷째, 국제무역질서의 공정무역체제가 더욱 강화될 것이다. 따라서 정부의 재정、금융、조세 등에 의한 보조금지급관행이 크게 제한을 받게 되어 기업간、국가간의 공정한 경쟁, 자유경쟁이 촉진될 것으로 예상된다.

다섯째, 국제경제의 범세계화를 더욱 가속화시킴으로 국제간의 자본이동을 촉진시킬 것이다. 이는 무역관련투자조치, 서비스무역, 지적재산권, 원산지규정 등 그간 국제간의 자본이동을 제한하였던 제반 요인들이 WTO규정에서 명료화되고 완화되었기 때문이다.

마지막으로 우루과이 라운드의 최대성과로는 국제무역질서를 강력하게 이끌어 갈 세계무역기구(World Trade Organization; WTO)를 설립하였다는 점이다. 이는 국제무역질서가 종래의 GATT체제에서 새로운 WTO체제로 재편성되었음을 의미하고 있다.

3. WTO의 출범과 신 통상의제

1) WTO의 의의과 성격

WTO(World Trade Organization)란 GATT의 제8차 다자간무역협상인 우루과이 라운드(UR)의 타결에 따라 GATT체제의 뒤를 이어 창설된 새로운 국제무역기구를 말한다.

1986년 7월 우루과이에서 개최되어 약 7년반동안 지연되어왔던 UR협상이 1993년 12월 우여곡절 끝에 타결되고, 1994년 4월 15일 모로코의 마라케쉬에서 UR최종의정서가 서명됨으로서, 1995년 1월 부터 WTO가 정식으로 출범하게 되었다. 이로서 전후 약 50년간 세계무역질서를 주도하였던 GATT체제는 그 막을 내리고 새롭게 WTO체제가 시작되므로서 세계무역질서의 전면적인 재편성이 실현되었다.

WTO의 기본의의는 국제경제활동에 장애가 되는 각종 인위적 장벽을 철폐하여 상품교역 뿐만 아니라 서비스, 자본, 기술 및 경영의 자유로운 이동을 제도적으로 보장하는데 있다.

UR의 최종의정서에 명시된 주요 내용은, ① GATT 규범의 명료화와 강화 및 부역거래의 공징성 제고, ② 공산품의 관세인하와 비관세장벽의 완화, ③ 농산물과 서비스 교역에 대한 새로운 다자간규범 적용, ④ 지적재산권 보호규범의 무역체제로의 편입 등이다.

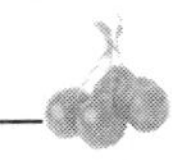

자유무역, 무차별주의 그리고 다자주의를 기본목표로 하는 WTO체제의 성격을 종래 GATT체제와 비교하여 요약해 보면 다음과 같다.

첫째, 사법적 권능과 집행기능의 강화

WTO는 무역자유화를 위한 선언적인 국제합의가 아니라 실질적인 권능과 조직에 의해 실행되고 있다. 종전의 GATT가 국제무역에 관한 협의체에 불과하다면 WTO는 IMF나 IBRD와 같이 연합체로서의 기능을 확보하고 있다.

특히 WTO의 상설기구인 D.S.B(Dispute Settlement Body)는 강력한 법적 구속력을 갖는 분쟁해결기구로서 각국간의 무역분쟁을 조정・해결하고 있다. 또한 WTO의 의사결정방식은 매우 효율적으로 운영되고 있다. 즉 원칙적으로는 합의제(consensus)이나 합의가 이루어지지 않을 경우 다수결로 의결하게 되어 있어 GATT체제에서의 만장일치제보다 신속하게 처리하게 된다.

둘째, 협상대상과 수단의 확대

종래의 GATT체제에서는 주로 공산품에 대한 관세인하에 주력하였는데 WTO에서는 공산품은 물론 농산물, 서비스산업, 해외투자 그리고 지적재산권 등 모든 형태의 교역에서 관세 및 비관세장벽의 철폐로 확대하였다.

셋째, 다자주의(Multilateralism)의 채택

종래에는 미국 등 강대국들이 의사결정의 주도권을 갖고 이해당사국들과 주로 쌍무협상을 추진해 왔으나 WTO체제에서는 다자주의에 따라 모든 회원국이 동등한 발언권과 표결권을 가지고 의사결정에 참여하게 되어 보다 공정하고 명료하게 시행될 것이다.

넷째, 새로운 협상(New Round)의 추진

UN 등 국제회의에서 지구환경문제와 노동문제 등 국제사회의 제반문제를 경제문제와 연계하여 제기하고 있어, 앞으로 WTO에서도 무역과 환경(GR), 무역과 노동(BR), 무역과 기술(TR), 무역과 경쟁정책(CR) 등의 다자간협상으로 점차 확대, 규범화할 것으로 예상된다.

〈표 4-2〉 WTO(세계무역기구) 설립협정의 구성내용

WTO 설립협정

- 부속서 1A — 상품교역협정
  - GATT 1994
    - GATT 제2조(양허표)
    - GATT 제17조(국영무역)
    - GATT 제18조(B)(국제수지)
    - GATT 제24조(관세동맹, 자유무역지대)
    - GATT 제25조(체약국의 공동이행)
    - GATT 제28조(관세교섭)
    - GATT 제35조(특정국간협정부적용)
  - GATT 1994에 대한 UR의정서(관세)
  - 농산물협정
  - 위생검역협정
  - 섬유협정
  - 기술장벽협정
  - 무역관련투자(TRIMs)협정
  - GATT 제6조(반덤핑) 이행협정
  - GATT 제7조(관세평가) 이행협정
  - 선적전검사협정
  - 원산지규정협정
  - 수입허가절차협정
  - 보조금/상계관세협정
  - 세이프가드협정
- 부속서 1B — 서비스교역협정
- 부속서 1C — 지적재산권협정
- 부속서 2 — 분쟁해결절차
- 부속서 3 — 무역정책검토(TPRM)
- 부속서 4 — 복수국간 무역협정
  민간항공기협정, 정부조달협정, 국제낙농협정, 우육협정

자료 : 대한무역진흥공사, 「UR최종협정문」, 1994. 2, p.10.

2) WTO협정문의 구성과 주요내용

WTO체제의 주요내용은 1994년 4월 15일 모로코의 마라캐쉬에서 각국 대표들에 의해 조인된 WTO 설립협정문에 명시되어 있는데, 이 협정문은 부속서 1A, 1B, 1C및 부속서 2, 3, 4로 구성되어 있다.

<표 4-2>는 WTO설립협정문의 구성내용을 보여주고 있는데, 이 가운데 분야별로 주요 내용을 요약하면 다음과 같다.

(1) 상품교역협정(부속서 1A)

상품교역에 관한 일반협정으로「GATT 1994」등 14개 조항으로 구성되어 있는데, WTO설립협정 출범이전에 발효되었던 관세양허와 관련된 규범을 포함하고 있다.

농산물무역에 대하여는「예외없는 관세화」를 기본원칙으로 하여 수입제한적인 각종 비관세장벽을 관세로 전환하고, 국내외가격차를 관세상당치(tariff equivalents)로 부과하도록 되어 있다. 또한 그동안 GATT체제 밖에서 규율되고 있던 다자간섬유협정(MFA)을 WTO 출범 이후 10년에 걸쳐 점진적으로 철폐하기로 하고 있다.

그외에 무역에 관련된 투자협정, 반덤핑협정, 관세평가협정, 원산지규정협정 등 각종의 협정에 관하여 그 기준을 명료화하고 구체화하고 있다.

(2) 서비스교역협정(부속서 1B)

서비스교역에 관한 일반협정(GATS)의 적용대상범위는 정부기능 수행상 공급되는 서비스를 제외한 모든 서비스로서 GATT의 분류에 따르면 교육, 보건사회ㆍ문화오락, 통신, 건설, 유통, 환경, 관광, 운송, 보험, 금융, 사업, 서비스(전문직) 등이다. 이들 서비스 교역에 관해서는 최혜국대우와 공개주의를 기본원칙으로 하며, 내국민대우는 각국간 협상에 따라 점진적으로 폐지하기로 하고 있다.

따라서 각국의 서비스시장은 일시에 개방하는 것이 아니라 국가간 협상을 통하여 점진적으로 자유화하도록 되어있다.

(3) 지적재산권협정(부속서 1C)

지적재산권(IPR)은 새로운 물질발견, 새로운 제조기술발명, 새로운 용도개발, 새로운 상품디자인, 상품의 새로운 기능개발 등과 같은 산업적 발명과 저작권 그리고 문예적 창작에 대한 배타적 소유권을 의미한다. 이 협정에서는 지적재산권에 대하여 최혜국대우 및 내국민대우를 의무화 하고, 컴퓨터프로그램, 영상제작물 등에 저작권과 대여권을 인정하여 일정기간 동안 보호하도록 규정하고 있다.

(4) 분쟁해결절차협정(부속서 2)

분쟁해결절차는 WTO 회원국간에 무역분쟁에 대하여 다자간 규정의 적용을 보장함으써 WTO체제하의 각종 협정의 권위를 강화하고 효율성을 확보하는 수단이된다.

기존 GATT체제에서는 무역강대국의 경우 GATT 규정에 따르기 보다는 자국의 경제력행사를 통해 GATT 규범밖에서 해결하려 했는데, WTO에서는 이러한 문제점을 해결하고 분쟁해결의 기능을 강화하기 위하여 산하의 분쟁해결기구(Dispute Settlement Body ; DSB)를 설치하였다.

(5) 무역정책검토제도(부속서 3)

무역정책검토제도(Trade Policy Review Mechanism ; TPRM)는 모든 회원국들이 다자간 무역협정이나 복수국가간 무역협정에 대한 규칙, 규율 및 약속을 준수하도록 하고, 회원국의 무역정책 및 관행에 대한 명료성 및 이해증진을 통해서 다자간 무역제도의기능을 원활히 하는데 그 목적에 있다.

무역정책검토제도가 시행됨에 따라 각 회원국들은 국내무역정책을 자국 무역이익의 극대화나 일방적인 산업보호 조치에 맞추어 시행할 수 없게 되었다.

(6) 복수국가간 무역협정(부속서 4)

복수국가간 무역협정(Pluralateral Trade Agreement)은 민간항공기교역에 관한 협정, 정부조달에 관한 협정, 국제낙농협정, 우육관련협정 등으로 구성

되어 있다. 그러나 이러한 협정들은 교역당사국간의 기존 쌍무협정 등을 고려하여 점진적으로 협상을 진행하면서 그 내용이 수정·보완되어 가고 있다.

3) 신 통상의제의 제기

WTO체제가 출범한 이후 미국과 EU 등 선진국들을 중심으로 서비스교역, 지적재산권, 그리고 농산물교역 등에 대한 논의가 활발히 진행되었는데, 특히 환경, 노동, 경쟁, 투자 그리고 전자상거래 등이 새로운 국제통상의 현안의제로 제기되고 있다. 이는 범세계화에 기인해서 세계 각국간 상호의존성이 크게 증대되고 있으며 각국가의 무역관련 국내장벽들이 시장접근의 장애요인으로 인식되고 있기 때문이다.

(1) 무역과 환경

산업화가 가속화됨으로써 지구의 오존층이 파괴되고 동식물의 멸종위기와 기후의 변화 등 예상치 못한 대규모 환경문제가 제기되었다. 인류의 생존과 직결된 환경문제는 단순히 개별국가에만 영향을 미치는 것이 아니라 지구전체에 영향을 주기 때문에 전체적인 대응이 필요하다는 공감대가 형성되었다. 이에 따라 환경과 관련된 많은 국제적 협약이 결성되었고 이러한 환경협약이 결국에는 무역규제의 수단으로 등장함으로써 환경과 무역의 연계문제가 관심을 끌게 되었다.

1993년 우루과이라운드(Uruguay Round : UR)협상이 타결되고 무역과 환경의 연계문제를 논의하기 위하여 그린라운드(Green Round : GR)가 시작되었는데, 그린라운드는 일정한 기준이상으로 오염물질을 배출하는 국가나 기업의 제품에 대해서는 생산과 소비를 하지 못하도록 억제하고 있다. 그린라운드는 수입국내의 환경을 보호하고 국가별 환경 기준이 상이하기 때문에 논의가 필요하게 되었는데, 환경기준이 엄격한 국가와 엄격하지 못한 국가에서 동일한 제품을 생산할 경우 개별국가의 환경규제가 각각 다르기 때문에 생산비의 차이가 발생한다. 결국 생산비 차이가 있는 이들 제품이 세계시장에 진출했을 때 가격경쟁력에 차이가 있게 되므로 환경기준이 엄격한 국가의 기업들

이 불리한 입장에 놓이게 된다.

특히 선진국 중심의 환경보호를 위한 무역규제조치들은 개발도상국들에게 차별적이고 불합리한 보호무역수단으로 악용될 가능성이 많기 때문에 선진국과 개발도상국간에는 심각한 견해 차이를 보이고 있다.

이러한 그린라운드는 무역과 환경관련 범위나 내용이 광범위하여 국가간의 이해관계가 서로 대립되기 때문에 WTO의 역할이나 새로운 국제질서 등에 의해 크게 영향을 받게 될 전망이다.

(2) 무역과 노동

무역과 노동의 연계문제는 인권을 보호하고 열악한 노동조건이나 낮은 임금에 의해 생산된 대량의 값싼 상품이 교역상대국에 피해를 주기 때문에 제기되었다. 선진국들은 개도국들이 열악한 노동조건과 아동, 죄수, 노예를 이용한 제품생산으로 값싼 상품을 수출함으로써 나타나는 불공정한 무역을 규제하기 위해 무역과 노동의 연계문제를 부각시켰다. 이를 블루라운드(Blue Round : BR)라 하는데 블루라운드는 가격경쟁력이 개도국들에 비해 뒤떨어진 선진국들이 열악한 개도국들의 근로조건을 강화시킴으로써 선진국 상품의 가격경쟁력을 회복하려는 움직임에서 출발하게 되었다. 특히 선진국들이 주목하고 있는 나라들로는 동남아시아 일부국가들과 중남미 국가 그리고 아프리카 국가들이다.

선진국들은 무역과 노동을 연계시키기 위하여 다자간 무역협정 내에 사회조항을 포함시켜야 한다고 주장하였다. 여기서 사회조항이란 국제적인 노동기준을 마련하여 국제무역거래상의 사회적 덤핑을 제거하고 개도국 근로자의 근로기준 및 근로환경을 개선하기 위한 조항을 말한다.

블루라운드의 주요 쟁점사항은 다음과 같다. 첫째, 15세 이하의 아동노동, 죄수의 노동, 강제노동의 금지 등에 대한 국제노동기구(ILO)의 규범적용 둘째, 저임금에 의한 생산문제 셋째, 형식상 노동3권과 관련된 법규정을 마련했으나 실제로 시행하지 않고 있는 국가에 대한 무역제재 넷째, 급속한 경제발전을 달성했으나 경제수준과 맞지 않는 사회보장제도를 유지하는 국가에 대

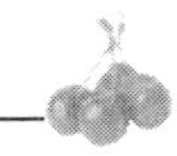

한 무역규제 마지막으로, 노동자들을 위한 결사의 자유와 단체교섭권보장 등이 있다.

(3) 무역과 경쟁정책

무역과 경쟁에 관한 논의는 무역의 국제화 및 세계화 추세에 따라 각 국가 간에 나타나는 시장구조의 상이성과 기업관행의 차이로 인해 선진기업들이 경쟁력을 잃고 있다는 인식에서 시작되었다.

경쟁라운드(Competition Round : CR)에 대한 논의는 국제무역에 있어 공정한 경쟁을 촉진시키기 위해서 각 국가들의 시장조건을 평준화시켜야 한다는 주장에서 시작되었는데 특히 선진국들은 각 국가마다 다른 법률과 관행 때문에 국제무역이 왜곡되고 있다고 주장한다. 따라서 상이한 경제법률과 관행을 시정하고 국제적인 무역분쟁을 보다 효과적으로 처리하기 위한 범세계적인 법률과 제도(global standards)의 도입을 위한 경쟁라운드 논의가 본격화되고 있다.

무역과 경쟁정책을 연계시키려는 구체적인 방안으로는 첫째, 완전한 의미의 국제경쟁을 위해 다자간 경쟁에 관한 규범을 만드는 것과 둘째, 세계무역체제에서 나타나는 문제점과 경제마찰 등을 고려하여 이에 대한 협의의 의제를 정하는 것 등이 있다.

(4) 무역과 투자

우루과이라운드가 타결된 후에도 세계경제는 무역과 투자를 연계하여 다루지 않았다. 그러나 세계경제에서 국제투자가 차지하는 비중이 커지면서 투자가 무역에 미치는 영향이 증가하자 무역과 투자의 연계방안을 찾게 되었다.

WTO에서는 1995년부터 다자간 투자협정(Multilateral Agreement on Investment : MAI)에 대한 협상을 진행하였는데, 다자간 투자협정(MAI)은 법적 구속력과 집행절차를 갖추었으며 투자에 대한 보호, 투자의 자유화, 분쟁해결에 대한 광범위하고 포괄적인 기준을 마련하였다. 또한 투자에 대한 정의와 범위, 투자자에 대한 대우, 투자예외조항 및 안전조항의 신설 등 투자에 대한 다양한 형태의 내용을 포함하고 있다.

(5) 전자상거래

인터넷 전자상거래와 관련하여 새로운 국제규범을 제정하려는 움직임이 대두되고 있다.

OECD 등 국제기구에서는 전자상거래의 확대가 핵심의제로 다루어지고 있는 바, 향후 WTO 차원의 다자협상의 도출도 불가피할 것으로 전망된다. 미국은 무관세 협정의 체결을 위해 조만간 WTO를 통한 합의를 이끌어 낼 계획인바, 다자간협상의 유리한 위치를 확보하고자 APEC 등의 지역협의기구 및 APEC 주요회원국과 양자간 협상을 시도할 것이다.

전자상거래의 국제규범화와 관련한 국제적 논의에서 중요한 계기가 된 것은 1997년에 개최된 APEC 정상회의였다. 1997년 11월 벤쿠버에서 개최된 APEC 정상회의서는 1998년 6월 APEC 통상장관회의에서 전자상거래 관련 실행계획을 마련하고, 이를 1998년 11월 APEC 정상회의에 보고하도록 결정하였다. 이러한 국제규범 제정의 추진과정에서 미국의 주도적 역할이 두드러지고 있는데, 1997년 7월 미국의 클린턴 대통령은 세계적 전자상거래를 위한 기본계획(a framework for global electronic commerce ; Clinton Round)을 발표하여 국제적 논의를 주도하려는 노력을 하고 있다.

동 계획의 주요 내용은 인터넷 거래의 무관세, 현존의 내국세 외의 새로운 세금부과 금지, 소비자 · 저작권 보호, 기술표준 정립 등을 내용으로 하는 국제규범을 2000년부터 시행 가능토록 추진하자는 것이다.

이러한 미국의 제안에 대하여 일본은 무관세화 및 새로운 세금부과금지 등에 대해 원칙적으로 동의하는 반면, 간접세 비중이 높은 EU와 무역의존도가 높은 싱가포르 등은 부정적 입장을 보이고 있다. 미국은 지난해에 캐나다의 벤쿠버에서 개최된 APEC 정상회의에서 다자간 논의를 추진할 필요성을 강력히 주장한 바 있으며, APEC, WTO등 다자기구를 통해 국제적 합의를 도출할 계획인 것으로 알려져 있다.

〈표 4-3〉 신통상의제의 현황과 전망

	환경관련의제	노동관련의제	경쟁정책	투자정책
과제의 성격	단기	장기	중기	중기
협의대상	생산방식	요소시장	시장구조	요소시장
기 체결 협정	다자 · 지역 쌍무협정	지역협정	지역 · 쌍무협정	지역 · 쌍무협정
주요논의 테이블	WTO 국제환경협약	ILO	OECD, APEC	OECD, APEC
단기전망	WTO 의제화	무역수단 활용	쌍무협정 및 다자논의	다자협정 체결

4. WTO체제가 국내산업에 미치는 영향과 대응방안

우리나라는 지난 1960년 이후 GATT체제하에서 무역확대에 힘입어 고도의 경제성장을 이룩하여 왔다. 그러나 1980년대 후반부터 교역규모가 커지면서 중진국으로서의 역할과 책임을 부담하게 되었으며, 더욱 UR협상의 타결에 따른 WTO체제의 국제무역질서하에서는 농산물과 서비스교역, 그리고 지적재산권 분야에서 시장개방이라는 새로운 자유무역의 의무와 책임을 요구받게 되었다.

WTO체제가 국내산업에 미치는 영향은 양면성을 지니고 있다고 할 수 있다. 즉 무역자유화에 따른 국내시장의 개방은 국제경쟁력이 취약한 국내산업에 부담이 되지만, 교역상대국도 관세인하와 비관세장벽의 완화로 우리의 수출여건이 개선되어 수출증대와 해외진출의 기회로 이용할 수 있다.

WTO출범에 따라 국내산업에 미치는 영향을 산업별로 구분하여 요약해 보면 다음과 같다.

1) 농산물분야

농산물의 단계적인 수입개방으로 수입량은 계속 증가될 것이고 이에 따라

국내 농산물의 생산량은 감소하게 될 것이다. 특히 쌀 등 주곡을 비롯한 기초 농산물은 관세화와 최소시장 접근방식 등의 단계적 안전장치가 마련되어 있지만 국제가격과의 현격한 차이로 점진적인 수입증가는 불가피할 것이다.

2) 공산품분야

우리나라는 그동안 지속적인 수입관세율인하 조치와 관세율예시제의 실시로 공산품의 관세율은 거의 선진국 수준까지 낮아졌으므로 수입개방에 따른 산업피해는 그리 크지 않을 것으로 전망된다. 오히려 교역상대국의 관세율도 인하되어 대외의존도가 높은 우리나라의 공산품 수출에 긍정적인 효과가 예상된다. 특히 주요 수출품인 반도체, 철강, 조선 및 전자제품 분야 등에서 수출확대가 기대된다.

또한 장기적으로는 수입상품과의 경쟁을 통하여 국내산업의 경쟁력이 제고되고 안정적인 경제성장을 이룩할 것으로 전망된다.

3) 서비스분야

서비스산업의 시장개방으로 경쟁력이 취약한 유통, 보험업 등 대부분의 국내 서비스 산업은 피해가 예상되고 있다. 그러나 장기적으로 선진국의 첨단기술과 경영기법의 국내이전으로 국내산업의 경쟁력 제고와 생산성 향상에 기여할 것으로 전망된다.

4) 기타

WTO체제에서는 국제무역규범의 적용범위가 해외투자부문이나 지적재산권분야 등 전산업부문으로 확대될 것으로 예상된다. 또한 미국 통상법 Super 301조의 발동 등 선진국의 일방적인 통상압력은 상당부분 제한받을 것이며, 정부의 특정산업이나 기업에 대한 보조금지급 등 우대제도는 앞으로 규제받게 될 것이므로 종래의 산업지원제도에 대한 정책선환이 요망된다.

이상과 같이 WTO체제의 출범으로 세계경제는 급속히 개방과 경쟁체제로

진전되어 가고 있는데, 특히 대외의존도가 높은 우리나라에서는 국내경제와 산업에 미치는 영향이 매우 큰 실정이다. 따라서 우리는 이에 대응할 수 있도록 다음과 같은 방안을 신속히 수립하여 추진해 나가야 할 것이다.

첫째, 경제 및 무역관계법령과 제도의 개선

국민경제의 세계화는 정부에 의해서가 아니라 기업에 의하여 주도되어야 한다. 즉 세계화의 주역은 정부가 아니고 기업이다. 따라서 정부는 기업의 국제경쟁력과 체질강화를 기업전략의 차원에서 자생적이고 창의적인 노력으로 추진할 수 있도록 적극 지원해야 할 것이다. 이를 위해 각종 경제 및 무역관련 법령과 제도를 정부주도의 규제와 지원으로부터 탈피하여 민간주도체제로 전환하는 것이 필요하다.

특히 특정산업 또는 기업의 직접적인 지원、육성보다는 사회간접시설의 확충, 육성과 기술개발의 지원 그리고 정보통신의 Network화 등 산업발전의 기반을 조성하는 방향으로 추진되어야 하겠다. 한편 WTO의 다자간무역협상방식에 대비하여 정부는 국제통상외교를 강화함으로서 선진국은 물론 아세안국가 등 개도국들과의 경제협력 체제를 공고히 하여야 하겠다.

둘째, 기업의 세계화 추진

개방과 국제화시대에는 생산과 판매 그리고 마케팅 등 모든 기업 활동이 국내시장과 국제시장으로 구별되지 않고 세계시장을 대상으로 전개되기 때문에 기업경영도 세계화체제로 체질개선해야 할 것이다.

이를 위해 다국적기업의 운용 및 해외투자를 적극적으로 추진하고 특히 중국, 러시아, 북한 등 북방무역을 확대해 나가야 하겠다. 또한 EDI System을 시급히 도입하여 기업경영의 전산화를 추진하며 수출마케팅 활동도 강화해 나가야 하겠다.

셋째, 수출상품의 비가격경쟁력 강화

80년대 후반부터 국내산업의 급격한 임금인상과 NICs를 비롯한 중국 등 후발개도국들의 국제시장에서의 가격경쟁력 강화로 상대적으로 우리나라 수출상품의 국제경쟁력이 취약하게 되었다. 따라서 우리의 입장에서는 앞으로 가격경쟁력 측면보다 품질, 기술 및 신제품 개발 등 비가격경쟁력 측면으로 국제경쟁력을 제고시켜야 하겠다.

이를 위해 정부나 기업에서는 R&D투자를 확대하여 기술개발과 인력양성에 주력하고, 노동집약상품 등 가격경쟁력이 취약한 분야는 해외현지공장건설 등 해외투자방식으로 산업구조를 전환해야 하겠다.

넷째, 농업구조의 개선

전형적으로 낙후되어 있는 우리 농업을 보호·육성하기 위하여는 정부의 혁신적인 농업구조 개선책의 시행과 지원이 필연적이라 하겠다. 특히 주곡 등 주요농산물은 종래의 영농방식으로는 국제경쟁력 확보가 현실적으로 불가능하므로 농업의 비 교역적 관심사항(Non-Trade Concerns, NTC)[3] 차원에서 정책적인 지원이 불가피하다.

또한 기업농과 영농조합법인 등의 설립으로 영농규모의 확대와 전문화를 기하고, 생산시설의 자동화로 농업기반의 여건을 개선해야 할 것이며, 동시에 농민과 농촌을 위한 간접적인 지원정책으로 교육·보건 및 문화시설 등 사회후생제도를 개선해야 할 것이다.

한편 농산물 가운데 과수, 야채 등 경쟁력이 있는 농산물은 집중 개발·육성시키고 품질의 고급화를 기하여 수출을 촉진하는 방안도 강구해야 하겠다.

다섯째, 서비스산업의 구조조정

국내 대부분의 서비스산업은 외국에 비해 구조적으로 취약한 형편으로 시장개방으로 인한 기업의 도산 및 실업이 염려된다. 특히 유통, 보험, 통신 분야 등에서 심각한 상황인데 이에 대비하는 산업구조조정방안이 수립되어야 한다. 즉 선진국의 경영기법이나 제도 등을 연구하여 규모의 경제 및 전문화를 실현해야 하겠다.

지적재산권은 WTO체제하에서 더욱 엄격하게 보호되므로 우리나라 입장에

---

3) 비 교역적 관심사항이란 경제학적으로 측정할 수 없는 환경보존, 식량안보, 농촌지역의 사회적 인정 등 농업고유의 중요성을 말한다. WTO협상에서 주요 이슈가 되고 있으며 한국, 일본, EU, 스위스, 모리셔스, 노르웨이 등 6개국이 NTC국가로 되어 있다. 한편 이에 대응하기 위한 미국, 호주, 캐나다 등 주요 농산물 수출국들의 모임을 Cairns Groop이라 한다.

서 단기적으로는 부담이 될 것이다. 그러나 궁극적으로 외국으로부터의 기술 이전을 촉진시킬 수 있는 긍정적인 효과를 인식하여 적극적으로 대응해야 하겠다. 그러나 선진국의 기술이나 정보를 단순히 모방하는 자세에서 탈피하고 창의적인 기술개발이 촉진될 수 있도록 지적재산권 제도를 개선해 나가야 할 것이다.

여섯째, 국민의식의 전환

아무리 훌륭한 정책수립과 제도개선 그리고 국제경쟁력강화 방안도 결국 이러한 행위의 주체인 사람의 의식 여하에 그 성패가 달려있다고 할 수 있다.

건전하고 성실한 민주시민의 정신으로 「국가와 사회속의 개인」이라는 책임의식과 공동체의식을 갖게하는 「인간경쟁력」의 제고가 과거 어느 때보다도 절실히 요청된다 하겠다. 따라서 개인 및 집단이기주의에서 탈피하고, 공존과 공익을 위한 노、사 협력체제가 구축되어야 하며, 「노동의 존엄성」을 인식하여 3D현상을 타파하고, 불로소득을 부끄러워하는 성숙한 시민의식을 갖으므로서 WTO의 무한경쟁시대를 슬기롭게 대처해 나가야 하겠다.

4.3 경제통합과 지역주의(Regionalism)

1. 경제통합의 의의와 형태

오늘날 국제통상환경의 두드러진 특징은 경제통합에 따른 지역주의(Regionalism)의 확산이라 할 수 있다. 이제는 국경(國境)보다는 역경(域境)이라는 개념이 국제무역의 주요관심사로 대두되고 있고 인근의 국가들이 뭉쳐 하나의 경제권을 형성하는 지역주의가 더욱 심화되고 있다.

경제통합은 그 지역의 경제적、정치적 상황에 따라 통합의 목적과 형태를 달리하기 때문에 이에 대한 정의를 일률적으로 규정하는 데는 어려움이 따른

다. 따라서 여러 학자들의 견해를 종합해 보면 다음과 같이 요약할 수 있다.

경제통합(Economic integration)이란 공동의 경제적 이해관계를 가진 국가간에 상품 및 생산요소의 자유로운 이동을 통하여 공동이익을 얻고, 나아가 경제정책의 공동보조를 통하여 공동체 전체의 경제후생을 증진시키려는 지역적 경제협력체라고 할 수 있다.

일반적으로 경제통합은 2개 이상의 국가가 경제동맹을 결성하고 동맹국간에는 관세 및 비관세장벽상의 특혜조치를 취하는 반면 비동맹국에 대해서는 차별대우를 하는 경제공동체를 말한다.

경제통합의 형태는 틴버겐(J. Tinbergen)[4]과 발라사(B. Balassa)[5] 등에 의하여 분류되었는데, 대표적인 분류방식이라 할 수 있는 발라사의 견해에 따르면 다음과 같이 요약할 수가 있다.

1) 자유무역지역

자유무역지역(Free Trade Area)은 2개국 이상이 자유무역에 관한 협정을 체결하여 가맹국간에는 관세나 비관세장벽을 철폐하고 역내에서는 상품의 자유로운 이동을 보장하는 한편, 역외국가에 대해서는 각국의 독자적인 무역정책을 인정하는 경제통합의 가장 초기단계인 형태이다.

이러한 형태에는 유럽자유무역지역(European Free Trade Area ; EFTA)과 라틴아메리카자유무역연합(Latin America Free Trade Association ; LAFTA), 그리고 북미자유무역협정(North American Free Trade Agreement ; NAFTA) 등이 있다.

EFTA는 1960년에 영국이 주도하여 노르웨이, 스웨덴, 덴마크, 오스트리아, 스위스, 포르투갈 등 7개국으로 조직되었는데, 그동안 영국, 덴마크, 스웨덴, 오스트리아, 포르투칼이 EU에 가입하고 그 대신 아이슬란드, 리히텐슈타인이 새로 가입함으로서 2011년 6월 현재 EFTA는 4개국이 남게 되었다.

---

4) J. Tinbergen, *International Economic Integration*, Elsevier Publishing Co., Amsterdam, 1965, p.57.

5) B. Balassa, *Theory of Economic Integration*, George Allen & Unwin Ltd., London, 1969, p. 1.

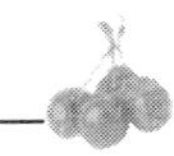

1994년 1월부터 발효된 NAFTA는 기존의 미국과 캐나다의 동맹관계에서 새롭게 멕시코가 참가하므로서 배타적인 단일시장 성격을 보이는 세계최대의 지역경제권으로 유럽경제권인 EU와 대립되는 경제블럭을 형성하고 있다.

2) 관세동맹

관세동맹(Customs Union)은 자유무역지역이 한단계 발전한 것으로 동맹국들은 역내국가에 대해서는 모든 상품에 대하여 자유무역을 보장하는 한편 역외국가들에 대해서는 공동관세(Common tariff)를 부과하여 무역제한조치를 취하는 경제통합의 한 형태이다.

이러한 형태로는 1944년 벨기에, 네덜란드, 룩셈부르크 등 베네룩스 3국간에 체결된 관세동맹과, 1957년 로마조약(The Treaty of Rome)에 의하여 창설된 유럽경제공동체(European Ecomomic Community ; EEC)를 들 수 있는데 EEC는 1968년 7월에 관세동맹을 완성하였다.

3) 공동시장

공동시장(Common Market)은 관세동맹이 더욱 발전한 형태로 동맹국 상호간에는 상품 뿐만 아니라 노동, 자본 등 모든 생산요소의 자유로운 이동을 보장하고, 역외국가등에 대해서는 관세동맹과 마찬가지로 공동관세를 부과하여 무역제한조치를 취하는 경제통합을 말한다.

이러한 경제통합으로는 유럽공동체(European Community ; EC)가 있는데, 이는 베네룩스 3국과 프랑스, 서독, 이탈리아 등 6개국으로 출범한 EEC가 그 후 영국, 덴마크, 아일랜드, 그리스, 스페인, 그리고 포르투갈 등이 순차적으로 가입함으로서 12개국의 EC로 확대、개편되었다.

최근에는 EFTA의 잔존 4개국들도 개별적으로 EC에 가입중이어서 17개국의 유럽연합(European Union ; EU)으로 새롭게 출범하게 되어 상품, 노동, 자본 및 서비스의 이동이 자유롭게 보장되는 공동시장으로 발전되어 가고 있다.

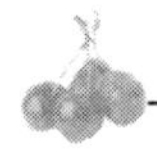

4) 경제동맹

경제동맹(Ecomomic Union)은 공동시장 형태에서 더 발전하여 상품 및 생산요소의 자유로운 이동 뿐만 아리나 역내국가간에 경제정책 전반에 대한 상호협력을 유지하여 공동경제정책을 수행하면서 역외국가에 대해서는 공동시장과 마찬가지의 조치를 취하는 경제통합이다.

1992년 2월에 EC가맹국들은 마스트리히드(Maastricht)조약을 체결하여 통화동맹을 추진하게 되었는데, 이는 경제동맹 형태의 경제통합으로 이행되고 있음을 의미하고 있다.

또한 관세동맹으로 시작되었던 유럽의 베네룩스 3국 경제통합이 1960년 부터는 보다 강력한 경제동맹의 형태로 진전되기도 하였다.

5) 완전경제통합

완전경제통합(Complete Economic Integration)은 동맹국들이 각국의 독립된 경제정책을 포기하고 초국가적인 기구를 설치하여 이 기구를 통하여 동맹국들의 금융, 재정, 통화 및 무역정책 등 모든 경제정책을 통합하고 관리하는 형태의 경제통합을 의미한다. 따라서 이러한 경제통합은 경제적인 측면 뿐만 아니라 정치ㆍ사회적인 측면까지의 통합을 전제하고 있다.

이와같은 완전경제통합은 경제통합의 마지막 단계라고 할 수 있는데, 현재까지 이러한 형태의 경제통합체는 아직 존재하지 않으나, 1994년 1월에 새롭게 출발한 '확대EU(Enlargement EU)'의 궁극적인 목표가 되고 있다.

2. 주요 경제통합체의 현황과 전망

1) EU

1957년의 로마조약(The Treaty of Rome)에 의해 창설된 유럽경제공동체(EEC)는 창립 이후 많은 발전을 거듭하였는데, 1968년에는 관세동맹을 이루었고, 1970년부터는 노동과 자본의 자유로운 이동이 시작되어 공동시장의 단

계로 확대ㆍ진전되었으며, 1992년 2월 마스트리히트(Maastricht)[6]조약을 체결하여 통화동맹을 추진하게 되므로써 경제동맹 형태의 강력한 경제통합체로 발전되었다.

EEC는 창설 당시 서독, 프랑스, 이탈리아 그리고 베테룩스 3국 등 6개 회원국으로 시작되었는데 1973년 영국, 아일랜드, 덴마크가 추가로 가입하여 유럽공동체(EC)로 확대ㆍ개편되었으며, 1979년에는 그리스, 1984년에는 스페인, 그리고 1986년에 포르투갈이 가입함으로서 가맹국은 총 12개국으로 확대되었고 명칭도 유럽연합(EU)으로 변경되었다.

그 후 1993년 11월 1일부터 마스트리히트 조약이 발효됨에 따라 통화동맹을 추진하게 되었으며, 또한 1995년에 오스트리아, 핀란드, 스웨덴이 가입하였고, 2002년에는 중ㆍ동유럽의 10개국이 통합되었으며, 2007년에 루마니아와 불가리아가 가입함으로써 유럽연합체는 총 27개국 5억의 인구를 포괄하는 세계 최대의 경제공동체가 형성되었다.

그러나 현실적으로 통화의 단일화와 경제정책의 일원화 그리고 각국 법률제도의 통합운영 등 해결해야 할 문제가 산적되어 있다. 따라서 EU와 EFTA의 통합을 EEA라는 새로운 개념보다 '확대된 EU'라는 개념으로 보는 것이 더욱 일반적인 견해라 할 수 있다.

앞으로는 과거 사회주의 국가였던 동유럽의 여러 국가들까지도 포함하는 유럽광역경제권(European Economic Space ; EES)의 창설을 추구하려는 노력이 계속될 것으로 보인다. 따라서 '확대 EU'의 출범으로 유럽국가들간에는 교역이 크게 증가될 것이고 상대적으로 역외국가들과의 교역비중은 감소될 것으로 전망된다. 특히 저임금 국가와 고임금 국가 사이에 노동과 자본이동이 활발해 질 것이고 공동기술개발을 위한 노력도 강화될 것으로 보인다.

또한 이에 대응하여 미국을 중심으로 하는 NAFTA의 강화와 태평양 연안 국가들에 의한 APEC의 확대ㆍ결속 등으로 국제경제의 지역주의(Regionalism)는 더욱 심화될 것으로 전망된다.

---

6) 마스트리히드조약 : 1992년 2월 마스트리히트에서 유럽정상들에 의해 체결된 경제ㆍ통화동맹과 정치ㆍ사회통합을 위한 조약을 말하는데, 이를 유럽 同盟條約이라고도 한다.

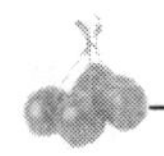

2) NAFTA

북미자유무역협정(North America Free Trade Agreement ; NAFTA)은 1989년 1월 1일부터 발효된 미국、캐나다 자유무역협정을 근간으로 하고 있으며, 미국、캐나다、멕시코 3국에 의해 1992년 12월 17일에 조인되고 1994년 1월부터 발효된 경제협력체를 말한다.

NAFTA는 경제규모 면에서 EU를 능가하여 세계최대의 경제블록으로 발전될 전망이나 단일통화체제의 실현과 정치적 통합까지 추구하는 EU와는 달리 역내국간의 교역증진과 효율적 자원배분을 통한 무역증대를 목적으로 하고 있으며 선진국과 개도국간의 수직적 경제통합의 형태를 갖는 자유무역협정이다.

NAFTA의 주요 내용으로는 역내국가간의 무역장벽 철폐와 원활한 상품 및 서비스 이동, 공정한 경쟁조건의 배양, 투자기회의 확대, 지적재산권의 효율적인 보호 및 운용, 환경문제 등 국제적 규범에 관계되는 전반적인 분야를 규정하고 있다.

NAFTA의 발효로 역내국간에 자유무역이 시행됨으로써 무역증대의 효과와 역내 부존생산요소의 효율적인 이용으로 상품과 서비스의 생산성을 향상시킬 수 있다. 즉 미국과 캐나다의 기술과 자본이 멕시코의 풍부한 천연자원과 저렴한 노동력이 효율적으로 결합되어 산업의 경쟁력을 강화시킬 것이다. 그러나 미국과 캐나다의 노동집약산업이 멕시코로 이전됨으로써 미국과 캐나다의 실업발생 문제와 멕시코의 국내 비효율적인 기업의 도산문제 등 부정적인 파급효과도 예상할 수 있다.

또한 NAFTA는 앞으로 북미 뿐만 아니라 중남미 대부분의 국가를 포함하는 범미주자유무역지대(Free Trade Area of Americas ; FTAA)의 창설을 추구하고 있는데, 이러한 NAFTA의 움직임은 세계경제의 지역주의를 더욱 심화시킬 것으로 전망된다.

3) ASEAN

동남아국가연합(Association of Southeast Asia Nations; ASEAN)은 1961년

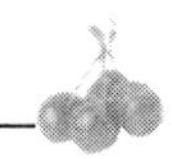

인도네시아, 말레이시아, 싱가포르, 필리핀, 태국 등 동남아 5개국이 정치, 경제, 사회, 문화 등 전분야에서 상호협력을 목적으로 창설된 기구인데, 1976년부터는 신보호무역주의에 대처하기 위하여 공동시장 형태로 발전시킨 경제협력체이다. 그후 1984년에 신생독립국인 브루나이가 가입하여 현재는 6개국으로 구성되어 있다.

ASEAN은 창설 당시 집단안보체제로서의 기능을 갖고 공산주의나 외부세력으로부터의 정치, 군사적인 긴장완화에 기여해 왔는데, 1970년대부터는 회원국간의 경제협력관계를 강화하는데 주력하고 있다.

ASEAN은 역내국가간에 공동공업계획을 추진하여 수평분업체제를 형성하였으며, 대외적으로 주요 교역국과 협의체제를 구축하여 대선진국 시장개척과 기술협력 추진 등 교섭력을 강화하여 왔다.

최근에는 EU의 진전과 NAFTA의 확대ㆍ강화에 자극을 받아 1993년부터 베트남, 캄보디아, 라오스, 미얀마를 포함하는 ASEAN자유무역협정(Asean Free Trade Association ; AFTA)을 결성하고 역내국가간의 관세율을 인하하는 등 경제통합을 강화하고 있어 앞으로 그 추이가 주목되고 있다.

4) APEC

아세아ㆍ태평양경제협력체(Asia-Pacific Ecomomic Cooperation ; APEC)는 아시아ㆍ태평양지역 국가간의 경제협력 및 무역확대를 도모할 목적으로 1989년 호주, 한국, 싱가포르, 필리핀, 인도네시아, 말레이시아, 태국, 브르나이, 뉴질랜드, 미국, 캐나다, 일본 등 태평양 연안의 12개 국가로 결성된 경제협력체이다.

APEC의 결성배경으로는 EU의 확대와 NAFTA협정 추진 등 세계경제의 지역주의에 효율적으로 대응하고, 당시 UR협상의 추진에 따른 대안으로 이 지역내 국가간의 경제협력의 필요성이 대두되었기 때문이다.

APEC은 EU나 NAFTA 등과 같은 배타적인 지역주의와는 달리 개방적 지역주의(Open Regionalism)를 원칙으로 하여 역내 무역자유화의 혜택을 역외

국가에게도 무차별적으로 제공한다는 의미에서 WTO의 정신에 부합되는 경제통합체라고 할 수 있다.

APEC은 창설 당시 12개 회원국으로 출범하였으나 1991년 제 3차 서울각료회의에 중국, 대만, 홍콩 등 중국계 3국이 참여하였으며, 1993년 제5차 시애틀 각료회의에서는 멕시코와 파푸아뉴기니가 가입하였고, 1994년 제6차 자카르타 지도자 경제회의에서는 남미의 칠레가 가입하였다. 그 후에도 APEC은 새로운 회원국을 받아들여 2009년 현재 회원국은 한국, 호주, 미국, 캐나다, 칠레, 멕시코, 페루, 러시아, 뉴질랜드, 파푸아 뉴기니, 중국, 홍콩, 인도네시아, 말레이시아, 필리핀, 싱가포르, 타이완, 태국, 베트남, 일본, 러시아, 부르나이 등 총 21개국으로 확대、발전하였다. 특히 제5차 시애틀회의에서는 각료회의에서 정상회담으로 격상되었으며, UR의 성공적인 타결을 위한 각국 선언문을 채택함으로써 WTO의 창설에 결정적인 역할을 수행하였다.

APEC 회원국들은 경제구조, GDP규모 그리고 역사와 문화 등에 있어 다른 경제 통합체들보다 다양성을 내포하고 있기 때문에 이를 포용하는 정신으로 APEC의 의사결정원칙은 전원합의제(Consensus)에 의거하고 있다.

또한 APEC은 경제발전단계가 다양한 선진국과 개발도상국이 공동으로 참여하고 태평양 연안의 4대주에 걸친 많은 국가를 포용하기 때문에 회원국간의 다양한 이해관계를 조정하고 협력관계가 지속된다면 역내의 여러 소지역 경제권을 포용하는 광역경제권으로 발전하여 WTO가 지향하는 세계무역의 자유화에 기여할 것으로 전망된다.

3. 자유무역협정(FTA)

1) FTA의 의의와 경제적 효과

자유무역협정(Free Trade Agreement;FTA)이란 인근국가간 또는 경제적 이해관계가 있는 국가간에 자유무역을 통하여 공동이익을 얻으려는 지역경제통합의 한 형태이며 지역무역협정(Regional Trade Agreement;RTA)의 대종을 이루고 있다[7]. 즉 FTA는 최근 국제통상환경의 한 특징인 지역주의의 구체적

현상으로 가맹국간에 관세 및 비관세장벽을 완화 또는 철폐하여 공동의 경제적 이익을 추구하려는 지역경제협력체를 말한다.

FTA는 WTO 다자무역질서의 근간인 최혜국대우(MFNT)원칙에는 상치되지만 WTO에서는 적법한 예외규정으로 인정하고 있다. 더욱 최근에 WTO의 DDA(Doha Development Agenda)다자무역협상이 결렬되면서 세계 많은 국가들은 FTA체결에 보다 적극적인 자세를 갈게 되었고 FTA의 협상대상도 일반상품 뿐만 아니라 농산물과 서비스, 지적재산권 그리고 투자자유화까지 점차 확대되고 있다.

FTA를 체결하게 됨으로써 나타나게 되는 경제적 효과를 요약하면 다음과 같다.

첫째, 교역증가효과이다. FTA는 협정당사국간에 관세 및 비관세장벽을 제거하게 됨으로서 종래보다 교역량이 증가하게 되고 또한 협정이전에 교역하였던 국가로부터 역내국가로 교역이 전환됨으로서 교역증가효과를 얻을 수 있게 된다.

둘째, 경쟁력제고효과이다. FTA체결로 역내국가간에 무역장벽이 제거되면 국내외시장이 개방되어 역내국 기업간에 경쟁이 심화된다. 따라서 FTA체결 이전에 국내시장에서 독과점기업이었거나 경쟁력이 취약한 기업일 경우 경쟁에서 살아남기 위해 자생적인 노력으로 기업의 경쟁력을 강화시키게 된다.

셋째, 외국인투자 유입효과와 기술이전효과를 얻을 수 있다. 투자자유화에 따라 역내외 국가들로부터 투자가 활성화되어 생산활동이 활발하고 이로 인한 기술이전효과를 얻을 수 있게 된다.

2) 주요국의 FTA추진 현황

오늘날 국제통상환경은 WTO의 세계화와 함께 FTA로 대표되는 지역주의로 특징지을 수 있는데, WTO체제의 출범이후 오히려 FTA는 확산 추세에 있

---

7) 최근 WTO에 통보되는 RTA의 대부분이 FTA에 해당하는데, WTO에 의하면 전체 RTA의 약 84%가 FTA라고 발표하고 있다.

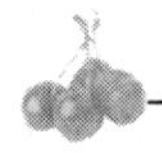

다. 즉 2011년 6월 현재 발효중인 지역무역협정(RTA)이 WTO출범이전 GATT에 통보된 것은 91건인데 1995년 1월 1일 WTO출범이후 WTO에 통보된 것은 206건이나 되어 총 297건이 체결되어 있다.[8)]

이와 같이 전 세계적으로 거의 모든 국가들이 적극적으로 FTA체결을 추진하고 있는데 그동안 비교적 관심을 보이지 않았던 우리나라를 비롯하여 중국과 일본 등 동아시아국가들과 미국이 매우 적극적으로 FTA정책을 추진하고 있다. 세계 주요 국가들의 최근 FTA추진 현황을 요약하면 다음과 같다.

(1) EU

EU는 지금까지 WTO의 다자간무역협상에 적극적으로 참여해 왔으며, 동시에 지역 및 쌍무협상에서도 매우 적극적인 태도를 보여 왔다. 2004년 5월 1일 동유럽 10개국을 회원국으로 편입시킴으로서 EU는 27개 회원국으로 구성된 세계 최대규모의 지역경제통합체로 확대되었다. 또한 ASEAN과는 2003년 4월 양 지역간 무역 및 투자확대를 위한 기본 협정체결에 합의 하였으며 중남미 국가인 멕시코와 칠레와도 FTA를 체결하는 등 역외 국가들과도 적극적인 FTA협상을 진행하고 있다.

(2) EFTA

노르웨이, 스위스, 아이슬랜드, 리히텐슈타인 등 4개국으로 구성된 EFTA는 EU의 확대와 결속에 자극받아 동유럽, 중남미, 지중해연안국 등 세계 여러 나라들과 FTA를 적극 추진 중에 있다. 최근에는 멕시코, 싱가폴, 칠레 등과도 FTA를 체결하였으며 우리나라와도 2005년 1월부터 공식협상을 개시하여 동년 7월 협상을 타결하였다. 또한 ASEAN이나 걸프만 연안국가들과도 FTA협상을 적극 추진하고 있다.

(3) 미국

미국의 근본적인 대외통상정책의 기조는 '무역자유화'이며 이를 위해 미국

8) //www.fta.go.kr 외교통상부, 자유무역협정

은 WTO를 통한 다자주의와 FTA에 의한 지역주의를 동시에 추구하고 있다. 특히 최근에는 WTO의 DDA협상이 결렬되면서 여러 나라들과 적극적으로 FTA를 추진하고 있다.

그러나 미국의 FTA정책은 경제적 목적뿐만 아니라 정치적이고 전략적인 의도가 내포되어 있어 전략적으로 중요한 국가나 지역과의 FTA를 우선적으로 추진하고 있다고 할 수 있다.

(4) 일본

오랫동안 지역주의에 무관하였던 일본은 장기간 지속되어온 경기침체를 탈피하기 위하여 최근 FTA정책을 적극적으로 추진하고 있다. 특히 급부상하고 있는 중국경제와 ASEAN국가와 경제협력을 위하여 FTA추진에 주력하고 있다.

일본의 FTA체결에 따른 기본방침으로는 FTA체결을 통해 침체된 경제의 구조개혁을 도모하고 아시아 국가들과의 경제협력을 통한 정치 및 외교정책의 협력을 추구하고 있다고 할 수 있다.

(5) 중국

그동안 FTA추진에 비교적 소극적이었던 중국은 최근 세계적인 지역주의 추세와 아시아 역내 주도권 확보 등을 위해 적극적으로 FTA를 추진하고 있다. 특히 중국은 인접국과의 FTA를 추진하면서 국제정치 및 안보적 측면 등 비경제적 의미를 상당히 중시하려는 경향을 보이고 있다. 최근에는 지속적인 경제개발을 추진하는데 따르는 '에너지확보'를 위해 중동의 산유국들과 FTA를 적극 추진하고 있다.

3) 우리나라의 FTA추진 현황

(1) 우리나라의 FTA 추진정책의 의의

우리나라는 WTO체제에 의한 세계화추진과 세계 각국의 상호 이해관계에 따른 국가간 지역주의의 심화추세라는 새로운 국제통상환경에 적응하고자 적극적인 FTA추진정책을 시행하고 있다. 이와 같은 우리 정부의 FTA추진정책

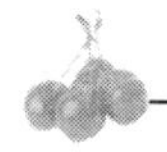

은 다음과 같은 논리를 근거로 하고 있다.

첫째, 지역주의라는 국제통상환경에 적응하기 위함이다.

최근의 국제통상환경은 FTA를 중심으로 하는 지역주의가 가속화되어 가고 있고 이러한 지역주의의 심화는 역외국으로 하여금 상대적인 차별을 받을 수 밖에 없다. 따라서 역외국가로서의 피해를 최소화하고, 나아가 이러한 상황에 적극적으로 대응하기 위해 FTA를 추진하게 되었다는 점이다. 더욱 우리나라 경제의 무역의존도가 80%이상을 차지하고 있는 점을 고려 할 때 우리의 기존 시장을 확보하고 새로운 시장에 진출하기 위해 적극적인 FTA추진은 당연하다는 입장이다.

둘째, WTO체제에 따른 자유무역정책의 지속적 추진이다.

자유무역을 지향하는 WTO의 기본목적에 따르며 동시에 생산자원이 부족하고 무역의존도가 높은 우리경제의 지속적인 성장을 위하여 개혁과 개방을 통한 자유무역정책을 적극적으로 추진할 필요가 있다는 것이다.

셋째, 우리 경제체제의 선진화와 경쟁력제고를 위함이다.

무한경쟁체제의 세계화시대에 대응하고 우리경제의 시스템과 경제체질을 선진화하기 위하여 FTA추진이 필요하다. 즉 우리경제를 양적인 성장뿐만 아니라 질적인 발전을 달성하기위해서는 우리의 통상정책을 개방적이고 적극적인 방향으로 추진해야 한다는 것이다. 또한 국내기업의 국제경쟁력을 강화시키기 위해서도 FTA체결를 통해 역내국가들의 경쟁기업과 시장경제원리에 의한 자구노력을 촉구해야 한다는 것이다.

넷째, 외국인투자를 적극적으로 유치하기 위함이다.

현대무역의 특징인 외국인투자와 우리기업의 해외투자를 활성화하기 위하여 FTA를 적극적으로 추진해야 한다. 즉 주요국과의 FTA체결을 통해 국내시장이 역내시장으로 확대됨에 따라 상대국의 투자활동이 보다 자유화되고 투자시장이 확대됨으로서 외국기업들의 우리나라에 대한 투자가 증가하여 국내 생산 및 고용효과 그리고 선진기술의 이전효과 등을 얻을 수 있게 된다.

(2) 우리나라의 FTA 추진현황

우리 정부는 2003년에 "FTA추진 로드맵"을 작성하였는데 이때부터 "동시다발적인 FTA추진"을 기본전략으로 정하고 관세철폐를 포함하여 서비스, 투자, 지적재산권, 정부조달 등 포괄적인 FTA를 추진하기로 하였다. 이는 우리나라가 그동안 전 세계적인 FTA확산추세에 뒤늦어 있었기 때문에 짧은 기간 동안 여러나라와 FTA를 추진함으로서 변화하는 국제통상환경에 적응하기 위함이다.

이와 같은 정부의 FTA 추진정책에 따라 2011년 6월 현재 5개의 FTA가 체결되어 발효되고 있으며, 3개의 FTA가 이미 협상이 타결되어 발효를 앞두고 있다. 우리나라의 FTA 추진현황은 <표 4-4>와 같다.

〈표 4-4〉 우리나라의 FTA 추진현황

2011년 6월 현재

진행단계	상대국 및/의의	추진현황
발효 (5건, 16개국)	칠레 최초의 FTA 중남미 시장의 교두보	93년 12월 협상개시, 03년 2월 서명, 04년 4월 발효
	싱가포르 ASEAN 시장의 교두보	04년 1월 협상개시, 05년 8월 서명, 06년 3월 발효
	EFTA 유럽시장의 교두보	05년 1월 협상개시, 05년 12월 서명, 06년 9월 발효
	ASEAN 우리의 제2위 교역대상국	05년 2월 협상개시, 06년 8월 상품무역협정 서명, 07년 6월 발효, 07년 11월 서비스협정 서명, 09년 5월 발효, 09년 6월 투자협정 서명, 09년 6월 발효
	인도 BRICS 국가, 거대시장	06년 3월 협상개시, 09년 8월 서명, 2010년 1월 발효
체결 (3건, 29개국)	미국 거대 선진경제권	06년 6월 협상개시, 07년 6월 협정서명, 2010년 12월 추가협상 타결, 2011년 2월 추가협상 서명, 2011년 9월 국회 제출
	EU 세계최대 경제권	07년 5월 협상 출범, 09년 7월 협상 타결, 2010년 10월 서명, 2011년 2월 유럽의회 통과, 2011년 5월 한국 국회 통과, 2011년 7월 발효
	페루 자원부국/중남미 교두보	09년 3월 협상 개시, 2010년 8월 협상 타결, 2010년 11월 가서명, 2011년 3월 서명

자료 : 외교통상부 홈페이지, http://www.mofat.go.kr, 2011. 6.

또한 현재에도 캐나다, 멕시코, GCC, 호주, 뉴질랜드, 콜롬비아, 터키 등 7개의 FTA 협상이 추진 중에 있으며, 이밖에도 일본, 중국, 중국+일본, MeRCOSUR, 러시아, 이스라엘, SACU, 베트남, 몽골, 중미, 말레이시아, 인도네시아 등 12개의 FTA 협상을 위해 공동연구 또는 여건 조성 중에 있는 등 FTA 추진에 박차를 가하고 있다.

〈그림 4-1〉 한국의 Global FTA Network

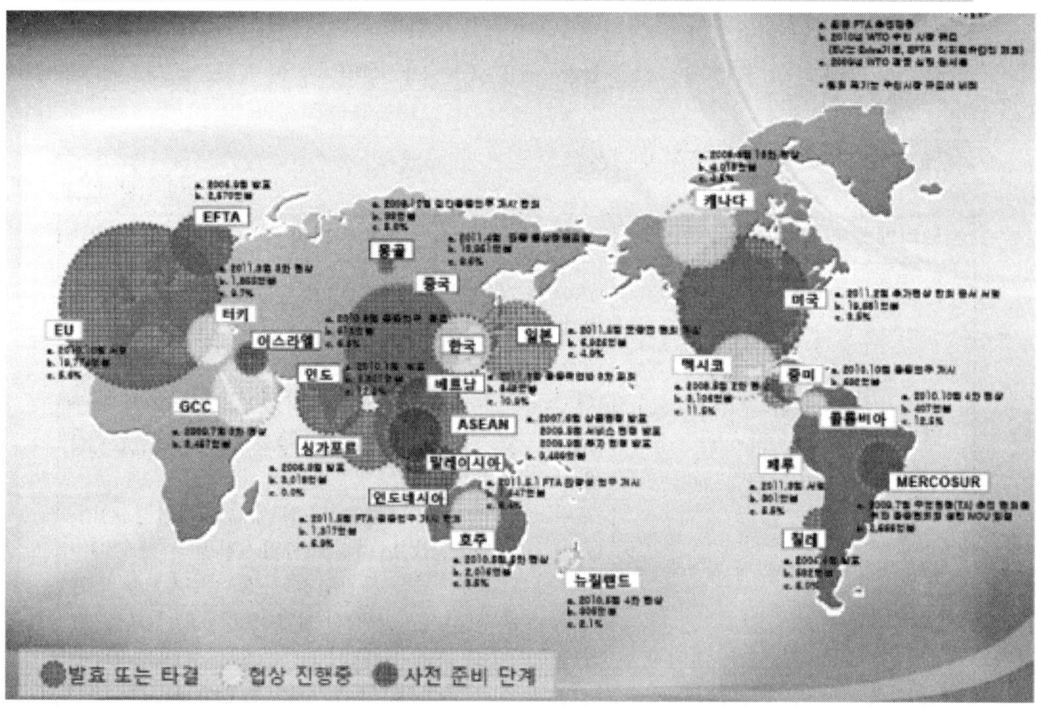

그러나 정부의 FTA정책이 성공적으로 추진되기 위해서는 무엇보다도 국민적인 공감대 형성과 지지가 절실히 필요하다. 이를 위해 민간전문가들을 비롯하여 사회 각계각층의 이해관계자들의 의견을 수렴하고 전 국민의 이해와 협력을 통한 국민적 공감대를 바탕으로 하는 FTA가 되어야 하겠다.

제 5 장

외환과 국제수지

Chapter 5 외환과 국제수지

5.1 외환과 환율

1. 외환

1) 외환의 의의

(1) 환의 개념

환(換, exchange)이란 서로 멀리 떨어져 있는 사람들끼리 금전적인 거래를 하고자 할 때, 현금을 보내는 비용과 위험 또는 불편을 피할 목적으로 신용이 있는 제3자에게 지급을 위탁하는 어음이나 증서 등을 이용하는 결제 방법을 말한다. 여기에서 신용이 있는 제3자란 주로 은행이나 우체국 등의 금융기관을 의미한다. 환은 크게 순환과 역환으로 나눌 수 있다.

① 순환(順換; remittance by draft)

순환이란 채무자가 채권자에게 빚을 갚으려고 발행하는 환을 말하며 송금환이라고도 한다. 예를 들어 서울의 갑이 뉴욕의 A에게 US$10 상당의 물품을 수입하였고, 반대로 서울의 을은 뉴욕의 B에게 US$9 상당의 물품을 수출하였다고 하자. 그리고 환율은 ₩1,000/$라고 가정하자. 이 때 서울의 갑과 뉴욕의 B는 수입자(매수자)로서 대금지급의 채무를 부담하게 되며, 각각 10달러 및 9달러의 현금을 수출자(매도자)인 뉴욕의 A 및 서울의 을에게 송금함으로써 채무를 이행할 수가 있을 것이다. 이 경우 순환거래를 통하여 결제를 하게 되면 다음과 같다.

〈그림 5-1〉 순환의 대금결제 흐름도

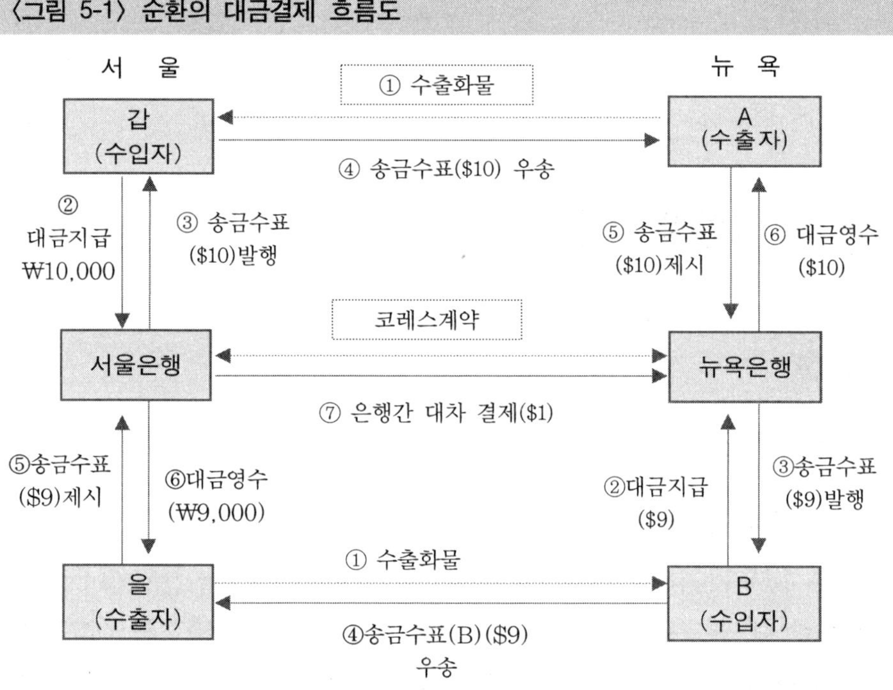

그림에서와 같이 서울의 갑(수입자)은 자신의 거래은행인 서울은행에 10달러에 상당하는 10,000원의 원화를 지급하고 수취인을 A(수출자), 지급인을 뉴욕은행으로 하는 액면 10달러의 송금수표(demand draft)를 발행 받아 뉴욕의 A에게 우송한다. A는 이 수표를 뉴욕의 뉴욕은행에게 제시하고 10달러의 현금을 수취함으로써 상품대금을 회수하게 된다.

마찬가지로 두 번째의 경우에는 반대로 미국의 B(수입자)가 서울의 A(수출자)에게 송금수표를 송부하고 A는 이 수표를 서울의 서울은행에 제시하고 9

달러에 해당하는 원화를 9,000원을 영수함으로써 대금을 회수하게 된다. 이와 같이 채무자가 자신의 자금을 은행에 납부하고 은행으로부터 환을 교부받아 채권자에게 송부하는 형태의 거래를 순환거래라고 하는데 주로 운수、보험 등의 무역외거래(貿易外去來)의 대금결제 또는 이전수지(移轉收支)관계의 송금 등에 자주 이용된다.

한편 서울은행과 뉴욕은행은 이와 같은 환거래를 하기 위해서 사전에 환거래계약(코레스 계약)을 체결해 두고 있으며, 양 은행 사이의 환거래에서 발생하는 대차관계는 차액만을 대기(貸記)및 차기(借記)함으로써 결제를 청산하게 된다.

② 역환(逆換; negotiation by draft)

역환이란 채권자가 자신을 받을 이로 하고 채무자를 지급인으로 하여 발행하는 환어음, 곧 채권자가 재무자의 지급을 요구하는 환어음을 말하며 추심환이라고도 하는데 국제무역에서는 주로 이 방식으로 결제가 수행되고 있다.

〈그림 5-2〉 역환의 대금결제 흐름도

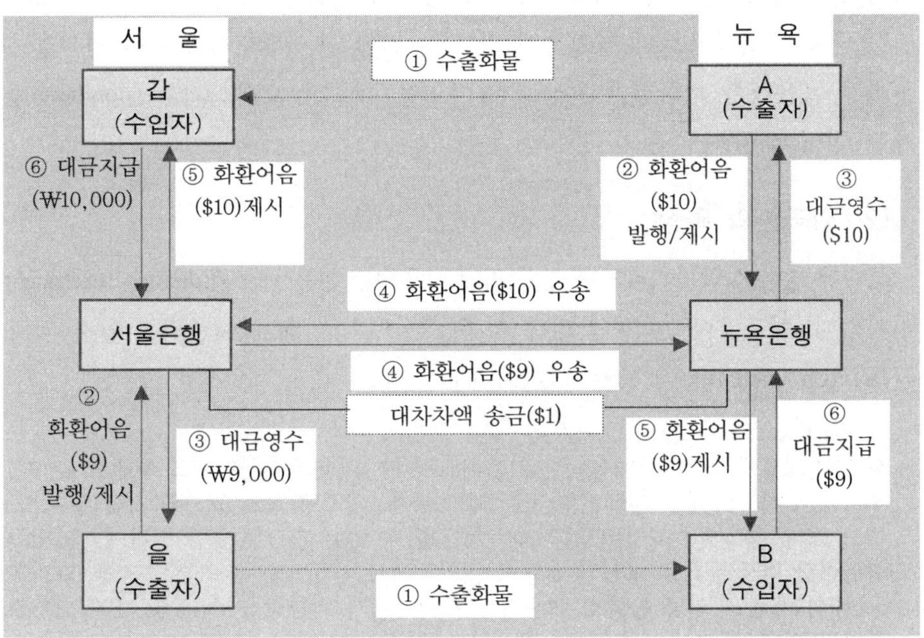

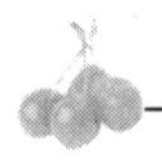

앞의 예와 같이 서울의 갑과 뉴욕의 A, 그리고 뉴욕의 B와 서울의 을 사이에 무역거래가 있었다고 하자. 먼저 수출자인 A가 상품을 갑에게 선적하게 되는 A는 상품대금을 지급받을 수 있는 채권자, 그리고 갑은 그 대금을 지급할 의무가 있는 채무자의 입장이 된다. A는 자신의 채권을 행사하기 위하여 스스로 지급지를 서울의 서울은행(수입자의 거래은행)으로 하는 환어음을 발행하여 자신의 거래은행인 뉴욕은행에 매각함으로써 대금을 회수하게 된다. 그리고 A로부터 환어음을 매입한 뉴욕은행은 새로운 채권자로서 서울은행을 통하여 서울의 수입자 갑에게 추심하여 대금상환을 받아 자신이 A에게 지급했던 대금을 회수함으로써 환거래가 종결된다. 그리고 수출자인 서울의 을과 뉴욕의 B와의 환거래 과정도 위의 경우와 마찬가지로 각자 자신이 거래하고 있는 은행을 통하여 수행된다.

한편 은행의 입장에서 보면 전자의 경우 뉴욕은행은 서울은행을 대신하여 자기의 자본으로 A에게 대금을 지급한 결과와 같으며, 후자의 경우에는 반대로 서울은행이 뉴욕은행을 대신하여 을에게 대금을 지급한 결과와 같게 된다. 따라서 두 은행사이에는 대차관계가 발생하며 이러한 대차관계는 각각 차액만을 대차 기록함으로써 결제하게 된다. 이러한 환거래가 성립되려면 서울은행과 뉴욕은행은 외국환거래에 관한 계약을 체결한 코레스(correspondent)관계에 있어야 함은 순환의 경우와 같다.

(2) 외국환의 특징

국내에 있는 사람들끼리의 거래를 위해 사용되는 환을 내국환(domestic exchange)이라하며, 서로 다른 국가에 있는 사람들 사이의 거래에 이용되는 환을 외국환(foreign exchange)[1] 또는 외환이라고 한다.

---

1) 외환 거래법에 의하면 외국환은 대외 지급 수단, 외화 증권 및 외화 채권으로 규정하고 있으며, ① 대외 지급 수단이란 외국 통화, 외국 통화로 표시된 지급 수단, 그리고 표시 통화에 관계없이 외국에서 사용할 수 있는 지급 수단을 말하며, ② 외화 증권이란 외국 통화로 표시되거나 또는 외국에서 지급받을 수 있는 증권을, 그리고 ③ 외화 채권은 외국 통화로 표시되거나 외국에서 지급받을 수 있는 채권으로 정의하고 있다.

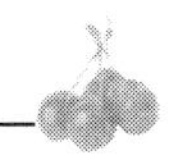

내국환과 외국환은 그 거래의 형태에 있어서는 본질적인 차이가 없으나, 외국환의 경우 체제가 서로 다른 국가 사이에 거래되기 때문에 다음과 같은 몇 가지 특징을 가진다.

첫째, 통화가 서로 다른 국가 사이의 결제이므로 통화간 교환 비율인 환율(exchange rate)의 개념이 개입되며, 시차에 따라 환율이 변동함에 따라서 계약 시점과 결제 시점의 차이에 의한 환위험(exchange risk)의 문제가 발생한다.

둘째, 국가에 따라 서로 다른 법규와 상관습이 적용되기 때문에 내국환 보다는 거래 당사자와 거래 은행 사이의 환거래 과정이 복잡하며, 분쟁의 여지와 채무 불이행의 위험이 높다.

셋째, 외환의 거래는 개인 간의 사적인 경제 행위이지만 그 영향은 국민 경제 전체에도 영향을 미친다. 따라서 국가는 국제 수지의 균형과 환율의 안정을 위해 외환을 관리[2]하고 있기 때문에 외화 표시 채권 또는 채무를 가지고 있는 환 거래 당사자는 정부의 외환 정책에 직접적인 영향을 받게 된다.

(3) 외환의 이동 방향에 따른 분류

외환은 이동 방향에 따라 송금환(remittance bill)과 추심환(collection bill)으로 구분된다. 송금환이란 송금인으로부터 송금할 금액과 수수료를 지급받은 은행이 목적지의 지정 은행을 지급인으로 하여 발행한 지급 지시서나 송금환 수표 등을 말하며, 현금과 환의 이동 방향이 같다는 의미에서 순환(順換)이라고도 한다.

추심환이란 채권자가 은행을 통하여 채권자에게 추심[3]하기 위해 발행한 환을 말하며, 현금과 환의 이동 방향이 반대라는 의미에서 역환(逆換)이라고도 한다.

---

2) 외환 관리는 국내 자본의 해외 도피나 환투기의 금지, 대외 지급의 전면 중지 및 허가제 도입 그리고 국민이 보유한 외환을 외국환 은행에 강제로 매도하게 하는 외환 집중제의 실시 등의 방법으로 시행되지만 경우에 따라서는 전쟁을 수행하기 위해 국민이 보유한 외화 자산을 강제로 동원하는 등의 강력한 외환 관리 정책이 수행될 경우도 있으며, 국가의 외환 보유고를 조절하는 행위를 통해서 외환 시장의 환율에 영향을 미치기도 한다.

3) 추심이란 은행이 소지인의 의뢰를 받아 수표나 어음을 지급인에게 제시하여 지급하게 하는 것을 말한다.

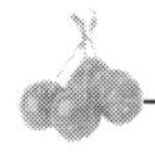

(4) 기타 외환의 종류

① 외환의 발행 기관에 따른 분류

자국 은행에서 발행하여 상대국 은행에서 결제가 청산될 경우 자국 은행에서 발행된 외환을 당발환(outward exchange)이라하며, 상대국 은행에서 발행되어 자국 은행에서 청산될 경우 상대국 은행에서 발행된 외환을 타발환(inward exchange)이라고 한다.

② 외환 은행의 업무 방향에 따른 분류

외환 은행의 입장에서 볼 때 채권자인 고객으로부터 외환을 매입하는 환을 매입환(buying exchange), 채무자인 고객에게 매도하는 환을 매도환(selling exchange)이라고 한다.

③ 외환의 거래 시기에 따른 분류

외환의 매매 계약 성립과 동시에 외환과 그 대가의 교환이 이루어지는 환을 현물환(spot exchange), 외환의 매매 계약이 체결된 후 일정 기간(2 영업일) 이후에 실제적인 거래가 이루어지는 환을 선물환(forward exchange)라고 한다.

④ 지시 내용의 전달 방법에 따른 분류

지급 지시의 내용이 우편으로 전달되는 환을 보통환이라 하며 이에는 환어음(demand draft, D/D)와 우편환(mail transfer, M/T) 등이 있다. 이에 비해 전신환(telegraphic transfer, T/T)은 지시 내용이 전신으로 전달된다.

2) 외환 거래의 수단

(1) 환어음

환어음(bill of exchange)이란 채권자인 어음 발행자(drawer)가 채무자인 지급자(drawee)에 대하여 어음에 기재된 금액을 일정한 기일에 어음상의 권리자(수취인 또는 지시인)[4]에게 지급할 것을 무조건으로 위탁하는 양도성 유가

4) 약속 어음이 발행인 자신이 지급할 것을 약속하는 것임에 비하여 환어음은 제3자가 지급의무를 진다는 점에서 본질적인 차이가 있다.

증권을 말한다.

환어음에는 어음이 제시되는 즉시 지급되는 일람급 어음(sight bill), 제시 후 일정 기간이 지나 지급되는 기한부 어음(term bill), 그리고 선적 서류의 첨부를 요구하는 화환 어음(documentary bill), 발행자의 신용을 담보로 발행되는 금융 어음(finance bill) 등이 있다.

(2) 신용장

신용장이란 수입자(채무자)를 대신하여 은행(신용장 발행 은행)이 신용장의 수익자인 수출자(채권자)가 일정한 조건을 갖춘 서류를 제시하면 무조건적으로 대금을 지급할 것을 확약하는 지급 보증서를 말한다. 신용장 제도는 무역위험(trade risk)을 경감시키기 위해 고안된 제도로서 매우 널리 유용하게 활용되고 있으며, 개설 은행이 지급 확약을 함으로써 환어음의 안정적인 거래를 보장하는 역할을 담당하고 있다.

(3) 은행 인수 어음

은행 인수 어음(banker′s acceptance)이란 은행이 채무자의 요청을 받아들여 채권자가 발행한 기한부 환어음에 대해 인수를 보증하는 것을 말한다. 여기에서 어음의 인수란 어음상의 금액에 대한 채무자임을 스스로 인정하고 지정 기간에 대금 지급을 약속하는 행위를 의미한다.

기한부 어음의 경우 어음 지급 만기일까지 지급이 유예되므로 수입업자는 그만큼 자금상의 혜택을 받게 되지만, 반대로 수출업자의 경우에는 자금상의 부담을 안게 된다. 이때 수출업자가 자금 부담을 덜기 위해서는 이 어음을 은행에 매도하여 자금을 융통해야 하는데 은행 인수 어음의 경우는 은행이 지급을 보장하고 있기 때문에 그만큼 손쉽고 유리한 조건으로 매도할 수 있게 된다.

이에 비해 무역 인수 어음(seller′s acceptance)이란 기한부 어음을 수입자(채무자)가 인수하는 것을 말하며, 이 경우에는 은행의 지급 약속이 없기 때문에 어음의 결제는 전적으로 수입자의 신용에 의존하게 된다.

(4) 수표

수표(check)란 은행 앞으로 발행되어 요구에 따라 현금을 지급받을 수 있는 교환 증서를 말하며, 외환으로 주로 이용되는 수표에는 송금환 수표(demand draft)와 여행자 수표(traveller's cheques) 등이 있다. 전자는 채무자가 해외로 송금을 하기 위해 은행에 송금을 의뢰하여 발행된 수표를 말하며, 후자는 해외 여행시 현금 휴대의 불편을 피하기 위해 은행에서 교부하여 여행자가 여행지의 특정은행에서 외화로 환전할 수 있는 수표를 의미한다.

(5) 지급 지시서

지급 지시서(payment order)란 송금인으로부터 송금할 대금을 납입 받은 은행이 송금 수표를 발행하는 대신에 자행의 환거래 은행에게 동액의 금액을 자기 대신에 지급할 것을 지시하는 서류를 말한다. 이 때 지급 지시서 그 자체가 유가 증권의 효력을 가지고 있는 것이 아니므로 지급 지시서가 분실되어도 안전한 송금 방식이다.

3) 외환시장

(1) 외환시장의 의의

① 외환시장의 개념

외환시장(foreign exchange market)이란 다수의 외환수요자와 공급자들 사이에서 외환의 매매가 이루어지는 시장조직을 말한다. 외환시장은 외환이 직접 거래되는 특정한 물리적 장소나 공간을 의미하기 보다는 매도자와 매입자 그리고 이들의 매매를 지원하는 딜러(dealer)와 브로커(broker)들을 연결하는 통신망을 통해 거래가 이루어지는 기능적 의미에서의 시장 또는 눈에 보이지 않는 추상적 거래메커니즘의 의미를 더 많이 가지는 시장이다.

외환시장은 기업, 정부 및 개인 등 외환의 직접적인 수요자인 고객과 고객의 요청에 따라 외환의 매입 또는 매도 등의 외환업무를 담당하는 주체인 외국환은행(foreign exchange bank), 그리고 중개수수료를 받고 은행간 거래나

은행과 고객간 거래를 중개하는 외환중개인(broker), 정부를 대신하여 외환시장의 안정을 위해 외환시장에 개입하는 중앙은행(central bank)으로 구성된다.

외환시장 참여자는 또한 외환시장에 참여하는 목적에 따라 구분할 수도 있다. 헤저(hedger)는 좁은 의미의 거래자(trader)라고 하는데 무역거래나 국제자본거래에 부수되는 외환위험을 회피할 목적으로 외환시장에 참여하는 실수요자를 말한다.

〈그림 5-3〉 우리나라 외환시장의 구조

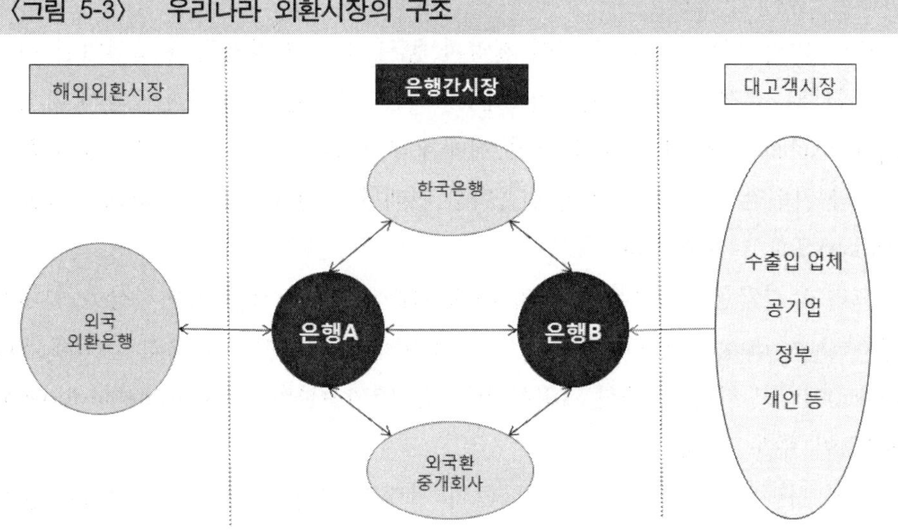

재정거래자(arbitragers)는 국가간의 이자율 차이를 이용하여 이익을 얻고자 참여하는 자들을 말하며, 투기적 거래자(speculators)란 고의로 외환위험에 노출되는 거래를 함으로써 환율변동에 따르는 이익을 추구하려는 거래자, 다시 말해 적극적으로 환위험을 부담하고 그 대가를 추구하려는 목적을 가진 거래자를 말한다.

② 외환시장의 구분

외환시장은 거래되는 장소에 따라서 크게 장내시장(floor market, face-to-face market)과 장외시장(non-floor market)으로 나누어진다. 장내시장은 물리적인

장소 즉 은행 창구나 거래소와 같은 특정 장소에서 외환거래가 이루어지는 시장을 말하며, 국제적으로 대표적인 장내시장으로는 시카고 상업거래소(Chicago Mercantile Exchange, CME) 산하의 국제통화시장(International Monetary Market, IMM) 등을 들 수 있다.

장외시장은 전화, 텔렉스, 온라인화되어 있는 단말기 시스템(예컨대 Reuter Monitor Dealing System, RMDS) 등을 이용하여 당사자 간에 직접 거래가 이루어지는 장내시장 밖의 시장을 말하며 점두시장(over-to-counter market, OTC market)이라고도 한다.

또한 외환시장은 외환의 매매 계약과 동시 또는 계약체결 후 2영업일 이내에 외환의 결제 및 인수인도가 이루어지는 현물환을 거래하는 현물환시장(spot exchange market)과 외환의 매매계약 체결 후 2영업일 이후에 외환의 결제와 인수인도가 이루어지는 선물환을 거래하는 선물환시장(forward exchange market)으로 나누어진다.

그리고 자국통화와 외국통화의 매매거래가 이루어지는 국내시장을 역내시장(on-shore market)이라고 하며, 외국에서 이루어지는 시장을 역외시장(off-shore market)이라고 하는데, 특히 역외시장에서는 역외선물환(non deliverable forward, NDF)이 주로 거래된다.

한편 거래당사자에 따라서 외국환의 거래가 은행 사이에 이루어지는 은행간 시장(interbank market), 은행과 고객 간의 외환거래가 이루어지는 대고객시장(dealer to customer segment)로 구분되기도 한다.

(2) 외환시장의 특징

① 범세계적인 시장(one global market)

외환시장은 국경 없는 범세계적인 24시간 영업체제로 운영되고 있고, 통신수단의 발달로 시시각각 변동하는 환율을 활용하고자 하는 전 세계 국제금융시장의 외환딜러들은 하루 24시간 내내 외환의 매매거래를 하고 있다.

② 제로섬 시장(zero sum market)

외환시장의 모든 참여자들의 거래 손익을 합산하면 제로(0)가 된다는 의미

이다. 이는 외환시장의 어떤 참여자가 거래에서 수익을 얻는다는 것은 반드시 다른 어떤 참여자가 그만큼의 손해를 본다는 것을 의미한다.`

③ 단기 금융시장과의 연결시장

외환시장은 단기금융시장과 아주 밀접한 관계를 갖고 있다. 왜냐하면 외환시장과 단기금융시장은 시장의 참가자들이 동일하고 거래와 외환의 운용전략이 비슷하며, 두 시장사이에는 환위험의 커버를 위한 거래나 통화스왑과 선물환거래와 같은 재정거래가 이루어지기도 하기 때문이다.

2. 환율

1) 환율의 의의

(1) 환율의 개념

환율(exchange rate)이란 우리나라 돈과 외국 돈과의 교환 비율로서 외국돈과 비교한 우리 돈의 값어치를 나타낸다. 상품의 가격이 시장에서의 수요와 공급에 의하여 결정되듯이 환율도 기본적으로는 외환 시장에서의 수요와 공급에 의하여 결정된다. 다만 환율은 이러한 시장 메커니즘은 물론이고 물가 상승율, 금리차, 경제 성장률, 국제 수지, 정치나 사회적 안정도 등의 복합적인 요인에 의해서도 영향을 받는다는 특성을 가지고 있다.

환율은 그 표시 방법에 따라서 자국 통화 표시 환율과 외화 표시 환율로 구분할 수 있다. 자국 통화 표시 환율이란 예컨대 ₩1,000/$1과 같이 외국 통화 1단위에 대한 자국 통화의 량을 표시한 것이며, 외화 표시 환율이란 예컨대 ₩1/$0.001처럼 우리 통화 1단위에 대한 외국 통화의 량을 표시한 것이다. 오늘날 대부분의 국가에서는 자국 통화 표시 환율을 사용하고 있으며, 영국, 캐나다, 호주 등과 같은 극소수의 국가들만이 외화 표시 환율을 사용하고 있다.

한편 자국 표시 통화 환율에 있어서 환율 인상이란 예를 들어 ₩1,000/$1이었던 환율이 ₩1,100/$1이 되었다는 것을 말하며, 이는 우리 통화가 달러화에 비해서 100원 만큼 가치가 하락하였다는 의미로 평가 절하(devaluation)되었다고 한다. 환율 인하와 평가 절상(revaluation)이라는 말은 이와는 반대의 현상을 의미한다.

(2) 환율과 경제

환율 변동은 경상 수지와 물가 수준 등을 변화시켜 나라 경제 전체에 영향을 미친다. 여기에서 경상 수지란 총 수출액에서 총 수입액을 뺀 것을 말한다.

먼저 환율이 상승하면 수출에 있어 우리나라 제품의 가격 경쟁력이 높아진다. 예를 들어 환율이 1달러당 1,000원일 때 채산이 맞아 어느 상품을 생산하여 수출하는 국내 기업의 입장에서 환율이 1달러당 1,100원이 되면 순이익이 전보다 100원 만큼 더 많아지게 되며, 수입국의 소비자들에게 더 싼 가격으로 팔 수 있어 수출 물량이 늘어나게 된다.

이와는 반대로 수입은 감소하게 된다. 달러로 표시된 수입 단가에 변화가 없더라도 환율이 오르면 원화로 환산한 수입품의 가격이 상승하기 때문이다. 이처럼 수출은 증가하고 수입이 감소함으로써 경상 수지는 개선된다.

환율이 오르면 이처럼 수출 업체의 채산성이 좋아지므로 수출 기업과 관련된 업체에서 일하는 근로자는 이득을 보게 된다. 그러나 환율 상승으로 수입상품을 쓰던 소비자와 수입업자는 손해를 보게 되며, 외채 상환의 부담도 증가하게 된다. 또한 환율이 상승하면 수입 원자재와 부품의 값이 오르게 되어 국내 물가 수준도 따라서 오르게 되는데, 특히 수입 의존도가 높은 우리나라의 경우 환율 상승이 국내 물가에 미치는 영향이 크다.

이와는 대조적으로 환율이 하락하면 반대의 경우가 나타난다. 즉 경상 수지를 악화시켜 경기를 위축시키며 국내 물가 수준도 떨어지게 한다.

(3) 환율의 유형

① 이론적 구분에 의한 환율

명목 환율(nominal rate)이란 자국 통화와 외국 통화와의 단순한 교환 비율을 말하며, 대부분의 통계 지표나 언론 매체에서 사용한다. 그런데 각국의 물가가 변동하기 때문에 자국의 가격 경쟁력의 변화를 알기 위해서는 물가변동

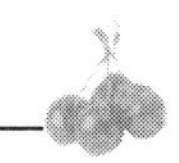

을 감안한 환율을 필요로 하게 된다. 이와 같이 물가를 고려하여 조정된 명목 환율을 실질 환율(real rate)이라고 하며, 이는 두 통화간의 상대적 구매력을 측정하는데 사용된다.

실효 환율(effective rate)이란 명목 환율을 총 무역량에서 상대국과 이루어진 무역량 비중인 무역 가중치로 조정한 환율을 말한다. 이는 교역에서 차지하는 비중에 따라 통화 가중치를 두게 됨으로, 통화의 실질적인 가치 판단의 기준이 되고, 국가 간 재화의 수출 경쟁력을 판단하는 자료로 활용된다.

Tip

교차 환율이란?

예를 들어 미국과 독일 그리고 미국과 일본은 국제 금융 시장에서의 환율이 아래의 (1)(2)와 같이 고시되어 있지만, 독일과 일본의 환율은 고시되어 있지 않다고 할 때 양국 사이의 교차 환율 (3)은 다음과 같이 계산할 수 있다.

	매입율	매도율	
(1) DM/U$	1.7132	1.7138	
(2) ¥/U$	매입율	매도율	
	140.37	140.39	일 때,
(3) ¥/DM	매입율	매도율	
	81.9057	81.9461	
	(140.37÷1.7138)	(140.39÷1.7132)로 교차 환율이 산정된다.	

즉, 독일인이 자국에서 1.7132마르크를 주고 미화 1달러를 매입하여 일본에 가서 팔게 되면 140.39엔을 받을 수 있으며, 반대로 일본인이 자국에서 140.37엔을 주고 미화 1달러를 사서 독일에 가서 팔게 되면 1.7138마르크를 받을 수 있다는 것을 의미한다. 이를 계산하면 결국 (3)과 같은 교차 환율을 구할 수 있다.

한편, 미국 달러와 같은 주요 통화 이외의 통화는 국제 외환 시장에서 환율이 고시되어 있지 않다. 이러한 통화들 사이의 환율은 미국 달러와 환율을 기준으로 하여 산정하게 되는데 이를 교차 환율(cross rate) 또는 조정 환율(arbitrated

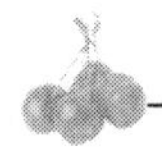

rate)라고 한다.

② 시장 거래 형태에 따른 환율

외환 은행을 기준으로 할 때 외환 은행이 외환을 고객으로부터 구입할 때 적용되는 환율을 매입 환율(bid rate)라고 하며, 고객에게 판매할 때 적용하는 환율을 매도 환율(offer rate)이라고 한다. 매입 환율과 매도 환율의 차익을 스프레드(spread)라고 하며, 이는 환거래에 따른 은행 수익의 원천이 된다.

한편 현물환의 거래에 적용되는 환율을 현물 환율(spot rate)라 하며, 선물환의 거래에 적용되는 환율을 선물 환율(forward rate)라고 한다. 또한 외국 은행 간의 거래에서 적용되는 환율을 은행 간 환율(inter-bank rate)이라 하며, 외환 은행과 고객과의 거래에 적용되는 환율을 대고객 환율(customer rate)라고 한다.

2) 환율제도

(1) 환율 제도의 유형

① 고정 환율제도

고정 환율 제도(fixed exchange rate system)란 정부에서 사전에 환율을 일정한 수준으로 고정시키는 제도를 말하며, 일체의 환율 변동을 인정하지 않는 엄격한 고정 환율 제도와 일정한 범위를 정해두고 그 범위 내에서의 변동은 허용해주는 고정 환율 제도로 나누어진다.

이 제도는 환율의 안정을 통해 환위험을 줄여서 국제 무역이나 투자를 확대시킬 수 있다는 장점이 있지만 외환시장에서 외환의 수요와 공급에 따라 환율이 조정되는 환율 자동 조정 기능이 발휘되지 못하기 때문에 국제수지가 불균형이 될 때마다 인위적으로 환율을 변동시켜야 한다는 단점이 있다.

② 변동 환율제도

변동 환율 제도(floating exchange rate system)란 환율이 외환 시장에서의 수요와 공급에 의하여 자동적으로 결정되는 제도를 말한다. 변동 환율 제도는

국제 수지 불균형의 해소가 외환의 수요와 공급에 의해서 자동적으로 조정됨으로써 정부의 개입 노력이 줄어든다는 장점이 있다. 그러나 잦은 환율 변동으로 인해서 국제 거래 규모가 축소될 수 있으며, 환율 변동을 이용한 환투기가 성행할 우려가 있다는 단점이 있다.

③ 관리 변동 환율제도

관리 변동 환율제도(managed floating exchange rate)란 고정 환율 제도와 자유 변동 환율 제도가 절충된 형태이다. 기본적으로는 변동 환율 제도를 유지하지만, 외환 시장의 불균형을 초래할 우려가 있는 환투기와 같은 요인을 제거할 목적으로 정부가 개입하게 된다.

(2) 우리나라 환율 제도의 변화 과정

① 고정 환율제도(1945. 10 ~ 1964. 5)

1945년 10월 1일 미군정 당국에 의해 처음으로 미화 1달러 당 15원으로 공식 환율이 정해져서 적용되다가, 이후 1948년 2월 한국정부에 의한 최초의 공정 환율이 1달러 당 450원으로 공표되었다. 그러나 6、25에 따른 미 달러 환율의 급상승, 그리고 원화 환을 바꿔가면서 시행된 1953년과 1962년의 통화개혁으로 인하여 지속적으로 공정 환율이 상승하여 1962년 미국 달러 환율은 130원으로 책정되었으며, 이 환율은 1964년까지 지속되었다.

② 단일 변동 환율제도(1964. 5 ~ 1980. 2)

해방 이후 계속된 국제 수지 적자에 따른 외환의 부족으로 지속적인 평가절하를 하지 않을 수 없었으며, 항상 실질 환율과 공정 환율[5]이 괴리된 상태로 유지되었다. 이러한 환율의 모순점을 보완하기 위하여 단일 환율 제도로 이행하게 되었다.

공식적으로는 변동 환율 제도로 이행되었으나 실질적으로는 전과 다름없이 달러에 연동된 고정 환율 제도로 운용되었다. 환율은 2 ~ 3년 만에 한 번씩 대

5) 정부에서 인위적으로 정한 환율을 말한다. 이에 비해 외환시장에서 외환의 수요와 공급 법칙에 의해서 결정되는 환율을 실질 환율 또는 실세 환율이라고 한다.

폭적으로 평가가 조정되었다. 제도 시행 첫 해의 환율은 130원에서 250원으로 급상승하였으며, 1973년 1차 석유 파동 이후에는 480원 그리고 1979년 2차 석유 파동 이후에는 580원으로 수직 상승의 상태를 보였다.

③ 복수 통화 바스켓 제도(1980. 3~1990. 2)

우리나라 환율이 실질적으로 변동 환율로 운용되기 시작한 것은 1980년 3월 복수 바스켓(basket)제도를 채택한 이후부터이다. 두 차례의 석유 파동으로 인해 악화된 우리나라의 국제 수지는 전 세계적인 경기 침체에 따른 무역 장벽의 강화로 더욱 심화되었다. 따라서 단일 변동 환율제에 정부의 개입이 점점 더 빈번해졌고, 이에 따라 외환 시장의 환율 변동에 의한 국제 수지 조정 기능이 더욱더 약화되었으며, 다른 국가의 통화 환율의 변동에 관계없이 오로지 미국 달러화로부터 따라 환율이 등락하는 현상이 초래되었다. 이에 미국 달러화로부터 탈피하여 자율적으로 환율 변동이 이루어질 수 있는 새로운 환율 제도가 필요하게 되어 시행된 것이 복수 통화 바스켓 제도이이다.

복수 통화 바스켓(basket)제도란 자국과 교역 비중이 높은 복수 국가[6]의 통화를 선택하여 통화군(basket)을 구성하고 이 바스켓을 구성하는 통화들의 가치가 변동할 경우 각각 교역 가중치에 따라 자국 통화의 환율에 이를 반영하는 환율 제도를 말한다.

④ 시장 평균 환율제도(1990. 3~1997. 2)

시장 평균 환율이란 국내의 모든 외환 은행 사이에서 거래된 현물환 거래 환율을 거래량으로 가중 평균하여 산출한 환율을 말한다. 시장 평균 환율 제도에서는 제한적이나마 국내 외환 시장의 수요와 공급에 의해 환율이 결정되었으며, 외환 은행의 자율성이 어느 정도 허용되었다. 따라서 시장 평균 환율 제도는 지금까지의 환율 제도에서 결여되었던 시장 기능을 강화하고 외환 시장을 활성화하여 궁극적으로는 자유 변동 환율 제도로 이행하기 위한 과도기적인 제도라 할 수 있다.

---

6) 예컨대 미국, 일본, 독일, 영국, 캐나다, 프랑스, 네덜란드.

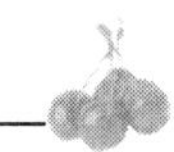

⑤ 자유 변동 환율 제도(1997.12~현재)

자유 변동 환율제란 외환의 수급 상황에 따라 외환 시장에서 자유로이 환율을 변동시키는 제도를 말한다. 우리나라의 환율 제도는 1997년 12월 IMF가 외환위기를 극복하기 위한 긴급 자금을 지원하는 조건으로 제시한 여러 조건을 받아들임으로써 자유 변동 환율제로 이행하게 되었다.

3) 환율 변동이 경제에 미치는 영향

환율은 정치·경제적 요인 등 여러 요인에 의해 변동하게 되며, 환율은 다시 국제수지, 물가, 경제성장 등의 경제변수에 영향을 미친다.

〈그림 5-4〉 환율에 영향을 미치는 요인

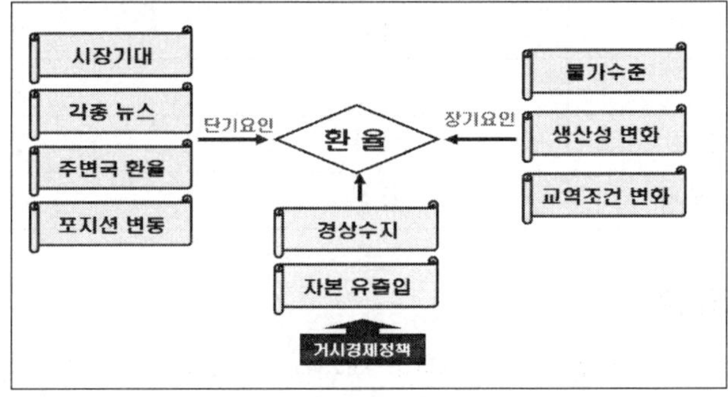

(1) 국제수지

일반적으로 환율이 상승하면 수출이 증가하고 수입이 감소함으로써 경상수지가 개선된다. 그러나 환율상승에 따른 경상수지 개선효과는 수출입 가격변동과 가격변동에 따른 수출입 물량변동에 상당한 기간이 소요되므로 보통 그 효과가 곧바로 나타나지 않고 시간이 지나면서 서서히 나타나는 경향이 있다.

반대로 환율이 하락하면 수출업자의 원화수입이 감소함에 따라 수출품의 가격을 올리게 될 것이며, 이렇게 될 경우에는 수출량이 감소할 가능성이 높아진다. 반대로 수입의 경우에는 외국상품을 수입하는데 그만큼 적은 원화를 지급해도 되므로 수입이 증가하게 된다.

(2) 물가

환율이 상승하면 원자재, 부품 등을 수입하는데 더 많은 원화를 지급해야 하므로 국내 물가수준을 높이게 되며, 반대로 환율이 내리면 수입품의 가격이 인하되므로 국내물가를 낮추게 된다. 그러나 이러한 물가에 미치는 효과의 정도는 해외로부터 얼마만큼의 물품을 수입하느냐에 따라 다르다. 우리나라와 같이 수입의존도가 높은 나라의 경우에는 환율변동이 국내 물가에 미치는 영향이 그만큼 크다고 할 수 있다.

〈표 5-1〉 환율변동이 경제에 미치는 영향

구분	환율하락	환율상승
국제수지	악화	개선
물가	하락	상승
경제성장률	하락	상승
외채상환부담	감소	증가

(3) 경제성장률

환율이 상승하여 수출이 증가하면 생산이 증대되어 경제성장을 촉진하고 고용을 증대시킨다. 반면에 환율이 하락하면 수출이 감소하고 이에 따라 생산이 줄어들어 경제성장이 둔화되고 고용 사정이 어렵게 된다.

(4) 외채상환부담

우리나라 사람이 해외로부터 외화를 빌린 경우 환율이 상승하면 더 많은 원화를 주고 외화를 사서 갚아야 하므로 그만큼 외국에 진 빚을 갚는 부담이 늘어난다. 반면에 환율이 하락하면 그만큼 외채상환부담이 줄어든다.

4) 현물환거래

현물환(spot exchange)이란 매매계약의 성립과 동시 또는 매매계약 성립 후

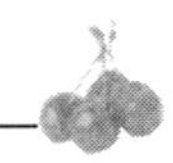

2 영업일 이내에 현실적인 환거래가 이루어지는 외국환을 말한다. 선물환(forward exchange)이란 매매계약 후 2 영업일(spot date)을 초과한 장래의 일정기일 또는 기간 내에 미리 정한 금액과 종류의 외환을 약속한 환율로 거래되는 외국환을 의미한다.

〈그림 5-5〉 현물환 거래와 선물환 거래

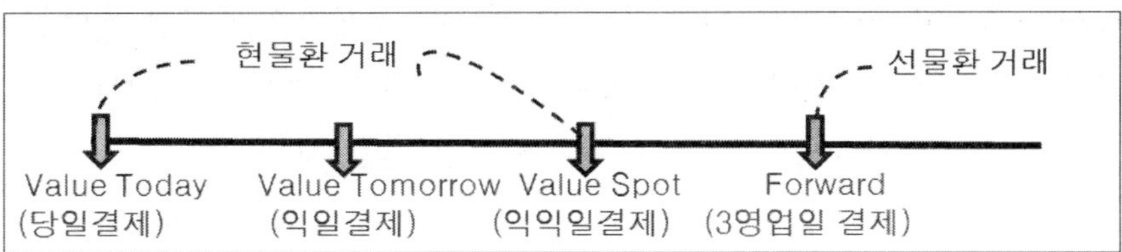

일반적으로 외환거래에서는 거래가 완결되는 일자(the date of completion)인 결제기일(value date)과 외환의 매입이나 매도계약을 체결한 일자는 서로 다르기 마련이다. 그 이유는 매매계약을 체결한 외국환은행이 상대방 외국환은행에 거래 처리를 위한 지급지시나 자금이체지시 등의 사실(거래상대방 성명, 거래통화의 확인, 거래금액 확인, 매입희망 금액의 소재지, 외환율의 계산, 결제일의 확인 등)을 통지하여 거래를 완결하기까지는 실무처리 및 관리상의 문제로 보통 하루 정도 소요되는 영업일수를 감안하여야 하기 때문이다.

현물환거래(spot exchange transaction)에는 거래일과 결제일이 당일인 당일물거래(value spot), 거래일 다음 영업일이 결제일이 되는 익일물거래(value tomorrow) 그리고 거래일 후 2영업일째에 결제가 이루어지는 익익일물거래(value spot)가 있다.

5) 선물환 거래

선물환(forward exchange)이란 외국환 매매계약일로부터 2영업일이 경과한 장래의 특정기일 또는 특정 기간 내에 계약한 대상 외국환을 수도 결제하기로 약정하는 외국환계약을 말한다. 선물환거래는 장래에 이행될 통화간의 선물

환율(forward exchange rate)을 미리 약정하고, 약정된 결제일에 당초 약정된 환율로 외국환의 매매가 이루어지는 거래를 말한다. 즉 결제일 당일의 환율이 얼마로 변화하는가에 상관없이 당초 계약 시 약정된 환율로 결제가 이루어진다. 이 선물환의 인도방식에는 순월확정일방식과 특정일방식이 있다.

선물환 거래의 결제인도일은 일반적으로 현물환 결제일(spot value date)을 기준으로 1주일, 1개월, 2개월, 3개월, 6개월 및 1년을 더해서 적격결제일(eligible value date)로 결정된다. 그런데 선물환 결제일은 선물환 계약일로부터 2일 이후 이므로, 결국 선물 결제인도일은 선물환 계약일+2일부터 기산하여 1주일, 1개월, 2개월, 3개월, 6개월 및 1년 후로 계산된다.

선물환거래의 종류에는 아웃트라이트 포워드(Outright forward)와 스왑 포워드(swap forward)가 있다. 아웃트라이트 포워드는 약정된 일자에만 인도되는 선물환으로 선물환 매입 또는 선물환 매도의 어느 한 쪽의 독립적인 계약만으로 환위험을 최소화하려는 일방적인 선물환거래이다. 예를 들어 90일물의 경우 value date가 10월 20일이라면 10월 20일에만 환이 인도된다.

스왑 포워드는 현물환거래와 선물환거래의 한 쌍으로 이루어지는 swap 거래에서의 선물환계약을 말한다. 선물환거래의 만기를 책정할 때에는 표준만기(1주일, 1개월, 3개월 등)와 비표준만기(표준만기 이외의 모든 결제일)의 방법이 있다.

5.2 국제수지

1. 국제 수지의 개요

1) 국제 수지의 개념

국제 수지(balance of payment, B/P)란 일정 기간 동안 자기 나라와 다른

나라 사이[7]에 일어난 모든 경제적 거래를 말하며, 이를 체계적으로 분류하여 종합적으로 정리한 것을 국제수지표라고 한다.

Tip

국제수지표란?

우리는 대부분의 경우 자기가 필요로 하는 물건을 직접 만들어 쓰지 않고 남이 만든 것을 구입하여 사용한다. 국가간에 있어서도 마찬가지로 자기나라에서 만든 물건을 외국에 팔아 외국의 돈 즉 외화를 벌어들이며 다시 이 돈으로 국내에 필요한 물건들을 외국으로부터 사들인다.

한편 가정에서는 소득과 지출의 내역을 기록하는 가계부를 작성하고 이 기록을 통하여 과거의 거래내용을 돌이켜 봄으로써 미래의 살림에 대한 지침을 마련하고자 한다. 한 나라에 있어서도 마찬가지로 외국과의 거래내용을 기록, 정리함으로써 향후 그 나라의 산업정책이나 외환정책의 기초자료를 마련하는 것이 필요하다.

이러한 필요에 따라 한 나라가 외국에 상품과 서비스를 팔아서 어느 정도의 외화를 벌어들였고 외국으로부터 상품과 서비스를 사들이기 위하여 어느 정도의 외화를 썼는가, 그리고 그 결과 부족하거나 남는 외화가 어느 정도이며, 만일 부족했다면 그 부족한 외화를 어떻게 조달하였고 외화가 남았다면 어떻게 운용하였는가를 체계적으로 분류 정리한 것이 바로 국제수지표이다.

여기서 일정 기간이란 말은 국제수지표가 어느 한 시점에서의 대차상황을

7) IMF에 의하면 이를 "거주자와 비거주자 사이의 경제적 거래"로 정의하고 있다. 거주자와 비구주자의 구분은 경제주체가 단순히 어디에 살고 있으며 국적이 어디냐 하는 법률상의 국적이나 지리적 영역보다는 경제활동에 있어 이익의 중시(center of interest)이 어디에 있느냐 하는 점을 기준으로 구분하고 있다. 예를 들면 개인의 경우 외국인일지라도 1년이상 우리나라에 거주하면서 생산활동 등에 참여할 때는 거주자로 인정하지만 해외교포는 우리나라 국적을 가지고 있다하더라도 일시 귀국한 경우 비거주자가 된다. 기업은 국적에 관계없이 영업이 어느 나라 영토 내에서 이루저지고 있는가에 따라 구분하므로 우리나라에서 영업을 하고 있는 외국인투자기업은 거주자에 포함된다. 한편 주미 한국대사관 같은 정부기관은 해외에 있더라도 우리나라의 거주자로 보며 마찬가지로 우리나라에 있는 주한 미군이나 미대사관은 미국의 거주자이므로 우리나라 입장에서는 비거주자가 된다.

기록한 스톡(stock) 개념이 아니고 일정한 기간[8] 중에 발생한 거래를 집계한 플로우(flow) 통계[9]임을 의미한다. 경제적 거래란 상품과 서비스를 사고파는 경상 거래와 돈을 빌리거나 빌려주는 자본 거래, 그리고 증여나 원조 등의 무상 거래 또는 이전 거래까지를 포함한다. 또한 체계적 기록이란 복식 부기의 원리에 의해 국제적으로 통일된 객관적 기준에 의해 작성된다는 뜻이다. 따라서 모든 거래를 항상 대변과 차변의 양변에 같은 금액을 동시에 계상하도록 되어 있다. 다만 원조나 해외 송금과 같이 대가가 지급되지 않는 일방적인 거래는 상호 교환거래(예컨대 상품의 인도와 대금의 지급)가 아니므로 대차를 균형시키기 위하여 이전 수지라는 실체가 없는 항목을 만들어 기재하는 편법을 사용하고 있다.

2) 국제 수지표의 구성 및 작성 방법

(1) 국제 수지표의 구성

한 나라의 국제 수지 관계를 일목요연하게 알아 볼 수 있도록 작성된 국제 수지표는 다음과 같은 내용이 기록된다.

첫째, 한 나라의 국내 경제와 해외 경제 사이의 실물 자산과 용역의 흐름
둘째, 경제 거래에서 발생하는 일국의 대외 자산 및 부채의 변동
셋째, 무상으로 해외에 공여하거나 또는 해외로부터 수취한 실물 자산 및 금융적 채권에 대한 이전 수지

그런데 만약에 각국이 서로 다른 기준을 적용하여 국제 수지표를 작성하게 된다면 각국의 경제 상황을 서로 비교해 볼 수 없게 된다. 따라서 IMF는「국

8) 대개 1년을 기준으로 하고 있지만 나라에 따라서는 분기별 또는 월별로 작성하기도 한다. 우리나라는 매월 한국은행에서 국제 수지표를 작성하여 익월 말일경에 발표하고 있음
9) 이러한 점에서 한 나라가 특정 시점에 있어서 외국에 대해 얼마만큼의 채권 또는 채무를 갖고 있는지를 나타내는 Flow 개념의 국제 대차(balance of international indebtedness)와는 구분된다. 즉, 국제 수지를 한 기업의 손익 계산서라고 비유한다면 국제 대차표는 그 기업의 대차 대조표에 해당한다.

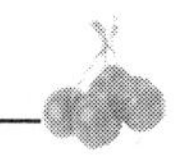

제 수지 작성 요람」을 만들어 국제 수지표의 표준 양식을 제정하고 각국이 이에 따라 국제 수지표를 작성할 것을 권고하고 있으며, 우리나라도 1998년부터 이에 따르고 있다. IMF의 표준 약식에 의한 국제 수지표는 <그림 5-3>과 같이 크게 제 I 부 경상 수지, 제 II 부 자본 수지, 그리고 제 III 부 준비 자산 증감, 제 IV 부 오차 및 누락으로 구분되며, 각 부는 다시 작은 항목으로 세분된다.

〈그림 5-6〉 국제 수지표의 구성

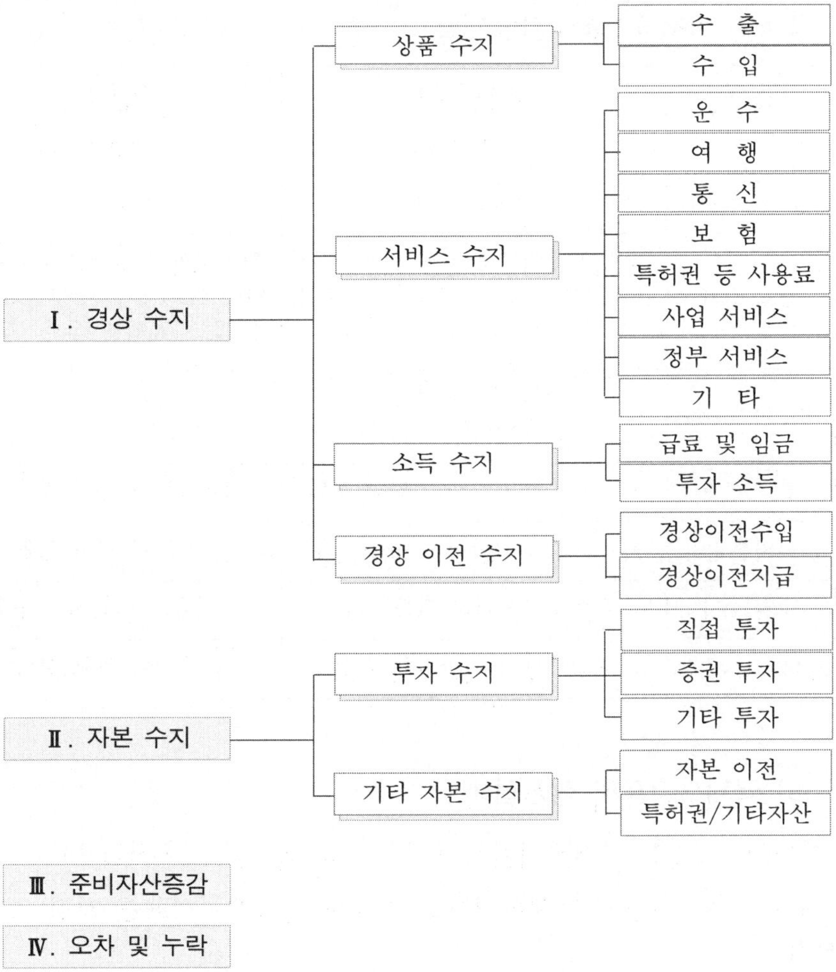

- Ⅰ. 경상 수지
  - 상품 수지
    - 수 출
    - 수 입
  - 서비스 수지
    - 운 수
    - 여 행
    - 통 신
    - 보 험
    - 특허권 등 사용료
    - 사업 서비스
    - 정부 서비스
    - 기 타
  - 소득 수지
    - 급료 및 임금
    - 투자 소득
  - 경상 이전 수지
    - 경상이전수입
    - 경상이전지급
- Ⅱ. 자본 수지
  - 투자 수지
    - 직접 투자
    - 증권 투자
    - 기타 투자
  - 기타 자본 수지
    - 자본 이전
    - 특허권/기타자산
- Ⅲ. 준비자산증감
- Ⅳ. 오차 및 누락

(2) 국제 수지표의 작성 방법

국제 수지표는 복식 부기의 원리에 따르기 때문에 하나의 거래가 발생하게 되면 거래의 이중성 원칙에 의하여 수입란과 지급란에 동시에 기재된다. <표 5-1>과 같이 국제 수지표의 대변에는 외국으로부터 외환의 수입을 가져오는 거래가 기록되고, 차변에는 외국에 대한 외환의 지급을 초래하는 거래가 기록된다.

〈표 5-2〉 국제 수지표의 기록 방법

구 분	수입(대변)	지급(차변)
상품 수지	재화 수출	재화 수입
서비스 수지	서비스 수출	서비스 수입
소득 수지	해외에 투자하여 얻은 이자 또는 배당금의 수입, 우리나라 근로자가 외국으로부터 지급 받은 급료	외국인이 우리나라에 투자하여 얻은 이자 또는 배당금의 지급, 외국인 근로자에 대한 급료 지급
경상이전수지	외국으로부터의 무상증여(경상이전수입)	외국에 대한 무상증여(경상이전지출)
투자 수지	외국으로부터의 장기 자본 도입	외국으로의 장기 자본 유출
기타자본수지	외국으로부터의 단기 자본 도입	외국으로의 단기 자본 유출
자본 수지	외국으로부터의 자본 도입	외국으로의 자본 유출
준비자산 증감	중앙은행의 외화자산 감소	중앙은행의 외화 자산 증가

(3) 국제수지표의 작성실례

앞에서 설명한 국제수지표의 작성방법을 기초로 거주자와 비거주자간에 다음과 같은 거래가 발생하였다고 가정하고 국제수지표를 직접 작성하여 보자.

[예]

거래 1. 상품 90백만 달러를 현금으로 수출

거래 2. 상품 10백만 달러를 6개월 후에 대금을 받는 조건으로 외상수출

거래 3. 상품 8백만 달러를 현금으로 수입

거래 4. 상품 5백만 달러를 3개월 후에 대금을 지급하는 조건으로 외상수입

거래 5. 국내 해운사가 수출화물의 화물운임대가로 외국으로부터 20백만 달러를 받음

거래 6. 해외여행시 17백만 달러의 여행경비 사용

거래 7. 외채에 대한 이자로 외국에 13백만 달러 지급

거래 8. 국내친지가 해외교포로부터 현금 2백만 달러를 송금 받음

거래 9. 외국기업이 현금 50백만 달러를 국내기업에 투자

거래 10. 국내기업이 해외에서 외화증권을 30백만 달러 발행

거래 11. 비거주자가 국내에서 원화증권 77억 원을 발행(달러환산시 7백만 달러)

거래 12. 거주자가 외국으로 이민가면서 이주비용으로 15백만 달러를 환전 송금

거래 13. 국내기업이 특허권을 외국기업에 매각하고 현금 3백만 달러를 받음

거래 14. 한국은행이 국내외환시장에서 6백만 달러 매입

국제수지표는 복식부기의 원리에 따라 대차양변에 동일금액이 계상되며 이전거래는 대차를 균형시키기 위하여 별도의 항목을 설정한다고 하였으므로 이에 따라 위의 거래 중 몇 가지를 계산하여 정리하면 다음과 같다.

먼저 <거래 1>의 상품 수출 90백만 달러는 대변(실물자산 감소)에, 이에 따른 수출대금 입금은 외화자산의 증가이므로 차변(금융자산 증가)에 90백만 달러를 계상한다.

<거래 9>의 경우 해외교포로부터 송금 받은 금액 2백만 달러는 외화자산의 증가로 차변에 계상하며 대차균형을 위하여 대응거래인 경상이전거래 수입으로 대편에 2백만 달러를 계상한다. 국내기업이 외화증권을 해외에서 발행하여 설비투자용 자금을 조달한 <거래 10>의 경우 외화증권 발행 30백만 달러

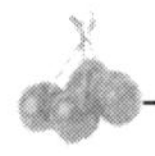

는 대변(부채증가)에, 이에 따라 유입된 30백만 달러의 외화자금은 차변(자산증가)에 계상한다.

〈표 5-3〉 국제수지표 작성실례

구분			차변(-)	대변(+)	수지
경상수지	상품수지		80[3] 5[4]	90[1] 10[2]	15
	서비스수지		17[6]	20[5]	3
	소득수지		13[7]		-13
	경상이전수지			2[8]	2
자본수지	투자수지	직접투자		50[9]	50
		증권투자	7[11]	30[10]	23
		기타투자	90[1] 10[2] 20[5] 2[8] 50[9] 30[10] 3[13]	80[3] 5[4] 17[6] 13[7] 7[11] 15[12] 6[14]	-62
	기타자본수지		15[12]	3[13]	-12
준비자산증감			6[14]	3[13]	-6

주 : 1) 숫자 위의 첨자는 본문 예의 거래번호임

이런 방식으로 위의 거래내용을 국제수지표로 정리하면 <표 5-2>가 되는데 복식부기의 원리에 따라 대차 양변에 동일금액이 계상되었기 때문에 경상수지와 자본수지 그리고 준비자산증감을 모두 합하면 영(0)이 된다.

3) 국제 수지의 내용

(1) 경상 수지

국제 수지표는 경상 계정과 자본 계정으로 나누어 기록되며 경상 계정에는 상품과 서비스를 외국에 팔고 사는 거래와 외국에 투자한 대가로 벌어들이는

배당, 이자 등의 소득 등이 계상되며 자본 계정에는 외국에 돈을 빌려주거나 빚을 얻어오는 거래가 기록된다. 그리고 경상 거래[10)]의 결과 벌어들인 돈과 지급한 돈과의 차이를 경상 수지라고 하며 자본 거래[11)]의 결과로 나타난 들어온 돈과 나간 돈의 차이를 자본 수지라고 한다.

국제 수지에서는 경상 수지가 가장 중요시되는데 경상 수지는 상품 수지, 서비스 수지, 소득 수지 및 경상 이전 수지의 4부문으로 나누어진다.

상품 수지는 상품의 수출과 수입의 차이를 나타낸다. 그런데 국제수지표상의 수출입은 관세청에서 발표하는 수출입 숫자와 일치하지 않는다. 이것은 관세청에서는 상품이 우리나라의 관세선을 통과하면 수출입으로 계상하는 통관 기준으로 통계를 작성하는데 비해 국제 수지표에서는 상품의 소유권이 이전되어야 수출입으로 계상하는 소유권 이전(change of ownership) 기준에 의해 통계를 작성하기 때문이다.

또한 통관 통계에서 수출은 FOB 가격, 수입은 운임 및 보험료가 포함되어 있는 CIF 가격으로 평가되어 있으나 국제 수지에서는 수출、수입 모두 FOB 가격으로 평가하므로 통관 수입에서 운임 및 보험료를 차감하되 거주자와 비거주자간의 운임 및 보험 거래는 서비스 수지에 계상 한다.

서비스 수지는 외국과의 서비스 거래 결과 벌어들인 돈과 지급한 돈의 차이를 말한다. 즉 우리나라의 선박이나 항공기가 여객이나 상품을 나르고 외국으로부터 받은 운임, 외국 관광객이 쓰고 간 돈, 무역 대리점의 수출입 알선 수수료 수입 등이 서비스 수입이 된다. 반대로 우리나라가 외국에 지급한 선박과 항공기의 운항 경비, 여행 경비, 특허권 사용료 등은 모두 서비스 지급으로 나타난다.

소득 수지는 예컨대 우리나라 사람이 외국에 투자한 결과 벌어들이는 돈과 외국인이 우리나라에 투자한 결과 벌어가는 돈의 차이 그리고 우리나라 근로자가 외국에 나가 일해서 벌어들이는 돈과 외국인 근로자가 우리나라에서 일해서 벌어가는 돈의 차이를 나타낸다. 소득 수지는 거주자가 외국에 단기간(1년

10) 주로 상품과 서비스 및 소득 거래를 말한다.
11) 자본의 투자, 대차, 유가증권의 매매 등을 중심으로 하는 거래를 말한다.

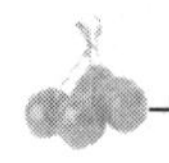

이내) 머물면서 일한 대가로 받은 돈과 국내에 일시 고용된 비거주자에게 지급한 돈의 차이를 나타내는 급료 및 임금 수지와 거주자가 외국에 투자하여 벌어들인 배당금 · 이자와 비거주자에게 국내에 투자한 대가로 지급한 배당금 · 이자의 차이를 나타내는 투자 소득 수지로 구성된다.

경상 이전 수지라 함은 거주자와 비거주자 사이에 아무런 대가없이 주고받은 거래의 수지차를 말한다. 경상 이전은 수혜자의 소득과 소비를 늘려주게 되는데 해외에 거주하는 교포가 국내의 친척 등에게 보내오는 송금, 종교 기관이나 자선 단체의 기부금과 구호물자, 정부 간의 무상 원조 등이 여기에 기록된다.

경상수지가 상품 · 서비스와 소득 거래를 대상으로 하는데 비해 자본 수지는 민간 기업, 금융 기관, 정부 등이 외국으로부터 차입 등의 방식으로 돈을 빌리거나 이와는 반대로 외국에 신용 공여 등의 방식으로 돈을 빌려줌으로써 발생하는 외화의 유출입 차를 나타낸다.

(3) 자본 수지

자본 수지는 크게 투자 수지와 기타 자본 수지의 두 가지로 구분되며 투자 수지는 다시 직접 투자, 증권 투자, 그리고 기타 투자의 3부문으로 나누어진다.

직접 투자는 외국에 있는 기업에 대한 경영 참여 등과 같이 영속적인 이익을 취득하기 위하여 행하는 대외 투자를 기록한다.

증권 투자는 외국과의 주식, 채권, 파생 금융 상품 거래를 나타낸다. 그런데 동일한 주식 투자라 하더라도 기업의 경영 참여를 통한 영속적인 이익추구를 목적으로 하였을 때는 직접 투자로 계상하며 이와는 달리 단지 투자 자본의 가치 증가 또는 이윤 획득만을 목적으로 한 경우는 증권 투자로 기록한다.

기타 투자는 직접 투자와 증권 투자에 포함되지 않는 외국과의 모든 금융 거래를 기록한다. 여기에는 대출 및 차입, 상품을 외상으로 수출하거나 수입할 때 발생하는 무역 관련 신용, 현금 및 예금 등의 금융 거래가 기록된다.

기타 자본 수지는 특허권, 상표권 등을 사고파는 거래와 해외 이주자가 외국에 이주할 때 가지고 가는 해외 이주비 등을 기록한다.

자본 수지가 흑자라는 것은 자본 거래 결과 발생한 자금의 유입이 유출보다 많았다는 것을 의미한다. 따라서 차관 등 외국 빚을 들여온 금액이 갚을 금액보다 많거나 우리가 가지고 있던 대외 채권의 회수 금액이 공여 금액을 상회하여 들어온 돈이 나간 돈보다 많게 되면 자본 수지는 흑자가 되고 반대의 경우는 적자가 된다.

(3) 준비 자산의 증감

우리는 벌어들인 돈보다 지출이 많아서 돈이 모자라게 되면 모자라는 돈은 빚을 내거나 가지고 있던 자산을 처분하여 조달하게 되며, 반대로 소득보다 지출이 적어서 돈이 남게 되면 남는 돈은 빚을 갚는데 쓰거나 예금이나 투자 등으로 운용하게 된다.

이와 마찬가지로 한 나라에 있어서도 외국에 상품이나 서비스를 팔아서 벌어들인 돈이 외국으로부터 상품이나 서비스를 사는데 사용한 돈보다 많게 되면(경상 수지 흑자) 여유 자금을 다른 나라에 빌려주거나 빚을 갚는데 사용하며(자본 수지 적자), 반대로 외국과의 경상 거래 결과 벌어들인 돈보다 지급한 돈이 많게 되면(경상 수지 적자) 부족한 자금을 외국으로부터 빌려오게 된다(자본 수지 흑자).

한편 일정 기간 동안 기업이나 정부가 상품과 서비스를 수출하고 수입하는 과정에서 적자(경상 수지 적자)가 생겼을 경우 이 적자를 외국으로부터 자본을 도입(자본 수지 흑자)해서 메꾸지 못하였다면 부족한 외화는 통화 당국이 보유하고 있는 외환 보유액에서 충당하게 된다.

또한 경상 수지와 자본 수지 흑자로 대규모의 외화가 일시에 유입되어 환율이 급격히 변동할 가능성이 있을 경우, 통화 당국에서는 환율 안정을 위하여 넘치는 외화를 사들이기도 하는 데 이때는 외환 보유액이 증가하게 된다.

이와 같이 매일 매일 일어나는 대외 거래는 경상 계정과 자본 계정에 모두 반영되며 더 나아가서 외환 보유액의 변동을 가져오기도 한다.

국제 수지표에서는 이렇게 거래에 의해서 발생한 외환 보유액의 변동을 준비 자산 증감이라는 항목에 별도로 표시하고 있다.

(4) 오차 및 누락

실제로 국제 수지표를 작성하여 보면 경상 수지, 자본 수지 및 준비 자산 증감의 합계는 영(0)이 되지 않게 되는데 이것을 오차 및 누락(errors and omissions)이라는 조정 항목으로 조정하게 된다.

이와 같은 오차 및 누락이 발생하는 것은 국제 수지표가 통관 통계, 외환 수급 통계 등 여러 기관에서 각기 다른 목적으로 작성된 많은 기초 통계를 이용하여 작성되기 때문에 각 기초 통계 간의 계상 시점 및 평가 방법상의 차이나 기초 통계 자체의 오류, 통계 작성 과정에서의 보고 잘못이나 누락(human error) 등이 발생하기 때문이다.

IMF는 국제 수지 통계 작성 시 서로 다른 기초 자료를 사용하기 때문에 오차 및 누락이 필연적으로 발생할 수밖에 없다는 점을 인정하고 있으며 오차 및 누락의 크기가 반드시 국제 수지 통계의 정확성을 나타내는 기준이 되는 것도 아니라고 하고 있다. 왜냐하면 국제 수지 통계 작성 과정에서 오차 및 누락의 흑자 요인과 적자 요인이 서로 상쇄될 수도 있고 분류상의 오류 등은 오차 및 누락에 영향을 주지 않으면서도 통계의 정확도를 떨어뜨릴 수 있기 때문이다.

또한 국제 수지 통계를 작성하고 있는 다른 나라의 예를 보더라도 오차 및 누락이 없는 나라는 없으며 미국 등 일부 나라에서는 이러한 오차 및 누락 항목의 통계적인 성격을 고려하여 오차 및 누락이라는 명칭 대신에 통계상 불일치라는 명칭을 사용하고 있다.

2. 국제 수지의 관리

1) 국제 수지 관리의 의의

국제 수지는 경상 수지, 자본 수지, 준비 자산 증감으로 구성된다고 하였는데 이중에서도 경상 수지가 가장 중요한 내용을 담고 있기 때문에 일반적으로 국세 수시라 할 때는 경상 수지를 의미하기도 한다.

경상 수지(current account balance)는 상품 수지, 서비스 수지, 소득 수지 및

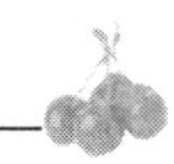

경상 이전 수지로 구분되는데, 이중 상품 및 서비스 수지가 우리 경제에 미치는 영향이 가장 크다고 할 수 있다. 우리가 상품과 서비스를 생산해서 외국에 수출하면 수출하지 않을 경우보다 더 많이 생산하여 팔게 되므로 일자리가 늘어나고 소득도 증대되는데 반해 상품이나 서비스를 외국에서 사서 쓰게 되면 국내의 기업은 그만큼 생산을 줄여야 하고 일거리도 줄어들어 월급을 내리든지 일자리를 줄여야 하기 때문에 상품 및 서비스 수지는 소득 및 고용과 직접 관련이 있다.

상품 및 서비스 수지를 포함한 경상 수지가 전체적으로 흑자를 나타내면 외국에 판매한 재화와 서비스가 사들인 것보다 많으므로 수출을 통해 늘어나는 소득과 일자리가 수입을 통해 줄어드는 소득과 일자리보다 크게 되고 따라서 전체적으로는 그만큼 국민 소득이 늘어나고 고용이 확대된다. 국제 수지 적자국이 국제 수지 흑자국에 대하여 자기 나라로 실업을 수출한다고 비난하는 이유도 바로 여기에 있다.

또 경상 수지가 흑자를 보이면 벌어들인 외화로 외국으로부터 들여온 빚을 갚아 나갈 수 있게 되어 외채가 줄어들 뿐 아니라 나아가서는 주요 원자재의 안정적 공급을 확보하거나 무역 마찰을 피하기 위해서 해외에 직접투자를 늘려 나갈 수 있는 것이다.

아울러 국내 공급 부족 등으로 물가 상승 압력이 있을 경우에는 수입을 큰 부담 없이 늘려갈 수 있게 되어 물가를 보다 쉽게 안정시킬 수 있을 뿐 아니라 국내 경기가 좋지 않아 경기 부양책을 쓰고자 할 경우에도 수입 증가를 크게 염려하지 않아도 되므로 부양책을 쓰기가 용이해지는 등 경제 정책 수단의 선택폭이 넓어져 경제를 보다 건실하게 운영할 수 있게 된다.

이와는 반대로 경상 수지가 적자를 나타내면 소득은 줄어들고 실업이 늘어남과 동시에 외국 빚이 자꾸 늘어나 원금 상환과 이자 부담이 커져 나중에는 빚을 얻기조차 힘들게 된다.

그러나 경상 수지 흑자가 반드시 좋다고만 할 수도 없는 데, 이는 경상 수지 흑자가 국내 통화량을 증가시켜 통화 관리를 어렵게 하고 통상 면에서는 우리가 흑자를 내고 있는 교역 상대국으로 하여금 우리나라의 수출품에 대해서 수입 규제를 유발시키는 등 무역 마찰을 초래하기 때문이다.

따라서 장기적인 관점에서 볼 때 국제 수지는 균형을 유지하는 것이 가장 바람직할 것이다. 그렇지만 우리나라와 같이 경제가 해외에 크게 의존하고 있는 형편에서는 국민 소득을 증대시키고 국내 고용을 늘리기 위해서, 또 아직도 많은 외채의 상환을 위해서는 앞으로 적정한 수준의 경상 수지 흑자가 유지될 수 있도록 노력하여야 할 것이다.

〈표 5-4〉 한국의 국제수지 추이

년도별	경상수지				자본수지			준비 자산 증감	오차 및 누락
		상품 및 서비스 수지	소득 수지	경상 이전 수지		투자 수지	기타 자본 수지		
1980	-5,312	-5,336	-512	536	6,522	6,518	4	-841	-369
1981	-4,607	-4,335	-887	615	5,313	5,348	-35	-297	-409
1982	-2,550	-2,562	-644	656	3,935	4,032	-97	-93	-1,292
1983	-1,524	-1,455	-793	724	2,391	2,471	-80	74	-941
1984	-1,293	-716	-1,263	686	3,059	3,141	-82	-875	-891
1985	-795	438	-2,085	852	1,632	1,725	-93	41	-878
1986	4,709	5,651	-2,310	1,368	-4,216	-4,120	-96	46	-539
1987	10,058	9,806	-1,587	1,839	-10,369	-10,160	-209	-886	1,197
1988	14,505	13,540	-1,328	2,293	-5,067	-4,714	-353	-8,857	-581
1989	5,344	4,789	-577	1,132	-2,886	-2,568	-318	-3,190	732
1990	-2,014	-3,076	-88	1,150	2,564	2,895	-331	1,186	-1,736
1991	-8,417	-9,056	-164	803	6,412	6,741	-329	1,143	862
1992	-4,095	-4,791	-395	1,091	6,587	6,994	-407	-3,708	1,217
1993	821	24	-391	1,188	2,741	3,216	-475	-3,008	-554
1994	-4,024	-4,818	-486	1,280	10,295	10,732	-437	-4,646	-1,625
1995	-8,665	-7,343	-1,303	-19	16,785	17,273	-488	-7,045	-1,076
1996	-23,120	-21,257	-1,814	-49	23,326	23,924	-598	-1,389	-1,182
1997	-8,287	-6,456	-2,454	623	1,314	1,922	-608	-11,922	-4,949
1998	40,371	42,689	-5,638	3,320	-3,197	-3,368	171	-30,975	-6,200
1999	24,522	27,812	-5,159	1,869	2,040	2,429	-389	-22,983	-3,579
2000	12,251	14,106	-2,421	566	12,110	12,725	-615	-23,771	-590
2001	8,033	9,616	-1,198	-385	-3,391	-2,660	-731	-7,576	2,934
2002	5,394	6,580	432	-1,618	6,251	7,338	-1,087	-11,799	154
2003	11,950	14,528	326	-2,904	13,909	15,307	-1,398	-25,849	-10
2004	28,174	29,523	1,083	-2,432	7,599	9,352	-1,753	-38,711	2,938
2005	16,559	20,381	-1,320	-2,502	491	2,804	-2,313	-19,806	2,757
2006	5,385	8,944	534	-4,093	17,972	21,098	-3,126	-22,113	-1,244
2007	5,876	8,400	1,003	-3,527	7,128	9,516	-2,388	-15,128	2,124

자료 : 한국은행, 2008, www.or.kr

2) 국제 수지의 조정

국제 수지의 조정이란 국제 수지가 불균형 상태에서 균형 상태로 조정되는 것을 말한다. 국제 수지는 흑자가 되던 적자가 되던 일단 불균형 상태가 발생하게 되면 바람직하지 않게 된다. 왜냐하면 국제 수지가 과도하게 흑자가 되면 국내 통화량의 증가와 이에 따른 국내 물가의 상승 등의 부작용으로 나타나게 되며, 반대의 경우에는 국내 자본의 이동에 따른 투자 여력의 감소와 통화량의 감소로 인한 디플레이션의 위험이 발생하기 때문이다. 따라서 각국은 자국의 경제 안정을 유지하기 위하여 여러 가지 방법으로 국제 수지의 조정 노력을 실시하게 된다.

우리나라와 같이 변동 환율 제도를 채택하고 있는 국가에서 국제 수지가 적자일 경우에는 외환의 공급이 많아져서 환율이 올라지게 되므로 수출의 증가와 수입의 감소를 유발하여 종국에는 균형을 회복하게 되는데 이를 외환시장 메커니즘에 의한 국제 수지의 자동조정이라고 한다.

그러나 때로는 이러한 자동 조정 기능에 맡기지 않고 정부가 직접적인 통제 정책이나 재정, 금융 정책을 통하여 국제 수지를 인위적으로 조정하는 경우도 있다. 직접적인 통제의 방법으로는 외환 통제나 소득 정책을 들 수 있다. 외환 통제란 정부가 수출입과 자금의 유출입에 필요한 외환을 직접 관리하는 것을 말하며, 소득 정책이란 정부가 생산 요소(노동, 자본, 토지)의 가격과 기업 이윤 등의 소득을 일정한 가이드라인을 통하여 직접 통제 내지 조정하는 것을 말한다. 예를 들어 국제 수지가 적자일 경우 정부는 국내의 임금을 통제하여 실질 소득을 감소시킴으로써 수입이 줄어들게 하여 국제 수지 적자가 적어지도록 한다.

다음으로 재정 금융 정책이란 정부의 재정 지출의 조정이나 통화 정책을 통하여 국제 수지의 불균형을 시정하는 것을 말한다. 예를 들어 국제 수지가 흑자일 경우 정부는 정부 지출의 증가나 조세의 감소를 통해서 국내 지출 규모를 증가시킴으로써 국민들의 소득을 증가시키고, 이는 수입의 증가를 유발시킴으로써 국제 수지 흑자폭을 줄이게 된다. 마찬가지로 화폐 공급을 증가시킴으로써도 국제 수지를 조정할 수 있다. 즉 국제 수지 흑자의 경우 정부가 통화

공급을 증가시킴으로써 소득을 증대시켜 수입과 외화 표시 채권의 구입을 증가시킴으로써 외화의 유출을 조장함으로써 국제 수지의 흑자폭을 줄이게 된다.

5.3 국제 금융과 국제 통화

1. 국제 금융

1) 국제 자본 이동

(1) 국제 자본 이동의 의의

경제학에 있어 생산 요소로서의 노동과 토지의 의미는 비교적 분명하다. 즉, 토지란 자연에 의하여 부존 받은 생산 요소 일체를 가리키며, 노동이란 사람에 의하여 제공되는 생산력을 의미한다. 그러나 자본은 사람이 만들어낸 생산요소로서 다소 특별한 의미를 가지고 있다. 즉, 자본이란 생산과정에 사용되는 기계, 공장, 건물 등, 다시 말하면 과거에 생산된 재화로서 현재 새로운 재화와 서비스의 생산에 투입되는 재화를 의미하기 때문이다.

자본은 화폐나 유가 증권 등을 포함하는 화폐 자본, 기계나 공장 등을 포함하는 실물 자본으로 세분된다. 그런데 흔히 화폐 및 유가증권 등도 자본으로 인식하여 자본과 돈을 동의어로 사용하는 경우가 많다.

그러나 국민 경제 전체의 입장에서 보면 화폐는 생산 요소로 볼 수 없으며, 유가 증권도 자본으로 볼 수 없다. 왜냐하면 화폐는 그것을 소유하고 있는 개인의 입장에서 보면 자산이지만 국민 경제 전체의 입장에서 보면 금융 기관의 동액의 부채에 의해 상쇄되므로 자본으로 볼 수 없기 때문이다. 또한 사채와 같은 유가 증권 역시 그것을 가지고 있는 개인의 입장으로 보면 자산이지만 그것을 발행한 회사의 입장에서 보면 부채이기 때문에 국민 경제 전체의 입장에서 보면 상쇄되고 마는 것이며, 주식 역시 마찬가지이다. 따라서 국민 경제

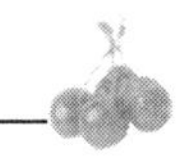

전체의 입장에서 보면 실물 자본만을 자본으로 간주되어야 할 것이다.

자본은 1회의 사용으로 없어지지 않는 기계, 기구, 공장, 창고, 도로, 항만 등과 같은 고정 자본과, 1회의 사용으로 소멸되어 버리는 원료, 보조 원료 등과 같은 유동 자본으로 나눌 수 있으며, 직접 생산에 동원되는 직접 자본과 간접적으로 생산에 도움을 주는 도로, 항만 등의 사회 간접 자본으로 분류되기도 한다.

(2) 국제자본이동의 원인

자본은 국내는 물론 국가간에도 가장 위험이 낮으면서도 가장 높은 세후수익률을 제공하리라고 기대되는 투자기회를 찾아서 이동한다. 다만 해외투자의 경우는 투자로부터 기대되는 수익률과 위험이 환율의 변동이나 투자 대상국의 제도와 규제 등에 의해서도 영향을 받는다는 점이 국내투자와는 다를 뿐이다. 다시 말해 국가간의 자본이동은 투자수익률 이외의 요인에 의해서도 이루어진다는 의미이다.

국가간에 자본이동이 일어나는 원인은 크게 두 가지로 정리해 볼 수 있다.

첫째는 위험의 분산(risk diversification)이다. 외국의 금융자산은 자국의 금융자산에 더하여 투자로부터의 위험을 추가적으로 분산시킬 수 있는 기회를 제공한다. 따라서 자국의 투자자들은 자국의 금융자산뿐만 아니라 외국의 금융자산에도 분산하여 투자함으로써 위험을 극소화하려고 할 것이다. 이러한 목적의 해외투자는 주로 증권투자에 해당된다.

둘째로 해외직접투자는 수익률이나 위험분산의 목적 이외에도 무역장벽의 극복, 현지기업들이 가지고 있는 생산기술이나 노하우의 습득, 정보의 수집, 시장 개척 등의 목적으로 이루어지기도 한다. 물론 이들은 장기적으로 기업의 수익에 영향을 미치는 요인들이기도 하다.

(3) 국제 자본 이동의 유형

전통적으로 국가들 사이의 경제적 거래는 상품 교역을 중심으로 발전해왔다. 그러나 서비스나 지적 재산권은 물론 토지, 노동 및 자본과 같은 생산 요소까지 그 대상으로 포함됨으로써 오늘날에는 경제적 가치를 가진 거의 모든 유형 및 무형의 재화가 국제간 경제 거래의 대상이 되었다.

국제 자본 이동이란 국가 간에 이루어지는 자본의 수출입 혹은 일국에 존재하는 자유로운 화폐 자본의 사용, 처분권이 타국인의 지배 아래로 이전되는 현상을 말한다. 국제 자본 이동은 자본 수출국에서는 대외 채권의 확대, 자본 수입국에서는 대외 채무의 확대 현상으로 나타나는데, 여기서 말하는 자본이란 실물 자본이 아닌 화폐 자본을 일컫는다.

일반적으로 국제 자본 이동은 자본 자체만이 국제간에 이동하는 경우와 자본 이외의 국제 거래 대상의 교역에 따른 반대급부로서 자본이 이동하는 경우로 구분할 수 있으며, 전자의 경우는 그 형태에 따라 다음과 같이 구분할 수 있다.

① 직접 투자

경영 지배를 목적으로 단독 또는 합작으로 자회사를 설립하는 사업 투자를 말하는데 일반적으로 자본 잉여국으로부터 자본 부족국으로 이동한다.

② 유가 증권 투자

투자 수익을 목적으로 주식, 채권 등의 증권에 장, 단기적으로 투자하는 것으로 증권 투자라고도 하며 이는 경영 지배를 목적으로 하는 투자가 아닌 점에서 직접 투자와 구분된다.

③ 자본 투기

국가 간의 외환, 채권, 주식, 상품 등의 매매에서 환율, 금리, 주가, 상품 가격 변동에 따라 발생되는 단기적인 시세차익을 목적으로 하는 것을 말한다.

④ 자본 도피

정치, 사회적 불안 및 높은 세금 등을 회피할 목적으로 상대적으로 안정되고 유리한 조건의 국가로 자본이 이동되는 것을 말한다.

2) 국제 금융 시장

(1) 국제 금융 시장의 개념 및 종류

① 국제 금융 시장의 개념

금융이란 일정 기간 동안에 장래의 원금 반환과 이자 지급을 목적으로 상

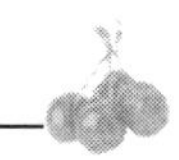

대방을 신용하고 자금을 융통하는 행위를 말하며, 또한 국민 경제 전체의 측면에서 본다면 금융이란 자금의 여유가 있는 부문에서 자금이 부족한 부문으로 이전되는 것을 말한다.

금융은 그 거래 방식에 따라 직접 금융과 간접 금융으로 구분된다. 이를 쉽게 설명하면 직접 금융이란 주식 시장이나 채권 시장에서 자금을 직접 조달하는 것을 말하며, 간접 금융이란 은행에서 돈을 빌리는 것을 의미한다. 즉, 금융 기관이 자금의 조달과 공급 과정 중간에 매개체로서 역할을 하는 것을 간접 금융이라 하고 금융 기관이 아닌 자본 시장을 통하여 자금의 조달과 공급이 이루어지면 직접 금융이라 한다.

또한 금융은 반환 기간의 길이[12]에 따라 대체로 설비 자금의 대차를 목적으로 하는 장기 자본 금융과 운전 자금의 대차를 위한 단기 자본 금융으로 분류된다. 그리고 산업 부문의 종류에 따라 공업 금융, 농업 금융, 상업 금융 등으로 나누기도 하며, 어떤 기업이 외부로부터 자금을 융통하는 것은 외부 금융이라 하며, 기업이 그 자체의 저축인 유보 소득[13]으로 투자하는 경우를 내부 금융이라고 한다.

국제 금융이란 이상과 같은 금융 현상이 국가 사이에 발생하는 것이라 할 수 있으며, 국제적으로 이루어지는 자금의 이동과 관련된 모든 현상이 이에 포함된다.

② 국제 금융 시장의 종류

전통적으로 금융 시장이란 자금의 수요와 공급이 만나서 금리 체계가 결정되고 자금 거래가 이루어지는 지리적인 장소를 의미하는 것이었다. 그러나 정보 통신 기술이 급격하게 발전된 오늘날에 들어서는 그러한 장소적 제한을 탈피하여 일정한 질서 속에서 자금의 거래가 지속적으로 반복하여 이루어지도록 하는 체계 또는 기구를 포괄하는 추상적인 개념으로 그 의미가 확대되었다.

한편, 국제 금융 시장이란 국제 거래의 결과로 발생하는 국제 결제를 비롯

12) 일반적으로 단기라고 할 때는 1년 미만을 말하며, 장기란 1년 이상의 것을 말한다.
13) 기업의 당기 순이익 중 그 기업 내에 잔류한 부분을 유보 소득이라 한다.

해 그 결제를 원활하게 하기 위한 국제 금융이 이루어지는 곳을 말한다. 광의의 국제 금융 시장은 이른바 "지불 수단" 즉 외환이 거래되는 외환 시장을 말하며, "신용"이 거래되는 금융 시장을 협의의 국제 금융 시장이라고 한다.

외환 시장은 다시 현물환 시장과 선물환 시장으로 구분되며, 신용 시장은 장소에 따라서 역내 시장과 역외 시장으로 세분된다. 역내 시장은 자금의 대차가 금융 기관 소재국의 통화로 이루어지는 경우를 말하며, 역외 시장은 금융 기관 소재국이 아닌 타국의 통화 표시로 자금의 대차가 이행되는 경우를 일컫는데 이를 유로 시장(euromarket)[14]이라고 한다.

또한 국제 금융 시장은 신디케이트 대출, 국제 채권, 국제 주식 등 국제적 중장기 금융 상품이 주로 거래되는 국제 자본 시장(international capital market)과 선물, 옵션, 스왑 등의 파생 금융 상품(financial derivatives)[15]이 국제적으로 거래되는 파생 금융 시장(derivatives market)으로도 구분되는데, 파생 금융 시장은 다시 계약의 유형에 따라 선물 시장, 옵션 시장 및 스왑 시장으로 세분된다.

오늘날 대표적인 국제 금융 시장으로는 뉴욕과 런던 금융 시장을 꼽을 수 있다. 뉴욕은 미국의 강력한 경제력을 배경으로 달러화가 지배적인 국제 통화의 역할을 하게 됨에 따라 국제 금융 시장으로 자리를 잡았으며, 런던 시장은 오랜 역사를 지닌 세계적인 국제 금융 시장이다. 제2차 세계 대전 이후 파운드가 국제 통화로서의 중요성이 감소되면서 일시적으로 위축되었다가 최근 유로 통화의 등장을 계기로 다시 활기를 되찾고 있다. 또한 프랑크푸르트, 취

14) 유로라는 말머리는 유로시장이 처음 유럽에서 시작되었기 때문에 붙여진 것에 불과하며 유럽과는 아무런 관계가 없다. 따라서 유로 시장은 싱가포르에도 있고 바하마에도 있고, 런던에도 있는 것이다.

15) 파생 금융 상품이란 기초 자산의 가치 변화에 따라 가격이 변하게 되는 금융 상품을 말한다. 여기에서의 기초 자산이란 주로 통화(환율), 예금(금리), 주식(주가 지수), 곡류 및 석유(가격) 등 그 가치가 시장에서 비교적 자유롭게 결정되는 것들이다. 초기의 파생 상품들은 기초 자산의 미래 가격 변화에 따른 위험을 회피(이를 헤지, hedge라고 함)하기 위한 수단으로 이용되었으나 최근에는 가치 변화에 능동적으로 대처하여 고수익을 올리기 위한 상품으로 이용되기도 한다. 대표적인 파생 금융 상품으로는 선도, 선물, 선물환, 스왑 등을 들 수 있다.

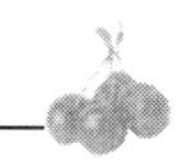

리히, 파리 등지의 금융 시장도 국제화가 진전되면서 국제 금융 시장은 점차 다극화 현상으로 이행되고 있는 추세에 있다.

(2) 국제 금융 시장의 참가자 및 기능

① 국제 금융 시장의 참가자

국제 금융 시장에서 단기 금융 상품은 상업 어음 내지는 기업 어음(commercial paper, CP), 은행 인수 어음(banker's acceptance, BA), 양도성 예금 증서(certificate of deposit), 환매 조건부 채권(repurchase agreement, RP), 단기 재정 증권(T-biil) 등을 들 수 있으며, 장기 금융 시장(medium and long- terms capital market)에서 거래되는 금융 상품으로는 주식, 채권 그리고 중장기 재정 채권(T-note, bond) 등이 있다.

국제 금융 시장의 참가자로는 크게 ① 세계 은행(IBRD), 아시아 개발 은행(ADB), 유럽 개발 은행(EBRD) 등의 국제 금융 기구 및 각국 정부, 기업 등으로 구성되는 차입자 그룹, ② 국제 투자 은행, 국제 상업 은행 등으로 구성되는 중개 기관 및 유통 시장의 딜러(dealer), 브로커(broker) 그룹, ③ 연금 기금, 상호 기금, 보험 회사 등의 기관 투자가와 개인 투자가로 구성되는 투자자 그룹으로 나누어진다.

② 국제 금융 시장의 기능

국제 금융 시장의 주요 기능으로는 국제 대차 결제, 국제 무역 금융 지원, 국제 유동성 과부족 조정, 국제 자금 관리 수단의 제공으로 나눌 수 있다.

첫째, 국제 대차 결제 기능이란 국제간 재화나 용역의 거래와 자본 거래의 결과 발생되는 국제간 채권, 채무를 원활하게 결제해 주는 기능을 말한다. 이러한 국제간 결제가 원활하게 수행되기 위해서는 이종 통화를 서로 교환하기 위한 외환 시장이 발달되어 있어야 하며, 세계 여러 곳의 일류 은행들과의 환거래 계약(correspondent agreement)을 체결하고 있어야 한다.[16)]

16) 우리나라의 거의 모든 은행은 이미 세계 여러 은행들과의 코레스계약을 체결해 두고 있으며, 남북간 교역의 확대에 대비하여 한국외환은행 등이 북한 은행과의 코레스 계약을 추진 중인 것으로 알려지고 있다.

둘째, 국제 무역 금융 지원 기능이다. 국제간 상품 및 서비스의 수출입 대금을 융자해 줌으로써 국제 교역을 촉진하는 기능을 말한다. 수출입 금융은 원료의 구입, 생산 판매 그리고 대금을 회수할 때까지 소요되는 기간 동안의 자금을 지원해주는 단기 금융에 해당한다.

셋째, 국제 유동성 과부족 조정 기능이다. 국제 금융 시장은 만성적인 국제 수지 적자 및 국제 유동성 부족 상태에 놓여 있는 개발도상국의 국제 수지 적자 보전용 금융(balance of payment loan)은 물론이고, 경제 개발 소요 자금 금융(project loan)까지 제공함으로써 개도국의 경제 개발 계획의 수립 및 국제 투자를 촉진시키는 기능을 하고 있다.

넷째, 국제 자금 관리의 수단을 제공하는 기능이다. 국제 개방 경제 체제 하에서 기업 및 금융 기관이 국제화 내지 다국적화 됨에 따라 그들의 자금조달 및 운영 지역 및 통화가 다원화되었으며, 이를 국제적으로 종합적인 관리를 할 필요성이 대두되었다. 국제 금융 시장은 국제 은행 및 다국적 기업의 국제 자금 관리에 필요한 각종 금융 수단과 기법을 제공해준다. 특히 다국적 기업의 발달과 더불어 그들의 자금 조달 및 운용 시장으로 크게 활용되고 있는데, 예컨대 그들이 필요로 하는 유동성 관리, 팩토링, 자금 관리 및 결제 기능 등 각종 금융 서비스를 취급하고 있을 뿐 아니라, 최초 파생 금융 상품의 도입으로 환율 및 이자율 변동 위험 등의 관리 시장으로서의 기능까지도 수행하고 있다.

2. 국제 통화

1) 국제 통화와 국제 통화 제도

(1) 국제 통화

국제 통화(international currency)란 나라 사이의 대차를 결제함에 있어 세계적으로 그 통용력이 널리 인정되고 있는 지불 수단을 말하며, 기축 통화(基軸 通貨)라고도 한다. 금본위제 하에서는 금(金)이 유일한 국제 통화의 역할

을 맡았다. 그러나 국제 무역이 확대됨에 따라 물품 화폐인 금의 공급력의 증가 속도는 날로 늘어가는 국제 통화의 수요를 충당할 수 없게 되었다. 뿐만 아니라 금은 본원적으로 신뢰성을 확보할 수 있다는 장점을 지닌 반면, 금을 준비 자산으로 보유할 경우 과실(果實), 즉 이자를 얻을 수 없다는 약점이 있다. 이런 이유로 점차 몇몇 나라의 통화가 국제 거래에서 금을 대체하게 되었다.

그러나 제2차 세계 대전 이후 파운드는 영국 경제의 침체로 인해 신용을 잃었고, 미국 달러는 미국의 국제 수지 악화와 1971년 실행된 달러의 금교환 정지 조치로 국제 통화로서의 확고한 지위에 동요를 가져왔다. 이러한 상황 속에서 제3의 국제 통화라고 할 수 있는 IMF의 특별 인출권(SDR)이 등장하였다. 이것은 금이나 미국 달러 등의 기존 국제 통화를 보완할 필요가 생겼을 때에 쓸 수 있도록 IMF에서 창출한 새로운 준비 자산이지만 이것 역시 금이나 달러를 완전히 대신하는 지위는 확보하지 못하고 있다.

일반적으로 어떤 나라의 통화가 국제 통화로서의 역할을 하기 위해서는 다음과 같은 조건이 충족 되어야 한다.

첫째, 그 나라의 통화는 언제라도 다른 나라의 통화로 교환될 수 있는 자유 교환성을 지녀야 한다.

둘째, 통화 가치가 안정되어 있어, 국제적 신용이 두터워야 한다.

셋째, 수요도 및 공급도가 높아야 한다.

넷째, 금융 시장이 국제 금융 시장으로서의 기능과 조직을 충분히 갖추고 있어야 한다.

(2) 국제 통화 제도

국제 통화 제도란 국제간 재화와 자본의 이동에 따른 대외 거래상의 화폐를 원활하게 지불할 수 있게 하는 국제 금융 결제 체계를 말한다. 국제 통화 제도의 기본적 기능은 국제간 금융 결제의 원활한 수행을 발전, 촉진시키기 위하여 국제 수지의 불균형 상태 하에서 국제 유동성의 국가 간 편차가 발생하지 않도록 각국의 환율 제도와 운용 원칙 등을 협의 하는 것이다. 국제 통화 제도는 역사적으로 <그림 5-7>과 같은 변천 과정을 통해 발전되어 왔다.

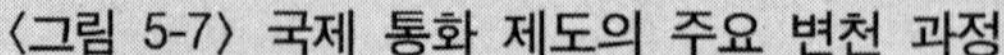
〈그림 5-7〉 국제 통화 제도의 주요 변천 과정

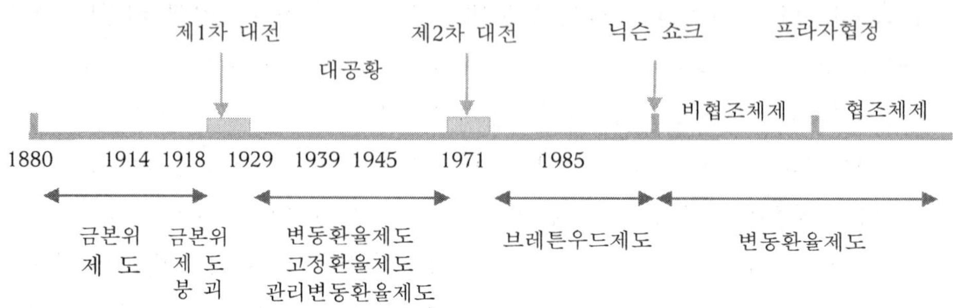

2) 국제 통화 제도의 발전 과정

국제 통화 제도는 일반적으로 국제 통화의 형태 즉, 국제 준비 자산의 형태와 환율의 결정 방법에 따라 분류된다. 역사적으로 보아 1차 대전 이전까지는 금본위제 하의 고정 환율 제도가 유지되었고, 제1차 대전과 2차 대전 기간인 1919년부터 1925년 사이에는 불환지폐 제도 하의 자유 변동 환율 제도가 실시되었다. 제2차 대전 이후에는 IMF 체제, 일명 브레튼우즈 체제라 불리는 금본위제 하의 조정 가능 고정 환율 제도가 1973년까지 존속하였다. 그 후 세계는 통합된 하나의 국제 통화 제도를 갖지 못하고 각 국이 자국의 경제 사정에 맞는 다양한 환율 제도를 채택하여 오늘에 이르고 있다.

(1) 금본위 제도(1870~1914)

역사상 가장 먼저 나타난 국제 통화 제도는 금본위 제도(gold standard system)이다. 금본위 제도란 통화당국이 화폐 1단위와 금의 일정량의 교환을 보장하여 화폐 가치의 절대 안정을 도모하는 일종의 고정 환율 제도이다. 즉, 각국이 자국 화폐 단위의 가치를 순금의 일정량으로 정해놓고 금화의 무제한 주조와 자유로운 수출입을 허용하며, 지폐나 예금 통화 등은 이무런 제한 없이 금화와 교환이 가능하게 하는 제도를 말한다.

세계 무역을 장악했던 영국이 1816년부터 채택한 후 1870년대에 독일, 프

랑스, 미국 등이 채택하였으며, 이후 대부분의 국가들이 금본위 제도로 이행함에 따라 제1차 세계 대전과 대공황 세계 통화 질서의 근간이 되었다.

금본위 제도가 원활하게 운영되기 위해서는 세계 각 국가들이 <표 5-5>와 같은 게임의 규칙을 준수하지 않으면 안 된다.

〈표 5-5〉 금본위 제도에 있어서의 게임의 규칙

1. 각국은 자국의 화폐로 금값을 정하고, 그 가격에서 누구에게나 금과 화폐를 교환해 주어야 한다.
2. 각국의 통화량은 자국의 통화 당국이 보유하고 있는 금의 양과 연계시켜야 한다.
3. 금의 자유로운 유출입을 허용하여야 한다.(금의 이동을 통해 국제 수지가 자동으로 조정되도록 하기 위함)

금본위 제도 하에서의 국제 수지 불균형은 금의 유출입을 통한 자동 조절 기능에 의해 해결될 수 있었다. 즉 어떤 국가에 국제 수지 적자가 발생하는 경우가 있다고 한다면 금이 유출되어 국내 통화량이 감소하게 됨에 따라 국내 물가가 하락하게 되며, 그에 따른 수출의 증대와 수입의 감소가 이어져 국제 수지가 균형을 회복할 수 있다는 것이다.

금본위 제도가 붕괴하게 된 것은 크게 두 가지 이유 때문이다. 그 중 하나는 금본위 제도 자체의 결점 때문이며, 다른 하나는 신흥공업국의 부상에 따라 영국의 지위가 상대적으로 약화되었기 때문이다.

금본위 제도 자체의 결함이란 무엇보다도 경제가 성장해감에 따라 화폐 수요가 증가하게 되는데 금생산량이 충분하지 못하여 국제 유동성 부족에 직면하게 되었으며, 각국의 중상주의 정책으로 금이 몇몇 국제 수지 흑자국에 편재되는 현상이 심화되었다. 따라서 적자국은 금이 유출됨에 따라 통화가 부족하게 되었으며, 태환성의 유지도 어렵게 되었다.

더구나 1914년 제1차 세계 대전으로 금의 이동이 사실상 불가능하게 되자, 영국 등 금 부족국은 금과 통화의 태환을 제한하였으며, 국제 수지를 개선하기 위해 무역 및 자본 거래에 대해 각종의 제한 조치를 취하였다. 여기에

1928년 대공황으로 국제 경제가 더욱 어렵게 되자 적자국들이 게임의 규칙을 위반하기 시작하였고, 최초의 금본위제 채택국이었던 영국마저 국제 수지 적자로 금보유량이 크게 격감하면서 1931년 파운드화에 대한 금태환 정지를 공표함으로써 국제 금본위 제도는 사실상 붕괴되었다.

(2) 금환본위 제도(1925～1931)

제1차 세계 대전이 발발하면서 금본위 제도는 붕괴되었고, 전쟁이 끝난 1925년부터 금환본위 제도가 다시 채택되었다. 이는 금태환이 가능한 미국과 영국이 금본위제를 채택하고 나머지 국가들은 금과 금본위제 채택 국가의 화폐 보유량에 연계하여 자국 통화를 발행하게 하는 제도이다.

이에 따라 통화 발행 준비 자산으로 종래의 금뿐만 아니라 금본위 국가의 화폐, 그리고 그 국가의 화폐로 표시된 환어음, 예금 등의 금환(金換 gold exchange)이 포함되어 국제 유동성이 증대되었다.

그러나 1931년 영국이 무역 수지의 적자 때문에 방대한 양의 금과 자본이 국외로 유출되어 이 제도를 견지할 수 없게 되자 금태환을 정지하게 되었고, 이어 1933년 미국도 금태환을 정지하게 됨에 따라 금환본위 제도는 폐지되었다.

(3) 브레튼우즈 체제

1933년 금환본위제의 붕괴로 국제 통화 제도가 실종되고 대공황으로 세계 경제가 불황에 빠지게 되자 각국은 국제 수지를 개선할 목적으로 경쟁적으로 자국 통화의 평가 절하와 무역 규제를 단행하였다. 이에 따라 세계 무역과 자본 이동이 크게 위축되었고 대규모 실업이 발생하는 등 세계 경제는 위기를 맞이하게 되었으며, 이러한 기간은 제2차 세계 대전까지 이어졌다.

제2차 세계 대전이 끝나가던 1943년 영국은 새로운 국제 통화 제도 수립안으로서 국제 청산 동맹안(Proposal for International Clearing Union, 일명 케인즈 안)을 내놓았으며, 이어서 미국이 연합국 안정 기금 예비 초안(Preliminary Draft Outline of Proposal for an International Stabilization Fund the United and Associated Nations, 일명 화이트 안)을 발표하였다. 1944년 연합국 대표

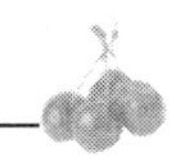

들은 미국의 브레튼우즈에 모여 브레튼우즈 체제를 발족시킴으로서 미국이 주장이 대부분 반영된 1944년 국제통화기금(Internationa Monetary Fund, IMF)이 설립되었다.

〈표 5-6〉 IMF의 설립 목적

① 국제 통화 면에서의 협력 촉진
② 국제 무역의 확대를 통한 가맹국의 고용 증대 및 실질 소득의 증대
③ 외환의 안정과 경쟁적 평가 절하의 방지
④ 경상 거래에 대한 다각적 결제 제도의 확립과 국제 무역 증대를 저해하는 외환 제한의 철폐
⑤ 국제 수지가 단기적으로 불균형되어 있는 국가에 대한 신용 지원으로 국가 간 국제 수지 균형 지향
⑥ 가맹국의 국제 수지 불균형 기간의 단축 및 불균형 정도의 완화

브레턴우즈 체제는 금과 미국의 달러화를 기축 통화로 하는 고정 환율제를 주요 내용으로 하고 있다. 즉, 미국은 금본위제를 채택하여 달러의 금태환을 보장하며(예컨대 금 1온스=$35), 다른 나라는 미국 달러화에 가치를 연결하여 자국 통화의 가치를 표시하는 것으로 되어 있다. 이에 따라 달러화는 부족한 금을 대신하여 국제 준비 자산으로 국제 유동성을 담당하게 됨으로써 국제 통화 제도는 금달러본위제로 발전되었다. 그리고 각 가맹국은 자국 통화 환율을 평가의 상하 1% 범위 내에서 유지하도록 의무화했다.

미국의 막강한 경제력을 바탕으로 출범한 브레튼우즈 체제는 1960년대 이후 독일과 일본의 경제력 증가로 세계 경제에서 차지하는 미국 경제의 비중이 점차 낮아지고, 미국의 경상 수지가 악화됨에 따라 그 기능이 약화되었다. 미국의 경상 수지 적자 확대는 국제 유동성 부족 문제를 해소하였으나, 달러화의 금태환에 대한 불안을 야기하였다. 그 결과 기축 통화인 달러화에 대한 신인도가 크게 하락하였다. 마침내 1971년 미국의 금준비가 공적 대외 채무의 1/4에 불과하게 됨으로써 더 이상 금태환을 유지하기 어렵게 되자 닉슨 미국 대통령은 달러화의 금태환 정지를 선언함으로써 브레튼우드 체제는 붕괴되었다.

(4) 스미소니언 체제

브레튼우즈 체제의 붕괴에 더불어 국제 통화 제도가 혼란에 빠지자 각국의 대표들은 새로운 국제 통화 제도의 모색을 위해 1971년 미국의 스미소이언 박물관에서 협정을 채택하였다. 이 협정은 금에 대한 미국 달러의 평가를 금 1온스당 25달러에서 38달러로 절하하고 각국 환율 변동폭도 평가 상하 1%에서 2.25%로 확대하는 것을 주요 내용으로 하고 있다.

그러나 스미소니언 체제도 브레튼우즈 체제의 근본적인 문제점을 근본적으로 해결하지 못하였고, 각국은 새롭게 설정된 환율마저 유지하지 못하고 변동환율제로 이행하게 되었다. 1972년 영국을 필두로 하여 일본이 변동 환율 제도로 이행하였으며, EC 회원국들도 공동 변동 환율 제도를 채택하게 되었고, 1973년 미국마저 달러화를 10% 평가 절하하게 됨에 따라 브레튼우즈 체제는 약 30년 만에 사실상 와해되어 버렸다.

(5) 킹스턴 체제

스미소니언 체제가 불안정해지자 또다시 국제 통화 제도의 개혁이 필요하게 되었으며, 이를 위해 1976년 자메이카의 킹스턴에서 개최된 IMF 잠정위원회에서 새로운 국제 통화 제도인 킹스턴 체제가 출범되어 오늘에 이르고 있다.

킹스턴 체제는 각국의 경제 여건에 따라 환율 제도를 자유롭게 선택할 수 있도록 허용함으로써 당시까지 금지하였던 변동 환율 제도를 공식화 한것이다.

1973년 이후 현재까지의 국제 통화 제도는 킹스턴 체제로 불리는 변동 환율 제도 하에서 운영되고 있다. 킹스턴 체제는 세계 각국이 자국 경제에 알맞은 환율 제도의 채택, 그리고 금평가제의 붕괴에 따라 SDR본위 제도로의 이행의 기틀로 SDR의 기능 및 이용도를 제고시키는 한편, 개도국에 대한 국제수지 조정 기능을 향상시키기 위한 IMF의 신용 제도를 확대, 개선하였다. IMF는 스미소니언 체제 붕괴 이후 세계 각국이 다양한 환율 제도를 채택함에 따라 1974년 환율 안정을 위해 변동 환율제 실시국이 외환 시장에 개입하고 경상 거래에 대한 지급 제한 조치를 철폐하도록 하는 변동 환율 운용 지침을 제정하였다. 이로써 킹스턴 체제는 IMF 회원국에 대하여 자국 경제에 알맞은

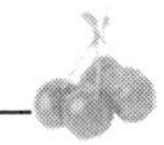

환율 제도의 자유로운 선택을 보장함으로써 변동 환율제를 공식적으로 인정하는 동시에 국제 수지 조정 기능의 경직성을 제거하였다,

각 회원국에 대한 자유로운 환율제도 선택권을 부여하되 국제 환율 제도 질서의 유지와 안정을 위하여 IMF 및 타 회원국과 협조해야 할 일반적인 의무를 부과하였다. 회원국의 환율 변경이 있는 경우 이를 즉시 IMF에 통보하여야 하며 IMF는 회원국의 환율 정책에 대한 제 원칙을 수립토록 하였다. 반면에 각 회원국은 IMF의 요청이 있는 경우 환율에 대해 IMF와 당해 국가가 협의토록 하였다. 킹스턴 체제 하에서는 금을 폐화하고 SDR을 주요 준비 자산화하기 위하여 SDR의 기능과 이용도 제고를 위해 몇 가지 조치를 취함으로써 SDR 본위제로의 지향을 추구하였다.

킹스턴 체제에서 변동 환율제을 허용한 이후 주요국의 통화는 모두 변동 환율제로 이행하였으며, 고정 환율제를 채택하고 있는 국가의 통화들도 거의 이들 주요 통화에 고정(peg)시킨 체제였으므로 통화간 환율의 변동이 심하게 되었다.

더구나 1990년대 들어 많은 국가들이 IMF 8조국[17]으로 전환되고 자본 자유화가 진행됨에 따라 환율의 변동 폭이 더욱 증대하여 국제 무역과 투자가 위축되자, 자본 자유화가 정착되지 못한 국가로 국제 단기 자본이 급격하게 유출입 되는 현상이 초래되면서 외환위기를 불러일으키고 있다.

따라서 선진국들은 각국의 금리, 환율, 성장률, 실업률 등 경제 지표에 대해 상호 협조, 감시 및 중앙은행 간의 협조적 외환 시장 개입 등을 통해 환율의 불안정을 해소하고자 노력하고 있다. 그러나 정책 협조의 한계 및 금융 환경의 변화 등으로 여전히 환율의 불안정한 움직임이 지속되고 있다. 이로써 오늘날 국제적으로 공식화된 환율 제도는 사실상 존재하지 않는다 하겠다.

현재 국제통화제도의 장래를 둘러싼 많은 논의가 진행되고 있다. 그러나 이론적으로 또한 현실문제로서도 유효한 제도를 구축하는 것은 쉽지가 않다. 분

17) IMF 8조국이란 IMF 8조에 규정한 준수를 수락한 국가를 말한다. 즉 경상거래의 결제에 관한 외환 규제를 하지 않는 나라를 말하며, 우리나라는 1988년 11월에 IMF 8조국이 되었다.

명히 변동환율제도에는 단점도 있다. 그러나 지난 20여 년간 경험으로 정착되고 있기 때문에 주요 통화의 변동환율제는 당분간 계속될 것으로 판단된다. 변동환율제도를 전제로 한 이상 이를 안정적으로 운영하기 위한 주요국간의 정책협조를 어떻게 강화시킬 것인가, 또는 변동환율제도를 대신할 통화제도를 어떻게 구축할 것인가 하는 문제들이 앞으로의 과제로 남아있다.

〈표 5-7〉 각국의 환율제도(2001년 3. 31 기준)

환율제도(국가수)	신흥시장국(32)	선진국(22)
달러 통용 제도 및 단일 통화 채택(39)	에콰도르(Ⅰ), 파나마(Ⅰ), 그리스(Ⅴ)	유로, 오스트리아, 벨기에, 핀란드, 프랑스, 독일, 아이슬란드, 이태리, 룩셈부르크, 네덜란드, 포르투갈, 스페인(Ⅴ)
통화위원회제도(8)	아르헨티나(Ⅰ, Ⅳ), 불가리아(Ⅰ, Ⅳ)	홍통 SAR(Ⅰ)
전통적 고정 환율 제도(44)	중국(Ⅰ, Ⅲ), 요르단(Ⅰ, Ⅳ), 말레이시아(Ⅰ), 모로코(Ⅰ), 파키스탄(Ⅰ, Ⅳ), 쿼터(Ⅰ)	
밴드 포함 페그 제도(6)	이집트(Ⅰ)	덴마크(Ⅰ)
크롤링 페그(4)		
밴드 포함 크롤링 페그(5)	헝가리(Ⅰ), 이스라엘(Ⅰ, Ⅲ), 베네주엘라(Ⅰ)	
관리 변동 환율 제도(33)	체코(Ⅲ), 나이지리아(Ⅴ), 러시아(Ⅳ), 스리랑카(Ⅳ)	노르웨이(Ⅲ), 싱가포르(Ⅴ)
자유 변동 환율 제도(47)	브라질(Ⅲ), 칠레(Ⅲ), 콜롬비아(Ⅱ, Ⅳ), 인도(Ⅴ), 인도네시아(Ⅳ), 한국(Ⅱ, Ⅳ), 멕시코(Ⅳ), 페루(Ⅱ. Ⅳ), 필리핀(Ⅱ, Ⅳ), 폴란드(Ⅲ), 남아프리카(Ⅲ), 태국(Ⅳ), 터키(Ⅱ, Ⅳ)	오스트레일리아(Ⅲ), 카나다(Ⅲ), 일본Ⅴ), 뉴질랜드(Ⅲ), 스웨덴(Ⅴ), 영국Ⅲ), 미국Ⅴ)

주 : 통화 정책의 목표에 따른 분류 Ⅰ : 환율 고정, Ⅱ : 통화량 목표, Ⅲ : 인플레이션 목표, Ⅳ : IMF 지원 프로그램 시행, Ⅴ : 기다 지표 목표.

자료 : IMF, Exchange Rate Arrangement and Exchange Restrictions, 2001.

기업의 국제화와 국제경영

Chapter 6 기업의 국제화와 국제경영

6.1 기업의 국제화와 다국적 기업

1. 기업의 국제화

1) 기업의 국제화의 의미

기업의 국제화란 기업의 경영 활동이 국내 시장에서 출발하여 세계의 여러 나라로 확대되어 가는 과정을 말한다. 기업의 국제화는 국내 시장 지향 → 수출 시장 지향 → 현지 시장 지향 → 범세계 시장 지향이라는 4단계를 거치는 것이 일반적이다.

제2차 세계 대전 이후부터 현재에 이르기까지 기업의 국제화는 확산 일로를 걸어왔는데 그 이유는 다음과 같은 요인들이 단독으로 또는 다양하게 결합되어 작용하였기 때문이다.

첫째, 제2차 세계 대전 이후 지속적으로 진행되어온 국가 간 교역 장벽이 대폭 완화됨에 따라 국가 간에 생산 요소의 이동이 자유롭게 되었다는 점이다. 기업은 전 세계적 아웃소싱을 통하여 각국마다 가지고 있는 서로 다른 비교 우위적 생산 요소를 다양한 방식으로 결합함으로써 생산 요소의 안정적 확보는 물론이고 생산비를 낮출 수 있게 되었다.

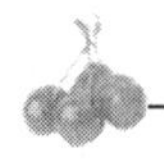

둘째, 교통과 통신 수단의 발달에 따른 지리적, 시간적 격차가 단축되면서 세계인들이 소비 패턴과 기호가 동질화됨으로써 세계가 하나의 동질적인 시장으로 변화하고 있기 때문이다. 이에 따라 기업은 단일 시장을 대상으로 하기보다는 세계 시장을 대상으로 한 규모의 경제화를 통하여 최대의 이익을 확보하기 위해 국제화에 동참하게 된다.

셋째, 효율적인 해외 시장 진입을 위해서이다. 목적 시장 국가 내에 생산 시설을 보유함으로써 신보호주의 경향에 대응하며, 나아가 이를 거점으로 하여 제3국 시장으로의 진입을 도모하려는 것이다.

넷째, 소비자 기호의 다양화와 제품 수명 주기의 단축 등의 소비 패턴의 변화에 즉각적인 대응을 해나가기 위해서이다. 다시 말하자면 시장 현지국에 생산 시설을 보유함으로써 빈번하게 변하는 소비자 기호에 즉각적으로 대처해 나가며, 또한 특정시장에서의 제품수명이 다한 제품인 경우 생산을 제3국으로 이전함으로써 그 수명을 연장시키기 위한 것이다.

다섯째, 해외에서 급격하게 확대되는 외국인 투자가에 대한 인센티브를 활용하기 위해서이다. 오늘날 각국은 외국인 투자를 유치하기 위하여 각종 인센티브를 제공하고 있다. 따라서 기업은 해당 국가의 국내 시장 잠재력과 투자 인센티브를 활용할 목적으로 기업 활동을 해당 국가로 확대하게 된다.

마지막으로 기업 이미지의 제고를 위해서이다. 순수한 국내 기업보다는 다국적 기업으로서의 명성을 얻음으로써 국제 거래, 해외 프로젝트의 수주 등에서 경제적 및 무형적 이익을 누릴 수 있기 때문이다.

2) 기업의 국제화의 유형

(1) 수출

일반적으로 기업 국제화의 첫 단계는 상품의 수출로부터 출발하며, 이는 다시 간접 수출과 직접 수출로 구분된다. 간접 수출(indirect exporting)은 기업이 상품을 국내에 있는 수출 중개인을 통하여 수출하는 것을 말한다. 주로 수출 경험이 없거나 수출 전문 인력을 이용할 수 없는 경우 또는 수출 규모가 적은

경우 등에 이용된다. 수출입에 따른 제반 업무를 포함하여 해외 시장 조사와 시장 개척 비용을 절감할 수 있는 장점이 있는 반면, 수출선이나 수출 마케팅 전략에 대한 통제권을 갖지 못한다는 단점이 있다.

직접 수출(direct exporting)은 제품을 생산한 기업이 다른 중간 수출업자를 거치지 않고 직접 해외에 있는 수입업자에게 수출하는 형태이다. 제반 수출 마케팅 활동을 직접 계획하고 수행하기 때문에 간접 수출보다 시장 개입의 범위도 더 확대되며, 시장 개척 능력이나 경쟁력 증대를 도모할 수 있고 해외 시장 변화에 조속한 대응이 가능하다는 장점이 있는 반면 해외 마케팅 비용이 가중된다는 단점이 있다.

(2) 해외 투자

해외 투자란 생산 요소의 국제적 이동을 의미하지만 단순한 자본만의 이동이 아니라 생산 기술 또는 경영 기법 등의 이전도 함께 수반된다. 해외 투자는 투자자의 성격에 따라 민간 투자와 공공 투자, 투자 기간에 따라 단기 투자와 장기 투자 그리고 경영 참여의 목적 유무에 따라 직접 투자와 간접 투자로 나누어진다.

해외 직접 투자(foreign direct investment)란 이윤 획득 동기를 전제로 한 모기업의 현지 기업에 대한 영향력의 행사와 통제를 목적으로 유형의 경영 자원인 자본뿐만 아니라 무형의 경영 자원인 경영 관리상의 경험, 지식, know-how 등의 이동이라 할 수 있다. 해외 간접 투자(international portfolio investment)란 이익 배당 및 자산 매각 소득에 그 목적을 두고 있다. 즉, 주식 구입, 공사채의 매입으로 이루어지는 국제 증권 투자를 말한다. 해외 직접 투자는 그 목적과 투자의 형태 및 대상에 따라 다양하게 구분된다.

첫째, 자원 조달형 투자와 판매 지향형 투자이다.

자원 조달형 투자는 자원의 안정적 공급과 가격 안정을 목적으로 자원 보유국에 진출하여 자원을 개발하여 수입하기 위한 투자이다. 업종 면에서 보면 천연 자원 채취 산업인 광업, 농업, 임업 및 수산업이 대부분을 차지하고 있다. 또한 국내 노동력의 부족, 인건비의 상승 등에 따른 생산비 상승 압력을

해소하기 위해서도 저임 노동 국가로 투자를 이전하게 되는데 이를 노동 지향형 투자라고 한다.

판매 지향형 투자는 국제 마케팅에 의한 해외 시장 개척 또는 수요 개발이라는 적극적 자세로 전환하는 것을 말하며, 또한 수출 대상국이 자국 시장 또는 자국 기업을 보호하기 위하여 무역 장벽을 설치함으로써 이미 확보하고 있었던 시장이나 판매망을 상실하지 않기 위해서 현지 생산을 실시하기도 한다.

둘째, 수출 대체형 투자 및 수입 확대형 투자이다.

수출 대체형 투자는 상대국의 무역 장벽이 강화되어 직접 투자로 전환하는 경우로써 이 경우에는 직접 투자가 종래의 수출을 대체하는 것이기 때문에 수출 대체형 투자라고 부른다. 수입 확대형 투자는 자원 부족의 문제가 있는 공급 지향형 산업에서 주로 발생한다. 예컨대 금속 광석의 국내 공급이 부족하여 해외의 유금속을 탐사 개발하는 경우가 그것이다.

셋째, 광공업 투자와 상업 투자이다.

광공업 투자는 해외의 광업, 공업, 임업, 수산업 등에 대해 투자를 행하는 경우를 말하며, 상업 투자는 무역 상사, 제조 회사, 항공 회사, 은행, 보험 회사, 운송 회사 등이 상업 및 용역 활동을 수행하거나 애프터서비스(after service)를 실시하기 위한 투자를 말한다.

넷째, 기술 확보형 투자이다.

기술 축적을 위해 당해 기술의 중심지에 자회사를 세우거나 또는 기술 집약적 회사를 인수하는 것을 말한다. 우리나라 상당수의 기업들이 실리콘밸리에 진출하고 있는 것을 예로 들 수 있다.

다섯째, 경영 확대형 투자와 경제 협력형 투자이다.

경영 확대형 투자란 모기업의 해외 진출에 수반하여 하청 기업을 비롯한 금융업, 보험업 등과 서비스업 등 관련 산업이 동반하여 해외에 진출하는 유형을 말한다. 경제 협력형 투자란 개도국의 공업화 정책에 호응하여 상호 경제 협력적 성격을 띠면서 해외에 진출하는 경우이다.

(3) M&A

① M&A의 개념과 성립 배경

기업의 성장은 크게 내적 성장과 외적 성장으로 구분할 수 있다. 내적 성장(internal growth)이란 기업의 기존 영업을 바탕으로 매출과 이익을 늘리고, 이익을 사내에 유보시킴으로써 자본력을 강화하고, 경험을 축적하여 제품의 다양화나 새로운 사업으로 확장해 나가는 것을 말한다. 외적 성장(external growth)이란 기업이 다른 기업의 주식이나 자산을 인수하거나 합병함으로써 인위적으로 성장시키는 것을 말한다. 여기에서 인수 합병(M&A)이란 합병(mergers)과 인수(acquisitions)의 합성어로 바로 외적 성장을 달성하기 위한 기업의 발전 전략을 말한다.

기업은 다음과 같은 상황에서 발전 전략으로써 M&A를 고려하게 된다.

첫째, 새로운 사업에 도전한 기업이 자본적, 기술적인 한계로 인해 내적 성장만으로 이를 극복하기에는 시간적인 여유가 없을 때, 기존의 우수한 기업체를 인수함으로써 당해 피인수 기업의 자본과 기술을 활용하고자 할 경우이다.

둘째, 신규로 진출할 산업 분야에서 기존 업체들이 이미 시장 수요를 모두 잠식한 상태이거나 그 산업의 시장 수요 증가율이 정체 상태일 때, 기존의 업체를 인수하여 그 기업의 기존 설비와 기존 시장 수요를 활용함으로써 신규투자에 대한 중복 투자의 위험을 방지하고자 할 경우이다.

셋째, 고임금에 시달리는 기업이 저임금 국가의 기업체를 인수하거나 합작투자를 함으로써 저임금을 활용하고자 할 경우이다.

넷째, 두 기업의 영업 실적을 합산하여 세금을 절감하고자 할 때이다.

다섯째, 기업의 가격이 자산의 가치보다 저평가되어서, 자산의 인수보다 기업의 인수가 저렴할 때이다.

여섯째, 생산 시설을 통합함으로써 규모의 경제를 갖추고자 할 경우이다.

또한 M&A는 기업의 외적 성장을 도모하기 위한 발전 전략으로 이용될 뿐만 아니라, 기업이 어떤 특정의 목적(예컨대 경쟁 기업의 견제)을 달성하기 위한 전략적 수단이나 또는 단기 차익을 노리는 주식 투자의 한 방편으로 이용되기도 한다.

② M&A의 형태

M&A는 매수 기업과 피매수 기업간에 상호 합의에 의해 이루어지는 우호적 인수 합병(friendly M&A)과 피매수 기업의 의사와는 상관없이 매수 기업이 주식의 매입을 통해 일방적으로 행하는 적대적 인수 합병(hostile M&A)으로 구분할 수 있다.

또한 기업 매수의 대가로 현금을 지불하는 현금 매수(cash aquisition)와 피매수측 기업의 발행 주식의 전부 또는 일부를 주주로부터 매수하는 주식 매수(stock aquisition)가 있는데, 이 경우 주식의 매수는 피매수 회사의 주식을 매수 회사의 주식과 일정 비율로 교환하여 매수하게 된다.

다음으로는 동종 또는 유사 제품 생산 기업 간의 수평적 인수 합병(horizontal M&A)과 생산 활동 단계가 서로 다른 기업 간의 수직적 인수 합병(vertical M&A), 그리고 생산이나 판매 등의 측면에서 상호 연관성이 없는 서로 다른 시장에 속하는 기업 간의 다각적 인수 합병(diversified M&A)으로 구분할 수도 있으며, 2개의 기업이 하나의 기업으로 합병되어 피매수 기업이 소멸되는 형태의 흡수 합병과 매수, 피매수 기업이 모두 소멸되고 두 기업의 부채·자산을 승계하는 신설 합병(consolidation)이 있다.

③ M&A의 장단점

1980년대부터 급격하게 증가하기 시작한 M&A는 다음과 같은 장단점을 가지고 있다.

먼저 장점으로는 첫째, 이미 독자적인 제품과 시장 및 판매망을 보유하고 있는 기존의 기업을 인수하기 때문에 목표 해외시장에 신속하게 진입할 수가 있다.

둘째, 기존 기업이 보유하고 있는 경영 및 노동인력 뿐만 아니라 제조 및 판매에 대한 경험과 지식도 함께 흡수할 수가 있다. 특히 인수·합병을 하게 되면 기업을 신설할 때 겪게 되는 인력 확보의 어려움을 해소시킬 수 있다.

셋째, 무리 없이 새로운 제품 라인을 추가할 수가 있다. 특히 본사의 제품

라인과 유사한 경우에는 본사의 기술과 지식을 활용할 수도 있다.

M&A의 단점으로는 첫째, 적절한 인수 대상 기업을 선정하기가 어려울 뿐만 아니라 그러한 기업이 나타났다고 해도 비밀 유지, 회계 기준의 차이, 허위 재무 제표 등으로 적당한 인수 가격의 결정이 어렵다.

둘째, 기존 기업을 인수한다는 것은 그 문제점까지도 떠맡게 되는 것을 의미한다. 예를 들어 대고객 이미지가 좋지 않은 기업을 인수하게 되면 그러한 이미지까지 인수하게 되며, 공장 시설이 노후 되어 기업을 신설하는 것보다 더 많은 신규 투자를 필요로 하는 경우도 있다.

(4) 국제 계약에 의한 기업의 국제화

국제 계약에 의한 기업의 국제화 유형은 주로 무형의 자산인 공업 소유권, 상표, 물질 특허, 저작권 등의 지적 소유권과 컴퓨터 소프트웨어 등의 기술적 노하우, 경영 관리 및 마케팅을 포함한 경영 노하우 등의 경영 자산을 하나의 상품으로 취급하여 해외 시장에 진입하는 것을 말한다. 이 형태는 경우에 따라서 부수적인 수출을 동반하기도 하지만 본질적으로 기술이나 노하우의 판매를 주요 대상으로 하고 있다는 점에서 일반 상품의 수출과는 근본적으로 다르다 할 수 있으며, 또한 주식 투자가 수반되지 않으므로 해외 직접 투자와도 구분된다.

(5) 국제 라이선싱

국제 라이선싱(international licensing)은 특정 기업(licensor)이 보유하고 있는 특허, 상표, 상호, 노하우 등을 외국에 있는 기업(licensee)으로 하여금 일정한 조건하에서 활용할 수 있도록 허가하는 대신에 로열티 또는 기타 형태로 그 대가를 지급 받기로 당사자 간에 계약을 체결하는 것을 말한다. 라이센서[1]의 입장에서는 적은 위험과 비용으로 해외 시장에 쉽게 침투할 수 있다는 장점이 있는 반면에 현지에서의 마케팅 활동 또는 생산 활동에 따른 이익을 스스로 포기해야 한다는 단점이 있다. 라이슨시의 입장에서는 선진 기업의 상

1) 라이선스를 주는 쪽을 라이센서(licencer), 받는 쪽을 라이슨시(licensee)라고 한다.

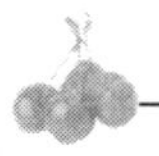

표, 기술 등을 활용할 수 있다는 장점을 가지고 있으나, 반면으로는 자체 기술 개발 능력을 저하시켜 기술적인 면에서 예속 당할 수 있다는 단점도 있다.

(6) 프랜차이징

프랜차이징(franchising)이란 공여 기업(franchiser, 영업 본부)이 소유권이 독립된 수여 기업(franchisee, 가맹점)으로부터 일정한 수수료를 받고 상표 등에 대한 사용권을 허가해 주고 사업체의 조직과 경영 방법의 이전을 통해 계속적으로 기업의 운영까지도 지원해주는 국제 경영 방식을 말한다. 수여 기업과 공여 기업은 서로 독립성을 유지하면서 최종 소비자에 이르는 재화 및 서비스의 일부를 각기 생산한다는 점에서 수직적 통합과 유사하다. 이것은 즉석 식품, 자동차 임대업, 음료, 호텔, 모텔, 주유소 등과 같은 서비스 산업에서 주로 이용된다.

(7) 계약 생산

계약 생산(contract manufacturing)은 라이선싱과 해외 직접 투자의 중간형이라 할 수 있다. 이 방식은 한 기업이 외국의 다른 기업에게 생산 및 제조 기술을 제공하면서 동시에 특정 제품의 생산을 주문하고 그 주문 생산된 제품을 공급받아 현지 시장이나 제3국 시장에 재판매하는 방식이다. 이른바 OEM(original equipment manufacturing) 방식이라고도 한다. 이는 주로 현지 시장의 규모가 직접 투자로 진출하기에는 너무 협소하거나 무역 장벽으로 인하여 수출을 통한 진출이 어려울 때 매우 유용한 방식이다.

(8) 경영 계약

경영 계약(management contract)은 현지국 기업의 일상적인 영업 활동을 관리할 권한을 부여받고 이러한 경영 서비스를 제공하는 데 대해 일정한 대가를 수취하는 방식이다. 이는 기업의 소유와 경영을 분리하여 전문 경영인에게 기업 경영을 위임하는 경영 형태를 국제 경영에 적용시킨 것이다. 경영 노하우를 제공하는 입장에서는 낮은 위험으로 해외 시장에 진출한다는 장점은 있지만, 자기 제품의 시장 위치를 확보할 수 없으므로, 제조업체들에게는 그리 만

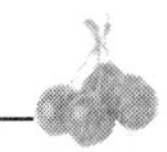

족스러운 형태라고 할 수는 없다. 따라서 이는 합작 투자, 플랜트 수출 등 다른 방식과 결합되어 이용될 때 더욱 바람직한 효과를 기대할 수 있다.

(9) 전략적 제휴

전략적 제휴(strategic alliance)는 경쟁 관계에 있는 기업이 일부 사업 또는 기능별 활동 부문에서 경쟁 기업과 일시적인 협조 관계를 갖는 것을 의미한다. 기업들은 상호 대등한 입장에서 서로의 비교 우위 요소들을 결합함으로써 전체적인 경쟁력을 향상시킬 수 있으며, 기업 상호간에 자원의 신속한 조달이 가능하며 위험 분산의 효과를 얻을 수 있는 반면에 독립된 기업 간의 협력 관계를 바탕으로 형성되어 있으므로 분쟁이 발생할 경우 상호 조정이 어려워 제휴 관계가 쉽게 붕괴될 가능성이 있다. 전략적 제휴의 유형으로는 기술 제휴, 조달 제휴, 생산 제휴, 판매 제휴 등이 있다.

(10) 턴키 프로젝트

턴키 프로젝트(turn-key project)는 플랜트 수출(plant export)이라고도 하며 이것은 특정 기업이 외국으로부터 공장이나 기타 산업 시스템을 발주 받아 이를 설계, 건설하여 가동 직전의 단계에서 시운전에 필요한 키(key)를 넘겨준다는 의미로 보통 기초 운영까지도 담당한 후 프로젝트를 완공하여 해외 발주자에게 제공하는 방식을 말한다.

2. 다국적 기업

1) 다국적 기업의 개념

다국적 기업이란 용어에 대한 보편적인 개념은 아직까지 정립되지 않고 있으나[2)]이를 정리하면 대체로 다국적 기업이란 다음과 같은 특성을 가진 기업

2) 다국적 기업(multinational enterprise : MNE / multinational corporation : MNC / multinational firm), 국제 기업(international corporation), 범국적 기업(transnational company : TNC), 초국적 기업(supernational firm : SNF / extranational enterprise), 세계 기업(worldwide enterprise / global company / world corporation), 우주 기업(cosmo corporation) 등과

이라고 정리할 수 있다.

첫째, 2개국 또는 그 이상의 국가에서 기업 경영을 해야 한다.

둘째, 2개국 이상에 걸쳐서 국제 경제적 입장에서 단순한 유가 증권 투자와 같은 간접 투자가 아니라 직접 투자에 의한 현지 사업 단위를 두고 생산 활동 및 판매와 현지 사업 활동을 하는 기업이다.

셋째, 총자산, 판매액, 이익, 종업원 등의 상당한 비율이 해외 기업 경영에서 이루어지는 기업이다.

넷째, 투자 기업이 필히 경영권의 행사와 마케팅 통제권을 가져야 한다.

다섯째, 최고 경영자의 국적과는 관계없이 범세계적인 시각에서 경영이 이루어지는 기업이다.

2) 다국적 기업 이론

(1) 국제 자본 이동 이론

제2차 대전 이후 급증하기 시작한 해외 직접 투자는 자본 이동에 수반하여 기술 또는 경영 기법까지도 함께 이동되는 새로운 형태의 투자 현상으로 전통적인 자본 이동 이론으로는 그 이론적 규명이 어렵게 되어 다양한 이론이 전개되었다.

(2) 이자율 격차 이론

이자율 격차 이론(Differential Return Theory)은 맥두갈(McDougall)과 캠프(Kemp) 등이 주장한 이론으로써 상대적으로 자본의 공급이 풍부하여 자본의 수익률(한계 생산력)이 낮은 국가에서 수익률이 높은 국가로 이동함으로써 해외 직접 투자가 발생된다는 이론이다.

(3) 통화 지역 이론

통화 지역 이론(Currency Theory)은 알리버(Alivcr)와 아기왈(Agarwal) 등

같이 다양한 용어가 혼용되고 있다.

이 주장한 이론으로써 일국의 통화 가치(환율)가 높아질수록 그 국가의 기업들이 해외 직접 투자에 참여할 가능성이 크며 외국 기업들의 자본이 그 국가로 진출할 가능성이 적어진다고 보는 이론이다.

(4) 포트폴리오 이론

포트폴리오 이론(Portfolio Theory)은 라가지(Ragazzi), 스티븐스(Stevens) 등에 의한 이론으로 투자가가 자본의 이자율 또는 수익률뿐만 아니라 기업의 위험을 최소화하기 위하여 자본을 해외로 분산 투자한 결과 해외 직접 투자가 발생된다는 이론이다.

(5) 산업 조직론적 이론

산업 조직론은 개개의 기업을 섬유 산업, 자동차 산업 등과 같이 산업의 범위로 구분하고 각 산업의 시장 불완전성에서 해외 직접 투자의 원인을 찾는 이론이다.

(6) 기업 성장 이론

기업 성장 이론(Theory of Business Growth)은 콜데(Kolde)가 주장한 이론으로서 기업은 성장함에 따라 그 사업 영역을 국내 시장에서 해외 시장으로 확대해 나가는 데, 사업 영역의 국제화 정도에 따라 기업 형태는 수출 기업, 다국적 기업, 세계 기업의 단계를 거치면서 발전해가며 해외 직접 투자의 활동도 이러한 성장의 과정을 거치면서 발전된다는 것이다. 즉 기업의 활동이 제품 수출, 현지 유통, 현지 생산의 단계로 확대되어 간다는 이론이다.

(7) 과점적 경쟁 이론

니커바커(F. Knickerbocker)는 과점 산업에 속하는 기업들은 경쟁 기업의 행동에 극히 민감하다는 점에 주목하고, 한 기업이 어떠한 경영 활동을 통해 경쟁적 우위를 확보하려고 할 때, 다른 경쟁 기업이 이에 대처하지 않을 경우 시장에서의 위치를 상실하거나 성장의 기회를 상실할 위험이 발생한다고 하면서, 해외 직접 투자의 경우에도, 예컨대 한 경쟁 기업이 해외에 직접 투자를

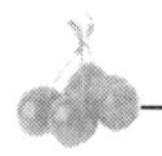

하게 되면 다른 경쟁 기업도 같은 국가에 자회사를 설치하는 방어적 투자를 하게 된다는 이론을 전개하였다.

(8) 독점적 우위 이론

독점적 우위 이론은 킨들버거(C. Kindle berger)에 의해 체계화된 이론으로 기업이 독점적으로 보유하고 있는 기업 특유의 독점적 우위 요소를 직접 투자의 동기로 설명하고 있다. 외국 기업이 현지국 기업에 비하여 가지는 독점적 우위 요소로 들고 있다.

첫째, 제품 시장의 불완전성과 관련된 것들로써 제품 차별화 능력과 특수한 마케팅 기술 등

둘째, 생산 요소 시장의 불완전성과 관련된 것들로써 특허 및 비공개 기술의 보유와 기술 획득 및 자본 조달성의 우위 등

셋째, 규모의 경제와 관련된 것으로 수직적 통합과 수평적 통합 능력

넷째, 정부의 규제와 관련된 것으로 조세 및 관세, 금리 및 환율 정책 등이다.

결국 외국 기업이 현지국에 진입시 현지국 기업에 비해 갖는 여러 가지 불리한 점을 상쇄할 수 있는 이상과 같은 기업의 독특한 우위 요소가 있어야만 현지국에서의 불리함을 보상할 수 있으며, 이들 우위 요소들을 보유한 기업만이 해외 직접 투자를 할 수 있다는 것이다.

(9) 제품 수명 이론

제품 수명 주기 이론(Theory of Product Life Cycle)은 버논(R. Vernon)에 의해 제시되고, 허쉬(S. Hirsh), 웰즈(Well), 그리고 스토바하(Stobaugh)에 의해 발전된 이론이다. 이 이론에 의하면 해외 직접 투자는 크게 두 가지 목적에서 발생하게 된다.

첫째, 현지국 시장을 방어하기 위해서이다. 최초의 제품 개발국에서 주변국으로의 수출이 시작되고 현지에서의 수입 대체가 증가될수록(성장기) 현지국 정부의 보호 정책이 강화되는데, 이 때 제품 개발국의 기업이 현지 수출 시장을 방어할 목적으로 해외 직접 투자를 하게 되며,

둘째, 본국 시장의 방어 및 제3 세계 시장으로의 진출을 위한 목적으로 해외 생산 기지를 선택하게 된다는 것이다. 이 단계는 주로 성숙기나 쇠퇴기 단계로써 제품의 가격 경쟁력이 관건이 되기 때문에 개도국이나 저임금 국가에 진출하여 가격 경쟁력을 확보하기 위해 해외 직접 투자를 하게 된다.

3) 국민 경제적 접근 이론

해외 직접 투자가 이윤 극대화 내지는 시장 점유율 확대를 목적으로 개별 기업적 입장에서 이루어지게 되면, 투자국과 피투자국 간의 갈등을 심화시키게 되므로 개별 기업이 아니라 투자국과 피투자국의 국민 경제적 차원에서 이루어져야 한다고 보는 이론이다.

(1) 고지마 이론

고지마(小島 淸)는 일본의 해외 직접 투자는 국민 경제 활동의 일환으로써 첫째, 일본에서 필요한 자원의 확보, 둘째, 개도국에 비해서 비교 우위를 갖는 기계 설비, 반제품 등의 생산재의 수출 촉진, 셋째, 일본의 노동력 부족, 고임금 등으로 비교 우위를 상실해 가는 섬유, 잡화 산업의 개도국 이전 등 무역 지향적 동기들에 의해 이루어진다고 보았다. 그리고 이러한 해외 직접 투자는 일본의 비교 우위를 보완시켜줄 뿐만 아니라 현지국의 비교 우위 요소를 이용함으로써 산업 구조를 고도화시켜 양국 간의 교역을 증대시켜준다고 하였다.

(2) 오자와 이론

오자와(小澤輝智)는 일본 국내의 생산 요소의 희소성, 증가하는 환경적 제약 및 주요 산업 자원의 공급과 관련하여 증가하는 불확실성 등과 같은 거시적 요인에 의해 해외 직접 투자가 이루어진다고 하였다. 오자와는 고지마의 이론을 확장하여 독과점의 우위가 없는 일본 기업의 경우 개도국에 대한 해외 직접 투자가 더욱 활발하게 일어난다고 하면서, 미국 및 기타 선진국 다국적 기업의 해외 직접 투자에는 미시 경제적 요인이 그리고 일본의 경우는 내부 구조 조정 등의 거시 경제적 요인이 크게 작용하였다고 주장하였다.

4) 내부화 이론

버클리와 카손(Buckley & Casson, 1976) 등에 의해 처음으로 체계화된 내부화 이론(Theory of Internationalization)은 시장 구조의 불완전성이나 기업이 보유하고 있는 우위 요소의 공공재적 성격으로 인하여 직접 투자를 통한 거래를 기업 내부화 한다는 이론이다. 이들은 이제까지의 해외 투자 이론이 주로 생산 측면에만 치우친 나머지 연구 개발, 마케팅, 직업 훈련 등 중간 생산물의 흐름과 밀접한 관계를 가지고 있는 생산외적 요소들을 무시했다고 보고 기업 활동에 이들이 차지하는 역할을 강조하고 있다.

즉 기업의 중간 생산물은 단순한 반제품이 아니라 특허, 인적 자본 등에 체화된 지식 형태의 경우가 많으며, 이러한 중간 생산물 시장이 불완전한 경우, 이익 극대화를 추구하는 기업은 이를 기업 조직체 내부로 흡수하려는 시도를 하게 된다. 중간재의 내부화는 어떤 기업이 그 생산 라인에 원료를 공급하거나(후방 통합), 그 기업이 생산한 제품, 반제품을 사용하거나 판매하는 공장을 다른 나라에 설립하는 것(전방 통합)을 말한다. 이러한 내부화의 결과 수직적 해외 직접 투자가 생겨나게 되는데, 원자재 및 부품 공장 등 중간재를 조달하기 위한 모든 해외 직접 투자가 이에 해당한다. 다시 말해 이들 중간재 시장이 매우 효율적이라면 이들의 거래는 시장 거래를 통하여 이루어지게 될 것이기 때문에 내부화의 유인은 존재할 수가 없겠지만, 실제로 시장은 그리 효율적이지 못하며 불완전하기 때문에 내부화의 유인이 생기고 따라서 수직적 해외 직접 투자가 발생하게 된다는 것이다.

5) 절충 이론

절충 이론(Eclectic Theory)은 더닝(J. Dunning)에 의해서 주장된 것으로, 어떤 기업의 해외 직접 투자는 그 기업이 다른 국가의 기업들에 비하여 가지고 있는 기업 특유의 우위 요소, 내부화 우위 요소 및 생산 입지상의 우위 요소에 의해 결정된다는 이론이다.

지금까지 해외 직접 투자의 요인으로 여겨져 왔던 기업 특유의 독점적 우

위는 해외 직접 투자가 아니더라도 수출이나 라이선싱에 의해서도 충분히 달성될 수 있기 때문에 독점적 우위가 직접 투자의 필요충분조건은 되지 못한다. 따라서 독점적 우위를 가진 기업이 직접 투자를 행사하는 현상을 설명하기 위해서는 내부화 우위와 입지적 우위 요소에 대한 추가적 설명이 가능해야 한다는 것이다.

이에 의하면 해외 직접 투자가 이루어지려면 당초에 기업 특유의 독점적 우위 요소가 존재해야 하며, 이를 외부 시장에 판매하는 것보다 내부화하는 것이 유리할 때, 기업은 라이선싱을 버리고 수출이나 해외 직접 투자의 방식을 택하게 되며, 그 다음으로 자본, 기술을 해외로 이전하여 현지에서 생산하는 것이 국내 생산보다 유리할 때, 즉 입지적 우위가 있을 때 기업은 수출 대신 직접 투자를 택하게 된다는 것이다.

6.2 국제 경영

1. 국제 마케팅과 재무 관리

1) 국제 마케팅의 의의

국제 마케팅(international marketing)이란 국경을 넘어 1개국 이상의 소비자나 실수요자를 향하여 그 기업의 재화나 서비스의 흐름을 직접 주도하는 기업 활동의 행위라고 할 수 있으며, 그 원리에 있어서는 국내 마케팅의 경우와 큰 차이가 없다. 다만 국제 마케팅은 모든 조건이 서로 다른 국가사이에서 행해지는 마케팅이기 때문에 국내 마케팅에 비하여 훨씬 다양하고 복잡하다.

국제 마케팅은 기업의 해외 시장 진입정도에 따라 수출 마케팅, 해외 마케팅, 다국적 마케팅, 범세계적 마케팅으로 분류할 수 있다. 수출 마케팅(export marketing)은 자국에서 생산된 완제품을 타국에 수출하는 데에 초점을 맞춘

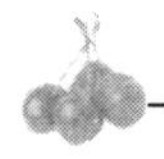

마케팅 활동을 말하며, 해외 마케팅(foreign marketing)은 기업이 현지 시장의 내부나 외부에 있는 해외 생산 기지로부터 해외 시장에 침투하기 위한 마케팅 활동을 말한다. 다국적 마케팅(multinational marketing)이란 다국적 기업이 여러 국가에 생산이나 판매 기지를 설립하여 복수의 해외 시장을 대상으로 수행하는 마케팅 활동을 의미하며, 범세계적 마케팅(global marketing)이란 범세계적 기업이 전 세계를 하나의 단일한 또는 몇 개의 표준화된 시장으로 인정하여 전 세계적으로 동일 제품을 동일한 방법으로 제조, 판매하는 활동을 말한다.

기업은 세계 시장 조사와 시장 세분화를 바탕으로 목표 시장의 마케팅 기회를 평가한 후에 국제 마케팅 믹스 전략(strategy of international marketing mix)을 수립한다. 여기에서 국제 마케팅 믹스 전략이란 기업 내외의 통제 불가능한 모든 환경의 변화에 대해 창조적으로 적응하기 위해서 기업이 통제 가능한 제 요소를 유기적으로 조정, 통합하는 활동을 전개하는 것을 말하며, 기업이 통제 가능한 요소로는 이른바 4P라고 불리는 제품(product), 가격(price), 유통 경로(place), 판촉 활동(promotion)을 들 수 있다.

2) 국제 마케팅 전략 믹스

(1) 국제 제품 전략

기업의 성격은 기본적으로 그 기업의 제품이나 서비스의 형태에 의해 결정되므로 제품에 관한 의사 결정은 대단히 중요하다. 지금까지는 국제 시장에 있어서의 제품 전략은 본국 시장(home market)에서 생산, 판매되고 있는 제품을 수출하는 데 중점이 놓여져 있었다. 그러나 국제 제품(international product)은 전 세계의 소비자를 대상으로 하고 있기 때문에 국제 제품 전략의 출발점에서 해결해야할 문제가 있다.

첫째, 어떤 범위로 제품을 다양화할 것인가.

둘째, 국내용 제품을 어느 한계까지 그대로 국제 제품화를 추진할 것인가.

그리고 제품 및 제품 계열을 해외 시장 국별로 그 수요에 맞추어 어느 정도까지 적용할 것인가에 대한 것이다.

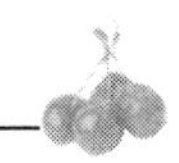

국제 제품 전략(international product strategy)은 기본적으로 적응화 전략과 차별화 전략으로 구분할 수 있다. 제품 적응 전략(product adaptation strategy)이란 나라마다 다를 수 있는 제품의 사용 조건과 고객의 욕구에 맞추어 제품을 변경시키는 전략을 말한다. 기업이 제품 적응 전략을 택하게 되는 이유는 각 지역의 온도나 습도, 그 나라의 기술 수준, 생활 습관, 소비자의 기호, 소득 수준, 수입국의 수입 정책, 기술 표준(식품 위생 기준, 의약품 기준, 안전 기준 등)이 각기 다르기 때문에 해당 국가의 시장 진입을 위해서는 기존의 제품을 변경시키지 않을 수 없기 때문이다.

표준화 전략 또는 제품 연장 전략(product extension strategy)이란 기존 제품에 아무런 변화를 가하지 않고 그대로 해외 시장에 판매하는 전략이다. 제품 연장 정책은 대량 생산에 따른 생산비의 절감, R&D 및 마케팅 활동 비용의 절감과 같은 이점을 가지고 있으나, 현지 시장의 욕구를 적절하게 반응하지 못함으로써 수요 확대의 기회를 상실할 수도 있다는 단점이 있다.

결국 국제 제품 전략은 이상의 적응화 전략과 차별화 전략을 최적이 되도록 결합하는 것이 그 요체가 된다.

〈표 6-1〉 제품 표준화 전략과 제품 차별화 전략의 비교

구분	제품 표준화 전략	제품 차별화 전략
전략의 내용	· 전세계 시장으로 표준화된 제품을 투입	· 다양한 시장에 적합하기 위한 개량화 (차별화)된 제품을 투입
요약	· 생산상의 규모의 경제성 · 연구개발(R&D) 비용의 절약 · 마케팅상의 규모와 범위의 경제 · 고객(인구, 유효수요)의 이동성 대응 · 국제적 이미지 · 기술적요인(소비재보다 생산재) · 현지생산보다 수출로 시장을 확보 한다고 생각하는 경우	· 제품사용조건의 차이(자연조건, 사용관습, 기술수준) · 마케팅상의 요인 시장수요의 차이, 즉 구매능력, 소비자 기호의 차이, 품질, 포장, 제품외관의 변경 · 정부의 영향(현지국의 규제, 세제)
선택 포인트	· 표준화에 의한 손실(판매가격, 이윤율의 저하)을 허용할 시장차이는 있는가?	· 제조비용의 상승을 상실하여 당시 여유가 있는 충분한 수요가 존재하는가?

자료 : V. Terpstra, Ravisarathy, *International Marketing 5th ed.*, pp.253-255.

(2) 국제 가격 전략

국제 가격 전략(international price strategy)이란 국제 기업의 목표를 달성하기 위하여 가격 분야에서 취하는 기업 차원의 모든 조치 및 행위를 말한다. 특정 기업의 국제 가격 전략은 경쟁 기업의 가격 변화에의 대응 수단으로써 효과적인 경쟁 전략이 되고 해외의 현지 소비자들에게 직접적으로 대응할 수 있는 요소가 된다. 그 뿐만 아니라 국제 기업을 둘러싼 이해 집단에 큰 영향을 미치며, 기업 이미지와 직접적인 관련을 맺고 있다.

국제 가격 정책의 목표는 시장 침투 목표, 투자 자본의 조기 회수, 만족할 만한 수익률 및 제품 계열의 공동 촉진을 들 수 있으며, 국제 가격은 다음과 같은 방법에 의해서 설정된다.

첫째, 원가 중심적 가격 설정 방법(cost-oriented pricing method)으로 이는 단위당 원가에 일정 비율의 이윤을 가산해서 가격을 설정하는 방법이다. 이는 가격 결정이 편리하고 결정된 가격의 객관성을 인정받을 수 있어 판매자와 구매자가 쉽게 수용할 수 있는 장점이 있다. 그러나 반면에 해외 시장에서의 수요와 경쟁 상태에 대한 고려가 부족하여 경제적 합리성이 결여될 수 있다는 단점이 있다.

둘째, 목표 중심적 가격 설정 방법(objective-oriented pricing method)이다. 기업이 목표 수익률을 미리 정하고 그 목표를 실현할 수 있는 수준의 가격을 추후에 계산하는 방식으로 가격을 설정하는 방법이다.

셋째, 시장 중심적 가격 설정 방법(market-oriented pricing method)이다. 이는 현지에서의 수요와 경쟁 상태를 고려해서 가격을 결정하는 방법인데, 이때 고려해야 할 요소로는 제품에 대한 소비자의 인식된 가격, 가격 변화에 따른 수요량의 정도 측정, 경쟁 제품 및 대체 제품의 가격, 제품 단위당 원가의 변동 구조의 폭, 각종 중간업체의 이익 폭, 세금, 관세 및 물류비 등이다.

해외 시장 진입 시의 가격 결정 전략에 따라 분류하면 침투 가격 정책, 시장 유지 가격 정책, 고가격 정책이 있다. 침투 가격 정책(penetration pricing policy)은 가격 탄력성이 높거나 판매 증대로 인해 상당한 규모의 경제가 실현될 수 있어서 이로 인해 원가 절감의 폭이 클 경우에 적합한 가격 전략으로

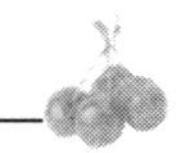

써 싼 가격으로 해외 시장에 침투하는 방법이다. 시장 유지 가격 정책(market holding pricing policy)은 목표 해외 시장에서의 시장 점유율이 목표에 달성되었거나, 가격 경쟁을 원하지 않을 경우에 적합하며 경쟁 기업이나 대체품의 가격 수준에 대응하여 가격을 설정하는 방법이다. 고가격 정책(high pricing policy)이란 해외 시장에서 다른 경쟁 제품보다 높은 가격을 지불하고서도 제품을 구입하려는 특정의 고객계층을 확보할 수 있거나, 해외 고객에게 고가격의 고급품이라는 이미지를 주려고 할 경우 높은 가격으로 해외 시장에 침투하는 방법이다.

넷째, 경쟁 중심의 가격 설정 방법(competition-oriented pricing method)으로 국제 가격 결정이 경쟁 기업의 가격 전략을 의식하고 경쟁 기업의 제품 가격을 중심으로 가격을 책정하는 방법이며, 이에는 모방 가격과 국제 입찰 가격이 있다. 모방 가격은 가격 결정의 기초를 자사의 비용 또는 수요보다는 경쟁사의 가격에 근거를 두고, 그 가격과 동일하게 하거나 경우에 따라서는 높게 또는 낮게 하는 방법이다. 공개 입찰 가격 결정 방법은 대규모 설비 공사나 건설 공사와 같이 입찰에 의해 낙찰을 받기 위하여 경쟁하는 기업들이 사용하는 가격전략으로써 회사의 비용이나 수요에 기초를 두기보다는 경쟁사 가격의 예측에 기초를 두고 결정하는 방법이다.

(3) 국제 유통 전략

국제 유통은 일반적으로 한 국가의 생산자로부터 중간 유통업자를 거쳐 다른 국가의 최종 소비자에게 제품이 전달되는 일련의 단계적인 과정을 뜻한다. 국제 유통 전략이란 목표 시장에 대응하는 국제 유통 경로와 관련하여 경로 시스템을 형성, 유지, 관리하는 제반 기업 활동의 전략을 총칭하는 것이다.

다국적 기업이 다수국에 진출하여 판매 거점, 생산 거점, 운송 시설을 가지게 되면, 원료에서 부품 생산, 가공 조립, 저장, 운송 등의 각 단계가 어느 정도 합리적인가에 따라 수익성이 대폭적으로 달라진다. 국제 유통 경로 전략은 ① 비용의 최소화, ② 판매의 극대화, ③ 통제의 극대화, ④ 유통 경로에 대한 수출업자의 적합성 혹은 호의의 극대화, ⑤ 계속성의 극대화라는 목표 하에

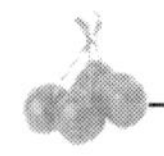

수행된다. 국제 유통 전략으로는 다음과 같은 것이 있다.

첫째, 국제 표준화 전략과 현지화 전략이다. 이는 국제 마케팅 관리자가 모든 시장국에 대해 표준화된 유통 경로 패턴을 채택할 것인가 아니면 개별 시장국별로 현지의 유통 환경에 맞는 적응화된 유통 경로 패턴을 채택할 것인가를 선택하는 것이다. 국제 유통 전략의 목표는 이익이며 표준화 그 자체는 아니다. 그러나 국제 표준화를 선호하게 하는 이유는 규모의 경제 실현에 있으며, 시장 조건이 유사할수록 일국에서의 경험이 타국으로 쉽게 이전될 수 있다. 그러나 경우에 따라서는 한 시장에서 성공한 전략이라고 하더라도 다른 시장에서도 효율적으로 잘 적용되지 않는 경우도 있다.

둘째, 직접 유통 경로 전략과 간접 유통경로전략이다. 다국적 기업이 특정 시장국에서 제품을 유통할 경우 일반적으로 직접 유통 경로가 간접 유통 경로보다 큰 수익성과 안정성을 확보할 수 있기 때문에 가능한 한 직접 유통 경로를 개발하여 활용하고자 한다. 일반적으로 지리적인 집중도가 높거나 대량 판매의 경우에는 직접 유통 경로가 유리하다. 직접 유통을 하게 되면 추가 비용이 발생하지만 경로의 통제 및 관리가 강화되어 판매 촉진, 가격, 서비스 등의 융통성이 있기 때문에 시장 조건의 변화에 즉시 적응할 수 있고 시장 정보의 역류가 원활하게 될 수 있다. 반대로 해외 시장이 소규모이고 분석적일 경우에는 간접 유통 경로 전략을 선택하는 것이 보다 유리하다.

셋째, 선별적 유통 경로 전략과 집약적 유통 경로 전략이다. 선별적 유통 경로 전략은 특정 시장 지역 내에서 한정된 수의 판매업자 만을 선정하여 제품을 판매하는 전략이다. 기업은 일반적으로 제품을 가능한 한 널리 이용할 수 있게 되기를 바라지만, 제품 판매와 서비스 제공 그리고 판촉 활동에 대한 적정한 보상을 제공하기 위해서 한정된 수의 판매업자를 선정하는 것이 필요한 경우도 있다. 집약적 유통 경로 전략은 제품을 취급하기를 희망하는 특정 시장지역 내의 모든 판매업자에게 제품을 판매하도록 하는 전략이다. 즉, 매스컴 매체를 사용하는 대규모 광고에 의해 직접적으로 소비자에게 접근함으로써 될 수 있는 한 다수의 소비자에게 제품을 노출하여 가능한 한 많은 매출을 증가시키려 할 때 취하는 전략이다.

(4) 국제 촉진 전략

국제 촉진(international promotion)이란 다국적 기업이 세계의 현재 또는 잠재적 고객에게 다양한 커뮤니케이션 방법을 동원하여 제품이나 서비스의 편익과 가치를 알려주고, 나아가 고객들로 하여금 자사 제품을 구매하도록 설득하는 과정의 제반 형태를 말하며, 구체적인 형태로는 국제 광고, 국제 판매 촉진, 국제 인적 판매, 국제 홍보 등으로 구분할 수 있다.

첫째, 광고란 불특정 다수의 고객에게 기업, 제품 및 서비스에 대한 각종 정보를 제공하고 제품과 서비스의 판매 촉진을 유발하는 비인적, 유상적 커뮤니케이션 활동을 말하며, 국제 광고의 유형은 제품 광고, 유통업자 광고, 개척 광고, 경쟁 광고, 공동 광고, 상업 광고 등이 있다.

둘째, 국제 판매 촉진이란 해외 시장 소비자들의 제품 구매 의사를 강력하게 자극하기 위한 단기적인 유인을 의미하며, 광고, 인적 판매, 홍보 이외의 판매 촉진 활동으로 이들을 보조하거나 강화시키기 위한 촉진 노력을 말한다. 보통 판매 촉진은 비인적 수단을 통하여 단기적으로 이루어지며 주로 전시회, 설명회, 경연, 가격 할인, 그리고 경품, 견본, 선물, 카탈로그 제공 등의 방법을 활용한다.

셋째, 국제 홍보란 국내외의 일반 대중과 기업 내부의 종업원들에게 기업에 대한 좋은 이미지를 심어주기 위한 활동을 말한다. 즉 국제 홍보란 다국적 기업이 유료의 대가를 지불하지 않고, 매체에 기업이나 제품에 대한 뉴스거리를 제공함으로써 그 기업이나 제품을 촉진하는 활동이다.

넷째, 국제 인적 판매는 여타의 대중적 또는 비인적 커뮤니케이션 수단과는 달리 다국적 기업의 판매원에 의하여 수행되는 인적 커뮤니케이션을 통한 촉진 활동이다. 국제 인적 판매는 해외 시장 고객의 욕구나 구매 동기에 맞추어 제품과 관련된 정보를 제공할 수 있을 뿐만 아니라 해외 시장 고객의 반응을 살펴가며 구매 결정을 촉진시킬 수 있다는 장점이 있지만, 높은 비용이 수반되므로 대량 구매를 할 수 있는 고객 또는 산업 구매자를 상대로 하는 것이 바람직하다.

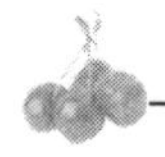

3) 국제 재무 관리

국제 재무 또는 국제 재무 관리 전략이란 다국적 기업이 국제 경영 활동을 전개해 나가는데 필요한 재무 관리 전략을 말하며 국제 재무 관리 전략 수립의 범위는 본사와 자회사간의 자금 조달, 자금 운용, 재무 관리 시스템에 대한 제반 연구 분야를 포함한다. 국제 재무 관리도 국내 재무 관리의 기본 원리는 그대로 적용된다. 하지만 국제 재무 관리는 특별히 환율 변동, 물가 수준, 자본 비용, 자본 조달 수단 및 조달원의 다양성 그리고 각국의 정치、경제적 환경과 더불어 법률, 세무 구조, 상관습 등과 같은 불확실한 이질적인 요소들을 추가적으로 고려해야 한다는 점에서 국내 재무 관리와는 그 특성을 달리한다.

(1) 국제 자금 조달

현지자회사의 자금 조달원은 기업 내부 또는 기업 외부에서 조달하게 되는데, 그 자금 조달 형태는 다음과 같이 구분할 수 있다.

첫째, 자기 자본 조달과 타인 자본 조달이 있다. 자기 자본 조달은 주식을 발행하거나 사내 유보 잉여금이나 각종 충당금에 의한 자본 조달이며, 타인 자본 조달은 은행 차입금, 미지급 비용, 신용 거래, 회사채 등에 의하여 타인으로부터 자금을 차입하여 조달하는 방법이다.

둘째, 내부 자금 조달과 외부 자금 조달이 있다. 내부 자금은 기업의 당기 순이익에서 배당금을 차감하고 사내에 유보시킨 잉여금과 각종 충당금으로 조달하는 것이며, 외부 자금은 기업 외부에서 자금을 조달하는 방법으로 자금을 차입하거나 주식의 발행으로 자본을 조달하는 것으로서 이에는 유로 채권, 외국 채권, 유로 어음과 유로 상업 어음, 미국 상업 어음, 유로 양도성 정기 예금 증서, 예탁 증서 등이 있다.

셋째, 직접 금융 조달과 간접 금융 조달이 있다. 직접 금융은 금융 시장에서 자금의 수요자와 공급자가 직접 연계되어 자금을 조달하는 방법으로서 국제 증권 시장을 통한 주식과 사채 발행을 통한 자금 조달이 있다. 간접 금융은 불특정의 자금 공급자와 자금 수요자 사이에 시중 중개 기관이 개입하여 자금

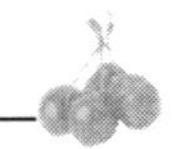

이 매개되는 것으로써 은행 차입, 무역 신용, 공공 차관 등을 통한 자금 조달이 있다.

(2) 환위험의 관리와 국제 운전 자본 관리

다국적 기업은 필연적으로 통화 단위가 상이한 국가 간의 자금 거래를 수반해야 되며 이에 따라 환율 변동으로 인한 재무 관리 위험이 발생하게 되는데, 이러한 환위험은 사업 규모가 클수록 영향도 커져, 경우에 따라서는 다국적 기업 전체의 경영 위험으로까지 발전할 가능성이 있다. 따라서 다국적 기업에서 환위험을 최소화하는 것은 국제 경영의 안정성 확보에 필요 불가결한 요소가 된다.

운전 자본이란 유동 자산과 유동 부채와의 차이이며, 운전 자본 관리란 현금 및 현금 등가물, 매출 채권, 재고 자산 그리고 단기 부채를 관리하는 것을 말한다. 본사와 자회사간의 자금 이전 거래를 관리하는 수단에는 다음과 같은 것이 있다.

첫째, 배당 정책(dividend policy)이다. 현지에 자금의 여유가 있는 경우, 그 여유 자금을 현지에 재투자할 것인가 아니면 본사로 송금할 것인가를 결정해야 하는데, 본사로 송금하기로 결정하였을 때 그 방법으로써 가장 쉬운 것이 배당 송금이다. 그러나 다국적 기업이 자신들의 마음대로 배당 정책을 사용할 수는 없다. 왜냐하면 현지국 정부의 배당 송금액 상한선 규제, 현지국 정부의 조세 제도 규제 등이 있기 때문이다. 따라서 배당 정책은 현지국 정책과의 관계를 고려하여 결정하여야 한다.

둘째, 이전 가격 조작이다. 이전 가격(transfer pricing)이란 모회사와 자회사간에 실질적인 거래가 있을 때 그 거래 관계에 적용되는 가격을 말하며, 이것을 조작함으로써 다국적 기업 내에 있는 본사와 자회사간의 자금 흐름을 조정하는 것을 이전 가격 조작이라 한다. 상이한 조세 제도를 가지고 있는 국가 사이에서 경영 활동을 하고 있는 다국적 기업은 개별 자회사의 입장에서가 아니라 다국적 기업 전체 시스템의 입장에서 조세 부담을 최소화하려는 노력을 하게 된다. 이전 가격 조작이란 고세율국에서 저세율국으로 자금을 이전시켜

세금을 경감하려 하거나 자회사의 경쟁력을 강화시키는 것을 목적으로 하며, 중간재, 완제품에 대한 가격을 낮게 또는 높게 설정함으로써 목적을 달성하게 된다.

셋째, 조세 회피국을 이용하는 방법이다. 조세 회피국(tax haven)이란 외국 자본을 유치하기 위해서 법인 소득세를 면제하거나 낮은 세율을 적용하는 국가를 말한다. 다국적 기업은 이러한 조세 회피국에 유령 현지 법인을 만들어 놓고 조세 부담을 경감시키기 위해 이전 가격의 조작이나 로열티 지급 등을 이용한다.

넷째, 중앙 자금 관리 방법이다. 다국적 기업은 개별 기업이 독자적으로 보유하는 현금을 최소화하는 중앙 집권적 현금 운용을 통해 예상치 못한 현금 수요에 대처해 나간다.

다섯째, 네팅이다. 네팅(netting)은 원래 환위험을 회피하는 기법의 하나인데 이는 중앙 자금 관리 센터에서 개별 자회사간의 채권､채무 관계를 정리하여 순수하게 그 차액만을 지불하게 하는 방법으로, 외환 거래에 수반되는 비용이나 환위험을 완화시키기 위해 이용된다.

2. 국제 조직 관리와 국제 인사 관리

1) 국제 조직 관리

국제 조직이란 다국적 기업이 추구하는 전체적인 기업 목표를 달성하기 위한 중요한 관리 수단인 동시에 다국적 기업 관련 종사자들의 일관된 행동 체계라 할 수 있다. 기업 조직에는 다음과 같은 기본 형태가 있다.

(1) 기능별 조직 구조와 제품별 조직 구조

기능별 조직 구조는 총무, 재무, 생산, 판매 등과 같이 기능별로 분화된 조직 구조이다. 이 형태는 조직원을 각각 기능별로 전문화시킬 수 있고 또한 서로 연결하여 조정하는 관리 기능을 통한 조직 구조의 효율성을 도모할 수 있다.

〈그림 6-1〉 기능별 조직

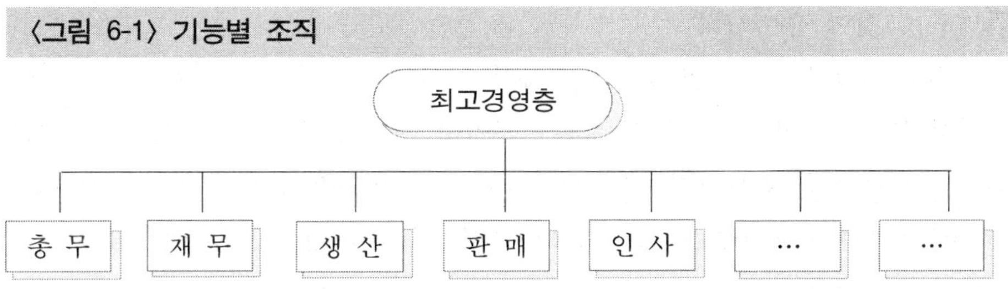

이러한 조직은 기업에서 취급하는 제품의 종류가 다양하지 않고 생산 또는 판매 대상 지역의 범위가 넓지 않을 때 가장 흔하게 쓰이는 형태이다. 관리층의 주위를 내부 기능별로 집중시킬 수 있으며, 소규모 그룹으로도 기업을 통제할 수 있고 이익 센터 간 갈등이 존재하지 않는다는 장점이 있는 반면, 다품종 제품 기업에는 적합하지 않으며, 또한 관리자들은 둘 또는 그 이상의 상위 관리자에게 보고해야 하는 절차 때문에 커뮤니케이션에 혼란을 초래할 가능성이 크고, 의사 결정이 신속하게 이루어지기 어렵다는 단점도 가지고 있다.

제품별 조직 구조는 다국적 기업이 가장 많이 선택하는 형태로써 본사가 기업의 전반적인 사업 목표와 각 제품 사업부별 목표를 수립하고 특정한 제품 또는 제품 그룹을 중심으로 구성한 각 제품 사업부가 전 세계를 대상으로 해당 제품에 대한 모든 활동을 계획하고 통제·관리하는 책임을 지며 최고 경영자에게 직접 보고하는 체제를 갖는다. 이 조직 구조는 제품별 다각화전략을 추구하는 다국적 기업에서 쉽게 찾아볼 수 있는데, 막대한 투자를 필요로 하는 제품 다각화를 위한 연구 개발에 있어 국내 사업부와 국제 사업부 간의 기술 및 신제품의 이전과 통제를 용이하게 해준다.

이 형태는 제품 계열이 다양하고 이질적인 최종 소비시장에 진입하는 경우, 또한 전기 및 전자 제품과 같이 고도의 기술을 필요로 하는 제품을 해외에서 생산하는 경우에 유리하다. 특히 다국적 기업이 제품을 범세계적 규모로 계획하고 생산하여 판매하고자 하는 경우에 효과적인 조직 구조이며, 또한 다국적 기업의 제품이 각기 다른 기술을 이용하여 만든 제품이거나 제품의 최종 사용 용도가 다른 제품들인 경우 그러한 제품들을 몇 개의 제품 그룹으로 나누어

관리하는 것이 용이하다.

급속히 성장하는 기업의 경우에는 제품 라인을 추가하고 새로운 시장 기회에 투자하기가 쉬우며, 급속히 성장하는 기업의 경우에는 제품 라인을 추가하고 새로운 시장 기회에 투자하기가 용이하다. 또한 제품별 조직 구조는 생산 시설을 집중시킴으로써 비효율성을 개선시킬 수 있다. 그것은 특히 경쟁적 지위가 세계 시장 점유율에 의해 결정되는 산업에 있어서 결정적이라 할 수 있는데 시장 점유율은 다시 생산이 어느 정도로 합리화되어 있느냐에 따라서 결정된다.

그러나 제품별 조직 구조는 몇 가지 단점을 가지고 있다. 먼저 제품이 바뀌거나 시장이 변화함에 따라 조직이 변화되어야 하며, 특히 특정 제품 계열에 적합한 조직이 반드시 다른 제품 계열에도 적합하다고는 할 수 없다. 또한 지역 및 국가적인 노하우를 적용하는 데 어려움이 있으며, 제품 사업부를 국가별, 지역별로 그리고 전사적으로 조정하기 어렵다. 그리고 세계의 여러 시장 환경은 각기 너무나 상이하기 때문에 특정 시장 특성에 적합한 경험과 노하우가 결여될 수도 있고, 최고 경영층이 세계 여러 지역 모두를 고려하여 제품을 계획하고 마케팅하기가 어려우며, 공장이 다수 존재함으로 인해 자원 할당이나 이익 계산이 어렵다는 문제점도 있다.

〈그림 6-2〉 제품별 조직

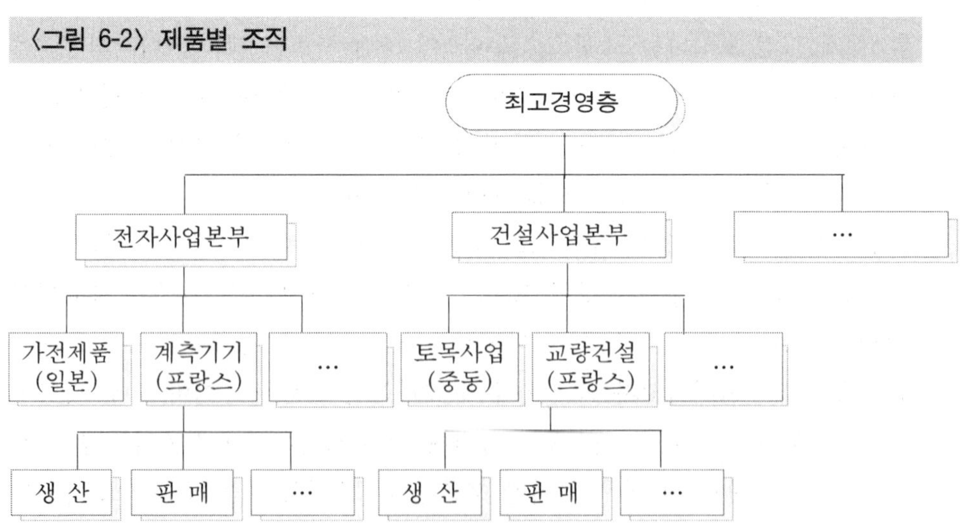

(2) 지역별 조직 구조와 국제 사업부 조직

지역별 조직 구조는 다국적 기업이 두 번째로 많이 채택하는 형태이다. 지역을 중심으로 부서를 조직하는 형태이다. 각 지역 담당 관리자는 담당 지역 내에서의 모든 활동에 대한 권한과 책임을 가지며, 국내 시장은 단지 전 세계 여러 시장 중의 하나로만 취급된다. 각 지역별 사업부는 다시 마케팅, 생산, 재무 등의 직능별 스태프들로부터 지원을 받는다.

이 조직은 위험이 낮은 성숙하고 표준화된 제품라인을 가지고 있을 경우나 제품 라인들은 비교적 협소하나 전 세계에 널리 분산되어 있는 지역 시장들과 국가 시장들을 서브하는 기업들에게 적합한 조직 구조이다. 이 조직은 지역 및 현지 시장을 차별화 할 수 있고 현지의 여건에 맞게 최적의 시장 믹스를 변화시킬 수 있으며, 지역별 요구를 파악하고 이에 신속히 반응함으로써 진출 국가의 정치적 위험을 감소시킬 수 있다. 또한 지역별 요구가 신속히 처리됨에 따라 본사 관리층의 업무가 단순화된다.

단점으로는 개별 지역이 독립적인 이익센터로서 기능함으로 범세계적인 통합의 잠재적 이점을 상실하게 된다. 특히 기업 내에 다양한 제품 라인을 보유하고 있는 경우 중점을 두어야 할 제품의 선정, 기술 정보 및 노하우의 이전,

〈그림 6-3〉 지역별 조직

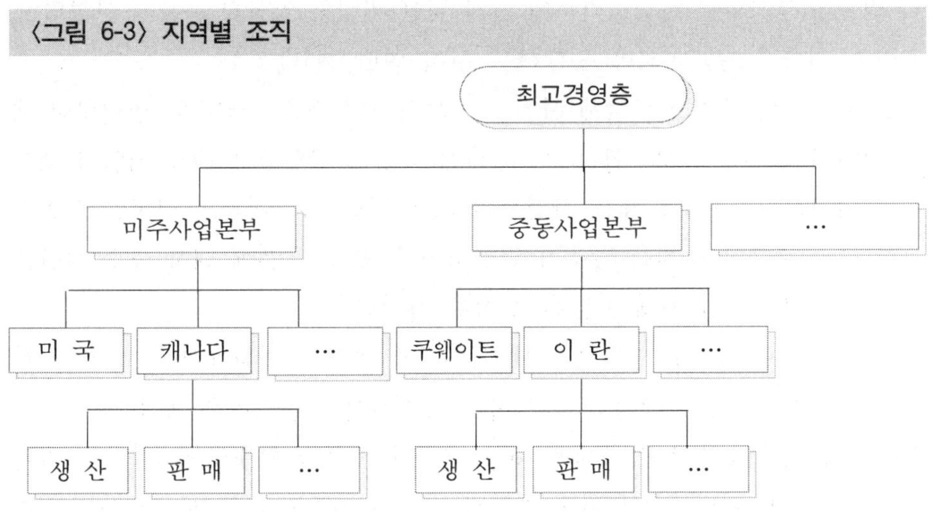

제품과 현지 특수성 사이의 조정, 제품 공급에서 판매까지의 물류 유통 등에 어려움이 따르며, 지역 사업부에 있어서 라인과 스태프의 담당자가 중첩되고 지역 사업부 사이의 의사 소통이 어렵다는 단점이 있다.

국제 사업부 조직은 국내 조직의 일부로써 기업의 증가하는 해외 영업 활동을 효율적으로 관장하기 위한 목적으로 조직화되며, 국내 사업부 조직과 마찬가지로 독립적으로 운영되는 조직 구조이다. 즉 기업의 국제화가 점점 확대됨에 따라 기존의 국내 사업부에 국제 사업부를 설치하여 그 부서로 하여금 해외 사업 활동을 담당하도록 하는 조직 구조이다.

이 조직은 국내 조직의 일부로써 조직되는데 국제 사업 정책 및 범세계적인 전략 기획 전반에 대한 책임을 지고 조직상으로 국내 사업부와 동등한 위치에 놓이게 되고, 해외 영업 활동이 확대됨에 따라 기업 조직 내에 다른 제품 사업부와 같이 하나의 독립된 사업 단위로 운영하는 형태로써 지역 시장 위주로 편성하는 것이 보편적이며 지역 책임자는 특정 지역에 대한 운영상의 책임과 권한을 갖는다. 이 조직의 편성은 비교적 상품 계열이 단순하면서도 광범한 지역 시장을 대상으로 할 때 합리적이 된다. 본사의 경영자는 특정 국가 또는 지역 내의 기업 환경에 대응할 수 있도록 전반적인 기업체의 활동, 제품 계열, 스태프 서비스를 효과적으로 조정할 수 있다. 이러한 조직은 책임과 권한의 분산화를 촉진시키는데 단지 권한 위임은 일상적 운용에 한정되며, 전략적 의사결정은 본사에 수행하는 것이 일반적이다.

한편 기업에 따라서는 국제 사업부를 본사국의 제품 사업부와 병립하여 제품 계열별로 구성하기도 한다. 이 체제에 따르는 기업들은 제품 계열이 복잡하고 다양하며, 본사국 제품 사업부와 해외 관련 사업체와의 긴밀한 협력을 통한 수출 증대에 초점을 맞추기 위해서이다. 특수 제품에 대한 특수 시장을 대상으로 할 때 이 체제는 많은 장점을 가진다.

국제 사업부 조직의 장점은 국내 사업부와 동등한 위치에서 국제 경영 활동에 전략적 지침을 마련하고 실행하는 과정에서 자연스러운 책임 귀속이 이루어지기 때문에 발생된 문제에 대한 신속한 해결을 기대할 수 있다는 점과 국제 사업부가 개별지역에 따라 제품과 기능이 통합된 국제화된 전략을 마련

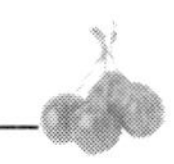

하여 수행함으로써 해당 지역에 대한 전문적인 지식을 습득할 수 있는 중요한 창구 역할을 한다는 점을 들 수 있다.

단점으로는 국내 사업부와 국제 사업부간 역할 갈등으로 인하여 조직 전체의 공동 목표 달성에 부정적인 영향을 미칠 수 있다는 점과 국제 사업부도 생산, 판매 및 연구 개발 등의 기능별 직능을 가지게 되지만 특정한 관련 직능은 국내 사업부의 통제 하에 두게 되는 것이 일반적인 형태로 자칫하면 국제 사업부의 자율성과 독립성을 해칠 우려가 있다는 점을 들 수 있다.

(3) 매트릭스 조직 구조와 네트워크 조직 구조

매트릭스 조직 구조는 기능별, 제품별, 지역별 조직 구조를 통합한 것이라 할 수 있다. 매트릭스 조직 구조는 지역별 요구와 이를 충족시켜줄 수 있는 제품 라인에 대한 지식을 알고 있는 관리자가 존재하기 때문에 분권화의 이익을 달성할 수 있다. 따라서 매트릭스 조직을 실행함으로써 나타나는 가장 큰 장점은 제품, 지역 및 기능적 측면에 대한 고려를 동시에 함으로써 변화에 효율적으로 적응할 수 있다는 점이다. 그러나 이 조직의 성공은 최소한 제품별 및 기능별 양 차원에서 전략에 적합한 방향을 설정하고 여기에 맞는 매트릭스 조직 구조를 선택하는 관리자의 능력에 달려있다. 따라서 상대적으로 규모가 작은 다국적 기업이 성공적으로 실행하기에는 상당히 복잡한 구조라 할 수 있다.

이 구조의 장점은 기능、제품、지역 중 어느 한 기준만을 중심으로 하여 조직 구조를 형성할 때 발생하는 다른 기준의 독자성 상실을 회피할 수 있으며, 각 부문 간의 조정이 가능하고 급속히 변화하는 상황의 대처에 적합하다는 점을 들 수 있다.

단점으로는 조직 내에 강력한 힘을 발휘하는 경영자에 의해서 운영되기 때문에 그 경영자의 요구에 적합하지 않을 경우에는 조직 자체가 무시되어질 수 있으며, 조직이 매우 복잡하기 때문에 상호 관계와 책임을 명확히 분류하여야 한다는 점을 들 수 있다.

네트워크 조직 구조는 하나의 작은 기구만이 조직 내에 존재하고 다른 많은 기능들은 다른 조직에 의존하는 경우를 말한다. 해당 조직에서는 계획、통제 기능만 담당하는 작은 부서만이 존재하고 나머지 생산ㆍ연구ㆍ판매 등과 같은 기능들은 다른 조직에 의뢰하는 형태의 조직 구조이다. <그림 6-5>와 같이 경쟁 기업, 공급업체, 고객들이 서로 긴밀하게 연결되어 기업들이 마치 복잡한 형태의 전략적 제휴를 하고 있는 것처럼 보이는 조직 구조이다.

〈그림 6-4〉 매트릭스 조직

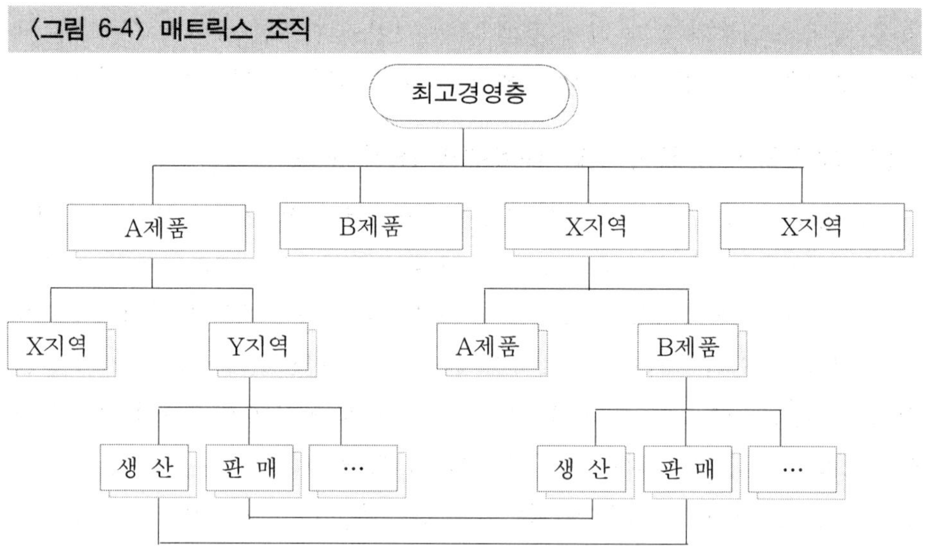

네트워크 조직 구조는 하나의 작은 기구만이 조직 내에 존재하고 다른 많은 기능들은 다른 조직에 의존하는 경우를 말한다. 해당 조직에서는 계획ㆍ통제 기능만 담당하는 작은 부서만이 존재하고 나머지 생산ㆍ연구ㆍ판매 등과 같은 기능들은 다른 조직에 의뢰하는 형태의 조직 구조이다. <그림 6-5>와 같이 경쟁 기업, 공급업체, 고객들이 서로 긴밀하게 연결되어 기업들이 마치 복잡한 형태의 전략적 제휴를 하고 있는 것처럼 보이는 조직 구조이다.

네트워크형 기업 조직에 참여하고 있는 세계 각국에 있는 자회사들은 그 자회사가 핵심 역량을 가진 활동에만 주력하고 다른 나라에 위치한 자회사와 수평적인 형태로 연결되어 있다. 이 조직에서는 수평적인 의사 전달이 중요하며 이런 네트워크형 조직 구조를 효과적으로 운영하기 위해서는 각국에 있는 자회사들의 능력을 파악하고 그 핵심 역량에 따라서 적합한 권한을 부여하는 것이 중요하다.

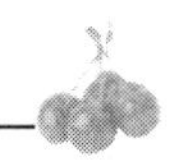

그러나 단순히 이러한 분권화에만 의존하지 않고 전체적으로 하나의 기업으로서 활동하기 위해서는 기업 전체를 총괄하는 조직 문화, 비공식 커뮤니케이션 채널, 그리고 이들 해외 자회사에 대한 효과적인 조정 기능이 필요하다. 이 조직 구조는 다른 조직에 비해 특유의 유연성을 가지고 있으므로 급속히 변화하는 국제 경영 환경에의 신속한 대처가 가능하다는 장점을 가지고 있다.

〈그림 6-5〉 네트워크 조직 구조

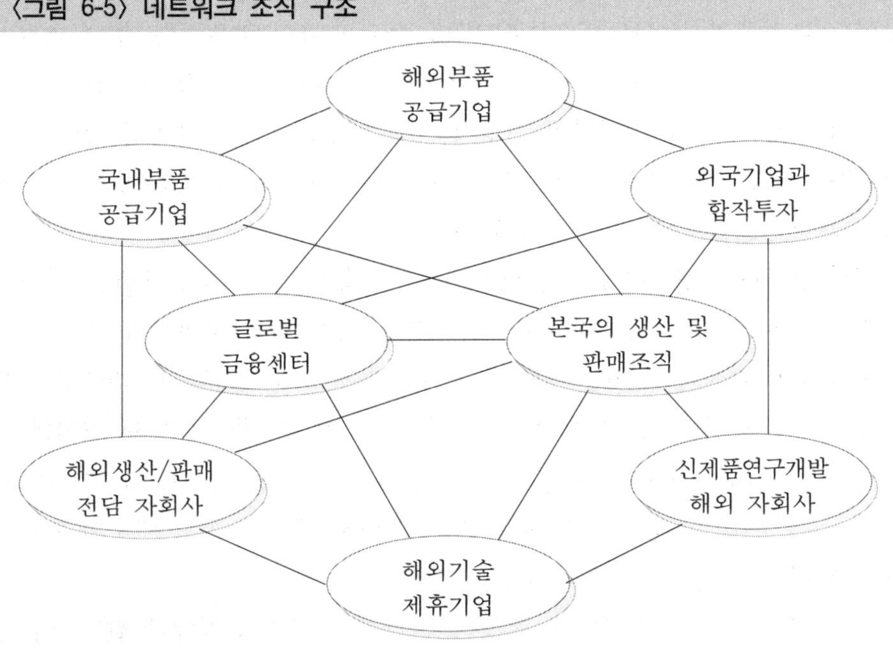

2) 국제 생산 관리

기업의 세계화가 진전됨에 따라 기업은 본국에서 생산된 제품을 해외에 수출하는 행위로부터 현지에서 생산과 판매를 동시에 수행하는 현지 지향적 기업으로 변화한다. 이 변화를 초래하는 필요조건이 생산입지의 국제적 이전이며, 국제 생산은 그런 의미에서 입지 선정의 문제로 집약된다. 다국적 기업이 해외 생산 입지를 결정하기 위해서는 세계의 여러 지역 중에서 선택해야 하는데, 자연적, 경제적ㆍ사회적 제반 조건이 서로 다른 여러 지역에 순위를 매기

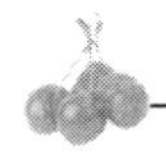

기 위해서는 일정한 기준을 필요로 한다.

(1) 국제 생산 입지의 선택

해외 생산 입지의 선택에 있어 대상 지역의 검토는 생산할 제품의 특성이나 투입되는 생산 요소를 고려하여야 한다. 예를 들어 석유 화학이나 철강은 원료의 공급이 중시되며, 섬유나 신발은 노동력이 중시된다. 종전에는 주로 단순한 비용의 측면에서만 고려되었지만, 최근에는 석유 화학이나 철강의 경우에는 단순한 수송비보다는 교통 시설, 수송 수단의 이용 가능성, 원료산지에의 접근 가능성 그리고 부품 소재 공급 기업에의 접근 가능성 등이 더욱 중시되고 있다. 섬유나 신발의 경우에는 임금 수준보다는 양질의 숙련 노동자, 전문 기술자 및 관리자 등의 확보 가능성, 노동 생산성, 노조의 활동 등이 더 중요한 고려 요인으로 포함되고 있다.

최적 입지는 시장 규모, 투자 환경, 현지 기술 및 노하우의 가용성, 지리적 거리, 기술성, 수송비 규모의 경제성 제품에 대한 현지 소비자의 욕구 등과 같은 변수에 의해 결정된다. 일단 투자 대상국이 선택되면 현지국내에도 구체적으로 특정 지역을 선정해야 하는데, 이 때 고려되는 변수로는 각 지역의 노동력, 임금, 자본, 기술, 교통 등과 같은 생산 비용 관련 변수와 각 지역의 인구수, 소득 수준, 유통 구조 등의 시장 관련 변수, 그리고 지방 정부의 외국인 투자에 대한 특혜 등이 고려된다.

최적 입지 지역이 선정되면, 공장을 건설할 부지를 결정해야 한다. 이 때 고려되는 일반적인 요소는 토지 가격, 지형이나 넓이 등의 부지의 특성과 활용의 가용성, 배기 및 배수 등과 같은 폐기물 처리의 용이성, 도로 건설 비용, 관계 법규의 저촉 여부 등이지만 업종에 따라 다소 차이가 있다. 예컨대 철강 공장은 강한 지반, 염색 · 도금 · 주물 등의 업종은 배수 처리가 무엇보다도 중요한 요소가 될 것이다.

(2) 글로벌 소싱

소싱(sourcing)이란 경영자원, 즉 토지, 건물, 기계, 공구, 비품 등의 구입과

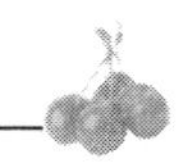

원재료 및 물품의 매입, 노동력, 자본의 조달 등의 구매 활동을 말한다. 오늘날 다국적 기업은 한 제품을 생산하기 위해서 여러 국가의 공급처를 이용하는 글로벌 소싱 전략을 취함으로써 경쟁 우위를 확보하고 있다. 글로벌 소싱의 방식으로는 해외 조달 방식과 적기 조달 방식이 있다.

다국적 기업이 어떤 방법으로 목표 시장에 공급할 것인가는 기업의 목표, 제품의 특성, 목표 시장의 환경, 기술 이전의 정도 그리고 진출 대상국의 규제와 같은 요인에 의해 결정되는데 그 방법에는 집중화 조달, 분산화 조달, 통합화 조달이 있다.

집중화 조달은 다국적 기업이 어떤 특정 지역을 생산 거점으로 하여 거기에서 제품을 집중적으로 생산한 다음 전 세계 여러 시장에 공급하는 방법이다. 이 방법은 규모의 경제를 실현할 수 있고 품질 관리가 용이하다는 장점이 있지만 반대로 관세나 수송비가 많이 소요되고 환위험 등에 노출될 수 있다는 단점이 있다.

분산화 조달은 각기 독특한 특성을 지닌 개별 목표 시장의 수요에 부응하기 위해 제품을 목표 시장에서 생산하여 공급하는 방식이다. 현지국의 요구에 탄력적으로 대응할 수 있고 여러 공급원을 보유함으로써 융통성을 확보할 수 있다는 장점이 있으나, 개별 생산 시설 단위 당 높은 비용이 소요되고 품질의 일관성을 유지하기 어렵다는 단점이 있다.

통합화 조달은 집중화 조달의 경우에 직면하게 될지도 모르는 제품 수입국의 규제와 같은 위험을 회피하기 위한 방법으로써 제품의 생산은 개별 목표 시장에서 수행하고, 판매는 본사의 통합적인 관리 하에서 수행하는 방법이다. 이 방법은 집중화 조달에 있어서의 이점인 효율성을 유지하면서 정치적인 위험을 줄일 수 있다는 장점은 있으나 동시 파업이나 운송의 문제 그리고 환위험 등의 단점이 있다.

적기 조달 시스템은 원하는 시간에 필요한 만큼의 부품이 조달될 수 있도록 제조업자와 부품 공급업자들 간의 관계를 시스템화시킨 것을 말한다. 그러나 국제 경영에 있어서는 불확실성이 많기 때문에 적기 조달 시스템이 오히려 재고 부족으로 생산이 중단되는 위험을 가져오게 할 수도 있다. 따라서 글로

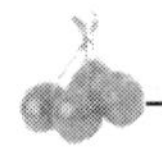

벌 소싱을 추구하는 기업은 불확실한 국제 경영 환경으로부터 오는 위험을 분산시키기 위해 기대한 예측치 보다 높은 안전한 상태의 재고 수준을 유지하는 것이 보통이다.

3) 국제 인사 관리

국제 경영에 있어 경영자의 자질은 그 성패를 결정짓는 중요한 변수 중의 하나이다. 특히 해외 지사의 경영자는 현지 고용인 및 고객들에게는 본사를 대표하며, 본사에 대해서는 해외 지사의 입장을 대변하는 위치에 있기 때문에 본국인이건 현지인이건 상관없이 현지 문화와 언어에 능숙해야 하는 동시에 본사로부터 현지에 도입되어지는 기술과 실무 관행이 갖는 문화적 의미에 대해서도 충분한 이해를 하고 있어야 한다.

국제 인사 관리에 있어 또 다른 문제는 인적 자원을 국경선 넘어 이동시켜야 한다는 문제이다. 이러한 인적 자원의 선발에는 어떠한 국적의 사람을 택할 것인가, 또는 이들의 자격 요건이 무엇이고 어떠한 교육을 필요로 하며, 또 이렇게 하여 선발된 인적 자원이 거주지를 변화함에 따라 겪게 되는 제반 충격을 어떻게 조정할 것인가 하는 문제가 뒤따른다. 그리고 다국적 기업을 둘러싸고 있는 인사 환경은 부단히 변화하고 있으며, 확보 가능한 노동력의 질과 공급의 문제, 다양한 노사 관계, 그리고 노동 조합과의 관계 역시 고려해야 할 사항이다.

국제경영자의 선발은 기본적으로 첫째, 경영이 이루어지는 지역을 불문하고 모두 본국인을 선택하는 방법, 둘째, 경영이 이루어지는 지역의 현지인을 선택하는 방법, 셋째, 경영이 이루어지는 지역과 경영자의 국적에 관계없이 가장 적절한 대상자를 선택하는 방법 중에서 선택되거나 조합함으로써 수행된다. 이들 방법 모두 장점과 단점을 가지고 있지만, 그 중에서 세 번째의 방법이 가장 효율적이고 바람직한 방법으로 보인다. 그러나 이 방법에는 현지국가의 정부는 현지인이 고용되기를 바란다는 점과 대상자의 선발과 교육 등에 대한 비용과 임금이 상대적으로 높다는 문제점이 있다.

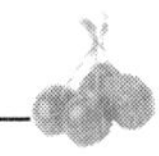

현지인의 채용으로 기대되는 장점은 우선 현지의 언어와 문화에 익숙하며, 현지국에 거주함에 따른 업무의 지속성 유지, 파견 모국인에 비해 상대적으로 낮은 임금을 들 수 있으며, 반면에 단점으로는 본사와의 상호 연락, 본사의 기업 목표 내지는 업무 수행 방식에 대한 이해 부족, 현지국 이익을 우선한다는 점, 본사의 제품, 관리 기법에 대한 미숙 등을 들 수 있다. 본국인 선발의 경우에는 현지인 선발에 따른 장단점의 반대 양상을 갖게 되는데, 그 외에도 미래의 국제 경영자를 위한 교육 훈련 효과를 기대할 수 있다는 추가적인 장점이 있다.

제 7 장

우리나라의 무역관리제도

7.1 무역관련 법규체계
7.2 무역관리제도

Chapter 7 우리나라의 무역관리제도

7.1 무역관련 법규체계

일반적으로 무역관리라고 하면 국가가 제도, 기구 또는 법규에 의하여 수출입거래를 통제 또는 제한하거나 촉진하는 것을 말한다. 오늘날 모든 국가가 자유무역을 지향하면서도 자국의 국제수지의 균형을 달성하기 위하여 어느 정도의 규제나 제한을 가하고 있는 형편이다. 따라서 무역관리제도란 물품의 수출입을 규제 또는 지원하기 위한 각종의 법규 및 제도적 장치로써, 정부가 이러한 무역관련 법규 등에 근거하여 수출입거래 전반에 걸쳐 실시하고 있는 각종 인·허가, 면허, 승인, 인증, 행정지도, 등록, 신고 등의 형태로 나타나게 된다. 우리가 수출입을 하기 위해서는 소정의 절차를 밟아야 하는 것도 이 때문이다.

대외무역관련법규로는 대외무역에 관한 일반법이고 기준법인 대외무역법이 있으며, 기타 대외무역거래와 관계되는 법규로는 관세의 부과·징수 및 수출입물품의 통관을 적정하게 하여 국민경제의 발전에 기여하고 관세수입의 확보를 위한 관세법, 외국환과 그 거래 및 여타 대외거래를 관리하여 국제수지의 균형과 통화가치의 안정 및 외화자금의 효율적인 운용을 기하기 위한 외국환거래법이 있다. <표 7-1> 무역관련 법규체계 참조.

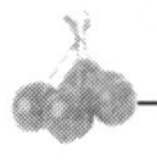

〈표 7-1〉 무역관련 법규체계

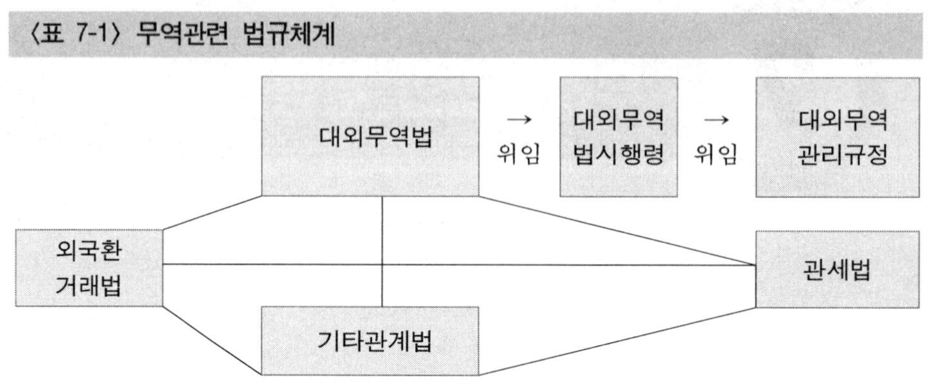

1. 대외무역법

1986년 12월 31일에 제정 · 공포되어 1987년 7월1일부터 시행되고 있는 대외무역법은 대외무역에 관한 일반법 · 기준법으로서, 대외무역을 진흥하고 공정한 거래질서를 확립하여 국제수지의 균형과 확대를 도모함으로써 국민경제의 발전에 이바지함을 목적으로 하고 있다.

1997년에 대외무역법이 개정된 후에도 수차례에 걸친 일부 개정이 이루어졌으며, 그 주요 내용을 보면 2000년 1월 1일부터 무역업과 무역대리업의 영업을 완전히 자유화하였으며, 2000년 12월 29일 일부 개정시에는 기존의 무역업과 무역대리업의 용어를 통합하여 무역거래자로 통칭하고 있다. 또한 무역의 대상으로 전자적 형태의 무체물을 포함시켰으며 전자적 형태의 무체물 수출입 확인을 가능하게 하고 그 실적을 인정하도록 하였다. 그밖에 전자무역의 활성화를 위해 전자무역 중개기관 지정을 신설하였으며 전자무역 촉진 종합정책의 수립 · 시행을 위한 조항을 신설하였다.

현재 대외무역법은 입법취지를 나타내는 통상의 진흥, 전자무역의 촉진, 수출입거래, 외화획득용 원료 · 기자재의 수입, 전략물자의 수출입, 산업설비수출, 원산지의 표시, 수입에 의한 산입피해조사, 수출입의 질서유지, 부칙 및 벌칙 등으로 구성되어 있다.

〈표 7-2〉 대외무역법의 관리체계

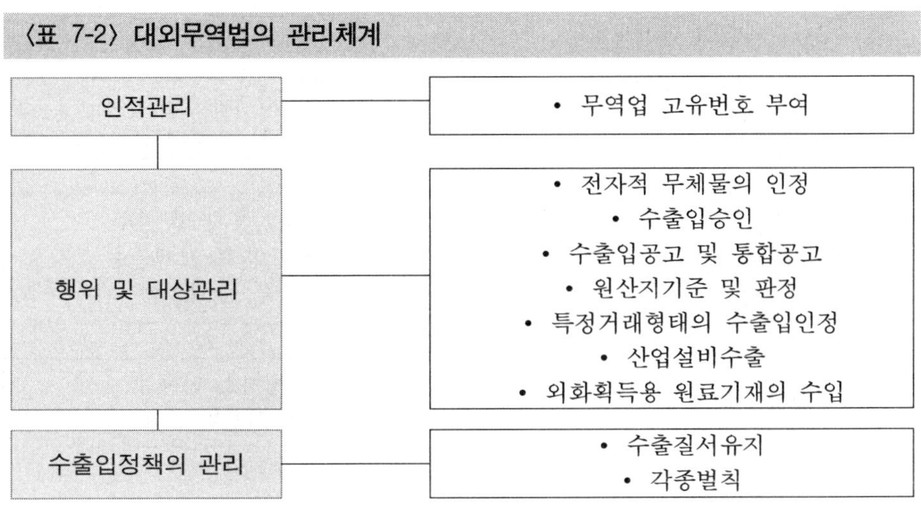

대외무역법의 규제대상은 물품의 수출입, 즉 협의의 무역거래만을 규제하고 무역외거래에 관해서는 별도의 법규에 의해 관리하였으나 전자상거래의 확대에 따라 물품에 전자적 형태의 무체물을 포함시키고 이러한 전자적 형태의 무체물의 무역거래도 규제하고 있다. 그리고 대외무역법은 추상적인 법률의 성격을 가지고 있기 때문에 실질적인 규제내용은 대외무역법시행령, 대외무역관리규정, 고시 및 공고에 위임하는 형식을 취하고 있다.

2. 관세법

관세법은 관세의 부과·징수 및 수출입물품의 통관을 적정하게 하며 국민경제의 발전에 기여하고 관세수입을 확보 등을 그 목적으로 하고 있다. 이 법은 관세의 부과와 징수(관세법 제2장) 및 통관(관세법 제9장)의 규정을 핵심으로 한 제도로써 국제관세 협력, 운송기관, 보세구역, 운송, 관세사, 세관공무원의 직권, 벌칙, 조사와 처분 등의 규정을 두고 있으며, 총칙과 부칙을 함께 두고 있다. 또한 관세법에서 위임된 사항과 그 시행에 관하여 필요한 사항을 정하기 위한 관세법시행령과 동법 시행령의 시행에 따른 관세법 시행규칙을 제정·시행 하고 있다. <표 7-3> 관세법의 관리체계 참조.

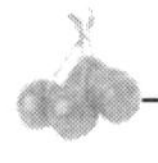

〈표 7-3〉 관세법의 관리체계

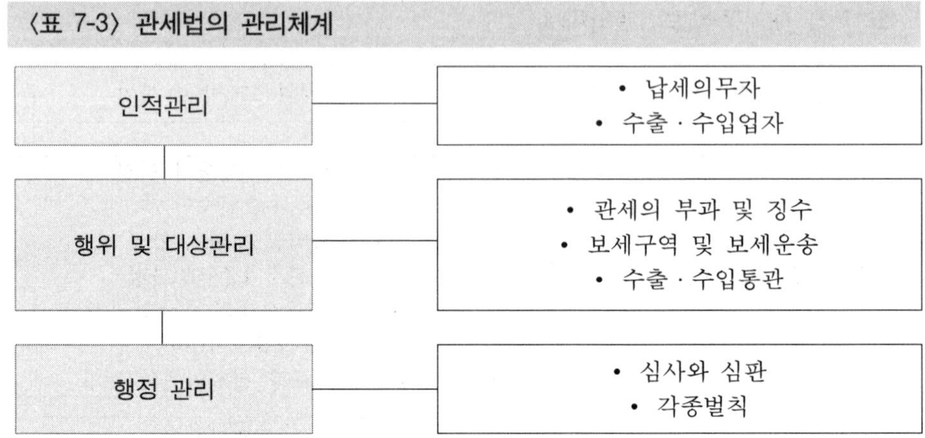

인적관리	• 납세의무자 • 수출 · 수입업자
행위 및 대상관리	• 관세의 부과 및 징수 • 보세구역 및 보세운송 • 수출 · 수입통관
행정 관리	• 심사와 심판 • 각종벌칙

3. 외국환거래법

외국환거래법은 외국환과 그 거래, 기타 대외거래를 관리하여 국제수지의 균형, 통화가치의 안정과 외화자금의 효율적인 운영을 목적으로 하고 있으며 그 적용대상은 외국환 거래 및 이와 관련된 행위와 지급 및 영수 등으로 되어 있다.

따라서 물품의 이동, 즉 수출입시 필연적으로 발생하는 외환거래로써 거주자와 비거주자간의 채권 · 채무관계를 발생시키는 거래에 대하여 원칙적으로 금지 또는 제한하는 것을 기본으로 하고 있다.

〈표 7-4〉 외국환거래법의 관리체계

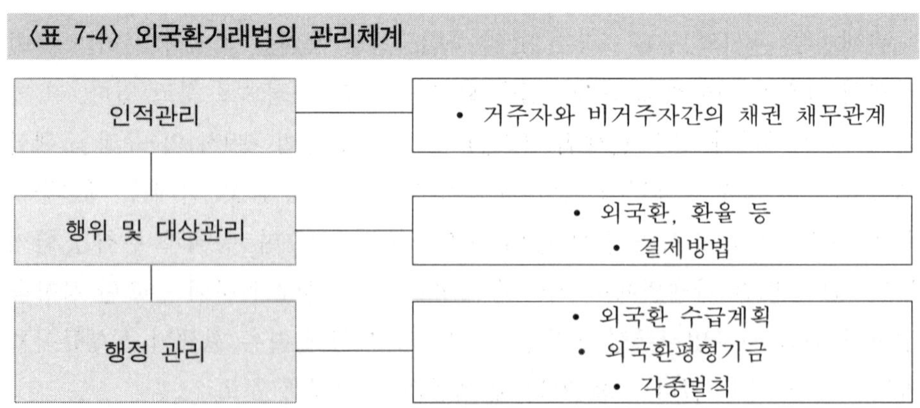

인적관리	• 거주자와 비거주자간의 채권 채무관계
행위 및 대상관리	• 외국환, 환율 등 • 결제방법
행정 관리	• 외국환 수급계획 • 외국환평형기금 • 각종벌칙

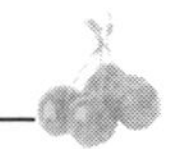

4. 기타의 무역관계법

최근 전자무역의 확산에 따라 전자무역촉진에관한법률[1] 을 제정하였는데 이 법은 문서에 의한 무역업무처리방법이 많은 시간·비용 및 인력이 소요되는 등 무역업계의 국제경쟁력을 약화시키는 주요 요인이 되고 있으므로, 전자문서에 의한 무역업무자동화사업을 효율적으로 추진하여 무역절차의 간소화와 무역정보의 신속한 유통을 실현하고 무역업무의 처리시간 및 비용을 절감함으로써 산업의 국제경쟁력을 높이고 국민경제의 발전에 이바지함을 목적으로 하고 있다.

기타의 무역관계 법규로써 본래 법 제정의 목적은 무역관리가 아니었으나 그 법을 집행하는 과정에서 반사적으로 무역에 영향을 미치는 개별 행정법들이다. 이러한 법규는 소위 비교역적 부문으로써 국민보건·위생·환경·국방 및 특정의 국내 산업을 규제할 목적으로 제정되었지만 그 운용과정에서 관련부문의 무역에 대하여도 규제하게 되며, 이러한 법규에 의해서 정부는 수출입 수량의 제한, 수입관세의 부과, 물품품질의 제한 등의 조치를 취한다.

예를 들면, 수출품의 품질 및 대외인식도의 유지·향상을 위한 수출검사법, 수출무역 기타 대외무역에서 발생하는 재산상의 손실을 보상하여 수출 진흥을 도모하기 위한 수출보험법, 상사중재에 관한 중재법, 농수산물의 수출 진흥과 농어민의 소득증대를 위한 농수산물수출진흥법, 수출자유지역 설치를 위한 수출자유지역설치법, 수출용 원자재에 대한 관세 등 환급에 관한 특례법 등 많은 관련법규가 있다. 그밖에도 물품의 수출입에 관한 특별법으로 마약법·약사법·식품위생법·검역법 등 48여 종의 법률(통합공고에 관련 법률임)이 있다.

---

1) 구 무역업무자동화촉진에관한법률명을 개칭, 전부개정 2005.12.23 법률 제7751호, 2006.6.24 시행.

무역관리제도

1. 무역업의 관리제도

무역업의 관리제도는 대외무역법상 무역거래 주체에 관한 것이며, 이는 누가 어떻게 무역을 영위할 수 있는지에 대한 주요 법규이다. 우리나라 무역업의 관리제도는 1993년 6월 30일까지는 허가제를 시행하다가 1993년 7월 1일부터 등록제, 1996년 12월 30일 개정된 대외무역법에서 신고제로 변경, 현재는 2000년 1월부터 고유번호신청제로 시행하고 있다.

대외무역법 초기에는 무역업을 갑류와 을류로 구분하였으나, 2000년 1월부터 무역업 등록 신고제도가 완전 폐지되어 자유화됨으로써 관할세무서에 사업자등록을 신청하고, 한국무역협회에 무역업고유번호 신청만 하면 아무런 제한 없이 무역업을 창업할 수 있게 되어 있기 때문에 누구든지 의지만 있다면 무역업에 뛰어 들 수 있다.

1) 무역업 및 무역대리업의 자율화

대외무역법에서는 2000년 1월 1일부터는 대외무역관리규정의 개정으로 우리나라에서는 무역거래를 하는데 자격제한을 두지 않으므로써 완전 자유화되었다.

과거의 신고제하에서는 무역을 업으로 영위하는 것을 “무역업”으로, 또한 외국의 수출·수입업자의 위임을 받은 자가 국내에서 수출물품을 구매(을류무역대리업 ; 국내수출업자의 물품을 수입상이 원활히 구매할 수 있도록 바이어를 대신하는 업)하거나, 수입물품을 수입함에 있어서 그 계약체결과 부대되는 행위를 업으로 영위하는(갑류무역대리업 ; offer를 발행하는 것을 주된 업) “무역대리업”으로 구분하고 있었으나 개정 대외무역법에서는 이를 삭제하였다. 따라서 대외무역법에서 "무역거래자"라 함은 수출 또는 수입을 하는 자,

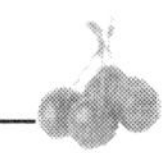

외국의 수입자 또는 수출자의 위임을 받은 자 및 수출·수입을 위임하는 자 등 물품 등의 수출·수입행위의 전부 또는 일부를 위임하거나 행하는 자를 말한다(법 제2조).

2) 무역업의 고유번호부여

무역업신고제가 폐지되면 지금까지 무역업신고번호를 기초로 한 각종 무역통계의 작성이 곤란하여 기존 통계와 연속성이 없어지게 되며 쿼터관리, 수출실적 확인 등과 같은 업체별 통계관리가 불가능하게 되며 업종별·산업별 무역통계의 작성곤란으로 무역업신고제는 폐지하되 통계목적을 위한 무역업 고유번호를 부여하고 있다.

3) 종합무역상사 및 전문무역상사의 관리

(1) 종합무역상사의 의의와 특징

지식경제부장관은 해외시장의 개척 및 무역기능의 다양화를 기하고 중소기업간의 계열화 등을 통한 중소기업의 무역활동을 지원하기 위하여 무역거래자 중에서 종합무역상사를 지정할 수 있도록 규정되어 있다(대외무역법 제9조의 2).

종합무역상사는 정부주도의 수출드라이브 정책에 따라 무역기업의 대규모를 통한 국제경쟁력의 확보로 수출성장이라는 국가적 사명을 수행하기 위한 기간산업으로서 정부에 의해 인위적으로 창조된 기업군이다.

중합무역상사의 개념은 대체로 대규모의 자본력을 가진 무역업자로서 다종·다양한 물품의 수출입을 광범위한 지역에 취급하는 대형화된 무역상사를 말한다. 즉, 주기능인 수출입업무 이외에 이러한 기능에 수반되는 수출입금융, 창고, 보관, 운송 등의 업무를 포괄하는 대형무역상사라고 할 수 있다.

(2) 전문무역상사의 의의

지식경제부장관은 첨단산업 제품의 해외시장 진출을 지원하기 위하여 무역거래자 중에서 전문무역상사를 지정할 수 있게 하고, "첨단산업제품"의 종류를 대외무역관리규정에서 구체화하여, 정보통신·전기전자, 기계소재, 생명공학·

정밀화학·고기능섬유로 나누어 수출가능성이 높고, 종합상사 전용품목과 중복되지 않도록 하여 고시하였다(품목은 대외무역관리규정 제7조 ① 별표 2참조).

(3) 종합무역상사 및 전문무역상사의 지정과 취소

지식경제부장관은 해외시장의 개척 및 무역기능의 다양화를 기하고 중소기업과의 계열화를 통한 중소기업의 무역활동을 지원하기 위하여 무역거래자 중에서 종합무역상사를 지정할 수 있으며, 그 기준 및 절차 등에 관하여 필요한 사항은 대통령령으로 정하고 있다. 종합무역상사로 지정받을 수 있는 자는 증권거래법 제2조 제13항의 규정에 의한 상장법인으로서, ① 전년도의 수출통관액이 전년도의 우리나라 수출통관액의 2% 이상인 법인이거나, ② 전년도의 수출실적이 미화 100만 달러 이상인 국가가 30국 이상이고, 외국에 현지법인 또는 영업소가 20개 이상인 법인이어야 한다.

전문무역상사로 지정받을 수 있는 자는 자본금이 70억원 이상이고 자사 생산 첨단산업제품이나 타사생산제품의 비율이 수출비중의 50%가 넘도록 하였다.

종합무역상사나 전문무역상사로 지정받고자 하는 자는 지식경제부장관이 정하는 서류를 갖추어 지식경제부장관에게 신청하여야 한다.

또한 종합무역상사나 전문무역상사로 지정을 받은 자가 2년 이상 계속하여 지정기준에 미달하여 종합무역상사나 전문무역상사로서의 무역활동이 심히 곤란하다고 인정되는 때에는 그 지정을 취소할 수 있으며, 지정을 취소한 때에는 이를 공고하여야 한다.

2. 수출입품목 관리제도[2)]

1) 품목관리적용대상

(1) 유체물

수출입 및 품목관리 대상으로서의 유체물은 외국환거래법에서 정하고 있는

2) 한국무역협회 전북지부, 무역실무개요, 2005. pp.5~10. 참조

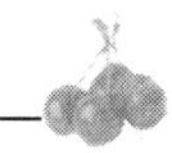

지급수단, 증권 및 채권을 화체(化體)한 서류를 제외한 모든 동산이 해당된다.

(2) 무체물

정보통신기술의 발달에 따라 CD와 같은 저장장치 없이도 소프트웨어와 같은 무체물의 국가 간 이동이 활발하게 이루어지고 그 비중도 향후 크게 늘어날 것으로 전망됨에 따라 대외무역법에서도 이러한 추세를 반영하여 전자적 형태의 무체물 중 일부에 대해서는 기존의 유체물과 동일하게 수출입의 대상에 포함시키고 있다.

① 무체물의 수출입인정대상 및 인수도 방법

전자적 형태의 무체물이라고 해서 모두 인정되는 것은 아니고 어느 정도 관리와 이동의 확인이 가능하다고 인정되는 것에 한하여 인정하고 있다. 즉 소프트웨어와 부호、문자、음성、음향、이미지、영상 등을 디지털방식으로 제작하거나 처리한 자료 또는 정보로써 영상물(영화, 게임, 애니메이션, 만화, 캐릭터)과 음향、음성물, 전자서적 및 데이터베이스만 한정되어 있다.

또한 인수도의 방법에 있어서도 인터넷 등의 정보통신망을 통하거나 노트북과 같이 정보처리저장능력을 갖춘 장치에 내장된 상태로 반출、반입되어 인도、인수되는 경우로 한정되어 있어 CD와 같은 단순 저장매체를 통해 인수 되는 경우에는 전자적 무체물의 수출입으로 인정받지 못한다.

② 무체물의 수출입실적의 인정 등

전자적 형태의 무체물에 대한 수출입실적의 인정은 한국무역협회 또는 한국소프트웨어 산업협회의 수출입확인을 받은 후 외국환은행에 대금이 입금된 분에 한해서만 수출실적으로 인정된다.

2) 품목관리제도

(1) 개 요

수출입물품에 대한 관리는 직접적인 규제로써 개별품목의 수출입제한 여부를 수출입공고 등으로 고시하여 승인대상물품의 승인기관, 추천 · 확인절차

등 규제사항을 명시하고 있다. 이에 따라 수출 또는 수입을 하고자 하는 자는 해당품목의 수출입이 규제되는지의 여부에 대하여 사전에 점검한 후 만일 동 품목이 규제조치에 해당할 경우 이 규제를 해제할 수 있는 요건을 갖추어야 수출입을 할 수 있다.

[품목관리를 위한 공고체계]

수출입품목관리체계는 대외무역법에 근거한 수출입공고(수출입별도공고포함)와 개별법에 의한 제한내용을 취합해서 공고하는 통합공고로 이루어져 있다.

〈표 7-5〉 수출입품목 관리체계

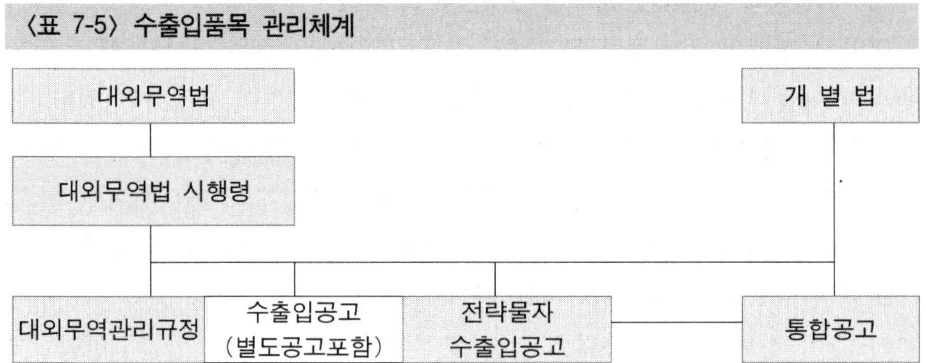

(2) 수출입공고

① 개 요

수출입공고는 수출입품목을 관리하기 위한 기본공고로서 본문에 우리나라의 수출입 품목관리를 위한 기본원칙을 정하고 있다.

그리고 수출입공고와 통합공고는 상호 독립적이므로 수출입공고에서 수출입자유품목이라 할지라도 통합공고에서 수출입을 제한하고 있는 경우 그 조건을 충족시켜야 한다. 즉, 양 공고체계에 의한 제한 내용을 동시에 충족해야 한다.

② 품목관리의 원칙

가. Negative List System

우리나라는 GATT에 가입하면서 1967년 7월 25일부터 수출입관리체계를

수출 또는 수입이 허용되는 품목만을 표시하던 Positive List System에서 수출 또는 수입의 제한 내지 금지되는 품목만을 표시하는 Negative List System으로 전환하였다. 따라서 품목별로 수출입을 금지하거나 제한하고 있지 않으면 자유롭게 수출입 할 수 있다.

그러나 현행 수출입공고에는 수출금지품목(Export Banned Items)과 수입금지품목(Import Banned Items)은 한 품목도 게기되어 있지 않고, 단지 수출제한승인품목(Export Restricted Items)과 수입제한품목(Import Restricted Items)만 각각 수출입공고에 게기되어 있다

나. 수출입공고상의 품목분류방식

언어가 서로 다른 나라와 물품을 수출입하기 위해서는 전 세계적으로 공통된 품목분류기준이 필요하다. 이제까지 무역거래에 따른 통계작성 및 관세부과 등에 있어서 국제적으로 많이 사용되었던 품목분류기준으로는 1971년 이전까지는 표준국제무역분류(Standard International Trade Classification; SITC)가 사용되어 오다가 1981년 관세협력이사회품목분류집(Customs Cooperation Council Nomenclature; CCCN)을 채택하여 1987년까지 사용하였다. 이어서 1987년 관세협력이사회(Customs Cooperation Council; CCC)가 중심이 되어 이들을 통합한 새로운 품목분류기준인 HS(Harmonized Commodity Description and Coding System, Harmonized System), 즉 조화제도(調和制度)를 제정하였다. 이에 따라 1988년 1월 1일부터 전세계적으로 시행되고 있는 HS는 재료, 제조과정, 노동과정, 용도 등을 과학적으로 고려한 21부(Section), 97류(Chapter)의 기본분류를 중심으로 10단위까지 분류가 가능하여 지구상에 존재하는 거의 모든 상품을 망라할 수 있도록 되어 있다. 우리나라의 HS를 따른 품목분류체계인 HSK(Harmonized System of Korea)는 세계공통의 6단위 분류에다 국내의 제반 사정을 감안한 자체분류 4단위를 합해 모두 10단위로 품목을 분류해 놓고 있다.

다. 적용요령

(가) 수출입승인의 유효기간

수출입승인 등의 유효기간은 승인 등을 받은 날로부터 원칙적으로 1년 이

내이므로 동 기내에 승인 받은 대로 수출입거래의 이행을 완료하여야 하며, 만약 이행이 어려울 경우 유효기간 종료이전에 승인기관으로부터 유효기간 연장승인을 받아야 한다.

(나) 기관별 수출입승인요령

수출, 수입 제한승인품목의 제한내용 및 수출입요령을 승인기관별로 정하고 있다.

(다) 외화획득용 원료 등에 대한 예외적용

수입제한승인품목을 내수용으로 수입하는 경우 수입제한요건을 충족하여야 한다. 그러나 외화획득용 원료 등은 제한요건과 관계없이 수입이 허용된다. 다만 수입제한품목을 외화획득용 원료 등으로 수입한 경우에 대응수출 이행여부에 대여 사후관리를 받아야 한다.

(3) 통합공고

① 개 요

수출입공고에서 수출입을 제한하고 있지 않더라도, 국민보건 및 안전, 사회질서유지, 문화재보호 등을 위하여 해당품목을 관장하는 개별법에서 수출입을 제한하고 있는 경우에는 동 개별법상의 제한요건을 충족해야만 수출입을 할 수 있다.

물품의 수출 또는 수입과 관련한 관리공고 품목 중 대외무역법에 의한 수출입공고(별도공고포함)는 모두 경제정책목표 달성을 위한 규제이나, 통합공고는 경제외적 목적을 달성을 위한 공고체계이다.

통합공고는 약사법 등 개별법에 의한 품목별 수출입 제한내용을 지식경제부에서 통합하여 공고하는 것으로서 현재 HS 10단위 기준으로 약 1,800개이며, 수입물량 규제보다는 품질검사, 형식승인 등 절차상의 요건확인을 통한 규제가 대부분이다.

또한 통합공고는 무역에 관한 50여개의 개별법에 나와 있는 수출입제한사항을 통합하여 고시한 것으로 수출입공고와는 그 적용에 있어 상호 독립적이

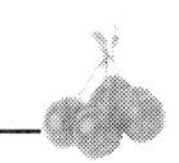

며, 대외무역법 외의 개별법령에 의하여 관계행정기관의 장이 수출、수입 요령을 공고하는 것을 말한다. 따라서 관계행정기관의 장은 전술한 통합공고에 필요한 소관 물품의 수출 수입요령을 공고될 수 있도록 이를 지식경제부장관에게 제출하여야 하고, 이에 지식경제부장관은 수출、수입 요령을 통합하여 공고하여야 한다.(대외무역법 제15조 1항 2).

이 통합공고품목은 관세법(법 제226조 : 허가、승인 등의 증명 및 확인 및 시행령 제233조 구비조건의 확인)에서도 관리규제하고 있다. 즉, 세관장확인대상 수출입품목일 경우, 세관장은 수출입신고 자료의 심사과정에서 법령이 정하는바에 의하여 수출입물품에 대한 허가, 승인, 표시, 기타조건(수출입요건)구비여부를 확인하여야 한다.

② 품목별 수출입요령

가. 마약류(마약, 향정신성 의약품, 대마)

마약류 취급 학술 연구자 및 마약류 수출입업자에 한해 수출입이 가능하며 매품목마다 식품의약품안전청장의 허가를 받아 수입할 수 있다.

나. 식품류

부패, 변질, 미숙한 것, 유독, 유해물질 함유, 부착된 것 등에 대하여 수출입할 수 없는 식품류로 지정하고 있으며, 식품첨가물, 식품용 기구, 용기、 포장류에 대해서도 적용된다.

다. 동、식물 및 생산품

검역증명서의 제출이 의무화되어 있거나 검역을 받아야 하며 수입 장소가 별도로 지정되어 있다.

라. 통과제한물품

다음과 같은 경우는 수입할 수 없는 경우로 지정하고 있다.

가) 국헌문란, 풍속을 해할 서적, 간행물, 영화, 음반 등

나) 정부기밀 누설, 첩보물품

다) 화폐 및 유가증권 등의 위조품, 모조품, 변조품

(4) 전략물자수출입공고

전략물자라 함은 상용무기와 이중용도 품목, 기술 및 이의 불법축적방지를 위한 물품, 원자력관련 비확산품목, 미사일관련 비확산품목, 생화학무기관련 비확산품목 등 국제평화 및 안전유지를 위해 국가 간 이동의 규제가 필요하다고 인정되는 물품으로, 이 전략물자는 물품에 따라 지식경제부장관, 국방부장관 또는 과학기술부장관의 사전허가를 받아야 만 수출입을 할 수 있다.

따라서 대외무역법에서는 "전략물자의 수출제한 및 수입증명서 발급에 관하여 필요한 사항은 지식경제부장관이 이를 정하여 공고하여야 한다"라고 규정되어 있다.(대외무역법 제21조 제 2、3 항)

3. 수출입 승인 및 거래형태

1) 수출 및 수입의 개념

(1) 수출의 정의

「수출」이라 함은 판매, 교환, 임대차, 사용임대, 증여 등을 원인으로 국내에서 외국으로 물품의 이동(우리나라의 선박에 의하여 외국에서 채취 또는 포획한 광물 또는 수산물을 외국에 매도하는 것 포함)과 외국에서 외국으로 유상으로 물품을 인도하는 것으로서 지식경제부장관이 정하는 것, 그리고 외국환거래법에 의한 거주자가 비거주자에게 전자적형태의 무체물을 정보통신망을 통하여 전송하거나 컴퓨터 등 정보처리능력을 가진 장치에 내장한 상태로 반출한 후 인도하는 것을 말한다.

(2) 수입의 정의

「수입」이라 함은 판매, 교환, 임대차, 사용임차, 증여 등을 원인으로 외국으로부터 국내로 물품을 인수하는 것과 외국으로부터 외국에서 물품을 유상으로 인수하는 것으로서 지식경제부장관이 정하는 것, 그리고 전자적 형태의 무체물을 수출과 반대로 전송받거나 반입 후 인수하는 것을 말한다.

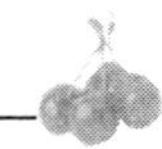

2) 수출입승인

수출상은 수출승인 대상물품을 수출하고자 할 경우에는 매 계약 건별로 구비서류를 갖추어 수출승인을 신청하여야 하며, 승인대상 품목이 아닐 경우에는 수출승인을 받을 필요가 없다. 수출승인의 권한은 지식경제부장관이 지정 고시한 관계행정기관 또는 단체의 장에게 있다.

수출승인을 받아야 하는 승인대상품목은 수출입공고상의 수출제한 품목과 수출입공고 별도공고상의 수출제한 품목이다. 따라서 수출상은 해당 상품이 수출승인대상품목에 적용되는지를 먼저 HS 번호를 근거하여 검토해야 한다.

한편, 대외무역법 이외의 50여개 개별법에 의한 수출입 제한 내용을 통합하여 고시하는 통합공고에 따라 요건확인 등을 받아야 하는 물품은 수출입 승인 대상에 포함되지 않는다. 따라서 해당 개별법에서 정하고 있는 바에 따라 요건확인 등을 받은 후 곧바로 세관에 수출신고나 수입신고를 함으로써 수출입을 이행하게 된다.

또한 수출승인 거래 당사자가 합의한 수출대금의 결제방법에 대해서는 외국환거래법과 관계없이 검토대상에서 제외되며, 수출승인의 유효기간은 1년이다. 그러나 물가안정, 수급조정 등 그 용도와 물품의 인도조건 기타 거래상의 특성에 따라 필요하다고 인정되는 경우는 수출승인기관은 승인 시에 그 효력인정 기간을 따로 정할 수 있다.

물품의 수출입 및 수출입대금의 영수 또는 지급은 원칙적으로 자유로우나 헌법에 의하여 체결·공포된 조약과 일반적으로 승인된 국제법규에 의하여 부과된 의무를 이행하고, 생물자원의 보호 등을 위하여 지정하는 물품 및 무역균형을 촉진하기 위하여 필요한 경우 수출입을 제한할 수 있다.

3) 수출입거래형태

(1) 특정거래

현재 대외무역법상 수출입의 거래형태는 크게 특정거래와 이외의 거래, 즉 정상거래로 나누어 볼 수 있는데, 특정거래라 함은 수출입의 제한을 면탈하거나 산업보호에 지장을 초래할 우려가 있는 거래, 또는 대금결제가 수반되지 아니하고 물품 등의 이동만 이루어지는 거래를 의미하고 있는 바 수출입거래형태 중 특정거래형태를 지정하고 여기에 해당될 경우에는 이에 대한 별도의 인정절차를 받도록 하고 있다.

또한 특정거래라 하더라도 국부의 유출을 초래할 수 있는 신고가격 기준 미화 1만불 상당액 초과물품을 대외무역관리규정 별표 3에 해당되지 않는 사유로 무환 수출하는 경우에만 지식경제부 무역정책과로부터 인정을 받도록 하고 있으며 이외의 거래는 당사자의 의사에 따라 자유로이 거래가 가능하다.

(2) 특정거래형태의 수출입 인정의 종류(대외무역관리규정 : 제2조)

① 위탁판매수출과 수탁판매수입

위탁판매수출이란 물품 등을 무환으로 수출하여 당해물품이 판매된 범위안에서 대금을 결제하는 계약에 의한 수출을 말한다. 남은 물품의 소유권은 수출업자에게 있으므로 판매하고 남은 물품도 수출업자에게 반송된다. 또한 수탁판매수입이란 물품 등을 무환으로 수입하여 당해물품이 판매된 범위안에서 대금을 결제하는 계약에 의한 수입을 말한다.

② 위탁가공무역과 수탁가공무역

위탁가공무역은 가공임을 지급하는 조건으로 가공할 원자재의 전부 또는 일부를 통상 무상으로 외국의 거래상대방(임가공업자)에게 수출하여 이를 가공한 후 가공물품을 국내에 재수입하거나 제3국에 판매하는 수출입거래를 말한다.

수탁가공무역은 위탁가공무역과 정반대의 거래형태로서 가공임을 취득할 목적으로 외국의 거래상대방의 위탁에 따라 원자재의 전부 또는 일부를 무상으로 수입하여 이를 국내에서 가공한 후에 외국의 위탁자 또는 위탁자가 지정하는 제3자에게 재수출하는 거래를 말한다.

③ 임대수출과 임차수입

임대수출이란 계약에 의하여 물품 등을 수출하여 일정기간 후 다시 수입하거나 그 기간의 만료전 또는 만료후 당해 물품 등의 소유권을 이전하는 수출

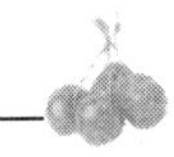

을 말한다. 또한 임차수입이란 계약에 의하여 물품 등을 수입하여 일정기간 후 다시 수출하거나 그 기간의 만료전 또는 만료후 당해물품의 소유권을 이전받는 수입을 말한다.

④ 연계무역

물물교환(Barter Trade), 구상무역(Compensation trade), 대응구매(Counter purchase), 제품 환매(Buy Back) 등의 형태에 의하여 수출、수입이 연계되어 이루어지는 수출입을 말한다. 즉 연계무역은 외국환이 부족한 국가와 거래할 경우에 많이 활용되는 거래형태로서 동일한 거래상대자간에 수출물품과 수입물품이 교환됨으로 인하여 수출과 수입이 연계된 형태의 무역거래 형태이다.

가. 구상무역 : 수출입물품의 대금을 그에 상응하는 수출 또는 수입으로 상쇄하는 무역거래를 말한다.

나. 대응구매 : 수출액 비율만큼 반드시 구매하겠다는 별도의 계약서를 체결하고 수출하는 거래방식이다.

다. 제품 환매 : 수출업자가 플랜트, 장비, 기술 등을 수출하고 이에 대응하여 동 설비나 기술로 생산된 제품을 다시 구매해가는 것을 의미한다. 이는 수입국의 산업을 발전시킬 목적으로 자본, 기술, 등을 공여하는 사업협력의 일환으로 이용된다.

⑤ 중계무역

수출할 것을 목적으로 물품을 수입하여 이를 제3국으로 수출하는 수출입거래방식으로서 수입한 상품을 원상태 그대로 수출하여 수출대금 영수액과 수입대금 지급액과의 차액에 해당하는 가득액을 취하는 거래 방식이다. 이때 취하는 가득액은 수출가액(FOB)에서 수입금액(CIF)을 공제한 금액으로서 이를 중계차액이라 하며, 즉 일정한 중개수수료를 수취하는 거래이며, 이 중계차익만을 수출실적으로 인정한다.

⑥ 무환 수출입

외국환거래가 수반되지 아니하는 물품의 수출입 또는 대금결제가 수반되지

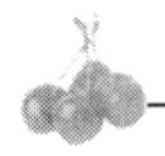

아니하고 물품의 이동만으로 이루어지는 거래를 의미하며, 여기에는 대가를 지급하지 아니하는 물품의 수출·수입인 무상수출입도 해당된다. 무환 수출입은 증여·상속 등의 무상 무환과 위·수탁판매무역, 위·수탁 가공무역 시 원자재 수출입, 임대차 수출입, 무환 상계결제(연계무역 중 물물교환)등의 유상·무환으로 구분된다.

4. 원산지관리제도

1) 원산지제도의 의의

대외무역법상 물품의 원산지 관리는 원산지표시제도와 원산지확인제도로 구분되며, 원산지표시제도는 최종소비자를 보호하기 위하여 수출입물품에 원산지를 표시하도록 하는 것이며, 원산지확인제도는 특정 물품의 수입지역을 제한하거나 원산지 허위표시 등을 방지하기 위하여 무역정책적인 측면에서 시행되고 있다.

2) 원산지표시제도

수입물품의 원산지를 판정하는 기준, 즉 원산지규정에 의해 이루어진다.

(1) 대상물품

원산지표시제도는 수출입물품에 대한 원산지를 표시하게 함으로써 소비자의 합리적 판단을 돕는데 목적이 있다. 수입의 경우 원산지표시대상품목은 일반 소비자가 직접 구매, 사용하는 품목으로서 HS 4단위를 기준으로 693개 품목(농산물189개, 공산품 489개로 전체품목의 54.6%)를 지정하고 있다. 원산지의 표시를 할 범위는 당해 수입물품 및 재사용이 가능한 포장용품 또는 당해 수입품과 구분판매가 가능한 부속품 등 부장품[3]까지 포함된다. 수출물품의 경우에도 원산지를 표시하여야 하나 수입국의 규정을 우선 적용할 수 있도

---

3) 재사용이 가능한 포장용품 또는 당해 수입품과 구분판매가 가능한 부속품 및 부분품을 말한다.

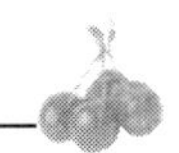

록 하고 있다.

(2) 원산지표시방법

① 수출물품의 원산지

수출물품의 원산지 표시는 수입물품과 동일한 방법으로 표시하되, 당해 물품에 대한 수입국의 원산지 표시 규정이 이와 다르게 표시하도록 되어 있는 경우에는 동 규정에 의하여 원산지표시를 할 수 있다. 다만, 수입한 물품에 대하여 국내에서 단순한 가공활동을 하여 이를 수출하는 경우에 우리나라를 원산지로 표시하여서는 안 된다.

② 수입물품의 원산지

수입물품의 원산지는 최종 구매자가 판독하기 용이한 형태와 방법으로 식별하기 용이한 위치에 각인, 특수인쇄, 주형조각, 주물활자, 식각 및 금속철판 등 영구적으로 보존될 수 있는 방법으로 표시하여야 한다. 따라서 쉽게 제거할 수 있는 스티커, 라벨 등을 부착하여 원산지를 표시하는 것은 인정되지 않으며 원산지 표시언어는 한글, 영문 또는 한문으로 한정되어 있다.

원산지 표시단위는 최소 포장단위로 당해 수입물품의 현품에 표시하는 것이 불가능한 물품(예 : 밀가루 등)이나, 원산지표시로 인하여 당해 물품이 크게 훼손되는 물품(예 : IC 등), 기타 상거래 관행상 최종구매자에게 포장된 상태 또는 용기에 담아 봉인된 상태로 진열 또는 판매된 물품으로서 세관장이 타당하다고 인정하는 물품(예 : 비누 등)은 포장, 용기 등에 원산지를 표시하면 된다.

3) 원산지확인제도

(1) 대상물품

원산지 확인대상물품은 ① 통합공고에 의해 특정지역으로부터 수입이 제한되거나 ② 원산지 허위표시, 오인, 혼동표시 등을 확인하기 위하여 세관장이 필요하다고 인정하는 물품 ③ 기타 법령에 의해 확인이 필요한 물품

(2) 원산지증명서 제출

원산지 확인물품에 대하여는 수입신고시 원산지증명서를 제출하여야 하며, 그러나 수출용원자재로 수입 승인받아 수입되는 물품, B/L 단위로 과세가격 10만원 이하의 물품, 무환으로 수입되는 우편물, 물품의 종류, 성질, 형상 또는 그 상표, 생산국명, 제조자등에 의해 원산지가 인정되는 물품 등은 예외로 한다.

원산지증명서의 사용언어는 한국어, 영어, 불어로 표기되어야 하며, 원산국의 세관이나 상공회의소가 발행한 것이라야 한다. 원산지증명서의 기재사항은 당해물품의 기호, 번호, 품명, 수량, 가격 및 생산지와 수출업자, 수하인명과 기타 참고사항 등이다. 원산지증명서의 양식은 가급적 원산지관리세칙 (별표 1)의 표준양식에 준하여야 하나 반드시 일치할 필요는 없다.

4) 원산지 판정기준

(1) 원산지 판정기준의 원칙

원산지를 판정하는 기준에는 완전생산기준과 실질적 변형기준이 있다.

법 제34조의 규정에 의한 수입 또는 수출물품에 대한 원산지판정은 다음 각호의 1의 기준에 의하여야 한다.(시행령 제61조)

가. 수출입물품의 전부가 하나의 국가에서 채취 또는 생산된 물품(이하 "완전생산물품"이라 한다)인 경우에는 그 국가를 당해 물품의 원산지로 할 것

나. 수출입물품의 생산ㆍ제조ㆍ가공과정에 2이상의 국가가 관련된 경우에는 최종적으로 실질적 변형을 행하여 그 물품의 본질적 특성을 부여하는 활동(이하 "실질적 변형"이라 한다)을 수행한 국가를 당해 물품의 원산지로 할 것

다. 출입물품의 생산ㆍ제조ㆍ가공과정에 2이상의 국가가 관련된 경우 단순한 가공활동을 수행하는 국가를 원산지로 하지 아니할 것

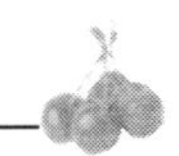

① 완전생산기준 (규정 85조 수입물품 원산지 판정기준)

당해 물품의 전부를 생산한 국가를 원산지로 보는 기준으로 이 기준은 주로 천연생산품 또는 천연생산품으로 물품의 전부를 제조한 상품에만 적용되며, 그 구체적인 기준은 다음과 같다.

② 실질적 변형기준

2개국 이상의 국가에서 생산, 가공, 제조된 경우에는 실질적인 변화를 최종적으로 행한 국가를 원산지로 보는 기준으로, 실질적 변형 여부의 구체적 판단은 주로 세번변경기준에 의하나, 부가가치기준이나 가공공정기준으로 규정된 물품에 대해서는 동 고시된 기준을 우선 적용하여 원산지를 결정한다.

그러나, HS가 변경되거나 부가가치 기준을 충족하더라도, 운송, 보존을 위한 포장, 상표표시, 절단, 조립, 선별 등의 단순한 공정만을 수행한 국가는 원산지로 인정하지 않는다. 당해 국에서의 제조 또는 가공 공정을 통하여 원재료의 세번과 상이한 세번(HS 6단위)의 제품을 생산하는 것을 말한다. 따라서 대부분의 해외 위탁가공물품의 실질적 변형을 일으키는 가공공정을 시행한 가공국가가 원산지가 된다.

가. 세번변경기준(the Change in Tariff Heading Method, CTH)

원료와 완제품의 세번을 비교하여 세번이 일정 단위 이상으로 변하는 경우 이를 실질적 변형으로 인정하여 원산지를 부여하는 것으로, 이 때 세번변경의 기준은 대개 국제통상코드인 HS 품목번호를 사용하며, CTH 기준이 가장 많이 이용된다. 단, 실질적 변형으로 볼 수 없는 단순한 가공활동에 의한 세번변경이 발생한 경우 원산지를 인정하지 않는다.

나. 부가가치기준 (또는 부품의 가액비율)

당해 물품에서 차지하는 원료 및 구성품의 가격 비율 (부가가치율)을 산출한 후 일정비율 이상의 부가가치를 차지하는 국가에 원산지를 인정하는 제도로 대외무역법령은 부가가치율 35% 이상을 생산한 국가에 원산지를 부여하고 있다.

※ 부가가치비율 산출방법

$$\frac{\text{원료 및 구성품의 원산지별 가격누계}}{\text{수입물품 FOB가격}} \times 100$$

참고로 부가가치기준 공여국은 일반적으로 수출품의 공장도가격을 기준으로 당해제품 수출국에서 부가한 가치의 비율에 따라 원산지기준을 결정하는데, 캐나다는 60%, 뉴질랜드 50%이상의 가치를 수출국에서 부가할 것을 요구하며, 러시아는 수입원재료의 가격이 FOB 기준 완제품가격의 50%이하일 것을 요구한다.

다. 가공공정기준

부가가치기준 적용품목이 35%이상 생산한 국가가 하나도 없거나 35%이상을 생산한 국가가 2개국 이상일 경우에 "주요부품"을 생산한 국가 또는 "주요공정"이 이루어진 국가를 원산지로 인정하는 기준으로서 부가가치 기준을 보완하는 기준이다.

다만, 수입한 물품에 대하여 국내에서 단순한 가공활동을 수행하여 이를 수출하는 경우에는 우리나라를 원산지로 표시하여서는 아니 된다.

(2) 원산지 확인에 있어서의 직접운송원칙 (규정 93조)

수입물품의 원산지는 그 물품이 원산지국가이외의 국가(이하 "비원산국"이라 한다)를 경유하지 아니하고 원산지국가로부터 직접 우리나라로 운송 반입된 물품에 한하여 당해물품의 원산지를 인정한다.

(3) 수입물품의 원산지 사전판정(시행령 제62조)

법 제34조제3항의 규정에 의하여 물품을 수입하기 전에 수입물품의 원산지에 관하여 판정을 받고자 하는 자는 대상물품의 관세·통계통합품목분류표(「관세법 시행령」 제98조의 규정에 의한 관세·통계통합품목분류표를 말한다. 이하 같다)상의 품목번호, 품목명(모델명을 포함한다), 요청사유, 요청자가 주

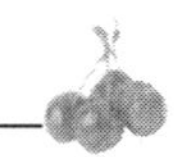

장하는 원산지등을 기재한 요청서에 견본 1개 기타 원산지판정에 필요한 자료를 첨부하여 지식경제부장관에 제출하여야 한다. 다만, 물품의 성질상 견본을 제출하기 곤란하거나 견본이 없어도 그 물품의 원산지판정에 지장이 없다고 인정되는 경우에는 견본의 제출을 생략할 수 있다.

(4) 원산지 판정 기준의 특례(규정 제87조)

기계, 기구, 장치 또는 차량에 사용되는 부속품으로 당해 기계 등과 함께 수입되어 판매되는 표준부속품의 원산지는 당해 기계 등의 원산지와 동일한 것으로 본다. 그리고 포장용품의 경우 내용품의 원산지와 동일한 것으로 보나 관세율표상 포장용품과 내용품이 각각 별개의 수입품으로 분류되는 물품은 별도의 원산지를 구분, 적용한다, 그리고 촬영된 영화필름의 경우에 제3국에서 촬영된 것이라도 그 영화제작자가 속하는 나라를 원산지로 본다.

5. 소요량제도와 관세 환급제도

1) 소요량제도

소요량이란 수출물품을 생산하는데 소요되는 원재료의 양으로서 생산과정에서 정상적으로 발생하는 소요량을 포함한 것을 말한다. 우리나라는 수출진흥을 위해 외화획득용 원료 조달시 금융, 세제상 여러 가지 혜택을 주고 있으며 관세환급시에도 수출물품의 생산에 소요된 원료의 양에 따라 환급액이 결정되므로 소요량제도는 매우 중요한 의미를 갖는다.

그러나 수많은 물품에 대한 원료의 양을 정확히 산출하고 운용하기 위해서는 매우 많은 인력이 뒷받침되어야 하는 등 여러 가지 문제점이 있어 최근에 와서는 이를 당해 기업이 스스로 계산하게 하는 방식으로 대폭 간소화되었다.

특히 환급특례법에서 관세 환급을 위한 소요량확인에 대해서는 기업자율소요량제도를 도입함으로서 기존 대외무역법상의 소요량제도와 이원화되는 등 소요량제도는 전반적으로 크게 변화되었다.

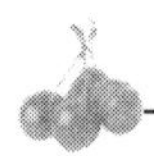

(1) 대외무역법상의 소요량제도

대외무역법에 근거한 수출입공고(별도공고포함)에 의해 수입이 제한되는 물품을 외화획득원료 등으로 수입한 경우에 해당되는 사후관리대상품목의 대응수출이행여부를 확인하기 위한 사후관리용으로만 적용되고 있으며 중앙행정기관의 장(지식경제부장관이 관장하는 품목은 목재가구에 대해서는 임업연구원장, 기타의 품목에 대해서는 기술표준원장)이 책정하여 고시한 기준소요량과 당해 기업이 자율적으로 계산한 자율소요량계산서[4]가 사용된다.

(2) 환급특례법상의 소요량제도

환급특례법(수출용원재료에 대한 관세 등 환급에 관한 특례법)상의 소요량제도는 신속하고 적정한 환급이 이루어질 수 있도록 하기 위해 관세청장이 정한 소요량산정방법에 따라 업체 자율적으로 소요량을 산정하고 이를 관세환급 시 인정하여 주는 제도이다.

이는 수출물품에 소요된 원재료의 종류별 양에 대하여는 수출물품을 생산한 업체에서 가장 잘 알고 있음에도 불구하고 국가기관에서 업체별 소요량을 평균하여 획일적으로 고시한 소요량을 적용하므로서 필연적으로 발생하는 과다ㆍ과소 환급의 문제점 해결과 고시되지 않은 품목에 대해서는 시ㆍ도지사로 부터 소요량증명서를 발급받는데 소요되는 막대한 시간과 비용 등의 절감을 위해 도입되었다.

즉 업체에서 사용하고 있는 회계장부 등을 이용하여 간편하고 정확하게 소요량을 계산하도록 하고 그 적정여부에 대해서는 환급금을 지급한 후 심사함으로서 적정하고 신속한 환급금 지급을 통해 수출업체에 대한 수출경쟁력을 강화하기 위한 것으로서 소요량의 계산을 업체자율로 하는 것을 기본으로 하고 있다.

---

4) 자율소요량 계산서는 단위자율소요량 또는 기준소요량에 외화획득용 물품 등의 수량을 곱한 물량으로 표시하며, 단위자율소요량의 산출근거를 품목 및 규격별로 명확히 표시하여야 한다.

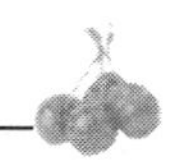

(3) 자율소요량제도

자율소요량제도란 수출용 원재료에 대한 관세 등 환급에 관한 특례법에 따라 새로이 실시되는 제도로서 수출업체가 관세환급을 받기 위해서 자기의 수출제품을 생산하는 데 들어가는 원재료의 종류와 양을 스스로 계산하는 제도이다.

〈표 7-6〉 소요량 자체관리기업 및 소요량계산서 발급기업

구 분	소요량 자체관리기업	소요량계산서 발급기업
지정 요건	① 전년도 국세청 생산수율 비교표에 등재된 업체 ② 전년도 수출실적이 100만 달러 이상인 업체	수출물품을 생산하는 모든 무역업체

2) 관세환급제도

(1) 관세 등의 환급대상

① 환급대상 제세

관세환급이란 원재료를 수입하여 제조ㆍ가공 후(원상태 수출도 포함) 수출 등에 제공하였을 때 원재료 수입시 납부한 모든 세금을 환급해 주는 것을 말한다. 수입시 납부한 모든 세금이란 구체적으로 관세, 특별소비세, 주세, 교육세, 부가가치세를 말하나 부가가치세는 동 세법의 특성상 부가가치세 신고시 자동적으로 환급이 되므로 환급특례법에서의 환급이 대상이 되는 관세 등이라 함은 부가가치세를 제외하고 수입시 납부한 제세를 말한다.

② 환급대상 수출

환급대상이 되기 위하 여는 물품을 우선 수출 등에 제공하여야 하는 바, 이를 환급대상수출이라 한다. 환급특례법상의 환급대상수출을 일반유상수출이외에도, 관세법의 규정에 의하여 수출신고가 수리된 수출. 다만, 무상으로 수출하는 것에 대하여는 총리령이 정하는 수출, 우리나라 안에서 대가를 외화로 받는 판매 또는 공사 중 총리령이 정하는 것, 관세법에 의한 보세구역 중 총

리령이 정하는 구역 또는 자유무역지역의 지정 및 운영에 관한법률에 의한 자유무역지역안의 입주기업체에 대한 공급, 기타 수출로 인정되어 총리령이 정하는 것이 있으며, 수출 신고하여 수출신고필증이 교부된 물품은 선박 또는 항공기에 선(기)적하고 선(기)적사실이 관세청 전산시스템으로 확인이 되어야 환급이 가능하다

③ 환급대상 수입

관세환급을 받기 위해서는 수출용 원재료를 수입하는 때에 관세 등을 납부하였다는 증명서류를 환급신청서에 첨부하여 기 납부한 관세 등을 환급 받을 수 있는데, 이를 환급대상수입이라 한다. 다만 간이정액환급율표를 적용하여 관세환급을 신청하는 때에는 이를 첨부하지 아니한다.

(2) 관세 등의 환급방법

① 개별환급제도

환급금의 산출방법 중 개별환급제도란 수출물품을 제조하는 데에 소요되는 원재료의 수입시 납부하였거나 납부할 관세 등의 세액을 소요원재료 별로 확인、합계하여 환급금을 산출하는 방법으로 납부세액을 정확하게 환급할 수 있는 제도이며, 개별환급 적용대상은 우선적으로 간이정액환급율표가 적용될 수 없는 수출물품, 간이정액환급율표에 게기되지 않은 수출물품 및 간이정액비적용승인업체의 수출물품에 적용된다.

② 간이정액환급제도

간이정액환급제도는 중소기업의 수출을 지원 및 환급절차 간소화를 위해 간이정액환급 대상 중소기업이 제조한 수출물품에 대한 환급액 산출시(내국신용장 등 국내거래서류에 의한 국내거래물품에 대한 기초원재료납세증명서 발급시 포함) 정부가 정하는 일정금액(간이정액환급율표상의 금액)을 수출물품 제조에 소요된 원재료의 수입시 납부세액으로 보고 환급액 등을 산출토록 한 제도이다.

적용대상업체는 간이정액환급율표를 적용할 수 있는 업체로 수출물품제조

자(생산자)이어야하고 중소기업기본법 제2조의 규정에 의한 중소기업체로서 환급신청일이 속하는 연도의 직전 2년간 매년도 총환급실적(기초원재료 납세증명서 발급실적 포함)이 4억원이하인 수출、제조 업체이어야 한다.

③ 부산물 공제제도

수출품 제조과정에서 경제적 가치가 있는 부산물이 발생하는 경우 손모율로 인정된 부분에서 부산물이 발생함에도 소요된 수입원재료의 납부세액 전부를 환급함은 형평의 원칙에 맞지 않을 뿐만 아니라 사실상 수출되지 않은 동 부산물 제조용 원재료에 대하여도 관세 등을 환급함은 부당하므로 원재료 수입시 납부한 관세 등의 금액에서 부산물의 가치에 해당하는 세액을 공제한 후 잔액을 환급하는데 이를 부산물 공제제도라고 한다.

제 8 장

무역계약의 체결과 이행

8.1 무역계약의 체결
8.2 수출입절차
8.3 해상운송과 해상보험
8.4 수출보험
8.5 신용장과 수출입 대금결제
8.6 무역클레임과 중재제도

Chapter 8 무역계약의 체결과 이행

8.1 무역계약의 체결

1. 무역계약의 의의

무역계약(trade contract)은 국제간 매매계약으로서 물품 및 용역의 수출입을 위하여 계약당사자들 간에 물품의 소유권 양도와 같은 법률적 행위를 수반하는 약정을 의미한다. 즉, 매도인이 매수인에게 물품의 소유권을 양도하여 물품을 인도할 것을 약속하고, 매수인은 이를 수령하고 그 대금을 매도인에게 지급할 것을 약정하는 계약이다.

따라서 무역계약은 다음과 같은 특징을 가지고 있다.[1)]

첫째, 매도인은 물품인도의무를, 매수인은 대금지급의무를 부담하는 쌍무계약(bilateral contract)이다.

둘째, 일방의 물품급부의 제공에 대하여 상대방이 금전 또는 물품으로 반대급부를 제공하는 유상계약(onerous contract)이다.

셋째, 일방으로부터의 청약에 대하여 상대방이 이를 승낙함으로써 성립하는 낙성계약(consensual contract)이다.

---

1) 김종성 공저, 무역학원론, 한국방송통신대학교 출판부, 2006. p.240.

1) 해외시장조사

무역계약을 체결하기 전에 해외시장조사를 통하여 목적시장을 결정하고, 그 시장에서의 신용 있고 유력한 거래처를 선정한 다음 그 거래처에 대하여 거래를 제의하는 거래제의장(circular letter)을 발송한다.

그리고 이와 같은 거래제의에 상대방이 응해 왔을 때(Inquiry)는 거래를 개시하기 전에 신용조사(credit inquiry)를 해둔다. 신용조사 결과 상대가 양호하다고 판단되면 견본과 가격표를 송부하여 보다 적극적으로 주문을 권유하고, 또 당해 상대방과 장기적인 거래관계를 유지하고자 하는 경우에는 본격적인 거래 앞서 후일의 분쟁을 피함과 동시에 거래를 신속하고 원만하게 처리하기 위해서 금후 거래의 기준이 될 일반적인 거래조건을 협정하는 일반거래조건 협정서(Agreement on general terms and conditions for business, memorandum of agreement)를 작성하여 상호 교환하여 두는 것이 바람직하다.

외국과 무역거래를 함에 있어 비용과 위험을 최소화하고 극대화하기 위해서는 사전에 신속하고 정확한 해외 시장조사가 필수적인 전제조건이다. 그 방법에 있어 우선 대상 시장의 전반적 개황(정치, 경제, 사회, 풍토, 기후, 언어 등)을 조사한 다음 취급상품에 대한 세부적인 내용(무역관리제도, 시장특성, 수요와 공급, 유통구조, 경쟁상대, 거래처 등)을 조사하는 일련의 단계를 거치게 된다.

(1) 시장조사의 내용

시장 조사를 수행하기에 앞서 반드시 다음의 내용들을 기본으로 시장조사에 임하여야 한다.

① 일반사항 : 해당국의 정치, 경제, 사회, 문화, 종교, 인구, 언어 등
② 경제동향 : 경제성장, 국민소득, 물가, 임금, 고용, 국제수지 등
③ 산업동향 : 산업구조 특히 제조업 등
④ 무역동향 : 대외무역구조, 특히 품목별, 지역별 경쟁국 진출동향 등
⑤ 무역관리제도 : 통화정책, 수입관리제도, 대한 수입규제, 기타 관세율 및 외환관리제도 등

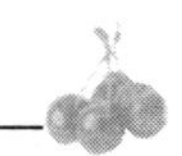

⑥ 시장특성 및 유통구조 : 일반적인 시장 특성 외에 소비자계층, 상관습 및 구매 시기, 유통 구조의 형태, 주요 수입상 명단 등
⑦ 시장접근방법 : 중개상, 전문 수입상, 도매상 등
⑧ 교역현황 : 우리나라의 전체 교역량 및 해당 품목에 대한 수입규모
⑨ 기타사항 : 해당국의 항만사정, 통신시설, 여행 시 유의사항, 국민성

(2) 시장조사방법

① 무역협회(KITA)를 통한 방법

무역협회의 www.kita.net 이나 자료실에 비치된 각종 무역통계, 지역별 시장동향, 월보 또는 연감 등을 실비로 복사가 가능하다

② 대한무역투자진흥공사(KOTRA)를 통한 방법

KOTRA의 www.kotra.or.kr이나 자료실에 비치된 각종 무역통계, 지역별 시장동향, 월보 또는 연감 등을 실비로 복사가 가능하다.

③ 기타 2차 자료를 통한 방법

이밖에 국내에 주재하고 있는 외국공관의 상무관실 등에 비치된 각종 자료를 이용하거나 상무관과의 면담도 유용하다.

④ 자체 현지조사를 통한 방법

수출유망대상지역을 직접 방문, 현지 우리나라 대사관이나 영사관, KOTRA 무역관에 협조를 요청거나 혹은 현지 상공회의소에서 자료를 입수할 수도 있다.

그 외에 해당시장의 유력한 수입업자나 도매상을 방문, 해당품목의 시황, 유통구조, 소비자 패턴, 가격 등 문의가 가능하다. 처음부터 비즈니스 얘기를 꺼내기 보다는 원활한 협조를 위해 간단한 선물 등을 준비하는 것이 좋다.

2) 거래선 발굴방법

(1) EC21(www.ec21.com)

국내 1위의 e-마켓플레이스로서 30여만 바이어 DB를 보유하고 있으며 현실을 반영한 카테고리 분류 체계가 특징이며, 오퍼 등록 전 사전검수, 블랙리스트 수집 및 공유 등 오퍼 및 바이어 정보의 신뢰성 확보를 위해 노력하고 있다.

(2) KOBO(www.kobo.org)

KOTRA 에서 운영하는 거래알선사이트로 전 세계 100 여개 KOTRA 무역관을 통해 매일 입수되는 바이어 Inquiry를 검색할 수 있고, 제품홍보를 위한 전자카탈로그 제작이 가능하다.

(3) 무역유관 기관이용

① 한국무역협회(www.kita.net)

종합무역정보 내 오퍼 게시판 및 해외바이어 정보를 검색하여 바이어 리스트를 얻을 수 있으며, 도서실에 방대한 분량의 해외 디렉토리를 보유하고 있어 오프라인으로의 접근이 가능하다.

② 대한무역투자진흥공사(KOTRA : www.kotra.or.kr)

KOTRA 웹사이트나 KOBO를 이용, 바이어 및 방한바이어 정보를 검색할 수 있으며 무역자료실을 통해 오프라인 정보를 얻을 수 있다.

③ 해외홍보 매체이용

국내에서 발간하는 해외 홍보 매체를 통해 광고를 수행.

- Korea Buyer's Guide

  Buyer's Guide 에서 해외 140여 개국을 대상으로 발행하는 월간 영문 국내상품홍보 잡지로 최근 <Korea Buyers Guide>의 디지털판인 <e-Buyers Guide>도 제작하여 전 세계 20만 바이어에게 발송함으로써 오프라인의 한계를 보완했다.
- Korea Trade

  KOTRA 에서 발행하는 월간 영문 국내상품홍보 잡지

④ 각종사절단 및 전시회참가

지식경제부, 중소기업청 등 무역유관기관의 정부지원 해외전시회 뿐만 아

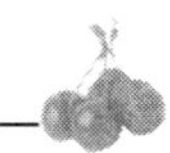

니라 무역협회에서 주관하는 해외전시회에 신청, 참여할 수 있다.

⑤ 기타

자체홍보(상품 홍보용 카탈로그 제작 후 무역유관기관을 통해 얻은 바이어들에게 직접 송부하는 방법이 있으나, 바이어리스트 정보의 신뢰도가 낮을 경우 효율성이 떨어지고 비용이 상대적으로 많이 든다)나, 직접 방문(해외출장시 호텔이나 현지 무역유관기관에 비치된 Yellowpages 나 업종별 디렉터리를 보고 전화한 후 직접 찾아가는 방법, 출장전 사전준비가 매우 중요하다).

2. 청약(Offer)과 승낙(Acceptance)

1) 청 약

(1) 오퍼의 의의

매도인이 매수인으로부터 조회를 받으면 일반적으로 오퍼(offer)를 발행하는 것이 보통이다. 오퍼라 함은 청약자(offerer)가 피청약자(offeree)와 일정한 조건으로 계약을 체결하고 싶다는 의사표시를 말하며, 우리나라의 대외무역법상의 용어로는 '물품매도확약'이라 한다.

(2) 오퍼의 종류

오퍼의 주체를 기준으로 수출업자의 물품판매조건을 제시하는 Selling Offer와 수입업자의 물품구매조건을 제시하는 Buying Offer로 구분되고, 오퍼의 발생지를 기준으로 해외에 있는 물품공급자를 대신해서 국내에서 발행하는 국내오퍼와 거래상대국의 물품공급자가 국외에서 발행한 국외오퍼로도 구분되며, 오퍼의 확정력을 기준으로 확정오퍼(Firm Offer)와 불확정오퍼(Free Offer) 등으로 구분된다. 실무상 많이 이용되는 오퍼의 종류는 다음과 같다.

① 확정오퍼(Firm Offer)

청약자가 승낙기간을 지정하고, 그 기간 내에 승낙, 회답할 것을 조건으로 하는 오퍼를 말한다. 피청약자가 기간 내에 청약자의 오퍼를 승낙하면 이를

이행해야 한다.

② 확인조건부오퍼(Conditional Offer)

해당제품의 시세변동이 심한 품목이나 우편으로 오퍼를 제시할 경우 확인조건부오퍼(offer subject to our final confirmation)를 낸다. 이것은 오퍼가 아니라 오퍼의 권유에 불과하다. 그 이유는 상대방이 승낙하여도 청약자가 수락한다고 확인하지 않으면 계약이 성립되지 않기 때문이다.

③ 선착순판매조건오퍼(Offer Subject to Prior Sale)

이것은 주로 재고품판매오퍼시 거래선들에게 오퍼를 발행하는 것으로, 해당물품이 판매되지 않고 재고가 있어야만 계약이 성립된다는 것을 조건으로 한다. 이는 재고잔유조건오퍼(Offer Subject to being Unsold)로도 표시할 수 있다.

④ 반대오퍼(Counter Offer)

매도인의 확정오퍼에 대하여 매수인이 제공된 가격, 수량, 선적일 등 기타 조건에 수정하여 제시된 오퍼를 말한다. 무역실무상 매도인과 매수인간에는 몇 차례 반대오퍼를 거친 후 계약이 성립된다.

2) 승낙(Acceptance)

(1) 승낙의 의미

상대방의 확정적인 의사표시인 오퍼에 대한 피청약자의 동의의 확정적 의사표시를 의미하며, 이에 따라 양당사자의 의사는 일치하게 되고, 유효한 계약은 성립된다.

승낙은 청약자의 모든 조건에 대하여 동의를 하는 무조건승낙만이 승낙이며, 조건부승낙은 반대오퍼가 된다.

(2) 승낙의 효력발생시기

청약자의 청약에 대하여 피청약자가 승낙을 하게 되면 계약은 성립된다. 그런데 청약자와 피청약자는 공간적으로 상당히 떨어져 있는 것이 무역거래에

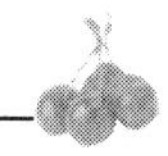

서는 일반적이므로, 승낙의 의사표시가 피청약자로 부터 발송되어 청약자에게 도착하기까지의 어느 시점에서 계약이 성립하는 지의 문제가 제기된다. 이 점에 관해서는 이론적으로 다음의 3가지 입법주의가 있다.

① 발신주의

피청약자가 승낙의 의사표시를 발송한 때에 계약이 성립한다고 하는 주의이다.

② 도달주의

피청약자의 승낙의 의사표시가 청약자에게 도달한 때에 계약의 성립을 인정하는 주의이다.

③ 요지주의

승낙의 의사표시가 물리적으로 청약자에게 도달할 뿐만 아니라 현실적으로 청약자가 그 내용을 인지한 때에 계약의 성립을 인정해 주는 주의이다.

〈표 8-1〉 계약의 성립시기

준 거 법 통신수단			한국법	일본법	영미법	독일법
의사표시에 관한 일반법칙			도달주의	도달주의	도달주의	도달주의
승낙의 의사표시	대화자간	대 화	〃	〃		〃
		전 화	〃	〃		〃
		텔렉스	〃	〃		〃
	격지자간	우 편	발신주의	발신주의	발신주의	〃
		전 보	〃	〃	〃	〃

<표 8-1>는 계약의 성립시기를 영미법, 독일법을 비롯하여 일본과 우리나라의 민법에서 정하여 있는 것을 비교한 것이며, 우리나라는 민법 제531조의 규정에서 격지자간의 계약성립시기를 승낙의 통지를 발생한 때라고 명시되어 있어 발신주의를 채택하고 있다.

3. 무역계약의 체결

1) 무역계약의 중요성

계약이란 두 사람 이상의 당사자간에 체결된 법률상의 강제 가능한 합의(Agreement)이다. 합의는 법률상 구속력을 갖고 있지 않은 합의도 포함되기 때문에 엄격히 말하면 계약보다 넓은 개념이나, 실무에 있어서는 양자를 구별하지 않고 동의어로 사용하고 있다.

국제무역거래에서 무역계약의 주된 목적은 소송에 있는 것이 아니며 양당사자(Seller와 Buyer)가 의도하는 바를 법률적으로 명확히 하고, 명확히 된 당사자의 의도를 구체적으로 집행하는 경우에 발생하는 문제에 있어 계약당사자를 구속하는 규범(Rule)을 설정해서 당사자간의 불필요한 분쟁이 발생하지 않도록 하는 데 있다.

계약서가 잘 작성되어 있으면 그 계약서에 정한 바에 따라서 이행하면 분쟁의 여지가 없으며, 설사 분쟁이 발생한다고 하여도 중재조항에 따라 합리적으로 해결이 가능하다. 그러므로 국제무역거래에 있어서는 정비된 계약서가 필수 불가결의 요건이다.

2) 무역계약의 종류

① 개별계약(Case by Case Contract)

매거래시마다 양당사자가 거래조건에 합의하면 계약이 성립되는 것으로 Sales Note(매약서)나 Purchase Order(매입서 또는 구매서)가 이 범주에 속한다.

② 포괄계약(Master Contract)

이것은 지정품목에 대해서 일반거래조건을 협의한 후 상호 합의점에 도달하였을 경우 그 내용을 문서화하여 교환하게 되는바, 이를 일반거래협정서라 한다. 이는 매거래시마다 제 조건 등을 재확인 내지 계약하는 번거로움을 없애고, 문제발생시 그 책임이 분명해진다.

③ 독점계약(Exclusive Contract)

수출입을 전문으로 하는 특정상사간의 매매를 국한시키는 계약으로, 이 경우도 독점계약서를 작성 교환한다.

3) 매매계약서의 내용

일반적으로 매매계약서에 기재되는 사항은 무역거래의 기본조건으로 제4항에서 다루기로 하고, 우선 매매계약의 당사자의 확정과 매매계약 성립의 확인문언에 대하여 양 당사자는 합의해야 한다.

① 계약당사자의 확정

매도인과 매수인의 상호와 주소를 명기하여 계약의 당사자를 확정한다.

② 계약성립의 확인

계약성립의 확인 매매계약이 계약서에 기재된 조항에 따라 성립되었음을 확인하는 문언이다.

4. 무역거래의 기본조건

수출상과 수입상은 매매계약체결 시 각자의 책임과 의무를 성실하게 이행할 것을 전제로 하여 매매거래에 필요한 조건들을 합의한다. 매매계약에 꼭 필요한 조건들을 계약의 기본조건 이라한다. 계약의 기본조건들은 오퍼에 포함될 수도 있고, 별도의 계약서에 의해 작성될 수 있는데, 중요한 것은 이들 조건들을 당사자들이 명확하게 합의하여야 차후에 분쟁이 발생하지 않는다는 점이다. 무역계약조건의 기본조건들은 품질조건, 수량조건, 가격조건, 선적조건, 해상보험조건, 대금결제조건, 포장조건 등 7가지 조건 외에 분쟁해결이나 중재조건 등 기타조건들이 있다.

1) 품질조건

(1) 품질의 결정기준

어떠한 품질수준의 물품을 거래의 대상으로 할 것인가 하는 품질약정의 방

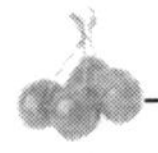

법에 따라 견품매매, 상표매매, 설명서매매, 표준품매매 및 규격매매 등으로 분류할 수 있다.

① GMQ(Good Merchantable Quality) : **판매적격품질조건**

목재, 광석, 생선류 등을 수출시 판매적격임을 매도자가 보증한다는 취지의 품질조건이다.

② FAQ(Fair Average Quality) : **평균중등품질조건**

곡물 등 농산물 수출시 전년도 생산품 중 평균품질을 공급키로 했을 때 적용하는 품질조건이다.

(2) 품질결정시기

일반 공산품은 물품을 선적할 때의 상태여하로 계약상품의 품질을 결정하나 곡물ㆍ육류 등은 물품이 수입항에 도착되어 하역 시의 상태여하로 품질을 결정하게 된다.

① 선적품질조건 (Shipped Quality Terms)

공산품인 경우 선적시에 공인검사기관의 품질확인을 받았다면 운송도중에 변질되어 도착지에서 하자를 발견했더라도 수출상은 이에 대한 책임을 지지 않는다.

② 양육품질조건 (Landed Quality Terms)

운송도중에 품질이 변질될 수 있는 곡물, 피혁, 어류등과 같은 1차상품의 경우에는 양륙지에서 품질검사를 한 것이 계약조건과 일치하여야 수출상이 면책을 주장할 수 있다.

③ 곡물거래 시 쓰여 지는 조건

영국 런던의 곡물시장을 중심으로 정 립된 특수조건으로서,

가. TQ(Tale Quale) : 매도인은 약정한 물품의 품질을 선적 시까지 만 책임

나. RT(Ryle Terms) : 매도인은 약정한 물품의 품질을 도착 시까지 책임

2) 수량조건

수량조건의 불명확으로 클레임이 발생하는 경우가 종종 있다. 따라서 문제가 일어나지 않도록 계약서에 명시할 필요가 있다. 수량의 단위에는 개수(Piece, Dozen), 포장단위(Case, Bag, Bale), 용적(Measurement), 중량(Weight), 길이(Length) 등이 있는데 가장 문제가 되는 것은 중량이다.

(1) 수량의 결정기준

포장된 상품을 매매하는 경우에는 포장단위의 숫자로서 수량조건 충족여부를 결정하므로 별 문제가 없으나, 산물(bulk products)상태로 인도하는 경우에는 정확한 수량을 맞추는 것이 불가능하므로 다소의 과부족은 허용하는 조건(More or Less Clause 또는 Approximate Quantity)을 약정하여야 한다.

또한 수량의 표현이 나라에 따라서 다른 경우가 많으므로 반드시 정확한 측정기준을 택하여야 한다. 예를 들면 Ton의 경우

- 영국식 : L/T(Long Ton) = 1,016kgs = 2,240Lbs
- 미국식 : S/T(Short Ton) = 907kgs = 2,000Lbs
- 프랑스 및 대륙식 : M/T(Metric Ton) = 1,000kgs = 2,204Lbs

(2) 수량결정의 시기

곡물, 광석 등과 같이 운송도중이나 하역 시에 필연적으로 손실이 발생하는 물품의 수량은 도착항에서 공인검사기관의 수량 확인에 의하여 공급수량의 이행 여부를 확인하게 된다.

3) 가격조건

물품의 가격은 제조원가에 운임보험료, 하역비, 창고료, 통관비용 등 여러 가지 부대비용을 합산하여 결정된다. 따라서 이러한 부대비용의 부담 주체를 수출자와 수입자중 누구로 할 것인가, 그리고 운송도중에 불의의 사고가 발생할 경우 이에 대한 책임을 누가 질 것인가를 분명히 해둘 필요가 있다. 이러

한 사항을 결정하기 위한 가격조건은 FOB, CIF 와 같은 INCOTERMS상의 13가지 정형거래조건 중 하나를 택하고 있는 바 이에 정확한 이해가 있어야 한다.

4) 선적조건

수출상이 약정한 물품을 수입상에게 정확하게 인도하는 것은 가장 중요한 무역조건 중의 하나이다. 선적조건에는 물품의 인도시기, 인도장소, 인도방법 등이 포함된다.

(1) 선적시기

구체적인 연월일을 명기하여 최종선적시기를 정하여야 한다.

(2) 분할운송(Partial Shipment) 및 환적(Transshipment)

분할운송 및 환적을 신용장에서 금지하지 않은 경우에는 원칙적으로 허용된다. 그러나 1회의 주문에 여러 색상이 섞였거나 Size별로 한 Lot로 주문된 경우 등에는 금지되는 것이 보통이며, 깨어지기 쉬운 물품이나 귀중품 등은 환적이 곤란하므로 무역계약 체결 시점에서 분명히 약정하여야 한다.

5) 결제조건

인도되는 물품의 대금을 결제하는 방법을 송금방식으로 할 것인가 추심방식으로 할 것인지 신용장방식으로 할 것인지를 우선 결정하고, 이 조건이 정해지고 난 다음에는 결제시기를 선지급, 동시지급, 후지급 중 어느 것으로 택할지 결정하여야 한다.

6) 보험조건

무역에서 취급하는 보험은 해상보험 중 적하보험을 말하는 것이 보통이다. 화물을 수송하는 도중에 발생하는 위험에 대한 손해를 보험회사가 계약에서 결정한 부보조건에 해당하는 부분만 보상해 주므로 부보의 범위를 결정하여야 한다.

해상적하보험에는 협회적하약관(ICC : Institute Cargo Clause)으로 ICC(A), ICC(B), 그리고 ICC(C) 등 세 가지 기본약관이 있는데, 매매 당사자들은 부보범위와 보험료 등을 고려하여 계약화물에 가장 적합한 형태의 보험조건을 선정해야 한다.

7) 포장조건

포장은 제품의 보호나 판매촉진의 의미를 갖는다. 포장은 내용물을 보호하는 견고성과 포장비용 자체의 절감, 그리고 운임절감을 고려한 경제성을 감안하여 포장조건을 결정한다.

8) 화인

화인은 화물의 분류를 원활히 수행하고, 화물의 운송 및 보관시 화물취급상의 지시, 주의를 포장에 표시하기 위하여 매수인이 매도인에게 요구한다.

9) 검사

무역매매계약서에는 상품의 계약조건에 합치되어 있는가를 확인하기 위하여 제삼자인 검사기관이나 검사인에게 상품을 검사시키는 일이 있다.

10) 불가항력

불가항력에 의하여 계약의 이행이 불가능하거나 지연되는 경우에 대비하여 미리 계약서상에 면책문언을 삽입한다.

11) 무역조건

FOB, CIF 등 정형무역조건의 정의 해석에 관하여는 인코텀스(Incoterms, 2000 edition)에 의하는 것이 가장 무난하다고 할 수 있다.

따라서 인코텀스는 결코 국제조약과 같은 성질의 것이 아니므로 쌍방인 당사자들 사이에 이러한 무역조건을 적용한다는 명시적인 합의가 없다면 법적인 구속력을 갖지 못하므로 매매계약서에 무역조건은 쌍방 간에 "「Incoterms 2000」에 따른다" 라는 취지의 문언을 명기하여야 한다.

12) 권리침해

공업소유권 등에 관한 권리침해(Infringement)에 대해서는 면책문언을 넣어둔다. 특히 미국이나 선진국 등에 수출할 경우 필히 특기사항을 계약서에 삽입한다.

13) 클레임 제기기한

클레임의 제기기한을 설정해 두는 것은 실무상 필요하다. 이는 수입상의 판매부진 또는 보관상의 잘못으로 품질이 변할 때 클레임 제기를 미연에 방지할 수 있기 때문이다.

14) 중재조항(Arbitration Clause)

무역매매계약에 관하여 발생하는 분쟁은 소송에 의하여 해결하기보다는 중재(Arbitration)에 의하여 해결하는 편이 현실적으로 유리하고 경비도 절감되며, 신속히 해결할 수 있다.

15) 준거법(Governing Law)

계약의 해석에 있어서 어느 국가의 법률을 적용하느냐 하는 문제는 미리 결정하여 계약서에 밝혀 두는 것이 좋다.

이상의 15개 항목은 모두 계약체결 시 당사자가 일일이 합의하면서 결정하는 일은 극히 드물며, 일반적으로 중요한 사항에 대해서만 합의하여 결정하며 나머지 사항은 계약서 작성 시 이면조항에 삽입하는 경우가 많다.

따라서 계약서를 우리 측이 작성하는 경우에는 상대방과 합의한 중요내용과 승낙을 얻을 수 있는 범위내의 추가조항을 기재한 계약서를 2부 작성하여 자기의 서명을 한 후 2부를 모두 상대방에게 송부하고, 그 중 상대방이 서명한 1부를 받아 각각 1부씩 보관하여 두는 습관이 중요한 것이다.

〈표 8-2〉 일반거래조건협정서

Memorandum of General Terms and Conditions of Business

Memorandum Of General Terms And Conditions Of Business
This memorandum made and entered into June 10, 20___ between Wilson & Co., New York(hereafter called the Buyers) and Haesung Ind. Co, Ltd., Seoul(hereafter called the Sellers)

(1) Business : All business transactions entered into between the parties shall be as Principals to Principals.
(2) Quality : All shipments shall be conforming to samples in regard to description, quality and state.
(3) Prices : Unless otherwise specified in letters, FAX or telexes, all prices by Sellers or Buyers shall be quoted in US Dollars on the basis of CIF New York.
(4) Quantity : An order shall be accepted so long as the quantity exceeds 500 dozen.
(5) Delivery :
(a) Shipment : All the goods sold shall be shipped within the time stipulated in each contract. The date of bills of lading shall be taken as a conclusive proof of the date of shipment. Unless specially arranged, the port of shipment shall be at Seller's option. Sellers shall not be responsible for late shipment caused by the delay of arrival of a letter of credit.
(b) Force Majeure : Sellers shall not be responsible for any delay in shipment due directly or indirectly to force majeure, such as fires, floods, earth-quakes, strikes, lockouts, wars, riots, civil commotions, hostilities, blockades, requisitions of vessels, embargoes, and to any other cause beyond the control of Sellers.

In the event of any of these accidents or contingencies which prevent shipment within the stipulated time, Sellers shall inform Buyers of its occurrence or existence and furnish a certificate substantiated by the Korea Chamber of Commerce and Industry.

(6) Payment : Draft(s) shall be drawn at sight, documents attached, for the full invoice amount under an irrevocable credit which shall be established within 10 days after the conclusion of the contract. Business against D/P draft without L/C should be subject to Seller's previous consent in each case.
(7) Insurance : Sellers shall effect marine insurance on all shipments on ICC(B) including War Risks for 110% of the invoice amount. Risks of pilferage and non-delivery or an other additional insurance if required, shall be covered by Sellers for the account of buyers. Insurance Policies or Certificates shall be made out in US currency, and claims payable in New York.
(8) Firm Offer : Unless otherwise stipulated, all firm offers shall be valid for 72 hours from the time dispatched, excluding Sunday and national holidays.
(9) Order : Except in cases where firm offers are accepted, no orders shall be binding until acceptance is cabled by Sellers. All orders shall be confirmed in writing and orders thus confirmed shall not be cancelled unless by mutual consent.
(10) Marking and Numbering : In the absence of any special instructions, all cases shall be marked, WS in triangle, with the port mark, running case numbers and country of origin.
(11) Claims : Buyer's claims, if any, shall be made by FAX or telex within 20 days after arrival of the goods at destination. Certificates by recognized surveyors shall be sent by mail without delay. All claims which can not be amicably settled between Sellers and Buyers shall be settled by Arbitration in Seoul, in accordance with the rules of the Korean Commercial Arbitration Board, whose award shall be final and binding upon Sellers and Buyers.

Please acknowledge by signing and returning the separate sheet, retaining the original for you.

Buyers Sellers

(주) principals to principals : 본인 대 본인/from the time dispatched : 타전으로부터/award : 판정 /Korean Commercial Arbitration Board대한상사중재원

〈표 8-2-1〉 일반거래조건협정서—번역

뉴욕에 소재한 Wilson사(이하 매수인이라 칭함)와 서울에 소재한 해성산업(이하 매도인이라 칭함)간에 20--년 6월 10일 체결된 본 협정서는 다음과 같이 정한다.

(1) 거래조건 : 양당사자간에 체결된 모든 거래는 본인 대 본인으로 한다.
(2) 품질조건 : 모든 적하품목은 설명서, 품질, 상태에 관해서는 견품과 일치하여야 한다.
(3) 가격조건 : 서한, 팩시밀리 또는 텔렉스로 별도의 명시가 없는 한 매도인 또는 매수인이 지시하는 모든 가격은 미화로 뉴욕도착 운임보험료 포함조건으로 한다.
(4) 수량조건 : 매수인의 1회의 주문은 수량이 500타를 초과하는 한 도매인은 이를 수락하여야 한다.
(5) 운송조건 :
(a) 운송 : 매도된 모든 적하품은 매 계약서에 명시된 기간 이내에 운송되어야 한다. 선하증권의 일자는 운송일의 최종적 증거로서 간주된다. 특별한 수배가 없는 한 운송항은 매도인의 임의이다. 매도인은 신용장내도 지연에 기인한 운송지연에 대해서는 책임을 지지 않는다.
(b) 불가항력 : 매도인은 직접 또는 간접적 불가항력에 기인한 어떠한 운송지연에 대해서도 책임을 지지 않는다. 즉 화재, 홍수, 지진, 파업, 공장폐쇄, 전쟁, 폭동, 소요, 적대행위, 봉쇄, 선박의 징발, 수출금지, 그리고 매도인이 통제할 수 없는 기타 사유. 명시된 기간 이내에 선적을 지연시키는 전기의 사유가 발생하는 경우 매도인은 매수인에게 그 발생 또는 존재를 통지해야 하며, 서울 상공회의소가 입증한 서류를 제출하여야 한다.
(6) 지불조건 : 환어음은 계약체결 후 10일 이내 개설될 취소불능신용장에 근거, 송장금액 전액에 대하여 운송서류 첨부, 일람불로 발행한다. 신용장이 아닌 지급도 환어음에 대한 거래는 매 경우 매도인의 사전 동의를 요한다.
(7) 보험조건 : 매도인은 모든 적하품에 대하여 송장금액에 10%를 가산한 금액으로 전쟁위험 담보조건을 포함한 협회화물약관 (B)조건의 해상보험에 부보한다. 도난, 발하, 불착손 위험 담보조건이나 부수적인 보험조건이 요할 경우 매도인은 매수인의 비용으로 이를 부보한다. 보험증권 또는 보험증서는 미화로 작성하고 보험금 지급지는 뉴욕으로 한다.
(8) 확정오퍼 : 별도의 명시가 없는 한 모든 확정오퍼는 일요일과 공휴일을 제외하고 타전 후 72시간 유효하다.
(9) 주문 : 확정오퍼를 수락한 경우를 제외하고는 여하한 주문도 매도인이 이를 수락한다고 타전할 때까지는 구속력이 없다. 모든 주문은 서면으로 확인해야 하며, 그렇게 확인된 주문은 상호 동의 없이는 취소할 수 없다.
(10) 하인과 일련번호 : 특별한 지시가 없는 한 모든 상자는 삼각형안에 WS, 도착항, 상자의 일련번호와 원산지를 표시하여야 한다.
(11) 클레임 : 매수인은 클레임이 발생하면 목적지에 화물이 도착한 후 20일 이내에 팩시밀리나 텔렉스로 타전하여야 한다. 그리고 매수인은 공인된 검증인의 증명서를 매도인에게 지체없이 항공편으로 보내야 한다. 매도인과 매수인간에 원만하게 해결될 수 없는 모든 클레임은 대한상사중재원의 중재규칙에 따라 서울에서 중재에 의해 이를 해결하고, 이의 판정은 최종적으로 양당사자를 구속한다.

서명하신 후 원본은 보관하시고 부본은 송부바랍니다.

매수인 매도인

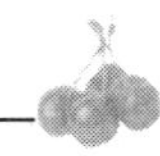

5. INCOTERMS(정형무역거래조건)

1) INCOTERMS 제정의 의의

무역거래는 언어, 문화, 지형적 특성 등의 차이로 인하여 각기 다른 거래관습을 갖고 있는 서로 멀리 떨어져 있는 당사자들 간에 이루어지는 거래이다.

무역거래의 이런 특징은 거래 당사자들이 상대방의 상관습, 제도 및 법에 대한 지식부족으로 계약내용을 해석하고, 이행하는 과정에서 오해와 분쟁 및 법정제소를 야기 시켜 그 결과 많은 시간과 금전상의 낭비를 초래하게 된다.

또한 무역거래는 무역계약의 쌍무계약의 특성에 따라 매도인과 매수인 사이에는 각자 부담해야 할 여러 가지 의무를 합의하여야 한다. 매매당사자 간의 의무는 다양하기 때문에 매 계약 시마다 일일이 열거한다는 것은 계약체결 실무상 번거롭고 비효율적이다. 이런 이유로 무역거래가 원활하게 이루어지지 못하는 것을 방지하기 위하여 국제상업회의소(International Chamber of Commerce : ICC)가 무역계약에서 흔히 사용하는 관용화된 거래조건 중 대표적인 것들을 모아 정형화하고 이를 표준 거래조건으로 제시하기 위하여 만든 국제규칙이 INCOTERMS(International Commercial Terms)이다.

국제상업회의소는 1936년에 거래조건의 해석에 관한 일련의 국제규칙을 제정하고 그 이후 지속적인 개정이 이루어져 INCOTERMS 2010에 이르게 되었다. 현행 INCOTERMS 2010은 11개의 조건으로 구성되어 있는데 세계경제의 글로벌화의 진전에 따라 과세자유지역의 지속적인 확대, 전자상거래의 확산, 화물의 이동과 관련된 보안문제의 대두 및 운송관행의 변화를 반영하였다.

INCOTERMS는 구속력을 지닌 국제조약이 아니고 단지 매매당사자 간의 최소한의 의무에 대한 해석기준을 통일하여 제공하는데 지나지 않기 때문에 관계당사자들의 합의에 의해서만 이용이 가능하다.

2) INCOTERMS 2010의 정형거래조건의 주요내용

(1) 기본체계

INCOTERMS는 첫째, 매도인측에서 매수인측으로 권리ㆍ의무가 이전되는 형태로 위험과 가격이 정비례관계를 갖도록 하였으며, 그룹화하여 이해를 쉽게 하였다. 현행 INCOTERMS는 11개의 용어(가격조건)를 규정하고 이들 11개의 가격조건을 E그룹(출발지인도조건), F그룹(매도인 운임미지급조건), C그룹(매도인 운임지급조건), D그룹(도착지인도조건)으로 분류하였다.

둘째, 매도인의 의무와 매수인의 의무를 각각 10가지로 대비하여 규정하였다.

(2) 각 Group의 개요

① E Group(EXW) : 매도인의 영역에서 계약물품을 매수인에게 인도하는 조건

② F Group(FCA, FAS, FOB) : 수출지의 지정장소에서 매수인이 지정한 운송수단에 계약물품을 매수인에게 인도하는 조건

③ C Group(CFR, CIF, CPT, CIP) : 매도인이 목적지까지의 운송계약은 체결하나 그 운송기간에 대한 위험은 부담하지 않는 조건

④ D Group(DAT, DAP, DDP) : 목적지까지 계약물품을 인도하는데 필요한 모든 비용과 위험을 매도인이 부담 하는 것

〈표 8-3〉 매도인과 매수인의 의무

매도인의 의무	매수인의 의무
① 계약과 일치하는 물품의 제공	① 대금지급
② 허가, 인증 및 절차	② 허가, 인증
③ 운송계약 및 보험계약	③ 운송계약 및 보험계약
④ 인도	④ 인도
⑤ 위험의 이전	⑤ 위험의 이전
⑥ 비용의 분기	⑥ 비용의 분기
⑦ 매수인에게 통지	⑦ 매도인에게 통지
⑧ 인도증명, 운송서류 또는 이와 동등한 전신문	⑧ 인도증명, 운송서류 또는 이와 동등한 전신문
⑨ 검사, 포장, 화인	⑨ 검사, 포장, 화인
⑩ 기타	⑩ 기타

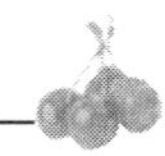

(3) INCOTERMS 2010의 정형거래조건별 주요내용

주로 실무에서 사용되는 가격조건은 FOB, CFR(이전에C&F), CIF이며, FOB와 CIF의 종합비교표는 다음과 같다.

〈표 8-4〉 FOB와 CIF의 종합비교표

	선박수배	보험계약	위험이전	소유권 이전	인도양식	항구중심 개념	가격형태
FOB	buyer	buyer	선적시	선적시	현물인도	선적항	단일가격
CIF	seller	seller	선적시	선적서류 제공시	서류인도	도착항	복합가격

① E 그룹(적출지)인도조건

가. 공장인도(Ex Works : EXW)조건 - 작업장인도조건

매도인이 물품을 자신의 영업장 구내(premises)에서 매수인에게 인도하는 거래조건을 말한다. 예컨대, 매도인은 자신의 영업장구내에 있거나 또는 기타 지정된 장소에 있는 작업장, 공장, 창고 등에서 물품을 매수인의 임의처분 하에 인도하면 매도인의 인도의무는 이행한 것으로 간주한다.

② F그룹(주운임미지급인도조건)

가. 운송인인도(Free Carrier : FCA)조건

운송인 인도조건은 매도인이 수출통관하고, 지정된 장소에서 매수인이 지정한 운송인에게 이를 인도하는 거래조건을 말한다. 따라서 매수인은 물품의 인도지점을 정확히 지정하여야 하며, 매수인이 이를 지정하지 아니한 경우 매도인은 지정된 장소 내에서 자신의 목적에 가장 적합한 지점을 선택할 권리가 있다.

이 조건은 매도인이 지정된 장소에서 지정된 운송인에게 인도하는 것을 제외하면 이는 선적항의 본선에서 물품을 인도하는 FOB 조건과 동일하다. 이 조건은 복합운송뿐만 아니라 철도, 도로, 해상, 항공, 내수로 운송 등 모든 방식에 사용할 수 있다.

나. 선측인도(Free Alongside Ship : FAS)조건

선측인도조건이라 함은 매도인이 물품을 수출 통관하여 선적항에서 본선의 선측(부두상 또는 부선내)에 인도하는 거래조건을 말한다.

이 조건은 단지 해상운송 또는 내수로 운송에만 사용될 수 있으며 주로 곡물 및 원목 등 대량의 살화물(bulk cargo) 거래시 이용되는 조건으로 계약물품을 지정선적항의 부두 또는 선측에 인도, 완료하였을 때 매도인의 의무가 완료된다. 개정된 INCOTERMS 2010에서는 물품의 수출통관을 매도인이 이행하도록 개정함에 따라 매도인은 이에 수반하는 모든 관세, 수출통관비용 및 기타 수출국가가 징수하는 부과금도 지급하도록 의무를 추가하였다.

다. 본선인도(Free on Board : FOB)조건

본선인도조건은 매도인이 물품을 선적항에서 본선의 난간(ship's rail)을 통과하여 인도하는 거래조건을 말한다. FOB조건은 선적항의 본선상에서 인도를 이행하는 거래조건이므로 물품이 본선의 난간을 통과한 이후부터의 멸실 또는 손상의 위험은 매수인이 부담한다. 이 조건은 해상운송 또는 내륙운송에만 사용될 수 있다. 당사자들이 본선의 난간을 가로질러 물품을 인도할 의도가 없는 경우에는 FCA조건을 사용하여야 한다.

③ C그룹(주운임지급조건)

가. 운임포함인도(Cost and Freight : CFR)조건

운임포함인도조건은 해상운송 및 내수로 운송에만 사용될 수 있는 조건으로 매도인은 목적항까지 물품을 인도하는데 필요한 운송비용과 운임을 지급해야 하며, 위험의 분기점은 FOB조건처럼 본선의 난간이 되고 있다. 용선운송 시 과거 제공하였던 용선계약서 사본 제공의무는 「Incoterms 2010」에서는 삭제ㆍ생략하였다.

나. 운임ㆍ보험료 포함인도(Insurance and Freight : CIF)조건

운임ㆍ보험료포함인도조건은 매도인이 목적항까지 물품을 운반하는데 필요한 운임 및 보험료까지 지급하는 거래조건이다. 이 조건도 CFR조건과 마찬

가지로 물품이 본선의 난간을 통과한 이후의 위험과 추가적인 비용은 매수인에게 이전되며, 소유권은 선적서류를 매수인에게 합리적으로 제공함으로써 이전된다. 용선운송 시 과거 제공하였던 용선계약서 사본 제공의무는 「Incoterms 2010」에서는 삭제、생략하였다.

다. 운송비지급인도(Carriage Paid to : CPT)조건

운송비지급인도조건은 CFR조건을 복합운송화한 조건으로 매도인은 지정된 목적지까지 물품의 운송비를 지급하는 조건이다.

매도인은 약정된 일자 또는 기간 내에 최초의 운송인에게 물품을 인도, 완료할 때까지의 물품의 멸실 또는 손상에 대한 위험을 부담하고 수출통관 및 수출시 발생되는 관세, 조세 및 공과금을 부담하여야 한다. 또한 제3국으로의 통과비용도 매도인이 부담하도록 하였으며 CIP조건에서도 마찬가지이다. 이 조건은 운송방식에 관계없이 복합운송에 부응하기 위한 방식이다.

라. 운송비、보험료지급인도(Carriage and Insurance Paid to : CIP)조건

운송비、보험료지급 인도조건은 CIF조건을 복합운송화한 조건으로 지정목적지까지 계약물품에 대한 운송비、보험료를 매도인이 지급하는 조건이다.

매도인은 CPT조건과 마찬가지로 약정된 일자 또는 시기에 최초의 운송인에게 물품을 인도, 완료할 때까지의 물품의 멸실 또는 손상에 대한 모든 위험을 부담하고 CPT처럼 수출 및 제반공과금을 포함하여 제3국으로의 통과비용도 부담해야 한다.

④ D그룹(도착지인도조건)

가. 터미널 인도(Delivered At Terminal : DAT)조건

터미널 인도조건은 도착된 운송수단으로부터 양하하며 약정된 항구(혹은 장소)에 있는 터미널에서 매수인의 처분하에 놓았을 때 매도인의 인도의무가 완료되는 조건이다.

터미널은 부두, 창고, CY, 도로/철도/항공화물터미널 등 모든 장소를 포함한다. 매도인은 수출통관의 의무가 있으나 수입통관의 의무가 없으며 또한 수입관세를 납부할 의무도 없다.

나. 지정장소인도(Delivered At Place : DAP)조건

지정장소인도 조건은 약정된 도착장소에서 물품을 양하하지 않은 채 도착된 운송수단에서 매수인의 처분하에 놓았을 때 매도인의 인도의무가 완료되는 조건이다.

매도인은 운송계약에서 도착장소에서의 양하와 관련된 비용을 부담한다면 매도인은 그러한 비용을 매수인으로부터 회수할 권리가 없다. 매도인은 수출통관의 의무를 부담하며 수업통관의 의무나 수입관세의 납부의무는 없다.

〈표 8-5〉 수출자의 위험과 비용부담범위

그룹	약어	인도조건	설 명
E	EXW	Ex, Works 작업장 인도조건	수출업자의 공장, 농장, 창고에서 직접 상품을 구매하는 경우 공장 출고 이후 수입상이 모든 것을 책임진다.
F	FCA	Free Camier 운송인 인도조건	계약서에 지정된 장소에서 수입업자가 지정한 운송인(Forwarder)에게 수출 통관이 완료된 물품 인계
	FAS	Free Alongside ship 선측인도조건	선적하게 될 선박이 오는 부두에 수출통관이 완료된 물품을 인도
	FOB	Free On Board 본선인도조건	본선에 물품을 선적하는 것까지 수출업자가 행함 ※ C&I=FOB+Insurance
C	CFR	Cost And Freight 운임포함 인도조건	FOB가격 조건에 해상운임을 더함. 정기선의 경우 양하비까지 수출상이 부담하지만 보험은 수입상이 결정
	CIF	Cost Insurance And Freight 운임 보험료 포함인도조건	CFR+해상보험
	CPT	Camage Paid To 운송비 지불 인도조건	원칙적으로는 CFR과 같지만 "Carriage Paid To" 다음에 기재된 장소까지의 운임을 수출업자가 부담하고 최초의 운송인에게 물품을 인도
	CIP	Camage and Insurance paid 운임 보험료 지불인도조건	원칙상으로는 CIF와 같다. CIT+보험료
D	DAT	Delivered At Terminal 터미널 인도조건	수출업자는 화물을 수입국의 지정된 터미널까지 운송하는데 수반되는 비용과 위험을 부담하지만 수입국에서의 통관이나 관세지급의 의무가 없다.
	DAP	Delivered At Place 지정장소 인도조건	수출업자가 화물을 계약에서 지정된 수입국의 일정지점까지 운송하는데 수반되는 비용과 위험을 부담하지만 수입국에서의 통관이나 관세지급의 의무가 없다.
	DDP	Delivered Du쇼 Paid 관세 지급 인도조건	수출업자가 수입업자의 관세를 부담하여 통관을 끝낸 상태로 인도(보험을 제외한 모든 의무를 수출업자가 진다.)

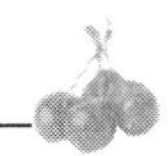

다. 관세지급인도(Delivered Duty Paid : DDP)조건

관세지급인도조건은 약정물품이 수입국의 지정장소에서 매수인이 인수 가능하게 되었을 때 매도인이 그의 인도의무를 완료하는 가격조건이다. EXW가 매도인에게 최소의 의무를 지우는 가격조건인 데 비해서, DDP는 매도인에게 최대의 의무를 지우는 조건이다. 즉, 매도인은 자기의 위험과 비용으로 수입허가를 취득하고 관세 등을 지급하여 통관 후 수입국 지정목적지까지 물품을 반입하여 매수인에게 인도한다.

8.2 수출입절차

1. 수출절차

1) 수출절차의 개념

수출절차란 수출행위를 하고자 하는 자가 수출이 허용된 물품을 외국의 수입업자와 수출계약을 체결하고 물품의 수출에 관한 기본사항을 관리하는 대외무역법과 수출대금의 결제방법을 정한 외국환거래법에 따라 수출승인을 받은 후 통관절차 등을 규정한 관세법에 따른 세관통관절차를 거쳐 선박(항공기) 등에 적재하고 최종적으로는 물품대금을 회수하게 되기까지의 일련의 행정적 、법규적、상 관습적 흐름의 단계를 의미한다.

이에 수출거래의 가장 일반적인 형태라 할 수 있는 화환신용장(Documentary Letter of Credit)방식에 의한 수출실무를 중심으로 살펴보도록 한다.

2) 수출절차

(1) 수출계약

수출을 하고자 하는 자는 취급하고자 하는 물품에 대해 국내 무역관련법규에 의해 수출이 허용되는 물품인지 여부를 확인한 다음, 거래시장을 탐색하여 이를 결정하고 시장조사단계를 거쳐 그 시장에서 가장 적절한 거래선을 물색한 후 그와의 거래를 제의하여 거래선의 동의를 얻게 되면 수출계약을 체결하게 된다.

(2) 수출신용장의 내도

수출계약이 체결되면 계약에 따라 수입상은 주거래은행에 신용장 개설을 의뢰하며, 신용장 개설은행은 수출국 현지의 통지은행을 통해 신용장을 수출상에게 통지한다.

신용장을 수취한 수출상은 대금회수의 안전을 위하여 품명, 규격, 금액, 선적기일, 신용장 유효기한 등 계약 내용과의 내용 등에 관하여 세밀한 검토가 필요하다. 검토 후 만약 계약의 내용과 상이한 신용장조건이 있으면 신용장조건의 변경을 수입상에게 요청하여야 한다.

(3) 수출승인

신용장을 받은 수출상은 수출물품 확보 이전에 수출물품이 수출입공고나 통합공고상의 수출제한 여부를 사전에 확인하여야 하고, 당해 수출품목이 제한되는 경우에는 당해 품목을 관장하는 관계기관, 협회, 조합 등에서 수출승인을 받아야 한다.

수출상은 수출승인을 받기 위해 해당 물품의 수출승인기관에 신청하고, 수출승인을 받으면 수출승인서를 획득하게 된다.

(4) 수출물품의 확보(검사) 및 무역금융활용

수출물품을 확보하는 방법으로서는 자기공장에서 직접 생산하거나 타사공장에서 임가공하청방식으로 생산하는 방법과 타사의 완제품을 구매하는 방법 등이 있다.

그리고 수출물품 또는 수출물품의 생산에 필요한 소요 원자재나 반제품을 조달하는 데에는 내국신용장 또는 구매승인서에 의하여 국내에서 구매하는 방법과 수입신용장을 개설하여 해외에서 수입하는 방법이 있는데, 외화획득용 원자재를 수입하는 경우에는 사후 관세를 환급받기 위해서 고시되지 않은

품목에 대해서는 시 · 도지사로부터 소요량증명서를 발급 받거나, 수출업체 스스로가 소요량을 계산한 자율소요량 계산서를 첨부하여 수입하여야 한다.

한편, 수출상의 자금 부담을 덜어주고 수출을 촉진하기 위하여 국내 구매 시에는 원자재 구매자금, 수입 시에는 원자재수입자금, 그리고 제조, 생산에 소요되는 자금으로 생산자금을 지원하고 있으며, 수출신용장 또는 내국신용장을 근거로 무역어음을 발행하여 필요한 지금을 조달 할 수도 있다.

반면에, 수출물품에 대한 제조 · 생산이 완료되면 수출통관절차를 밟기 전에 수출검사를 받게 된다. 수출검사라 함은 수출하고자 하는 물품을 수출신고하기 전에 수출품의 품질과 대외공신력의 유지 및 향상을 위하여 그 물품의 제조과정 또는 완제품에 대하여 그 물품과 재료의 품질 및 포장상태를 검사하는 일련의 절차를 말한다(수출검사법 제1조).

(5) 해상운송계약체결

수출업자는 수출물품의 제조생산이 완료되면 수출물품의 운송을 위하여 운송회사를 물색, 선정하여 구체적인 운송을 협의한 후 운송인과 해상운송계약(CFR 또는 CIF 계약인 경우)을 체결하고 선적을 준비해야 한다.

해상운송계약은 선박회사에 선복요청서(shipping request : S/R)를 제출하고 예약이 되면 체결한다. 컨테이너화물이나 그 밖의 잡화화물은 정기선에 의한 개품운송계약을 체결하는 것이 일반적이고, 원자재 등의 대량화물일 경우에는 부정기선에 의한 운송계약을 준비하기도 한다.

(6) 해상보험계약체결(적화보험 부보)

CIF 나 CIP의 수출인 경우 수출상은 보험회사에 소정의 적화보험신청서를 제출하여 보험계약을 체결하고, 적화보험 부보시에는 계약에 약정한 보험조건과 반드시 일치하는 조건으로 부보해야 하며 계약에 약정된 보험조건이 없을 경우에는 물품의 성질에 따라 통상의 적절한 보험조건으로 부보해야 한다.

(7) 수출보험계약 체결

수출보험은 수출상뿐만 아니라 수출과 연관된 생산업자나 금융기관의 손해까지도 담보해줌으로써 수출상의 불안을 제거하고 안전한 수출을 보장하여 수출 진흥을 도모하기 위해 시행하는 비영리정책보험을 말한다. 수출보험 운영 주관처는 지식경제부이며 한국수출보험공사에서 위임받아 시행하고 있다.

수출상은 비상위험(외환거래의 제한 또는 금지)이나 신용 위험(상대방의 파산 또는 지급불능 등) 등 통상의 적화보험으로 담보할 수 없는 여러 가지 위험에 대해 보험을 부보할 수 있다.

(8) 수출통관 및 절차

수출물품을 생산하거나 완제품을 구매한 수출상은 물품을 선적하기 전에 관세법이 정하는 바에 따라 수출통관 수속을 하여야 한다.

종전에는 수출통관을 하기 위해서 물품을 보세구역에 반입하였어야 했으나 신속한 수출통관을 위해 보세구역장치의무제가 1994년 1월1일부터 폐지되었다. 따라서 수출자의 제조공장 또는 제품창고 등 세관검사를 받고자 하는 장소에 물품을 장치하고 수출신고를 할 수 있는데 수출물품의 제조가 완료되기 이전, 5일전부터 수출신고를 할 수 있다. 현행 수출통관절차는 수출신고가 서류 없이 EDI로 신고내용을 세관에 전송하면 세관에서 컴퓨터상의 신고화면을 확인하고 신고수리를 신고자에게 전산 통보해 주는 EDI 수출통관제도를 실시하고 있다. 수출신고(E/D ;Export Declaration)를 한 다음에는 세관검사(서류없는 검사, 수출물품에 대하여는 검사생략을 원칙으로 하고 있으나 전산에 의한 발췌검사 또는 필요한 경우 예외적으로 검사를 실시하는 현물검사)를 받고 관세법상 적법한 물품일 경우 수출신고필증을 교부받게 된다.

(9) 선적

세관의 수출면장을 얻은 수출화물은 선적되어 목적지에 운송되어야 한다.

선적이란 수출화물을 본선상에 적재하는 것을 말한다. 본선적재는 화주와 선박회사가 화물의 포장상태, 적재수량, 화물의 파손 여부를 확인한 뒤, 화물이 본선에 반입되면 일등항해사는 선박회사에서 발행한 선적지시서와 대조하면서 화물을 수취하여 화물수령에 대한 증거로서 본선수취증(Mate's Receipt :

〈그림 8-1〉 신용장에 의한 수출입 절차 도해

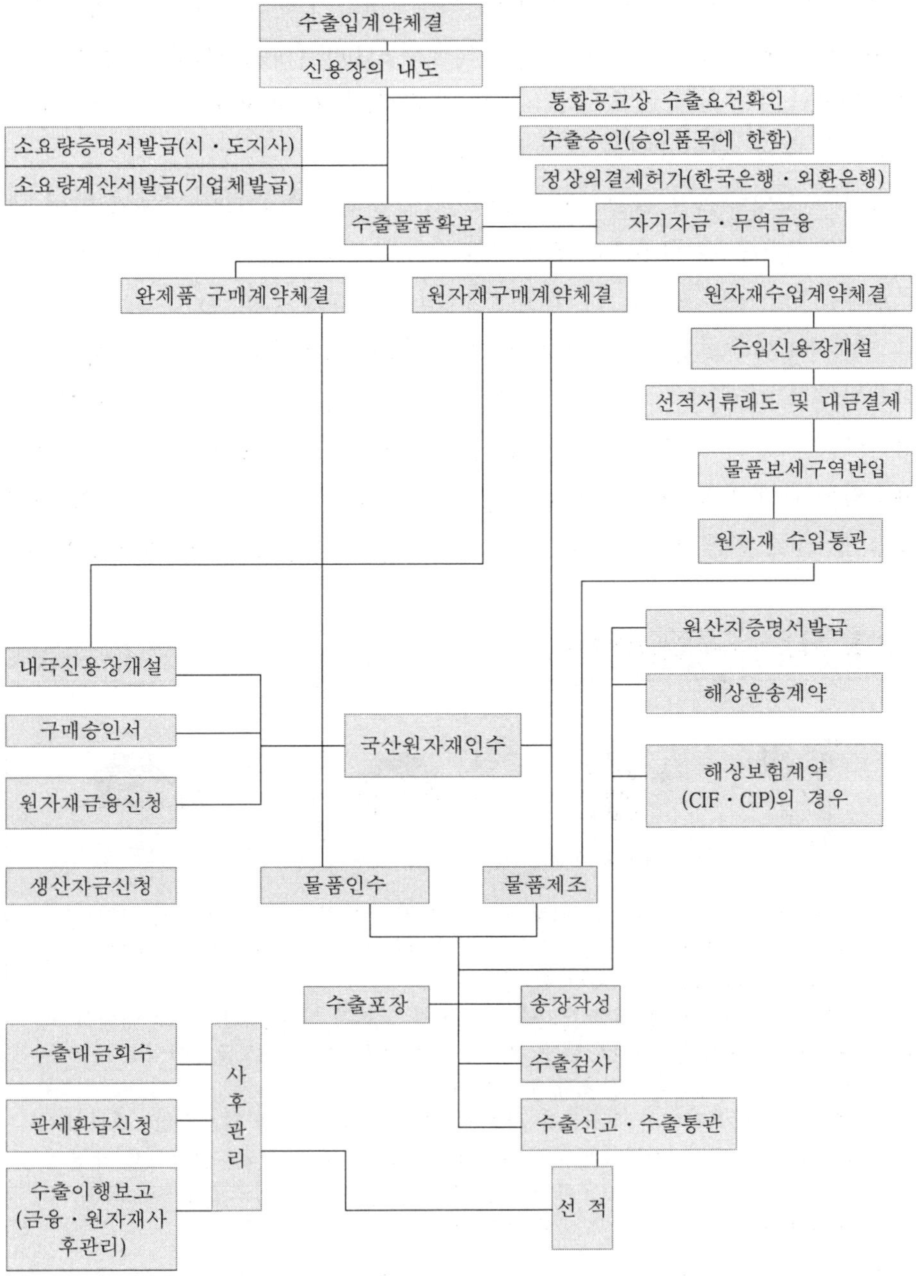

수출입계약체결
신용장의 내도
통합공고상 수출요건확인
수출승인(승인품목에 한함)
정상외결제허가(한국은행 · 외환은행)
소요량증명서발급(시 · 도지사)
소요량계산서발급(기업체발급)
수출물품확보
자기자금 · 무역금융
완제품 구매계약체결
원자재구매계약체결
원자재수입계약체결
수입신용장개설
선적서류래도 및 대금결제
물품보세구역반입
원자재 수입통관
원산지증명서발급
해상운송계약
해상보험계약 (CIF · CIP)의 경우
내국신용장개설
구매승인서
원자재금융신청
국산원자재인수
생산자금신청
물품인수
물품제조
수출포장
송장작성
수출검사
수출신고 · 수출통관
선 적
사후관리
수출대금회수
관세환급신청
수출이행보고 (금융 · 원자재사후관리)

M/R)을 발급한다. 이때 선적지시서에 기재된 사항과 실제 화물의 내용이 일치하지 않을 때 유보사항으로 M/R면에 해당사항이 기재된다. 이상 유무사항이 remarks란에 기재된 M/R을 고장부 수취증(foul receipt)이라고 하며, 이상 유무사항이 첨가되지 않은 것을 무고장수취증(clean receipt)이라고 한다. 고장수취증의 경우 선하증권은 고장부가 된다.

고장부 선하증권이 발행되고 이러한 불완전한 선하증권을 담보로 하여 화환어음을 발행하는 경우에는 은행에서 각종의 불리한 조건을 제시한다. 그러므로 화주는 선박회사에 파손화물보상장(Letter of Indemnity : L/I)을 제공하고 무사고선하증권을 발급받아야 한다. 파손화물보상장은 고장부 선하증권이 발행된 화물에서 후일에 문제가 발생하여도 선박회사에 책임을 전가시키지 않는다는 화주의 서약을 담고 있다. 선박회사는 이 파손화물보상장만 있으면 파손화물에 대해 면책되며, 보험회사도 해당 파손물에 대해서는 책임을 지지 않으며, 결국 최종 보상은 파손화물 보상장을 발행한 화주의 책임이 된다.

〈그림 8-2〉 EDI 수출통관절차도

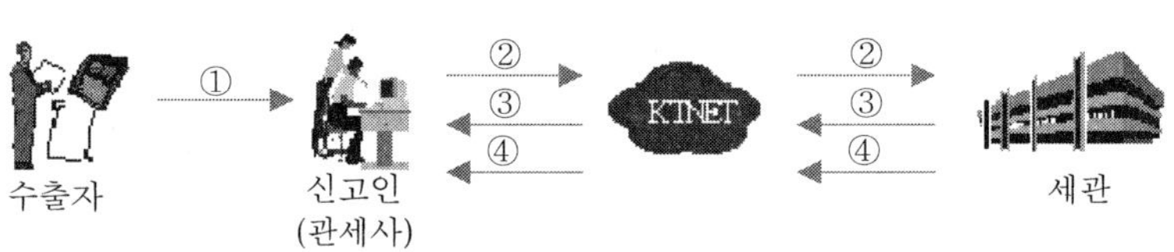

① 수출자는 EDI방식, FAX, 인편 등을 통하여 수출신고서류를 관세사 등에 전달
② 신고인(관세사 등)은 수출신고서류를 참조하여 수출신고서(CUSDEC)를 작성한 후 EDI방식으로 세관에전송
③ 세관시스템은 수신된 수출신고를 검증하여 오류가 발생한 신고건에 대해서 오류통보(CUSRES)전자문서를 신고인에게 전송, 신고인은 오류사항을 정정후 동일 제출번호로 최초전송과 동일하게 전송
④ 세관원이 단말기에서 신고건을 조회/확인후 수리 KEY를 입력하면, 세관시스템에서 자동으로 수리통보(CUSRES)를 신고인에게 전송. 신고인은 수출신고필증을 출력하여 신고인의 확인도장을 날인 후 수출신고필증으로 사용.

* 수출자가 직접신고시에는 ①번 과정 생략

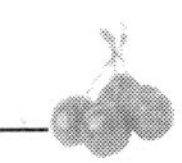

화주는 선박회사 측에 화물을 인도하고 본선수취증을 입수하여 지체없이 선박회사나 그 대리점에 가면 선박회사는 선하증권을 작성하여 화주에게 교부한다.

(10) 수출대금 회수

물품을 수출한 자는 승인된 결제방법에 의하여 유효기간 내에 당해 물품의 수출대금 전액을 회수하여야 한다.

송금방식수출이나 수출대금을 선취할 수 있는 전대신용장(red clause L/C)의 경우는 대응 수출이행기간(통상 수출대금 영수일로부터 180일)내에 수출이행을 하면 되지만, 신용장방식의 수출, 무신용장방식인 추심방식에 의한 수출(D/A, D/P) 등은 물품의 선적 후 동 수출허가의 유효기간 내에 수출대금 전액을 회수해야 한다.

따라서 수출통관과 선적이 완료되면 수출상은 신용장에서 요구하는 환어음과 제반서류, 즉 상업송장(commercial invoice), 선하증권(bill of lading), 보험증권(insurance policy), 포장명세서(packing list), 원산지증명서(certificate of origin) 등을 준비하고 환어음(bill of exchange : draft)을 발행하여 거래 외국환은행에 수출환어음 매입(negotiation)을 의뢰한다.

매입의뢰를 받은 외국환은행은 선적서류가 신용장 조건과 일치하는지 여부를 검토하고 수출이 이행되었는지를 확인하기 위하여 수출신고필증을 제출케 한 다음 환어음을 매입하여 수출대금을 수출상에게 지급한다.

그리고 서류를 매입한 매입은행은 동 수출환어음을 서류와 함께 신용장 조건대로 지급은행 또는 발행은행 앞으로 송부하여 대금을 추심하게 된다.

(11) 관세 환급

관세 환급이란 수출이 완료될 경우 수출품 제조에 소요된 원재료의 수입시에 납부한 관세 등을 수출상에게 되돌려 주는 것을 의미한다. 수출상은 관세 환급을 받아야 비로소 실제 당해 수출 선적분에 대한 손익을 당초 예상손익과 비교하여 볼 수 있으므로 환급기관인 세관장 앞으로 환급을 신청해야

한다.

관세 환급방법에는 중소기업기본법상 중소기업자로서 일정한 요건을 갖춘 자가 환급 절차상의 편리를 위하여 수출신고 필증만 제시하면 간이정액환급율표에 기재된 금액을 환급하여 주는 간이 정액환급제도와 수출물품의 관세액을 일일이 계산해서 환급받는 개별 환급 제도, 부산물에 대한 환급제도 등이 있다. 환급 신청은 수출신고필증을 받은 후 2년 이내에 신청하여야 한다.

(12) 외화획득 이행 여부 사후관리

수출입공고상 승인품목이나 특별법 규제대상품목을 외화획득용원료로 수입하였거나 내국 신용장이나 구매승인서에 의하여 국내에서 구매한 경우에는 대응수출이 이행되었는지 여부에 대하여 사후관리를 받아야 한다.

사후관리 대상물품을 수입한 자는 일정기간 내에 외화획득을 하고 사후 관리 은행에 외화획득 이행신고를 하여야 하며 적정 사유로 대응 수출을 하지 못했을 경우에는 외화 획득용 원료 사용목적 변경승인을 받거나 상사 간 양도 승인을 받아야 한다. 성실하게 사후 관리를 이행하는 업체로 일정한 요건에 부합하여 자율관리기업으로 지정된 경우에는 매 건별 사후관리를 면제하도록 하고 있다.

2. 수입절차

1) 수입절차의 개념

수입절차라 함은 수입계약을 체결하고 동 계약서 또는 물품매도확약서에 의하여 수입허가(승인)를 받고 수입신용장을 개설한 후(신용장방식에 의한 수입의 경우) 수입화물과 선적서류가 도래하면 수입화물을 통관하는 일련의 법적, 행정적인 절차를 의미한다.

수입은 일반 물품 수입과 수출용원자재 수입으로 분류할 수 있으나, 이하에서는 화환신용장 방식에 의한 물품의 수입을 중심으로 하여 수입거래절차를 살펴보도록 한다.

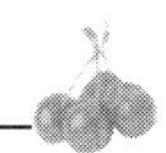

2) 수입절차

(1) 수입계약 체결

수입을 하고자 하는 자는 취급하고자 하는 물품에 대해 국내 무역관련법규에 의해 수입이 허용되는 물품인지 여부를 확인한 다음, 국내외 시장조사를 통해 유력한 거래선을 찾은 다음, 수입을 위한 거래조회를 거쳐 신뢰할 수 있는 해외 공급업자를 선정한 다음, 청약자의 청약에 대하여 승낙자가 승낙의 의사를 교환함으로써 체결된다. 그리고 수입계약은 수입상이 수출상에게 직접 청약하거나 또는 국내외 외국 무역대리업자(offer 상)를 통해 이행할 수도 있다.

(2) 수입승인

수입업자는 대외무역법시행령 제26조에 따라 원칙적으로 지식경제부장관이 정하는 서류를 첨부하여 수입승인을 신청해야 하는데, 그 승인권한의 대부분이 각각의 해당기관에 위임되어 있다(대외무역관리규정 제3-1-1조) ; "지식경제부장관이 지정하여 고시하는 관계행정기관 또는 단체의 장"은 수출입공고에 지식경제부장관이 지정、고시한 기관、단체(이하 "승인기관"이라 한다)의 장을 말한다). 또한 수입 승인의 유효기간은 1년이며, 다만 지식경제부장관은 국내의 물가안정、수급조정、물품 등의 인도조건 기타 거래상 특성에 따라 필요하다고 인정하는 경우에는 유효기간을 달리 정할 수 있다. 유효기간의 의미는 동 기간내에 수입대금을 지급해야 한다는 것이다.

(3) 수입신용장 개설 및 통지

수입상은 수입승인서 및 물품매도확약서 또는 구매 계약서의 내용을 참조하여 화환신용장 개설신청서에 신용장의 제 조건 등을 빠짐없이 기재하여 신용장개설은행에 신용장 개설을 의뢰한다.

〈표 8-6〉 수입절차도

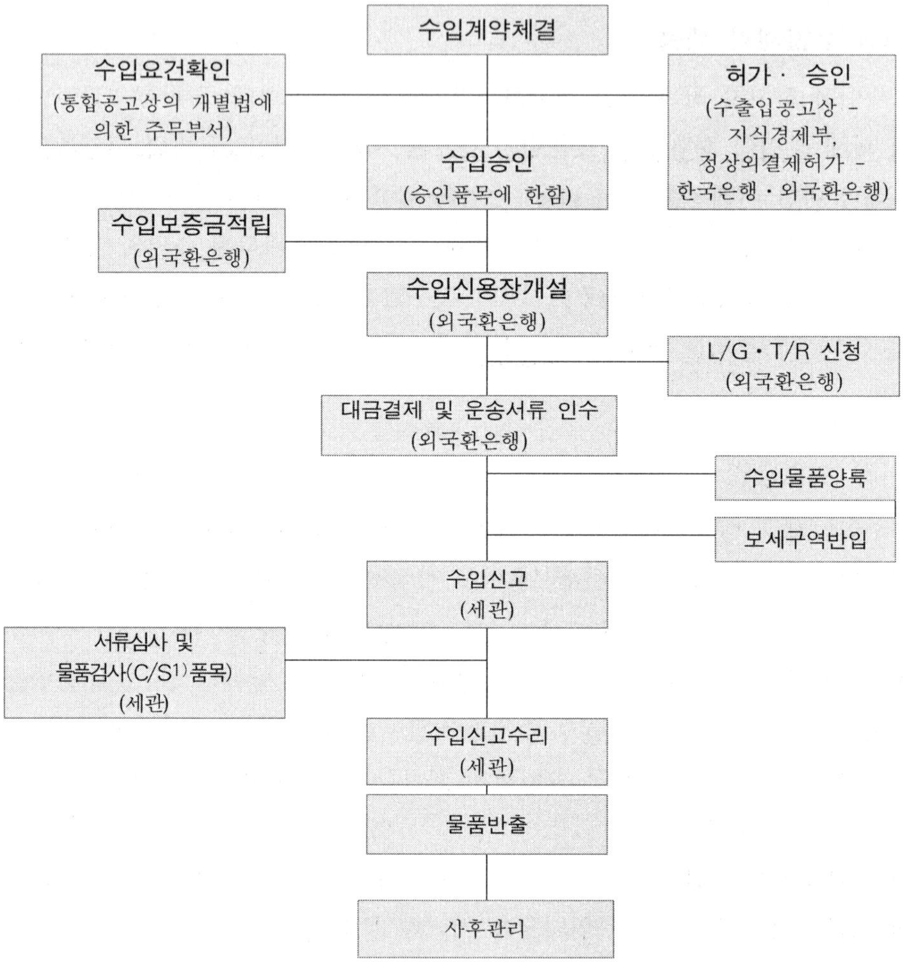

좌측	주요 절차	우측
	수입계약체결	
수입요건확인 (통합공고상의 개별법에 의한 주무부서)		허가 · 승인 (수출입공고상 - 지식경제부, 정상외결제허가 - 한국은행 · 외국환은행)
	수입승인 (승인품목에 한함)	
수입보증금적립 (외국환은행)		
	수입신용장개설 (외국환은행)	
		L/G · T/R 신청 (외국환은행)
	대금결제 및 운송서류 인수 (외국환은행)	
		수입물품양륙
		보세구역반입
	수입신고 (세관)	
서류심사 및 물품검사(C/S[1] 품목) (세관)		
	수입신고수리 (세관)	
	물품반출	
	사후관리	

신용장개설은행은 신용장을 발행하여 수출상이 소재하고 있는 수출지의 통지은행 앞으로 신용장을 전신 또는 우편을 이용하여 발송하며 이를 받은 통지은행은 수출상에게 신용장 도착을 통지하게 된다.

1) C/S(Cargo selectivity system)이란 수입화물선별시스템으로서, 수입화물 모두를 검사하지 않고 c/s를 통해 미리 등록된 기준에 따라 우범 가능성이 높다고 예상되는 물품을 골라 집중적으로 검사함으로써 검사 효율성을 높이고 있다.

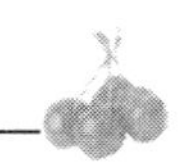

(4) 운송서류 내도와 수입화물선취보증서(Letter of Guarantee : L/G)

물품을 선적한 수출상은 신용장 조건에 따른 서류 즉 선하증권, 포장명세서, 상업송장 등을 구비하고 환어음을 발행하여 거래은행에 매입을 의뢰하고 매입은행은 신용장 개설 은행에 화환어음을 송부하여 대금을 회수한다.

이때 신용장 개설은행은 내도된 선하증권 등 운송서류가 신용장 조건과 일치하는지 여부를 심사한 후 수입상인 신용장 개설의뢰인에게 운송서류도착통지서를 발송한다.

한편 수입화물은 이미 도착하였으나 운송서류가 도착하지 않아 화물의 인수가 불가능 한 경우에는 선하증권 대신에 은행으로부터 수입화물선취보증서(Letter of Guarantee : L/G)를 받아 운송회사에 제시함으로써 화물을 인수할 수 있다. 또한 신용장에 의거하여 발행된 화환어음은 수입자가 그 어음을 지급하지 않고는 그 어음의 담보로 치부되어 있는 선적서류를 입수할 수 없다. 수입자는 선적서류가 없이는 수입통관 신고를 할 수가 없고 또한 운송인으로부터 수입화물을 인도받을 수 없다. 따라서 수입업자는 선적서류의 소유권은 담보물로서 그것을 보유하고 있는 은행에 제출함으로써 선적서류를 인도 받을 수도 있다.

(5) 수입대금결제와 운송서류의 인도

① 운송서류의 인도

운송서류도착통지서를 받은 수입상은 수입대금 및 관련 수수료를 신용장 개설은행에 납부한 후 서류를 수취하는 데 이때 운송서류가 신용장 조건과 일치하는지의 여부를 검토하여 수입대금의 결제에 동의하게 되면 외국환 은행(신용장개설은행)은 수입상에게 운송서류를 인도한다.

개설은행은 개설의뢰인에게 선적서류를 인도하기 위하여 환어음의 제시 및 지급 인수의 청구를 하게 되며 개설의뢰인은 이에 따라 수입대금을 결제하여야 한다. 이에 대하여 수입업자는 일람불어음인 경우에는 선적서류와 상환으로 어음대금을 지급하고 기한부어음인 경우에는 어음 인수를 하고 실제 대금은 어음만기일에 지급한다.

② 운송서류의 대도(Trust Receipt : T/R)

운송서류의 대도(Trust Receipt : T/R)란 수입상이 어음대금을 결제하기 전이라도 수입화물을 처분할 수 있도록 하는 동시에 개설은행이 그 화물에 대한 담보권을 상실하지 않도록 하는 제도이다. 즉, 일람출급어음조건인 경우 개설의뢰인이 개설은행에 대해 수입화물을 대도하여 줄 것을 신청하고 개설은행은 자기 소유하에 있는 수입화물을 수입상에게 대도하여 그 화물을 적기에 처분하도록 함으로써 그 판매대금으로 수입대금을 결제할 수 있도록 하는 제도이다.

(6) 수입통관 및 수입신고

수입화물이 도착하면 수입상은 화물을 양육하고 수입통관을 밟기 위해 수입물품을 보세 장치장에 반입한 다음 관세법 또는 기타 법령이 정한 바에 의하여 세관에 수입신고를 해야 하는 일련의 서류없는 수입통관절차를 거치게 된다. 다만 보세구역에 장치하기가 곤란한 거대 중량화물이나 그밖에 특수한 화물은 세관장의 허가를 받고 보세구역이 아닌 다른 곳에 장치할 수 있다(타소장치라함).

또한, 우리나라에 물품이 도착된 경우에는 이를 보세창고에 장치하여야 하는데 수입신고는 보세창고 반입전이나 반입후 어느 때라도 가능하다. 수입신고는 화주, 관세사, 관세사법인, 통관취급법인의 명의로 하여야 한다.

화주가 직접 신고하는 경우에는 수입신고 사항을 세관에 전송하기 위한 전산설비 등을 갖춘 후 세관에서 ID를 부여받아 신고하는 방법과 영세수출업체의 경우 무역협회 등에 설치된 공용단말기를 통하여 신고하는 방법이 있다.

우선 수입업자는 수입물품을 보세구역(보세지역, 보세상가, 보세창고, 보세공장) 등에 반입한 후 수입통관을 위한 수입신고서를 세관장에게 제출한다. 수입신고(Import declaration)를 받은 세관장은 구비서류상의 기재사항 누락여부 등을 심사하고 동 물품이 수입승인서에 명시된 물품과 일치하는지의 여부를 검사한 후(검사생략물품도 있음), 당해 물품에 대한 과세가격을 평가하여 관세 등을 부과징수 한다(물품반입 → 수입신고 → 심사 → 검사감정 → 관세부과 → 관세납부 → 수입면허 → 물품반출).

〈표 8-7〉 수입통관절차

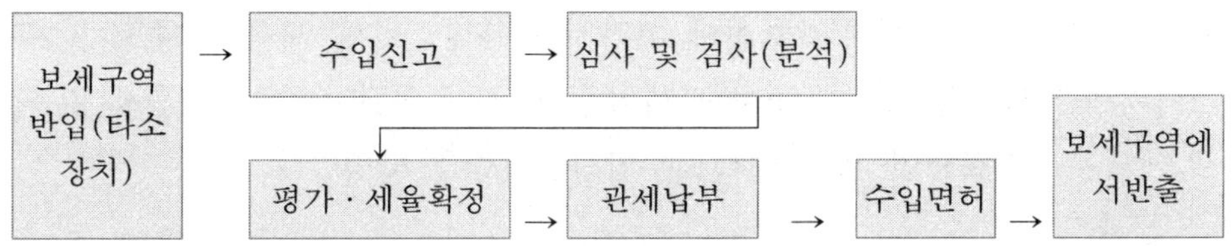

(7) 부두통관 및 보세운송

수입화물의 경우 대부분 도착된 부두에서 직접 통관되거나 보세운송되지 못하고, 부두밖에 소재한 CY 또는 보세장치장으로 다시 이동된 후 통관되거나 보세운송됨으로써 수입화물이 부두에 하역된 후 수입신고 또는 보세운송신고를 할 수 있기까지 10～15일 이상이 소요되고 있다.

이에 따라 1992년 7월 1일 부산항, 1993년 10월 1일 인천항에서 부두내에서 컨데이너 화물을 직접통관하거나 보세운송절차를 완료하도록 하여, 부두에서 직접 통관 반출하거나 화주가 희망하는 목적지로 보세운송할 수 있는 컨테이너화물 부두직통관제를 실시하고 있다.

부두직통관을 채택한 경우 수입 콘테이너화물(FCL화물)은 부두에 하역되기 전에 수입신고 또는 보세운송신고를 할 수 있도록 하여 하역 즉시 부두내에서 세관검사, 세금납부 등 관련절차를 완료할 수 있게 하는 제도이다.

즉, 수입 콘테이너 화물이 하역된 후 48시간 이내에 통관 반출되거나 제조공장으로 보세 운송할 수 있다.

(8) 관세 및 제세 납부와 수입면허

서류심사와 물품 검사를 마친 물품은 수입상이 신고한 수입가격을 과세표준으로 하여 관세 및 부가가치세 등 제세를 산출하여 납세의무자인 수입상에게 이를 신고、 납부하도록 한다. 관세 및 제세를 납부하면 수입신고필증을 교부받으며 보세구역에서 당해 물품을 반출할 수 있다.

관세 납부는 납세 의무자가 스스로 세액을 결정하여 세관장에게 사전신고

하고, 이를 납부하는 것을 원칙으로 한다.

관세 납부 시에는 관세포함 수입가격의 10%에 해당하는 부가가치세를 함께 납부해야하며 이외에도 품목에 따라서는 특별소비세, 교육세, 주세 및 부가가치세를 부과하는데 이 또한 관세의 부과 시에 일괄 징수한다. 관세 및 제세가 납부、완료되면 세관에서는 수입신고필증을 발행한다.

(9) 수입화물 반출 및 컨테이너 반환

수입상이 선하증권(B/L) 원본을 제출하면 선박회사는 그에 따라 화물인도지시서(Delivery Oder : D/O)를 발급한다.

수입상은 화물인도지시서 발급신청 시 운임후불조건(collect FOB조건)인 경우 운임을 완납해야 하며, CY나 보세장치장 등은 선박회사가 발행한 원본 선하증권(B/L)이나 화물인도지시서를 소지하고 있는 화주에게 화물을 인도하며 창고료 비용을 영수하고 화물인도지시서장부에 화물인도지시서 수취 및 화물 인출 사항을 기록한다.

수입상이 인수해 간 컨테이너의 반송은 원칙적으로는 화물을 반출했던 CY 또는 보세장치장으로 반환해야 하며, 이때 선사가 정한 Free Time을 경과하여 반환하는 경우에는 컨테이너 지체료(detention charge)가 부과된다.

(10) 사후관리

모든 외화획득용 원료를 사후 관리한다는 것은 현실적으로 불가능하며 수출입공고의 자동승인품목은 수출용, 내수용이든 간에 수입이 자유로이 허용되기 때문에 사후관리의 실익이 없어 대외무역법 시행령에서는 사후관리 대상 물품을 첫째, 수출입공고상의 수입제한 품목, 둘째, 산업피해조사의 결과에 의한 조치에 따라 수입이 제한되는 품목, 셋째, 제1호 및 제2호의 품목에 해당하는 물품을 사용하여 국내에서 생산하는 물품으로 한정하고 있다.

① 수입승인 이행사항 신고

지식경제부장관은 대외무역법 제 17조의 규정에 의하여 수입승인을 얻은 자가 승인을 얻은 내용대로 수입을 이행하였는지의 여부를 확인하여야 한다.

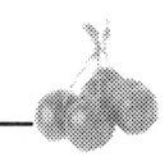

이에 대한 사후관리는 실질적으로 수입승인 기관의 장이 행하고 있으므로 수입승인을 얻은 자는 유효기간 내 당해 수출, 수입을 이행하고 이를 입증하는 수입신고필증 등 서류를 당해 승인 기관의 장에게 제출해야 한다.

② 외화획득용 원료의 사후관리

우리나라는 수출의 증대를 통하여 국제수지균형과 안정적인 국민경제성장을 도모하고자 외화획득용 원료를 수입하는 경우 금융, 외환, 관세 등의 측면에서 각종의 혜택을 부여하고 있다.

이와 같은 외화획득원료에 대한 차별적인 혜택은 수출용으로 수입된 원자재를 제조ㆍ가공하여 일정 기일 내에 합법적인 절차에 따라 대응수출을 이행할 것을 전제로 부여되고 있는 것이므로, 외화획득용 원료를 수입한 자가 이러한 조건들을 성실히 이행하는지의 여부를 사후관리 할 필요가 있다.

또한 무역정책상 외화획득용 원료의 수입에는 수입금지제한 등의 품목제한 및 수량제한을 받지 아니하고 수입할 수 있으므로 이와 같은 혜택에 대응하는 사후관리를 규정할 필요가 있다.

따라서 대외무역법상 외화획득용 원료를 수입한 자와 그 수입을 위탁한 자나 외화획득용 원료로 생산된 물품을 구매한 자는 정하여진 기간 내에 대응수출을 해야 하며, 이러한 의무이행이 불가능할 경우에는 상사 간 양도승인이나 사용목적 변경의 절차를 거쳐 사후관리의무를 면하도록 규정하고 있다.

8.3 해상운송과 해상보험

1. 해상운송계약

무역상품을 목적지까지 수송하기 위해서는 미리 여기에 필요한 선복(ship's space)을 확보하고 선박회사와 운송계약을 체결하여야 한다.

선적과 관련하여 최근의 운송유형은 종래의 해상운송 중심에서 항로와 육로를 연결하는 복합운송으로 발전하고 있으며 이러한 추세는 소련을 비롯한 동구권의 개방과 때를 맞추어 더욱 중요시 되고 있다. 해상운송계약은 크게 개품운송계약과 용선운송계약 등으로 나눈다.

1) 개품운송계약

무역업자가 컨테이너화물을 포함한 일반잡화를 해외로 수송할 경우 1회의 화물량이 많지 않으므로 선박회사 등이 공표한 배선표(Sailing Schedule)에 따라 일정항로를 운항하는 정기선(Liner)을 이용하게 된다.

개품의 운송계약은 구두로 이루어지나 화주는 선복요청서(Shipping Request) 또는 운송의뢰서 2부를 제출하여 그 중 1부는 선박회사의 서명을 받아 두는 것이 좋다. 그리고 계약의 내용은 선하증권(Bill of Lading)에 기재되므로 선하증권은 개품운송계약서의 성격을 가지고 있다고 할 수 있다.

2) 용선계약(C/P ; charter party)

화주가 선박회사로부터 선복의 전부 또는 일부를 대절하여 화물을 운송하는 계약방식으로서 곡물ㆍ광석 등의 대량화물을 운송할 경우 이용되며, 선박은 보통 부정기선이다. 용선운송계약에는 선박에 필요한 모든 용구와 선원까지 승선시킨 선박을 일정 기간 용선하여 그 용선기간을 기준으로 보수를 지불하는 정기용선계약(time charter)이 있고, 어느 항구 또는 여러 곳의 항구에서 다른 목적항까지 화물의 운송을 의뢰하는 항해(항로)용선계약(voyage charter, trip charter)이 있으며, 용선하는 측에서 선박 자체만을 용선하고 선원ㆍ장비 및 소모품 등의 일체를 부담하는 형식의 나용선계약(bare boat charter) 등이 있다.

2. 해상운송의 형태

해상운송은 선박의 운항형태에 따라 정기선 운송과 부정기선 운송으로 나

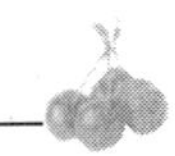

를 수 있으며, 이들의 운송에 투입된 선박을 각각 정기선(liner)과 부정기선(tramp)이라고 한다.

1) 정기선(liner)

정기선은 사전에 확립된 운항일정에 의해 규칙적으로 반복 운항하며, 일정량의 선복을 공시된 운임(tariff)을 적용해서 장기적으로 안정된 서비스를 화주에게 제공하고 계약형태는 대부분 개품운송계약이다.

2) 부정기선(tramper)

부정기선은 정해진 항로 및 운항스케줄이 없이 필요에 따라 수시로 운항하는 선박을 말한다. 부정기선은 화주가 선박에 만재시킬 수 있을 만큼 충분한 양의 화물을 가지고 있을 때 선박을 빌려서 운송하고자 할 경우에 이용되는 것으로 운송계약은 용선운송형태이다.

부정기선계약(용선운송계약)종류에는 항구에서 항구까지 선복을 빌릴 때 서로 협정한 운임률을 조건으로 하는 용선계약인 항해용선계약(voyage charter or trip charter)과 특정시점에서 특정 시점까지 기간을 정해서 서로 협정한 운임률과 조건을 적용하는 용선계약인 정기용선계약(time charter)이 있다.

3. 복합운송과 Containerization(컨테이너운송)

1) 개요

복합운송(combined transport)이란 특정의 화물을 육상ㆍ해상ㆍ항공운송 중에서 두 가지 이상의 운송형태를 복합적으로 이용하여 출발지에서 최종 목적지까지 일관운송(through transportation)하는 것을 말한다.

이러한 일관수송에 대하여 전체적인 책임을 지는 주체가 바로 복합운송인이며, 특히 복합운송인이 발행하는 복합운송계약의 증거서류를 복합운송증권이라고 한다.

컨테이너 운송과 복합운송이 동일한 개념은 아니지만 복합운송은 컨테이너의 궁극적 목적인 door to door service의 필연적 결과라고 할 수 있다. 따라서 복합운송은 현실적으로 컨테이너 운송과 동의어로 여겨지기도 하지만, 엄격히 말하면 컨테이너 운송 자체가 복합운송이 아니고 복합운송을 지향하는 매체가 되는 것이다.

컨테이너 운송은 안전성, 신속성, 경제성을 충족시켜 국제거래에서 재화의 시간적, 공간적 간격을 극복하여 해륙일관수송 곧 복합운송체계를 완성함으로써 경제적인 효율을 더욱 높여주게 된다.

2) Containerization과 복합운송의 장점

컨테이너를 이용한 복합운송수단은 다양한 운송수단 간의 조합에 의해 운송 서비스가 이루어짐으로써 다음과 같은 장점이 있다.

① 작업비용절감
② 하역생산성향상
③ 컨테이너에 의한 수송 간소화로 서류의 단순화 가능
④ 운송책임의 일원화 가능
⑤ 화물의 추적 시스템 용이

3) 컨테이너화물의 운송형태

컨테이너는 한 Unit의 화물적입량에 따라 FCL(Full Container Load)와 LCL(Less than Container Load)로 구분한다.

(1) CFS/CFS[2](LCL/LCL 운송 또는 Pier to Pier 운송)

한 개의 컨테이너에 여러 화주의 화물이 혼적될 경우 사용되며, 선박회사의

2) LCL 화물을 다수의 송화인으로부터 인수하여 목적지별로 정리하고 컨테이너에 혼재(consolidate)하거나, 혼재된 수입화물을 컨테이너로부터 꺼내어 수화인별로 정리 및 인도하여 주는 보세 장치장

책임은 선적지의 CFS 입고시부터 목적지 CFS 출고시까지 이며, 화물이 목적지에 도착되면 수화인(수입업자) 각자는 화물을 선박회사로부터 인수하여야 한다.

(2) CFS/CY[3](LCL/FCL운송 또는 Pier to Door운송)

선적항의 CFS로부터 수화인의 공장 또는 창고까지 컨테이너화물을 수송하는 방법으로, 통상 한 수화인이 여러 송화인(수출업자)으로부터 LCL화물을 수화하여 자기 창고까지 운송할 경우 이용된다.

(3) CY/CFS(FCL/LCL운송 또는 Door to Pier운송)

상기 CFS/CY의 반대형태로 선적지 송화인의 공장 또는 창고로부터 목적항의 지정 CFS까지 컨테이너 화물을 운송하는 형태이며, 한 사람의 송화인이 다수의 수화인에게 일시에 화물을 운송하고자 할 경우 이용된다.

(4) CY/CY(Door to Door Service)

가장 이상적인 형태로 송화인의 공장 또는 창고로부터 수화인의 공장 또는 창고까지 운송하는 일관수송형태로 이는 운송의 경제성, 신속성, 안전성을 최대한 충족시키며, FCL/FCL운송이라고도 한다.

4. 선하증권(Bill of Lading)

선하증권이란 화주와 선박회사간의 해상운송계약에 의해 선박회사가 발행하는 유가증권이다. 즉 선하증권은 선박회사가 화주로부터 위탁받은 화물을 선적 또는 선적을 목적으로 수탁한 사실과 화물을 양륙항까지 운송하여 이 증권의 소지자에게 증권과 상환으로 운송화물을 인도할 것을 약속한 화물의 수취증권이다.

---

3) container yard : 컨테이너야적장으로 선박회사가 화물이 적입되어 있는 컨테이너를 본선에 선적하기 위하여 송화인이나 CFS 운영자로부터 인수하거나, 본선에서 양륙된 컨테이너를 수화인이나 CFS 운영자에게 인도하기 위하여 지정된 보세장치장

송화인이 화물을 본선에 선적하고 선장으로부터 본선수취증(mate's receipt ; M/R)이나 부두수취증(dock receipt ;D/R)을 발급받아 선박회사에 제출하면 선하증권을 발급받게 된다. 그러나 운임이 도착지불(freight collect)인 경우에는 운임 없이도 선하증권이 발행되며, 화물이 본선에 선적되지 않아도 수취선하증권이 발급될 수 있다.

1) 선하증권의 특성

선하증권은 선적화물을 대표하는 증서이므로 인도나 배서에 의해 전매될 수 있는 유통유가증권이며, 이 증권을 소지하고 있다는 것은 선적화물 그 자체를 소유하고 있는 것과 동일하다.

이러한 법적 특성을 요약 정리하면 다음과 같다.

① 요인성 : 운송계약에 의해 선박회사가 운송화물을 수취 · 선적하였다는 전제하에 선하증권을 발급하기 때문에 요인증권이다.

② 요식성 : 선박의 명칭, 국적, 톤수, 운송화물의 종류와 개수, 기호 등을 기재하고 발행자가 기명 · 날인하는 법정의 형식을 요하는 요식증권이다.

③ 문언성 : 증권이 작성된 후에는 운송인과 송하인의 의무는 증권상에 명기된 사항에 반하여 임의로 해석될 수 없다.

④ 유통성 : 선하증권은 화물을 대표하는 유가증권으로서, 증권의 발행인이 배서의 금지를 뜻하는 문구를 기재하지 않는 한 배서 또는 인도에 의해 소유권이 이전될 수 있다.

⑤ 대표성 : 선하증권은 운송화물을 대표하는 대표증권이며, 소지인이 선박회사에 화물의 인도를 청구할 수 있는 채권증권이다.

2) 선하증권의 종류

선하증권은 화물의 취급조건 및 상태와 선하증권 상 기재 내용 등에 따라 여러 가지로 구분된다.

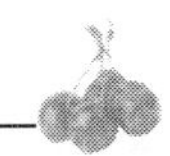

(1) 선적선하증권(Shipped or on Board B/L)과 수취선하증권(Received B/L)

선적선하증권은 운송인이 화물을 선박에 적재한 후에 발행했느냐 아니면 선적을 위하여 인수한 후에 발행했느냐를 구분하여 발행한 증권이다.

화물이 실제로 선적된 후에 발행되는 증권으로 증권 면에 "Shipped", 또는 "Shipped on Board B/L"등의 문구가 표시되며, 모든 선하증권은 선적선하증권으로 발행되어야 하는 것이 원칙이다. 수취선하증권은 운송인이 선적을 약속한 화물을 화주가 지정된 창고에 입고시킨 후 화주가 요구할 경우 선적 전에 발행되는 증권으로 예정된 선박에 선적이 안 되는 경우가 있기 때문에 L/C에 "Received B/L Acceptable"에 상응하는 문구가 없으면 은행에서 매입을 거절할 수 있다.

(2) 무사고선하증권(Clean B/L), 사고부선하증권(Foul or Dirty B/L)

화물 선적당시에 화물의 포장상태 및 수량에 어떠한 손상 또는 과부족이 있으면 운송인은 그 내용을 증권 상에 표기하는데 화물의 손상 및 과부족이 없이 발행되는 증권과 손상 및 과부족이 있을지라도 그 내용이 기재되지 않는 증권을 Clean B/L이라 하며, 그 내용이 기재되는 증권을 Foul or Dirty B/L이라 한다.

(3) 기명식선하증권(Straight B/L), 지시식선하증권(Order B/L)

증권의 "Consignee"난에 수입자의 성명 또는 상호가 확실히 명기되어 있는 증권이 Straight B/L인데, 발행인 배서금지의 문구를 기재하지 않으면 배서에 의해서 양도할 수 있다. 그리고 Consignee난에 "To order", "Order A"등의 문구가 기재된 증권을 Order B/L이라 하며 백지배서로 양도가 가능하다.

(4) 통과선하증권(Trough B/L)

해상과 육상을 교대로 이용하여 운송하거나, 둘 이상의 해상운송인과 육상운송인이 결합하여 운송할 경우 최초의 운송인이 전 구간의 운송에 대하여 책임을 지고 발행하는 운송증권으로 일반적으로 통과운송계약에 활용되는 증권이다.

(5) 환적선하증권(Transsphipment B/L)

화물을 운송도중 중도에서 다른 선박에 환적하여 목적지까지 운송하는 경우 발행되며 각 구간마다 운송인이 연서하여 공동으로 운송책임을 진다.

(6) 복합운송선하증권(Combined B/L)

단일품목을 여러 가지 운송모드, 예컨대 육상, 해상, 항공 중 2가지 이상의 다른 운송방법에 의하여 단일증권으로 연계 운송하는 데 사용되는 운송증권이다. 최근 들어 컨테이너 박스에 의해서 운송되는 컨테이너 화물에 사용된다.

(7) 국제운송인주선인협회 선하증권(FIATA B/L)

운송주선인이 운송계약 주체가 되어 발행하는 증권으로서 국제운송주선인협회연맹(International Federation of Freight Forwarders Association : FIATA)이 제정한 증권이며, 이 연맹에 가입한 회원만이 본 증권을 발행 사용할 수 있는데, 이 증권은 통상 복합운송에 이용되고 있다.

(8) 항공화물수령증(Air Waybill)

항공운송인이 화주로부터 항공화물을 받았다는 영수증임과 동시에 도착지에서 항공화물운송장과 교환으로 화물을 내주겠다는 화물상환증으로 수취증이지 선하증권과 같이 하물 자체를 화체(貨體)한 유가증권이 아니다.

(9) 약식(간이)선하증권(Short Form B/L)

Short Form B/L은 선하증권으로서 필요기재사항을 갖추고 있지만 보통선하증권(Long Form B/L)의 이면약관이 생략된 것으로서 근래 미국을 위시한 여러 나라에서 널리 사용되고 있다. 이 약식선하증권에 관하여 어떤 분쟁이 생기면 일반적으로 Long Form B/L상의 화주와 선주의 권리와 의무에 따르게 된다.

(10) Red B/L

Red B/L은 보통의 선하증권과 보험증권을 결합시킨 것으로서 이 증권에

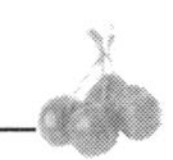

기재된 화물이 항해 중에 사고가 발생하면 이 사고에 대하여 선박회사가 보상해 주는 선하증권이다.

(11) Stale B/L

선하증권은 선적이 완료되면 선적일자에 발행되어 수출업자는 상품대금을 회수하기 위해 발급일자 후 21일 이내에 (신용장 통일규칙 제47조) 매입은행에 선하증권을 제시하여야 하는데, 이 기간 내에 제시하지 않은 선하증권을 Stale B/L이라 하며 신용장에 "Stale B/L Acceptable"에 상당하는 문구가 없으면 은행에서 매입을 거절한다.

5. 해상보험(Marine Insurance)

1) 해상보험의 정의

해상보험은 해상운송 도중에 일어나는 우연한 사고에 대하여 보험자(insurer ; 보험회사)가 보험금의 지급을 통해 손해를 보상하여 줄 것을 약속하고, 피보험자(insured ; 보험금 수취할 자이며, 실제 보험자와 보험계약을 체결하고 보험료를 지급하기로 약속한 자는 보험계약자이다)는 그 대가로서 보험료를 지급할 것을 약속하는 손해보험의 일종이다.

해상보험은 첫째, 항해사업과 관련된 사고에 대해서만 보상하는 보험이며, 둘째, 피보험자가 입은 손해에 대해서만 보상하는 손해보상보험이다.

2) 해상보험과 피보험이익

해상보험계약의 보험목적물은 선박, 적하, 운임이지만 실제로 보험부보의 대상이 되는 것은 물체 자체가 아니라 그 물체에 대하여 특정인이 가지고 있는 이해관계를 피보험이익(insurable interest)이라고 한다.

보험계약이 유효하려면 피보험이익은 합법성ㆍ경제성ㆍ확실성을 가지고 있어야한다. 합법성이란 불법 또는 공서양속에 위배되는 보험의 목적은 피보험이익이 될 수 없다는 것이고, 경제성은 피보험이익이 금전으로 산정될 수 있는 경제적 이익이어야 한다는 것이며, 확실성은 피보험이익의 존재와 그 귀속이 확실해야 한다.

3) 해상손해

해상손해란 해상위험이 발생한 결과로 보험목적물이 멸실 또는 손상되는 물적 손해와 그에 부수적으로 발생하는 비용손해 또는 제3자에 대한 손해배상책임 등을 말한다. 그런데 보험자는 피보험자가 입은 모든 해상손해를 보상하는 것이 아니라 보험증권에서 규정하고 있는 부보위험으로 인한 해상손해만을 보상하고, 면책위험으로 인한 손해는 보상하지 않는다.

(1) 전손(全損, Total Loss)

전손이라 함은 보험사고가 발생하여 피보험이익의 전부가 멸실되거나 구조가 사실상 불가능하거나 수리비가 보험금액을 초과할 정도로 손상이 심한 경우를 말하며, 전손에는 현실전손(actual total loss)과 추정전선(constructive total loss)이 있다.

① 현실전손(現實全損)

절대전손이라고 하며, 보험목적물이 완전히 파괴되거나 부보된 종류의 물건으로서 존재할 수 없을 정도로 심각한 손상을 입은 경우 또는 피보험자가 보험목적물을 박탈당하여 회복할 수 없는 경우를 말한다.

② 추정전손(推定全損)

보험목적물의 현실전손이 불가피한 것으로 보이거나 또는 현실전손을 면하기 위하여 지출한 비용이 보험가액을 초과할 것으로 판단되기 때문에 보험목적물을 합리적으로 위부(Abandonment)[4]하는 조건으로 보험자가 이를 현실전손과 마찬가지로 처리하게 되는 전손을 추정전손이라 한다.

---

4) 보험자가 특정 보험물에 대한 전손 보험금을 지급받을 피보험자가 보험목적물의 소유권을 보험자에게 포기하는 것을 말한다.

(2) 분손(分損, Partial Loss)

분손 이란 전손에 대응되는 개념으로서 피보험이익의 일부가 멸실(loss), 손상(damage)또는 회복의 가망이 없이 상실됨으로써 발생되는 손해이며, 여기에는 단독해손과 공동해손이 있다.

① 단독해손(單獨海損, Particular Average)

피보험목적물의 일부가 손해를 입은 것 중에서 특정 화주 단독으로 부담하게 되는 손해를 말한다.

② 공동해손(公同海損, General Average)

해상사고에 조우(遭遇)하였을 때 이익단체의 공동안전을 위하여 선장이나 선주가 적절한 조치를 취하는 공동해손행위로 인하여 또는 공동해손행위의 직접적인 결과로 발생된 손해를 말하며, 이 손해는 해상사업에 이해관계가 있는 여러 이익단체(선박, 적하, 운임 등)가 공평하게 분담하게 된다.

4) 적하보험

해상이나 항공으로 수송되는 무역물품이라면 어떠한 것이라도 보험에 가입할 수 있는데 이것을 적하보험이라 한다. 이러한 적하보험계약을 위해서 보험약관이 필요한데, 현재 활용되고 있는 것은 영국보험자협회가 만든 협회적하약관이다. 무역업자, 즉 화주와 보험회사 간에 적하보험계약에 이용되는 증서가 해상보험증권(화물용)이다. 이 증권 이면에는 약관이 있는데, 영국보험자협회에서 제정한 신약관이 활용되고 있다. 이를 "1982 신협회약관"이라 한다.

협회약관에는 여러 가지 종류가 있고 화물의 종류별로도 특유의 약관이 있지만 일반적으로 다수의 화물에 공통 적용하는 기본약관은 세 가지이다.

Institute cargo clause(A) : A clauses, Institute cargo clause(B) : B clauses, Institute cargo clause(C) : C clauses 으로서, 이상의 약관은 1982년 개정되었으며 A clauses는 과거의 전위험담보조건(All Risk : A/R), B clauses는 과거의 분손담보조건(With Average : A/R), C clauses는 과거의 분손부담보조건

(Free From Particular Average : F.P.A.)의 변형이다. A 조건은 일정한 면책위험을 제외하고는 모든 위험, 즉 피보험목적물에 발생하는 멸실 및 손상, 비용 일체를 모두 담보하는 조건으로 보험료가 가장 높다. B 조건은 종래의 보험조건 중에서 W.A.의 담보위험이 명확하지 않았던 것을 보완하여 보험자가 보상하여야 할 담보위험을 구체적으로 열거하고 분손도 담보한다는 조건이다. C 조건은 분손을 담보하지 않고 전손되어야 보험혜택을 받을 수 있다는 것으로 최소보험에 해당한다.

ICC (A), (B), (C)의 세 약관별로 보험자가 담보하는 위험과 면책되는 위험을 정리하면 [표 8-8]의 ICC (A), (B), (C)조건비교와 같다. 그러나 같은 면책위험이라 하더라도 전쟁위험과 동맹파업위험은 특약을 통해 협회전쟁약관과 협회동맹파업약관을 첨부함으로써 부보가 가능하다.

〈표 8-8〉 ICC (A), (B), (C) 조건비교

보상하는 손해	ICC(C)	ICC(B)	ICC(A)
① 화재 또는 폭발	○	○	○
② 본선 또는 부선의 좌초, 교사, 침몰, 전복	○	○	○
③ 육상운송 용구의 전복 또는 탈선	○	○	○
④ 본선, 부선, 운송용구의 타물과의 충돌 · 접촉	○	○	○
⑤ 피난항에서의 화물의 하역	○	○	○
⑥ 지진, 화산의 분화, 낙뢰	×	○	○
⑦ 공동해손 희생	○	○	○
⑧ 투하로 인한 손해	○	○	○
⑨ 갑판유실	×	○	○
⑩ 본선, 부선, 선창, 운송용구, 컨테이너, 또는 보관장소에 해수, 호수, 강물의 유입	×	○	○
⑪ 본선, 부선에 선적 또는 하역작업중 바다에 떨어지거나 갑판에 추락하여 발생한 포장단위당 전손	×	○	○
⑫ 상기 이외의 멸실 · 손상의 일체의 위험	×	×	○
⑬ 공동해손 구조비	○	○	○
⑭ 쌍방과실 충돌(Both to Blame Collision)	○	○	○

자료 : www.tradehelper.or.kr.

5) 해상적하보험의 보험기간

(1) 위험개시

해상적하보험의 위험은 화물이 보험증권에 기재된 지역의 창고 또는 보관장소를 떠날 때부터 개시된다.

(2) 위험의 종료

한편, 해상적하보험의 위험의 다음의 세 가지 중 먼저 일어난 때에 위험이 종료된다.

① 보험증권에 기재된 목적지의 수화인 또는 기타의 최종창고나 보관장소에 화물이 인도된 때
② 통상의 운송과정이 아닌 보관 또는 할당이나 분배의 목적에 사용하고자 택한 창고 또는 보관 장소에 인도된 때
③ 최종양륙항에 외항선으로부터 화물을 하역한 후 60일(단, 우리나라에서 수입하는 화물은 30일)이 경과된 때

8.4 수출보험

1. 수출보험의 의의

수출보험제도는 수출자 또는 선적전후 무역 금융을 제공한 금융기관이 수입자의 대금지급 지체、 파산, 수입국의 외환사정 악화에 따른 수입국 정부의 대외송금 제한조치, 수입국에서의 전쟁、내란 등으로 인하여 수출불능이 되거나 만기일에 수출대금을 회수하지 못하게 됨으로써 입게 되는 손실을 정부 출연금으로 조성된 수출보험기금으로 보상하여 궁극적으로 수출 진흥을 도모하기 위한 비영리 정책보험제도이다.

일반적으로 수출보험의 기능으로는 다음과 같이 분류 할 수 있다.

1) 수출거래상의 불안제거 기능

수출보험은 수출거래에 따른 수출자의 위험부담을 해소하여 준다는 측면에서 수출거래의 환경 및 조건을 국내 상거래의 경우와 동일한 정도로 유리하게 조성하는 데에 제 1차적인 기능을 가지고 있다.

2) 금융보완적 기능

수출보험은 수출대금 미회수위험을 담보하므로 금융기관으로 하여금 수출금융을 공여하게 하는 금융 보완적 기능을 가진다.

3) 수출진흥 정책수단으로서의 기능

수출보험은 수출무역, 기타대외거래의 촉진 및 진흥을 위하여 정부의 지원하에 운영됨에 따라 보험료율 등을 정함에 있어 장기적 차원에서의 수지균형을 목표로 하여 가능한 한 저율로 책정하는 한편 보상비율 등에서는 최대한 수출자에게 유리한 형태의 높은 비율의 보상제도를 채택하는 등 수출경쟁력을 강화시키고, 결과적으로 수출을 촉진시키는 역할을 하게 되는 수출진흥 정책수단으로서의 기능을 갖는다.

4) 해외수입자에 대한 신용조사 기능

수출보험은 효율적인 인수 및 관리를 기하고 보험사고를 미연에 방지하기 위해 다각적으로 해외수입자의 신용상태와 수입국의 정치、경제사정에 관한 조사활동을 수행하고 있다.

2. 담보위험의 종류

1) 비상위험(political risk)

수입국 정부의 외환부족으로 인한 환거래의 제한 및 금지, 수입국의 수입금

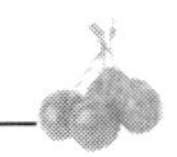

지 및 제한조치, 외국에서의 전쟁、내란、정변과 같은 비상사태 등 수출자에게 책임지울 수 없는 사유로 인하여 발생하는 위험이다.

2) 신용위험(commercial risk)

수입자가 대금을 지급할 능력이 없거나 대금지급을 지연시키는 등 당연히 이행하여야 할 채무 또는 의무를 이행하지 않음으로 인하여 발생하는 위험이다.

3) 기업위험(management risk)

기업가의 판매예상, 경영예측이 어긋나는 등 기업의 활동과정에서 발생하는 위험이다.

3. 수출보험의 운영

수출보험사업은 정부(지식경제부)의 감독하에 한국수출보험공사에서 전담하고 있다.

1) 감독기관 : 지식경제부

수출보험운영에 관한 주요정책의 수립과 보험요율 조정, 포괄보험 실시 등 주요사항 결정, 수출보험기금 예산 및 결산의 승인 등이다.

2) 보험자 : 한국수출보험공사

신용조사, 보험인수 및 보상 등 보험관련업무 수행, 수출신용보증제도 운용, 수출보험기금의 관리 및 운용 등 이다.

3) 수출보험운영[5)]

수입자 신용조사의뢰부터 수출보험 부보까지 사이버수출보험의 이용으로 쉽고 빠르게 One-Stop으로 처리할 수 있는 통합서비스로 운영된다.

5) 수출보험제도해설, 한국수출보험공사, 2007.11. pp. 4-79.

4) 수출보험의 종류

수출보험공사는 각종 대외거래와 관련하여 12개의 보험제도, 2개의 보증제도 및 기타 서비스를 제공하고 있다.

(1) 단기성 종목

결제기간 2년 이내의 수출거래를 대상으로,

① 단기수출보험(선적후)

수출자가 수출대금을 결제기간 2년 이하의 수출계약을 체결하고 수출물품을 선적 후, 수입자(L/C거래의 경우 개설은행)로부터 수출대금을 받을 수 없게 된 때에 입게 되는 손실을 보상하는 제도

② 수출신용보증(선적전)

수출기업이 수출물품을 제조, 가공하거나 조달할 수 있도록 외국환은행, 수출유관기관 등으로부터 필요한 자금을 대출받을 때 공사가 연대보증하는 제도

③ 수출신용보증(선적후)

수출기업이 수출계약에 따라 물품을 선적한 후 금융기관이 환어음 등의 선적서류를 근거로 수출채권을 매입(NEGO)하는 경우 수출보험공사가 연대보증하는 제도

④ 농수산물수출보험

국내에서 생산﹅가공 또는 집하된 농﹅수산﹅축산물 또는 임산물 수출시 가격변동위험, 수출대금 미회수 등으로 인한 손실을 보상하는 제도

(2) 중장기성 종목

결제기간 2년 초과 수출거래를 대상으로 하여

① 중장기수출보험(선적전)

수출대금 결제기간이 2년을 초과하는 중장기 수출계약에서 수출불능으로 인한 수출기업의 손실을 담보하는 제도

② 중장기수출보험(공급자신용)

수출대금 결제기간이 2년을 초과하는 중장기 수출계약에서 수출기업의 대금미회수 위험을 담보하는 제도

③ 중장기수출보험(구매자신용)

수출대금 결제기간이 2년을 초과하는 중장기 수출거래에서 금융기관의 금융대금 미회수위험을 담보하는 제도

④ 해외사업금융보험

국내외 금융기관이 외국인에게 수출증진이나 외화획득의 효과가 있을 것으로 예상되는 해외사업에 필요한 자금을 상환기간 2년 초과 조건으로 공여하는 금융계약을 체결한 후 대출원리금을 상환받을 수 없게 됨으로써 입게 되는 손실을 보상하는 제도

⑤ 해외투자보험(주식, 대출금, 보증, 부동산)

우리나라 국민이 해외투자를 행한 후 투자상대국의 수용ㆍ전쟁ㆍ송금불능ㆍ약정불이행ㆍ불가항력의 비상위험 등으로 인하여 투자원금 또는 배당금ㆍ이자 등을 회수할 수 없게 되거나 보증채무의 이행으로 입게 되는 손실을 보상하는 제도

⑥ 해외투자보험(투자금융)

해외사업과 관련하여 금융기관이 국내개발사업자의 해외사업에 필요한 소요자금을 대출하는 경우, 비상위험 또는 신용위험으로 인한 금융기관의 대출금 미회수위험을 담보하는 제도

⑦ 해외자원개발펀드보험

해외자원개발펀드가 해외자원개발사업에 투자하여 피투자국의 전쟁, 수용, 송금제한 등의 비상위험과 투자 상대방의 파산, 해당자원의 가격변동 등의 신용위험(사업위험 포함)으로 손실이 발생하는 경우 손실액의 일부를 보상하는 제도

⑧ 해외공사보험

해외공사계약 상대방의 신용위험 발생, 해외공사 발주국 또는 지급국에서의 비상위험 발생에 따라 손실을 입게 된 경우에 그 손실을 보상하는 제도

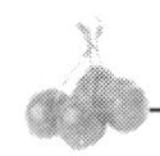

⑨ 수출보증보험

금융기관이 수출거래와 관련하여 수출보증서를 발행한 후 수입자(발주자)로부터 보증채무 이행 청구를 받아 이를 이행함으로써 입게 되는 금융기관의 손실을 보상하는 제도

⑩ 이자율변동보험

상환기간 2년 이상의 수출금융을 제공하고 수출보험공사의 준장기수출보험(구매자신용)에 부보한 금융기관이 이자율 변동에 따라 입게 되는 손실을 보상하고 이익을 환수하는 제도

(3) 환율변동보험

① 환율변동보험(입찰방식)

수출기업이 플랜트, 선박 등에 대한 국제입찰 참가시, 입찰 또는 가격교섭 단계, 즉 수출계약 체결업무가 불확실한 상태에서 수출계약 체결시 환율하락 위험에 대비할 수 있는 제도

② 환율변동보험(선물환방식)

수출기업이 수출활동을 통해 외화를 획득하는 과정에서 발생할 수 있는 환차손익을 제거, 사전에 수출금액을 원화로 확정시킬 수 있는 제도

(4) 기타 보험종목 및 서비스

① 신뢰성보험

중소기업이 생산한 부품·소재의 신뢰성을 보장하여 동 제품을 사용하는 수요기업이 안심하고 사용할 수 있도록 제조물의 결함으로 인한 인적·물적 피해를 담보하는 제도

② 지식서비스수출보험

국내 수출업체가 정보통신, 문화컨텐츠, 기술, 엔진니어링 등의 지식서비스를 수출하고 이에 따른 지출비용 또는 확인대가를 회수 하지 못함으로써 입게 되는 손실을 보상하는 제도

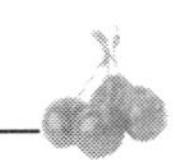

③ 수입자 신용조사 서비스

수입자 신용조사 서비스는 공사의 해외지사 및 전세계 신용조사기관과 연계하여 해외소재 기업의 회사개요, 재무제표 등의 신용조사를 실시한 후 의뢰인에게 정보를 제공하는 서비스

④ 해외채권추심대행서비스

수출 또는 기타 대외거래와 관련하여 발생한 해외미수채권에 대하여 공사가 해외 네트워크를 통해 채권회수를 대행하는 서비스

1. 신용장

1) 신용장의 개념

신용장(letter of credit : L/C)이란 무역거래의 대금지불 및 상품 입수의 원활을 기하기 위하여 수입상의 거래은행이 수입업자(신용장 개설의뢰인)의 요청으로 수출업자로 하여금 일정기간 및 일정조건하에서 운송서류(transport document)를 담보로 하여 수입업자, 신용장 개설은행 또는 개설은행이 지정하는 환거래 취결은행을 지급인으로 하는 화환어음을 발행하도록 하여 이 어음이 제시될 때에 지급 또는 인수할 것을 어음발행인(수출업자) 및 어음수취인(어음매입은행)에 대하여 확약하는 증서(document)이다. 바꾸어 말하면 신용장이란 특정은행이 수입업자의 지불능력을 특정조건아래 보증하는, 즉 상업신용(trade credit, commercial credit)을 은행신용(bank credit)으로 전환시켜 주는 금융수단이다.

2) 신용장거래의 과정 〈그림 8-3〉 참조.

신용장거래방식에 의한 국제무역거래에 있어 수입자를 주체로 한 정상적인 경우의 절차는 다음과 같다.

(1) 국내의 수입자가 외국의 수출자와 매매계약을 체결하고 물품매도 확약서를 받는다.

(2) 수입자는 외국환은행에 수입승인을 신청하여 수입승인서(I/L)를 받는다.

(3) 수입자는 거래은행 신용장거래약정을 체결한 후 수입신용장개설을 의뢰한다.

(4) 수입신용장(L/C)개설을 의뢰받은 외국환은행은 L/C를 발행하여 수출자가 소재하고 있는 외국의 통지은행에 L/C를 송부한다.

(5) 통지은행은 수출자에게 L/C 도착을 통지한다.

(6) ~ (7) L/C를 받은 수출자는 상품을 선적한 후 선하증권을 취득하고 보험증권, 상업송장 등 L/C에서 요구하는 서류를 구비하여 매입은행에 회환어음 매입을 의뢰한다.

(8) 매입은행은 운송서류와 교환하여 수출자에게 환어음대금을 지급한다.

(9) 매입은행은 수출자에게 지급한 어음대금을 결제받기 위해 L/C개설은행에 어음 및 운송서류를 송부함과 동시에 어음대금을 개설은행 또는 상환은행에 상환 청구한다.

(10) 개설은행은 매입은행으로부터 운송서류가 도착하면 수입자에게 운송서류 도착통지를 한다.

(11) 개설은행은 수입자가 수입대금을 결제하면 운송서류를 인도하고, 매입은행에 대금을 송금한다.

<선박회사는 화물이 도착하면 수입자에게 화물도착 통지를 하고, 화물도착 통지를 받은 수입자는 선박회사에 B/L을 제시하고 화물을 인도 받는다>.

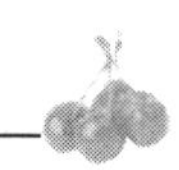

〈그림 8-3〉 신용장의 거래과정

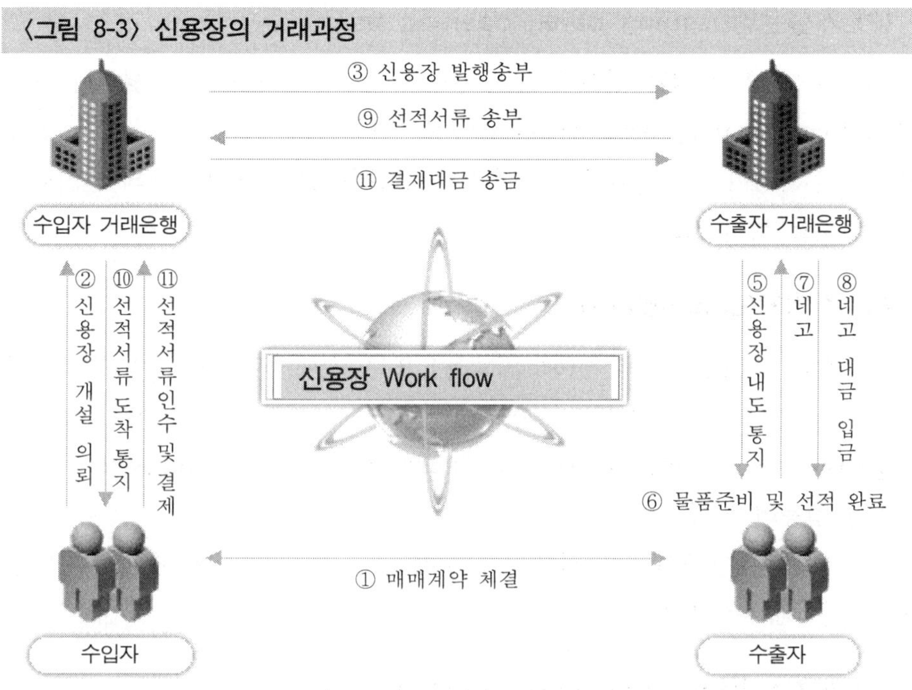

자료 : www.kr.ec21.com

3) 신용장의 관계당사자

신용장거래의 당사자는 권리 의무의 주체가 되는 기본 당사자로서 개설의뢰인, 수익자 및 개설은행과 기타 당사자로 구분할 수 있다.

(1) 개설의뢰인(applicant)

거래계약의 당사자인 매수인은 자기 거래은행에 신용장의 개설을 의뢰하게 된다. 개설의뢰인은 원칙적으로 매수인에 해당하는 것이지만, 때로는 매수인의 거래처인 제3자가 되는 경우도 있다. 또한 개설의뢰인은 화물의 수하인인 동시에 환어음의 결제자가 된다.

따라서 개설의뢰인은 보는 각도와 기능에 따라 importer, opener, buyer, accountee(대금결제인), drawee(환어음지급인), consignee(수하인), accredited, Buyer(수신매수인) 등이 된다.

(2) 개설은행(issuing bank, opening bank)

개설의뢰인의 요청과 지시에 따라 수출자 앞으로 신용장을 발행하는 은행으로서 credit writing bank, grantor라고도 한다. UCP 500에서는 지급, 인수 또는 매입은행이 있다하더라도, 신용장의 개설은행이나 확인은행의 원칙적인 지급의무를 특히 강조하고 있다.

(3) 수익자(beneficiary)

신용장의 수취인을 수익자(beneficiary) 또는 수혜자라고도 하며 수출자가 신용장거래시에 수익자가 된다. 수익자는 그 기능과 보는 각도에 따라 exporter, shipper, drawer, payee(대금영수인), accreditee(신용수령인), addressee user(수신사용인)등이 된다.

양도가능신용장에서는 원신용장의 수혜자를 제1수익자라 하며 양도받은 양수인을 제2수익자라 한다.

(4) 통지은행(advising bank, notifying bank)

신용장 개설은행은 신용장을 개설하면 그 사실과 내용을 수출자에게 통지해야 한다. 신용장의 통지방법은 첫째 수익자에게 직접 통지하는 방법, 둘째 수익자 소재지에 있는 개설은행의 환거래은행을 통해 통지하는 방법이 있다. 후자의 경우 개설은행의 요청을 받아 신용장을 통지해 주는 은행을 신용장 통지은행이라 한다. 통지은행은 개설은행의 요청에 의하여 신용장이 개설되었음을 단순히 통지하는데 그치며, 거래에 대하여 어떠한 책임을 지거나 또는 약정을 하는 것은 결코 아니다.

(5) 확인은행(confirming bank)

신용장 개설은행 이외에 제3은행이 그 신용장에 의해서 발행되는 어음을 지급, 인수, 매입하겠다는 약속을 추가하거나 개설은행이 그 어음을 지급, 인수, 매입할 것이라는 보증을 하는 경우가 있다. 이러한 행위를 신용장의 확인이라 하고 이 확인을 행한 은행을 확인은행이라고 한다.

(6) 매입은행(negotiating bank)

수익자는 물품선적을 완료한 후 개설은행 앞으로 환어음을 발행하고 신용장에서 요구하는 운송서류를 첨부하여 자기의 거래은행에 환어음의 매입을 신청하는데, 이때 환어음을 매입하는 은행을 매입은행이라고 한다.

(7) 지급은행(paying bank)

신용장에서 매입은행에 의한 수출환어음의 매입을 인정하지 않고 특정은행이 화환어음과 상환하여 수익자에게 지급할 것을 규정하고 있는 신용장을 지급신용장(straight credit)이라고 하는데, 이와 같은 지급신용장에 의거하여 지급을 위탁받은 은행을 지급은행이라고 한다. 지급은행의 지급행위는 통지은행과 같이 그 지급행위에 대해 아무런 책임을 부담하지 않고 단순히 대금을 지급해주는 역할만 수행할 뿐이다.

(8) 인수은행(accepting bank)

신용장에 의해 발행되는 어음이 기한부어음일 것을 조건으로 하는 신용장을 기한부신용장(usance credit)이라고 하는데, 이와 같은 기한부신용장에 의거하여 발행된 기한부 어음을 인수하는 은행을 인수은행이라고 하며, 인수은행은 어음의 만기일에 비로소 지급은행이 된다.

(9) 결제은행(settling bank)

신용장의 결제통화가 수입국이나 수출국의 통화가 아닌 제3국의 통화일 경우는 제3국에 있는 개설은행의 예치환거래은행이 결제은행(settling bank)이 되며, 어음을 매입한 은행에 대금을 상환해 주는 은행이라고 해서 상환은행(reimbursing bank)이라고도 한다.

4) 신용장의 특성

(1) 신용장의 독립추상성

신용장은 매매계약에 근거하여 개설되는 것이지만, 일단 신용장이 개설되

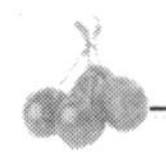

면 신용장은 매매계약으로부터 독립되어(신용장통일규칙 제3조) 그 자체로서 별도의 법률관계를 형성하는데, 이를 신용장 독립성이라 한다. 이는 매매계약의 당사자가 아닌 은행을 무역계약으로부터 독립시켜 신용장 거래의 안정성을 확보하기 위함이다. 그러므로 수입자는 신용장조건과 매매계약조건이 서로 다르다는 점을 이유로 대금지급을 지연 또는 취소할 수 없으며, 매매계약이 취소되었다 할지라도 신용장 조건대로 이행한 수출자는 신용장의 독립성에 의해 보호를 받을 수 있다.

또한 신용장거래에 있어서 모든 관계 당사자는 서류상의 거래를 하는 것이지 그러한 서류들이 관련되어질 수도 있는 상품, 용역 또는 계약이행상의 거래를 하는 것이 아니다(신용장통일규칙 제4조). 즉 신용장거래는 상품거래가 아니고 서류상의 거래인데, 이를 신용장의 추상성이라 한다.

(2) 신용장의 한계성

첫째, 신용장은 하나의 독립된 지급수단이 될 수 없다는 점이다.

둘째, 신용장에서 개설은행은 매매계약의 당사자가 아니며, 단지 일정한 조건이 충족되는 경우에만 개설은행이 지급ㆍ인수ㆍ매입을 하겠다는 독자적인 약속을 하는 것이지 매수인이 상품대금을 지급하지 않으면 은행이 대신 지불한다는 것은 아니다.

셋째, 신용장은 반드시 계약상품이 인수된다고 보장하지 않는다는 점이다.

5) 신용장의 종류

(1) 일반적 구분

① 수출신용장과 수입신용장

신용장을 이용하는 사람의 입장에 따라 분류한 것으로, 수출상측에서는 수출신용장, 수입상측에서는 수입신용장이라고 부른다.

② 상업신용장과 클린신용장

일반적으로 상거래와 관련하여 환어음에 운송서류를 첨부하도록 요구하는

신용장을 말한다. 통상 상업화환 신용장(Commercial Documentary Letter of Credit)을 말한다. 한편, 상품 이외의 거래를 수행하는 데 사용되는 신용장을 클린(Clean)신용장이라고 한다.

(2) 상업신용장의 종류

① 취소불능신용장과 취소가능신용장

취소불능신용장이란 신용장에 "Irrevocable"이란 명시가 있는 신용장으로써, 한번 개설된 신용장은 기본관계 당사자 전원이 동의하지 않는 한 변경이나 취소가 불가능한 신용장을 말한다. 오늘날 국제무역에서 사용되는 신용장의 대부분은 이 취소불능신용장이다.

취소가능신용장(Revocable Credit)이란 신용장에 "Revocable"의 표시가 있으면 취소가능신용장이 된다. 이러한 신용장은 개설은행에 의해 수익자에게 예고함이 없이 언제라도 취소나 조건의 변경이 가능하다. 한편, 신용장상에 아무런 명시가 없으면 취소불능신용장으로 간주한다.

② 확인신용장과 미확인신용장

확인신용장(Confirmed L/C)이란 개설은행 이외의 제3의 은행이 지급에 대한 확약을 하거나 수익자가 발행하는 어음에 대하여 지급, 인수 또는 상환청구권을 행사함이 없이 매입을 하기로 확약한 신용장이다. 즉, 확인신용장은 개설은행이 지급불능에 빠지더라도 확인은행이 자기 책임하에 지급해 주게 된다. 미확인신용장(Unconfirmed L/C)이란 제3의 은행의 확약이 없는 신용장이다.

③ 보통신용장과 특정신용장

보통신용장(General or Open Credit)이란 신용장에서 어음의 매입을 특정은행으로 제한하지 않고 아무 은행에서나 매입할 수 있도록 되어 있는 신용장을 말한다.

특정신용장(Special or Restricted Credit)은 신용장상의 수익자가 선적을 완료한 후 발행하는 환어음의 매입은행을 특정은행으로 제한하고 있는 신용장

이며, 이를 매입제한신용장이라고도 한다.

④ 화환신용장과 무담보신용장

화환신용장(Documentary Credit)이란 개설은행에 수익자가 발행한 환어음에 선하증권 등의 운송서류를 첨부하여 제시토록 한 것으로, 개설은행이 이에 대해 지급, 인수 또는 매입할 것을 확약하는 신용장을 말한다.

무담보신용장(Clean L/C)이란 운송서류가 첨부되지 않고 환어음(draft)의 제시에 의해서만 개설은행이 지급, 인수 또는 매입할 것을 확약하고 있는 신용장을 말한다.

⑤ 일람출급신용장(Sight Credit)과 기한부신용장(Usance Credit)

기한부신용장(Usance L/C)이란 발행된 환어음의 기간(Tenor)이 기한부인 신용장이다. 어음이 지급인에게 제시되면 즉시 인수가 이루어지고, 만기일(Maturity Date, Due Date)이 내도하면 지급할 것을 약속한다.

그리고 Usance 어음의 기일에는 일람후 정기출급(at ××days after sight) 일부후 정기출급(at ××days after date), 확정일후 정기출급(at ××days after B/L date) 등이 있다.

⑥ 양도가능신용장과 양도불능신용장(Non-Transferable L/C)

신용장에 "Transferable"이라는 표시가 되어 있으면 원수익자가 제3자에게 신용장의 전부 또는 일부를 양도할 수 있도록 허용하고 있는 신용장이다. 반면 신용장상에 "Transferable"이란 문언이 없는 모든 신용장은 양도가 허용되지 않는 신용장으로, 지정된 수익자만이 그 신용장을 사용할 권리를 가진다.

양도가능신용장(Transferable L/C)은 신용장에 별도의 명시가 없는 한 동일 국내 또는 타국으로도 양도할 수 있는데, 양도는 1회에 한하며 분할선적이 허용되는 경우 분할양도가 가능하다.

⑦ 특수신용장

가. 회전신용장(Revolving L/C)

수출업자와 수입업자 사이에 동종의 상품거래가 상당기간 계속하여 이루어

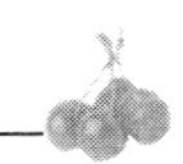

질 것이 예상되는 경우, 거래시마다 신용장을 개설한다거나 한꺼번에 전액을 모두 개설하는 것은 비용도 많이 들고, 은행의 신용한도(Credit Line)의 초과 등 많은 문제점과 불편이 따른다. 이러한 부담을 덜기 위하여 일정기간 동안 신용장금액이 자동적으로 갱신되어 다시 사용될 수 있도록 하는 조건으로 개설된 신용장을 말한다.

나. Back to Back Credit

동시개설신용장 또는 상호교환신용장으로서 오늘날 무역협정이나 지급협정이 체결되지 않은 국가간에 수출입의 균형을 유지하기 위한 구상무역을 위하여 쓰여지는 결제수단이다. 즉, 한 나라에서 일정액의 수입신용장을 개설할 경우 그 신용장은 수출국에서 같은 금액의 수출신용장을 개설하여 오는 경우에만 유효하다는 조건이 붙는 신용장을 말한다.

한편, 미국에서는 Back to Back L/C가 원신용장을 견질로 하여 제2의 신용장을 개설한 내국신용장의 뜻으로 사용되고 있다.

다. 기탁신용장(Escrow L/C)

수입신용장개설시 조건으로 환어음의 매입대금이 수익자에게 지급되지 않고 수익자명의의 Escrow 계정에 입금해 두었다가 그 수익자가 원 신용장 개설국으로부터 수입하는 상품의 대금결제에만 사용하도록 규정한 신용장을 말한다.

라. TOMAS L/C

양측이 서로 동액의 신용장을 개설하는 대신에 한쪽이 신용장을 개설하면서 상대방이 동액만큼 일정한 기간내에 신용장을 개설하겠다는 보증서를 발행하는 것을 그 신용장의 발효조건으로 하는 신용장이다.

마. 보증신용장(Stand-by Credit)

금융 또는 채권보증 등을 목적으로 발행되는 신용장으로 일반적으로 국내상사의 해외지사 운영자금 또는 국제입찰의 참가에 수반되는 입찰보증(Bid Bond), 계약이행보증(Performance Bond), 선수금상환보증(Advance Payment

Bond)에 필요한 자금 등을 현지은행에서 공급받는 경우 동채권을 보증할 목적으로 국내 외국환은행이 해외은행 앞으로 발행하는 신용장이다.

바. 내국신용장(Local L/C)

원신용장의 수익자인 수출업자가 국내에 있는 원료공급자 하청업자 또는 생산업자에게 자기가 받은 신용장을 담보로 자기의 거래은행으로 하여금 새로운 신용장을 개설하도록 요청하는데, 이 때 개설된 신용장을 말한다.

6) 신용장거래의 준거법

(1) UCP 600[6)]

신용장거래를 환경과 상관습이 서로 다른 격지자간에 무리 없이 이루어지도록 규율하는 준거법은 바로 '화환신용장에 관한 통일규칙 및 관례(uniform customs and practice for documentary credits, 통상 신용장통일규칙이라 함)이다.

이 신용장통일규칙은 국제상업회의소(International Chamber of Commerce; ICC)에서 제정된 것으로 무역관습과 무역환경의 변화에 부응하여 다섯 차례 개정되었으며, 현재 사용하고 있는 신용장통일규칙은 'UCP 600'이다.

(2) eUCP[7)]

국제상업회의소 은행위원회에서는 현행 UCP 600의 종이신용장에 상응하는 전자적 자료처리에 있어 가교 역할이 필요함을 확인하고 기술적 변화들을 수용한 "전자적 제시를 위한 화환신용장통일규칙 및 관례의 추록"인 eUCP를 제정하여 2002년 4월1일부터 적용하였다.

eUCP는 UCP를 대체하는 것이 아니라 보완하여 사용하도록 규정되어 있다. 따라서 신용장상에 eUCP에 준거한다고 되어 있는 경우에는 자동적으로 UCP 600이 적용된다. 이때 eUCP의 규정과 UCP의 규정이 상충되는 경우에

6) 2007년 6차개정으로 2007년 7월 1일부터 시행되고 있다.
7) UCP와 eUCP의 혼란을 막기위해 eUCP의 각 조 번호 앞에는 "e"를 표기하였다.

는 eUCP규정이 우선하도록 되어 있다. 통상 eUCP 신용장에서 수익자가 전자 기록 및 종이문서를 제시하도록 되어 있는 경우에는 UCP가 독자적으로 적용되며, eUCP는 완전한 전자적 제시 또는 종이문서와 전자문서 제시를 혼합하는 경우에 적용될 수 있다.

2. 수출입대금의 결제

쌍무계약인 무역매매에서는 매도인의 물품인도와 매수인의 대금결제로 계약이 이행되므로 무역거래에서는 인도조건과 함께 결제조건이 중요한 조건의 하나라고 할 수 있다. 수출입대금을 결제하는 방식은 크게 3가지로 구분되며, 기타 방식으로 장부결제, 상호계산, 포페이팅, 국제팩토링 등이 있다.

그런데 최근에 와서 무역거래시 수출과 수입 공히 결제방식으로 사용해온 신용장에 의한 결제방식의 비중이 점차로 감소(수출의 경우 1997년 43.1%에서 2007년 18.5%)하고, 송금방식수출의 경우 1997년 29.3%에서 2004년 이후부터 52.7% 이상으로 크게 증가하고 있는 반면에, 국제팩토링 및 포페이팅방식에 의한 외상거래도 활용되며, 전자무역이 본격화 되면서 전자자금이체나 무역카드방식, 전자화폐 등의 전자결제시스템이 개발[8]되어 사용되고 있다.

1) 송금방식

수출대금을 직접 외화로 송금 받는 조건으로 수출하는 거래방식으로서 수출대금을 송금 받는 시기에 따라 수출대금 전액을 수출물품 선적전에 외화로 송금 받은 후 수출하는 사전송금 방식 수출과, 물품의 인도와 동시에 또는 인도후 일정기간 후에 수출대금을 외화로 송금 받는 사후송금 방식으로서 대금교환도 조건부수출(COD, CAD[9])로 구분된다.

8) 무역아카데미, 무역실무개요, 한국무역협회, 2007.2.9, p.103
9) 현물상환방식(COD, Cash On Delivery), 서류상환방식(CAD, Cash Against Documents).

2) 추심방식

추심 결제방식은 송금 방식의 한계성, 신용장방식의 번잡성과 비용절감을 이유로 국제적으로 상호 신용상태가 높은 무역업자간의 대금결제에 사용한다. 이는 수출업자가 신용장 없이 환어음을 발행하여 거래은행에 추심을 의뢰하여 수입업자가 대금을 결제하는 방식을 말한다. 그 장점으로는 송금 결제방식의 문제인 수입업자의 신용위험을 커버할 수 있으나 수입업자와 수출업자의 상호 신용을 바탕으로 한 경우에야 가능하므로 상당한 거래실적이 있거나 또는 본사와 해외지사간의 대금결제에 주로 이용된다.

또한 추심결제방식은 수입자가 신용장을 개설하지 않아도 수출자가 수입자에게 신용을 제공하는 거래로서 수출자는 수출품을 선적한 뒤 환어음에 선적서류를 첨부하여 이를 은행을 통하여 추심하여 수출대금을 회수하는 거래로서, 수입자은행은 대금지급을 약속하지 않고 단순히 어음을 추심하는 업무만 수행하고, 추심결제 방식의 거래에는 결제 기간으로만 보아 신용거래시 일람불(At Sight)와 유사한 담보서류의 인도방식에 서류지급인도 조건(D/P ; documents against payment)거래와 Usance거래와 유사한 서류인수도조건(D/A ; documents against acceptance)거래가 있다.

3) 신용장방식

국제무역에서 수출업자의 가장 큰 관심사는 자신은 매매계약에 따라 물품을 인도하려 하나 수입업자가 과연 대금을 지급할 것인지에 관한 것이다. 이에 비해 수입업자의 가장 큰 관심사는 자신은 매매계약에 따라 물품대금을 지급하려 하나 수출업자가 과연 물품을 인도할 것인지에 관한 것이다. 이와 같이 무역업자의 상충한 이해관계를 송금방식이나 추심방식의 대금결제는 충분히 만족시켜 주지 않는다. 그러나 신용장방식의 대금결제는 개설은행이 수출업자를 위하여 수입업자를 대신하여 대금지급을 확약하고 또한 수입업자를 위하여 수출업자를 대신하여 신용장 조건에 일치하는 서류를 인도하여 상호 이해관계를 충족시켜 주는 거래방식이다.

즉 신용장이란 매수인의 지시와 요청으로 신용장을 개설한 개설은행이 수출업자가 신용장 조건에 일치하는 서류를 제시하면 그 금액을 지급하겠다고 확약하는 증서를 말한다.

4) 기타방식[10)]

(1) 장부결제(Open Account)

수출업자와 수입업자가 수입국 내에서의 특정물품의 유통 또는 재판매계약, 서비스계약, 대리점계약 또는 기타 상호수락 가능한 계약을 맺고 동 계약에 따라 수출업자가 수출물품을 선적한 후 선적서류를 은행을 경유하지 않고 직접 수입업자에게 송부하고 일정기간 경과 후 대금결제를 받는 거래(사후송금방식 거래로서 청산계정방식이라고도 한다). 이 방식은 수입업자에게는 신용장개설비용 등을 절약할 수 있는 유리한 조건이나 수출업자로서는 대금회수에 대한 안전장치가 없는 위험한 결제방식이다.

(2) 상호계산(Offsetting)

본지사간 또는 고정거래업체와의 수출입, 자본, 용역거래 등에 채권, 채무가 빈번하게 발생할 경우 은행에 공동의 계좌를 개설하고 일정기간 후에 차액만을 결재하는 방식으로 건별로 일일이 결제하는 상계와는 달리 월 단위 등으로 지정된 결제일에 차액만을 결제하기 때문에 업체의 입장에서는 결제업무의 간소화와 은행수수료 등을 절감할 수 있는 등의 이점이 있다.

상호계산 거래는 두 업체(양자)간 상호계산방식과 세 업체 이상간 즉 다자간으로 구분되는데, 이용절차가 복잡하다는 이유로 국내에서는 널리 활용되지 않고 있다.

(3) 포페이팅(Forfaiting)

포페이팅방식이란 현금을 대가로 채권을 포기 또는 양도한다는 것을 뜻하

10) 전자무역 서비스 사용자교육 교재, 전자무역 실무교육과정, KNNET, 2008년도 판에서 일부자료 인용

는 것으로 재화와 용역거래, 특히 수출거래에 따른 환어음이나 약속어음을 이전소지자에게 소구함이 없이 고정이자율로 할인하는 금융수법으로, 기한부 수출거래에서 발행되는 환어음을 통상적인 수출환어음 매입절차를 무소구조건(without recourse)으로 매입하는 방식이다.

(4) 국제팩토링(International factoring)

외상거래에서 흔히 사용해온 D/P·D/A 방식은 수출자로서는 대금회수에 불안감을 안고있는데 반해, 이러한 불안감을 완화시켜주는 방식으로 국제팩토링이란 세계각국의 팩토링회사가 수출업자와 수입업자의 사이에서 수입업자의 무역대금지급을 보증해 주는 한편, 수출업자에 대해서는 전도금융을 제공함으로써 수출대금 회수를 확실하게 하는 동시에 자금부담을 덜어줄 수 있는 금융기법이다.

8.6 무역클레임과 중재제도

1. 무역클레임

1) 무역 클레임(claim)의 개념

무역거래에서 클레임이란 매매계약의 한 당사자가 그 계약을 위반하므로써 계약의 다른 당사자가 그것으로 인해 입은 손해에 대한 배상을 청구하는 것을 말한다. 무역클레임은 매도인(수출업자)의 결제상의 클레임 제기를 제외하고는 대부분이 매수인(수입업자)측에서 제기한 것이 일반적이다.

클레임 청구내용은 ① 계약의 해약, ② 물품의 대체, ③ 대금의 변제, ④ 기회비용의 보상 등으로 대별하며, 금전의 청구를 내용으로 하는 클레임으로는 손해배상청구나 대금지급거절, 대금감액요청이 있고, 금전이외의 청구를

내용으로 하는 무역클레임에는 화물의 인수거절, 계약이행청구, 잔여계약분의 해제요청 등이 있다.

또한 클레임의 종류는, 첫째 상품에 관한 것으로서 품질불량, 규격상이, 수량과부족 및 내용상이 등이 대종을 이루고 있고, 둘째, 포장이 잘못되어 야기되는 것으로 불량포장, 부정포장 및 포장결함 등이며, 셋째, 선적 지연이나 선적불이행으로 인한 선적에 관한 클레임을 들 수 있고, 넷째, 마켓 클레임으로 시장상황이 매매계약시와 다른 경우, 수입업자가 손해가 예상되어 상품의 하자에 대해 문제를 제기하는 것이 있고, 다섯째, 기타 운송계약 불이행 및 대금결제와 관련하여 제기된 클레임 등이다.

2) 무역클레임의 제기

클레임은 클레임 제기내용을 6하 원칙에 따라 양당사자, 거래사실관계, 분쟁발생경위, 청구내용 등을 기재하여야 하며, 또한 클레임을 입증하는 증빙서류, 즉 제기내용 및 사실관계를 입증할 수 있는 모든 자료(클레임 사실 진술서, 청구액에 대한 손해명세서, 기타 사실을 입증할 수 있는 계약서로서 L/C, B/L 등), 서류 및 품질분량이나 수량부족일 경우 검사보고서(surveryor's report)를 첨부하여 청구해야 한다.

3) 무역클레임의 해결방법

무역클레임 해결방법으로는 당사자 간의 해결방법과 제3자가 개입하여 분쟁을 해결하는 방법이 있다.

(1) 당사자 간의 해결

당사자 간의 해결방법은 당사자 간에 직접 교섭하여 우의적으로 해결하는 방법을 말하며, 무역클레임은 당사자 간에 해결함이 가장 바람직하다. 이 당사자 간의 해결방법으로는 다음의 두 가지가 있다.

① 청구권의 포기(Waiver of Claim)

피해자가 클레임 청구액이 적거나 또는 장기적인 안목에서 일방적으로 가해자에게 클레임 제기를 철회함으로써 일단락되는 것이다. 청구권의 포기는 분쟁해결을 위한 가장 바람직한 방법으로 향후 양 당사자간에 지속적이고 안정적인 거래를 보장받을 수 있다.

② 화해(amicable settlement)

당사자 간의 자주적인 교섭과 양보로 분쟁을 해결하는 방법으로서, 당사자가 직접적인 협의를 통하여 상호평등의 원칙하에 납득할 수 있는 타협점을 찾는 것으로 이 경우 대체적으로 화해계약을 체결한다.

화해는 ⓐ 당사자가 서로 양보할 것, ⓑ 분쟁을 종결할 것, ⓒ 그 뜻을 약정할 것 등 3가지 요건을 필요로 하다(민법 제731조).

(2) 제3자의 개입에 의한 해결

당사자 간에 원만하게 해결할 수 없을 때 즉, 쌍방의 주장이 대립될 때, 쌍방 혹은 일방의 감정이 악화되어 제3자의 냉정한 판단이 필요할 때, 상대방의 무성의로 타협이나 양보가 힘들 때, 학식이나 경험이 많은 제3자를 개입하여 분쟁을 해결하는 방법인데 이러한 방법의 해결로서는 알선, 조정, 중재, 소송 등이 있다.

① 알선(intercession, recommendation)

알선이란 공정한 제 3자(예 : 상사중재원)가 당사자의 일방 또는 쌍방의 요청에 의하여 사건에 개입, 원만한 타협이 이루어지도록 협조하는 방법으로 당사자 간에 비밀이 보장되고 거래관계가 지속 될 수 있는 장점이 있다.

알선은 쌍방의 협력이 없으면 실패로 돌아가고 강제력은 없으나, 알선수임기관의 역량에 따라 그 실효성이 나타나 대한상사중재원에 의뢰된 건 중 90% 이상이 알선단계에서 처리되고 있다.

② 조정(conciliation, mediation)

조정은 양당사자가 공정한 제 3자를 조정인으로 선임하고 조정인이 제시하

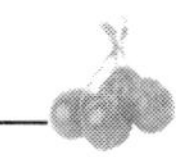

는 해결안(조정안)에 양당사자가 합의함으로써 분쟁을 해결하는 방법이다.

조정이 성립되면 화해에 의한 판정방식으로 처리, 중재판정과 동일한 효력이 있으나, 이에 실패하면 30일내에 조정절차는 폐기되며 중재규칙에 의한 중재인을 선정, 중재절차가 진행된다. 그러나 위 30일 기간은 당사자의 약정에 의하여 기간을 연장할 수 있다(상사중재규칙제18조 1항-4항).

③ 중재(arbitration)

중재란 당사자가 공정한 제 3자를 중재인(arbitrator)으로 선임하고, 이 중재인의 판정에 복종함으로써 클레임을 해결하는 방법이다. 따라서 당사자가 중재인의 재정을 최종적인 것으로 하여 이에 구속된다는 서면약정이 있어야 한다. 중재가 조정과 다른 점은 당사자가 중재판정을 거부할 수 없는 강제집행력을 가지며, 그 효력도 당사자 간에는 법원의 확정판결과 동일하다(중재법 제12조).

④ 소송(litigation)

소송은 국가공권력(사법재판)에 의한 분쟁해결 방법이며, 외국과의 사법협정이 체결되어 있지 않기 때문에 그 판결은 외국에서 승인 및 집행이 보장되지 않는다. 따라서 소송에 의하여 클레임을 해결하려는 경우에는 피 제기자가 거주하는 국가에서 현지 변호사를 법정대리인으로 선임하여 소송절차를 진행하여야 한다.

2. 중재제도

1) 중재의 의의

상사중재(commercial arbitration)란 국제상거래 당사자들 간의 분쟁을 법원의 판결에 의하지 아니하고 쌍방 간의 합의에 의해 제 3자인 중재인에게 의뢰하여 구속력이 있는 판정을 구하여 분쟁을 해결하는 방법이다. 상사중재는 법원이 아닌 민간기관에서 자율적으로 쌍방간의 명시적인 합의로 선정한 중재판정부가 사건의 해결을 최종적이고 구속력 있게 해결한다는 점에서 의의가 있다.

2) 상사중재기관

상사중재는 일반적으로 각국에 독립된 기관으로 설립된 상사중재협회가 취급하고 있으며, 우리나라에는 상사중재를 전담하고 있는 기관으로 대한상사중재원이 있으며, 상사중재법에 근거를 두고 설립된 기관으로서 상사중재규칙에 의하여 중재를 맡고 있다.

3) 소송과 중재의 비교

소송은 당사 간에 합의가 없더라도 당사자가 능력만 있으면 절차의 진행이 가능하나 중재는 반드시 성문화된 합의(계약)가 있는 경우에만 절차가 유효하게 법적 보호를 받을 수 있다, 따라서 기본적인 분쟁의 해결방식은 소송이며, 중재는 이를 대체한 새로운 해결수단이라 할 수 있다. 그러나 중재는 소송에 비하여 다음과 같은 유리한 장점을 지니고 있다.

〈표 8-10〉 중재와 소송의 비교

	중 재	소 송
1	자발적 합의에 의해 자신들이 선정한 중재인에게 분쟁해결을 의뢰	일방에 의해 제소되어 국가가 임명한 재판관이 분쟁을 해결
2	절차가 비공식적으로 진행되므로 대외신용의 지속, 유지가 보장	법정절차에 따라 공식적으로 진행되어 기밀의 누출, 대외신용의 저하기 우려됨
3	중재법규에 따라 정해진 기간 내에 종결(3개월이 원칙임)	일반적으로 중재에 비해 많은 시간이 걸림
4	중재인을 법조계, 학계, 실무전문가 중에서 선임할 수 있으므로 판정의 전문성을 기할 수 있음	참고인, 감정인 등의 전문가의 출두가 필요함
5	신속성과 전문성에 기인하여 중재비용이 저렴	소송비용이 비쌈
6	우리나라는 뉴욕협약의 가입으로 외국중재판정이 구속력이 있으므로 집행의 보장이 가능	외국 민사판정에 대해서는 집행의 보장 없음

자료 : 방희석 공저, 무역개론, 도서출판 청람, 2005. p.285.

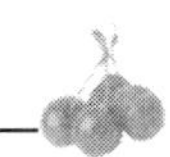

4) 상사중재절차

① 중재계약 : 당사자간 중재합의

② 중재신청 : 중재계약에서 정하는 중재기관(예 : 대한상사중재원)에 중재 신청

③ 접수통지 : 사무국(대한상사중재원)은 중재의 신청을 접수하면 신청이 적합 한지 여부를 확인하고 적합한 경우에는 쌍방당사자에게 이를 수리하였음을 통지

④ 조정 : 양당사자가 합의할 경우 중재절차 개시 이전에 조정을 시도하며, 조정에 실패하면 30일 이내에 자동적으로 중재절차 진행

⑤ 중재인 선정 : 사무국은 접수, 수리통지와 함께 중재인단 명부에서 중재인 후보자 10명을 선정하여 양당사자에게 보내면, 양당사자는 의장 중재인과 기타 중재인에 대하여 선호순위를 표시하여, 송부일로부터 국내중재의 경우 15일, 국제 중재의 경우 30일 이내에 사무국에 제출(피 신청인에게 중재 신청서등 송부)

⑥ 답변서 제출 및 반대신청 : 사무국은 양당사자로부터 중재인후보자 선정명단과 피신고인으로부터 답변서를 접수(신고인에게 답변서 송부)

⑦ 심문 : 사무국은 양당사자의 희망순위에 따라 선정된 중재인에게 수락서를 받아 「중재판정부」를 구성하고, 제1차 심문기일을 결정
→ 사무국은 양당사자에게 중재인 선정통지 및 제1차 심문기일 통지
→ 심문개시 및 진행
→ 중재판정부는 사건내용에 따라 당사자가 주장 및 입증을 다하였다고 인정할 때까지 수차에 걸쳐 심문을 진행한 후에 심문종결선언

⑧ 중재판정 : 중재재판부는 심문종결일로부터 30일 이내에 중재판정 사무국이 중재요금 및 비용예납에 대해 판정부담비율에 따라 작성된 중재판정문 정본을 양당사자에게 발송함으로써 중재절차 종료

〈그림 8-4〉 상사중재절차도

절 차	구비서류
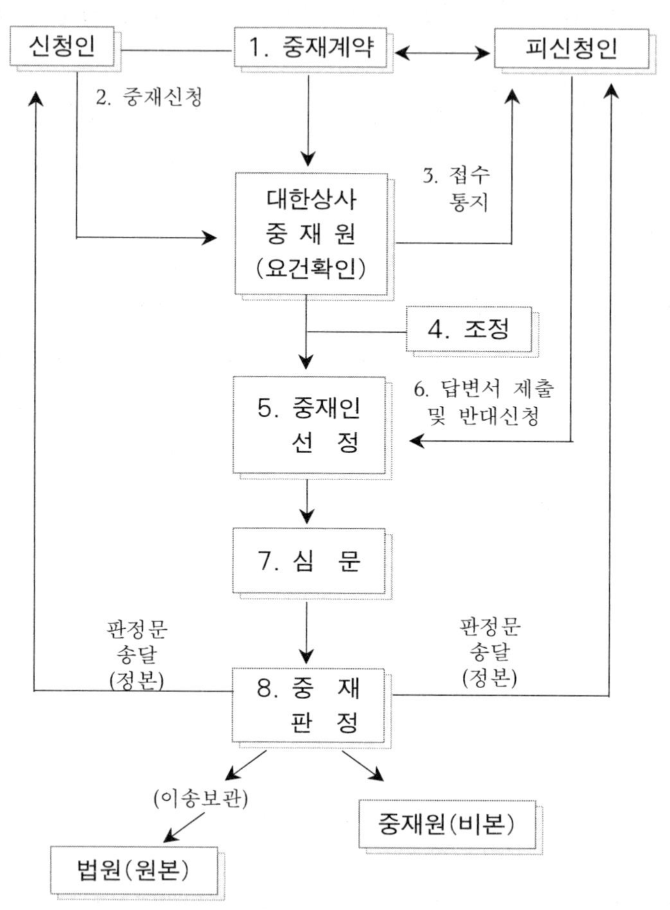 신청인 1. 중재계약 피신청인 2. 중재신청 대한상사 중 재 원 (요건확인) 3. 접수 통지 4. 조정 5. 중재인 선 정 6. 답변서 제출 및 반대신청 7. 심 문 판정문 송달 (정본) 8. 중 재 판 정 판정문 송달 (정본) (이송보관) 법원(원본) 중재원(비본)	① 중재신청서 ② 중재합의서 또는 중재조항이 삽입된 계약서 ③ 입증서류(거래사실 증빙, Surveyor Report 등) ④ 대리인이 신청한 경우 위임장 ⑤ 중재요금 예납

자료 : www.kitra.com

3. 전자상거래와 분쟁해결제도

일반적으로 무역거래는 상관습, 언어, 문화, 제도 등의 차이로 인하여 분쟁의 발생은 불가피하다고 할 수 있다. 이러한 상사분쟁에 대하여 종래에는 중

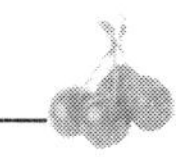

재나 조정과 같은 방법으로 해결하여 왔으나, 인터넷이 발전하고 정보통신산업이 급변하는 현자와 미래에는 최상의 분쟁해결방식이라고 할 수 없을 것이다. 따라서 공간과 시간의 제약을 크게 받지 않는 온라인(on-line)분쟁해결방식의 활용영역이 확대될 것으로 보인다.

사이버 상에 발생하는 도메인명과 상표를 비롯한 각종 영업권을 둘러싼 지적재산권분쟁, 전자상거래와 관련된 소비자분쟁, 사이버스페이스 상에서 발생하는 명예훼손이나 프라이버시분쟁 등의 해결에 있어서 신속하고 전문적이고 저렴한 비용을 들이고 네트워크상에서 분쟁을 해결할 수 있다는 점에서 앞으로 많은 분쟁해결방법이 사이버 공간상에서 이루어질 것으로 보인다.

사이버스페이스에서 모든 형태의 소송 외 분쟁해결제도(Alternative Dispute Resolution)가 가능하며 이미 중재기관은 사이버스페이스 상으로 활동영역을 확대하고 있다. 대표적으로 VMP(Virtual Magistrate Project), 세계지적재산권기구(World intellectual property organization： WIPO), 세계중재조정서비스(Global Arbitration and Mediation Service： GAMS)가 구속력 있는 온라인 분쟁해결서비스를 제공하고 있다.

우리나라의 대한상사중재원도 오프라인방식에 의한 업무처리를 온라인 처리가 가능한 사이버 분쟁서비스체제를 구축하여 2000년 8월부터 운영하고 있으며, 이를 통하여 사이버 알선과 상담의 신청 및 답변, 중재관련서식의 제공, 중재판정사례, 외국 주요 중재기관의 활용 등 12가지 업무를 국문과 영문으로 지원하고 있다[11].

11) 방희석 공저, 전게서, p.287~288.

제9장 전자무역

9.1 전자무역의 의의
9.2 전자무역의 발전과정과 정부의 추진 전략 및 현황
9.3 전자무역실무
9.4 전자무역 결제시스템
9.5 전자무역 관련법규

Chapter 9 전자무역

9.1 전자무역의 의의

1. 전자무역의 개념

전자무역은 인터넷과 새로운 IT 기술이 무역업계에 보급되면서 파생된 신조어로 그동안 인터넷무역(Internet Trade), 사이버무역(Cyber Trade)이라는 용어로 혼용하여 사용되었다. 물론 다소의 개념 차이는 있지만 동일 선상에서 이해하면 크게 다르지 않다.

전자무역이란 가상공간인 Internet을 통해 국제간에 상품이나 서비스를 사고 파는 것으로서 컴퓨터 통신망이 구성하는 가상공간 자체가 시장이고 Internet 접속 이용자가 고객이 되는 것으로, 이러한 거래는 물리적 공간으로서의 시장이 필요 없다는 점에서 전통적인 상거래와는 차이가 있다.

전자무역의 개념과 관련하여 가장 먼저 언급할 수 있는 용어는 '무역자동화'라고 할 수 있다. 이는 표준화된 상거래 서식 또는 공공서식을 서로 합의된 표준에 따라 전자문서로 만들어 컴퓨터 및 통신을 매개로 상호、교환하는 것을 의미하는 EDI(Electronic Data Interchange)를 무역관련 서류에 적용한 것이다. 무역자동화는 무역과 관련된 서류를 자동적으로 작성、전달하여 무역절차를 효율화하고 관련 비용을 절감한다는 측면에서 새로운 무역방식이라고

하기보다는 기존 무역방식의 효율적인 수행이라는 측면에서 이해할 수 있다.

최근에 무역거래를 위한 정보수집 및 수출마케팅, 거래협상을 위한 의사교환활동이 인터넷을 통해서 이루어 질 수 있게 되었고 기존의 폐쇄적인 EDI에 기반을 둔 무역자동화시스템과 개방적인 인터넷을 연결시킬 수 있도록 하는 XML(eXtensible Markup Language)이 개발되면서 무역자동화보다 더욱 포괄적이고 새로운 개념의 전자무역이 탄생하게 되었다. 전자무역은 무역거래 성사 이전의 각종 마케팅 활동과 거래조건 협상뿐만 아니라 무역거래 성사 이후 각종 무역관련 서류의 전자적인 처리를 위한 무역EDI의 활용이 모두 인터넷을 통해서 이루어질 수 있게 되기 때문에 기존의 무역개념과 대비되는 새로운 개념의 무역, 즉 전자무역이란 개념이 필요하게 되었다.

이를 종합하여 정리하면 전자무역이란 제품과 서비스의 수출입에 관련된 전통적 무역프로세스에서 발생하는 방대한 정보를 전자적 방식(주로 전자문서)으로 교환함으로써 무역프로세스를 획기적으로 전환함과 동시에 마케팅 활동과 무역업무의 대행역할을 수행할 수 있는 것이다.

2. 전자무역의 중요성 및 추진배경

1) 중요성

우리나라의 무역규모는 2008년 12월 31일 현재 수출 4,224억 달러, 수입 4,354억 달러로, 사상 처음으로 8,000억 달러를 넘어서면서 수년간 계속 세계 12번째 무역국가로 그 자리를 유지하고 있다.

그러나 2005년도만 해도 우리나라의 무역의존도는 69.3%(2004년 70.5%), 수출의 경제성장 기여율은 2005년 69.3%인데 반해, 높은 무역부대비용(물류[1]), 결재 등)의 문제점을 안고 있다. 무역규모가 확대되고 위상이 강화될수록 이와 비례해 수출입 부대비용 역시 크게 증가, 무역업계의 부담은 그만큼 늘어나게 되므로 무역 부대비용의 절감과 불필요한 프로세스의 개선은 우리

1) 선진국에 비해 약 2배

나라의 무역경쟁력 향상을 위한 선결과제로 대두되고 있다.

정부도 이러한 필요성을 인식해 지난 1991년부터 무역자동화시스템(EDI)을 구축하여 상역, 외환 및 통관, 물류에 이르는 모든 무역업무처리절차를 자동화함으로써 연간 3조원에 가까운 수출입 부대비용의 절감을 기하고 있다.

이렇듯 수출입 부대비용의 절감을 위해 도입되어 무역의 패러다임을 변화시키고 있는 것이 '전자무역(e-Trade)'이다. 무역업무 처리과정에서 발생하는 모든 서류업무를 디지털 문서로 대체하고, 프로세스 역시 대폭 단순화함으로써 무역유관기관의 수출입 요건확인(상역), 대금결제(외환) 및 통관, 화물보관 및 운반(물류), 인건비 등 무역관련 비용을 획기적으로 줄여주는 것이 바로 전자무역인 것이다. 현재 지식경제부、관세청、무역협회、KTNET 등을 주축으로 차세대 초고속 전자무역망인 'u트레이드플랫폼'을 새롭게 구축 중이며, 국무총리 산하에 국가전자무역추진위원회를 설치、운영하는 등 전자무역에 참여는 정부의 핵심과제이자 차세대 '코리아 프리미엄(Korea Premium)' 사업으로 추진하고 있다.

전자무역은 단순히 무역거래방식을 전자적으로 전환하는 것뿐만 아니라, 국민경제전반의 구조와 프로세스의 개혁을 수반하는 국민경제적 중요성을 내포하고 있어 단순히 거래방식의 변화가 아니라 전통무역산업을 포함한 국민경제 구조와 프로세스의 혁신을 포함하는 혁명적인 변화를 의미한다.

2) 추진배경

(1) 무역규모의 확대 및 정보환경의 급속한 변화대응

무역규모 확대에 따른 무역프로세스의 신속화와 획기적인 비용절감과 인터넷 확산에 따른 무역 패러다임의 혁신의 필요성으로, 현재 미국을 비롯한 홍콩, 싱가포르 등이 전자무역을 핵심정책으로 추진하고 있다.

(2) 무역업무 처리방식의 변화

전자무역은 기존의 전통적인 무역을 완전히 배제하고 있는 것이 아니라 무역업무처리 방식을 전환하는 도구라 할 수 있다. 따라서 무역업무 전반을 단절 없이 처리할 수 있는 전자무역 플렛폼 구축이 필요함이다. 이러한 이유로는 소관부처, 기관 등의 유관망 상호연계가 부족하고, 기반시설을 통한 무역문서의 유통을 보장하여, 단절을 제거하고, 반복제출을 방지하기 위함이다.

(3) 민간 자율만으로는 무역절차 혁신의 한계가 있다.

수출입 요건기관, 은행, 해양수산부, 관세청 등 정부부처, 민간업무가 복합되어있음으로서, 국가적 차원의 법, 제도의 정비, 이해관계의 조정이 필요하다.

(4) 서류 없는 무역의 국가적 경쟁체제가 필요하다.

현재 싱가포르나 홍콩, 대만의 선점의 각축전이 예상되며, 각 부처별 무역인프라의 효과적 연계의 필요성의 공감을 이루고 있다.

3. 전자무역의 특성과 장점

1) 전통적인 무역과 전자무역의 비교

전자무역의 새로운 패러다임의 등장은 무역업무 양식을 많이 바꾸고 있다. 아래 표에서와 같이 오프라인을 중심으로 행해지던 전통무역에서 VAN/EDI를 활용한 무역자동화를 거쳐 현재 무역포탈의 이용이 점차 일반화되어지고 있으며, 장차 마케팅에서 사후관리에 이르는 전체 무역 프로세스의 자동화를 구현한 글로벌 전자무역의 시대로 접어들 것이다. 이제 인터넷 기반의 새로운 무역 패러다임에 능동적으로 대응하지 못하는 기업과 국가는 21세기 세계 경쟁에서 도태될 수밖에 없는 상황에 직면하게 될 것이다.

무역처리 절차를 중심으로 오프라인 중심의 전통 무역과 전자무역을 비교해 보면 다음의 표와 같다.

〈표 9-1〉 전통적인 무역과 전자무역의 비교

전통무역	무역처리절차	전자무역
관련기관 직접방문, 카탈로그, 매체광고, 전시회참가	시장조사홍보 마케팅	인터넷 정보검색, 홈페이지, 유즈넷, 메일링리스트, e-mail, 전자카타로그
거래알선기관, 유관기관 등 직접방문	거래선발굴	국내외 거래알선 사이트 등록/조회, 마케팅 플렛폼 등
국제전화/팩스, 우편, 출장 등	상담/거래협상/계약체결	인터넷상담, e-mail, 인터넷, 전화/팩스 등
종이서류, 직접방문	무역통관	무역자동화 서비스(KTNET)이용
신용장, D/A D/P 및 은행을 통한 사전/사후 송금방식	대금결제	무역자동화 서비스(KTNET)이용, Trade Card, Bolero, 무역카드, 전자화폐 등
포워더, 해운, 항공, 복합운송 등	물류운송	온라인 전송, 특급운송, 무역자동화서비스(KTNET, KLNET), 화물추적정보 등

자료 : 계명대학교, 경제통상대학 사이버무역학과 홈페이지.

2) 전자무역의 특징[2)]

(1) 거대한 단일 시장으로의 변화

이제까지 국가별로 독립적으로 운영되던 시장이 인터넷이라는 거대한 인프라에 의해 단일 시장으로 통합되고 있으며, 이제 인터넷이란 가상공간에 마련된 시장에서 누구나 값싼 양질의 상품과 서비스를 사고 팔 수 있게 되었다. 창의적이고 진취적인 중소기업은 오히려 인터넷에서 새로운 기회를 발견할 수 있을 것이다.

(2) 교역상품과 서비스 가격의 단일화 및 하락

인터넷에서는 전문 정보 검색 엔진을 이용하여 특정 상품을 어떤 나라의 어느 기업이 공급하고 있는 지를 쉽고 빠르게 찾아 볼 수 있고, 이 때 특정 상품을 필요로 하는 기업과 소비자들 간에는 가장 경제적이고 합리적인 기준에 의한 거래가 이루어지게 되어, 가격 구조가 평준화되고, 반면 제품 차별화가 확고하게 진행될 것이다.

2) www.gobizkorea.com

또한 인터넷이라는 거대한 시장은 유통비용의 하락으로 전반적인 제품이나 서비스 가격의 하락을 유도할 것이며, 많은 사람들이 인터넷 무역을 자유롭게 할 수 있게 함으로써, 보다 활발한 경쟁 체제가 도입되어 자연스럽게 가격이 하락될 것이다.

(3) 전세계를 대상으로 한 글로벌 마케팅 활동

인터넷이라는 새로운 매체의 등장으로 인해 소비자와 대화가 가능한 대화형 광고를 비롯하여 첨단 기법을 활용한 광고도 가능하므로 제품이나 서비스의 개발 단계에서부터 전 세계를 대상으로 한 광고 및 마케팅을 염두에 두어야 하며 인터넷 상거래에 적합한 신제품의 개발과 함께 효과적인 주문 처리, 고객관리 및 대금 회수 등을 위한 내부 체제를 갖추는 것이 필요하다.

(4) 거래처 발굴의 효율화 및 손쉬운 거래 정보의 획득

기존에는 거래처 발굴을 위해서는 거래 알선 기관에 찾아가 정보를 얻거나 각국에서 발행하는 자료를 찾아보거나, 해외로 배포되는 인쇄 매체나 현지의 광고 매체를 이용하였거나, 무역협회 등에서 주관하는 해외시장 개척단 또는 국제 박람회나 전시회 등에 참가하여 거래처를 발굴해 왔다.

그러나 인터넷에서는 각국의 정부와 무역유관기관 그리고 개별 기업들이 올려놓은 무역에 관련된 수많은 정보들을 정보 검색 엔진을 이용하여 손쉽게 찾아 볼 수가 있다.

(5) 거래 비용의 획기적인 절감

판매자와 구매자간의 상담이나 상품에 대한 정보의 취득, 거래 성사를 위한 각종 서류의 교환 형태도 지금까지의 전기 신호를 이용한 통신 수단에서 전자 신호에 의한 컴퓨터 통신, 특히 인터넷으로 통합되어 가고 있다.

형태가 일정하지 않은 비정형화된 정보나 의사 표시는 전자메일에 의해, 포맷화된 정형 정보나 서류는 전자 문서 교환 (EDI)에 의해 인터넷과 같은 컴퓨터 통신망으로 통합ㆍ유통되어 가고 있으며, 또한 전화와 같은 음성 정보는 인터넷 폰으로, 팩스와 같은 이미지 정보는 인터넷 팩스를 이용하고 화상회의

와 같은 영상 정보도 인터넷 화상회의 시스템에 의해 디지털화 되어 인터넷으로 흡수되고 있다. 이러한 인터넷 부가 서비스는 국제 통신 비용을 획기적으로 절감할 수 있다는 것이 가장 큰 장점이다.

(6) 전자 화폐에 의한 대금 결제

무역거래에 있어서 상품 구매에 대한 대금 결제 방식으로 개발된 신용장도 인터넷을 통한 전자 지불 시스템의 개발과 실용화로 그 입지가 점차 좁아지고 있으며, 최근 들어 세계 유수의 신용카드 회사들이 컴퓨터 통신업체들과 공동으로 인터넷 상거래 표준안인 SET(Secure Electronic Transactions)를 개발하여 상용화된 제품 및 서비스를 제공하기 시작하였다.

이제 신용카드 범위 내에서 전 세계적으로 안전하고도 확실한 대금 결제가 보장됨으로써 소액거래를 중심으로 국경 없는 인터넷 상거래가 시작된 것이다.

(7) 새로운 국제 운송 물류 시스템의 도입

주문과 동시에 상품을 공급받고자 하는 소비자들의 욕구에 맞춰 현지 생산, 현지 보관, 현지 배달이라는 상품 배송 시스템과 함께 지능 수송 시스템이 구축되어 갈 것이며 이를 위한 인터넷의 활용도 활성화될 것으로 전망되고 있다. 또한 인터넷을 통한 소액 물품 거래의 활성화에 따른 상품 배송의 확대로 인하여 국제 특송시장이 과거에 위축될 것이라는 예상보다는 상대적으로 부상하는 조짐을 보이고 있으며, 특히 인터넷상에서의 생산자와 소비자간의 직접 거래가 증가하면서 탁송 부문과 창고 부문의 결합이 가속화 될 것이다.

3) 전자무역의 장점[3)]

(1) 전세계가 하나의 거대한 시장

Internet은 국가간 장벽이나 지리적 제한이 존재하지 않는 Global Network로서, 국가간의 장벽이 철거되어 가고 있는 추세와 더불어 기업 활동의 무대를 세계로 넓히는데 좋은 수단이 되고 있다.

---

3) www.gobizkorea.com

(2) 거래처 발굴의 효율화 및 거래정보의 획득용이

Internet을 이용하면 훨씬 더 적은 비용으로 효율적인 거래처 발굴이 가능하고, 기존에 거래처 발굴을 위해서 상공회의소 등 거래알선기관에 의뢰하거나 각종 디렉터리, 해외에 배포되는 인쇄매체, 현지의 광고, 각종 박람회, 전시회의 참가 등을 이용하였으나, Internet에서는 각국의 정부와 무역 유관기관 그리고 개별기업들이 올려놓은 무역에 관련된 수많은 정보들을 Web Site를 통하여 쉽게 찾아 볼 수 있다.

(3) 중소기업에 성장기회 제공

Internet을 통한 거래는 기업의 규모나 인지도보다는 어느 기업이 소비자의 욕구를 충실히 반영할 수 있느냐에 달려 있으므로 좋은 제품, 서비스능력, 창의적이고 진취적인 자세만 가지고 있다면 중소기업에게도 성장의 가능성은 열려 있는 것이다.

또한 현지 지사 등 거점이 없어도 해외시장 개척이 가능하므로 시장을 확대 시킬 수 있다.

(4) 기업활동 비용의 획기적인 절감

Internet상에서 상품을 수출하는 기업의 경우 판매상품에 대한 정보를 별도의 홍보책자나 전단으로 만들지 않고 Internet에 곧바로 전시할 수 있기 때문에 이에 따른 제품 홍보비용을 대폭 줄일 수 있고, Buyer들도 Internet을 이용하여 다양한 상품정보를 쉽게 얻을 수 있기 때문에 물품탐색에 필요한 시간과 비용을 절약할 수 있다.

4. 전자무역의 비전과 기대효과[4)]

1) 우리나라 전자무역의 비전

(1) 국가적 위상정립

주도적이고 창의적인 전자무역 추진을 통해 우리나라가 향후 3년내 전자무

4) 한국무역협회 홈페이지.

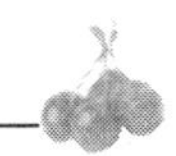

역의 주도국가로 부상할 것이며, 전자무역의 적극적 추진을 통해 기업하기 좋은 나라, 무역하기 좋은 나라로서의 국가이미지(National Brand Value) 가 확립 될 것이다.

(2) 산업차원의 구조혁신과 무역환경개선

전자무역의 효과적 추진을 통해 우리나라 경제의 구조와 프로세스, 관련 기업과 기관을 가장 생산적이고 효율적인 방향으로 개선되고, 전자무역은 우리나라의 핵심 산업인 무역연관산업을 중심으로 관련된 경제구조를 혁신함으로써 국가와 산업에 대한 개선 효과가 다른 어떠한 부문보다 근본적이고 광범위하게 나타날 것이다.

(3) 기업의 국제경쟁력 향상

기업이 전자무역 환경과 시스템을 전략적으로 활용할 수 있도록 함으로써 개별 기업의 국제경쟁력 향상을 도모할 것이다.

2) 경제적 기대효과

현대경제연구원에서 조사 연구한 전자무역의 경제적 효과는 다음과 같이 전망되고 있다.

〈표 9-2〉 전자무역의 이용성과

연간 4조3천억 원의 무역부대비용 절감 등 우리기업 경쟁력 강화에 기여
전자무역의 총 효과 : 4조 3천억 이상
기존 전자무역 VAN/EDI 방식 1:1 서비스의 경제적 효과 : 약 2조4,912억원/년 - 생산성향상 효과 : 2,497억원(11.4%) - 부대비용 절감효과 : 2조1,078억원(81.6%) - 중복투자비 절감효과 : 1,798억원(7.0%)
uTradeHub xml 방식 N:N 서비스 추가 경제적 효과: 약 1조8,189억원
서류중복해소: 7,107억원/ 생산성강화 : 2,828억원/수출증대: 8,254억원

 9.2 전자무역의 발전과정과 정부의 추진전략 및 현황

1. 전자무역의 발전과정

1990년도부터 본격화된 전자무역서비스는 3차례의 변화과정을 거치면서 발전하여 왔다.

▸ 1 단계 : VAN/EDI 중심의 무역자동화 (1990~1999)

1 단계는 주로 1990년부터 1999년까지의 시기로 VAN/EDI를 기반으로 한 무역자동화 서비스 제공 시기이다.

▸ 2 단계 : XML/EDI 중심의 인터넷 전자무역 (2000~2001)

2 단계는 XML이 등장하고 난 이후인 2000년에서 2001년에 이르는 기간으로 인터넷과 XML/EDI를 기반으로 한 포털 서비스가 중심이 되었다.

주로 이 시기에는 기존의 VAN/EDI 기반의 시스템을 확장이 손쉬운 XML/EDI 기반의 시스템으로 변환하는 것이 주요한 이슈로 등장했다. 이러한 XML/EDI가 환영을 받으면서 인터넷을 기반으로 한 전자상거래 환경은 좀 더 글로벌 한 서비스에 대한 필요성과 전 세계를 단일한 전자상거래 권역으로 하여 전자상거래가 처리될 수 있도록 해 줄 수 있는 기술을 요구하게 되었다.

▸ 3 단계 : ebXML 중심의 글로벌 전자무역 (2001~)

1999년 11월 글로벌 전자무역에 대한 국제적인 표준의 필요성에 대한 해결책을 찾기 위해 전세계 EDI 표준화 기구인 UN/CEFACT와 XML 표준화 기구인 OASIS가 공동 주관하여 30여 개국 70여 개의 기업체들이 18개월간 표준화 작업을 수행하여 2001년 5월 ebXML[5] 표준을 발표하였다. 이러한 ebXML의 목적은 소위 “Creating a Single Global Electronic Market”으로 모

5) e-business Extensible Markup Language : 새로운 컴퓨터언어인 XML 확장성생성언어를 기반으로 전자상거래시스템을 제작하는데 필요한 국제적인 표준규격이다

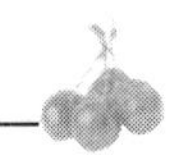

든 기업과 조직들이 서로 다른 전자무역환경에서도 상호 운영할 수 있도록 하고, 안전하며 일관된 방식으로 글로벌 한 전자무역을 수행할 수 있도록 해 주는 개방적인 XML 기반의 인프라스트럭처를 제공하는 것이다.

〈표 9-3〉 전자무역서비스의 변화과정

Traditonal('90~99)	Advanced('99~01)	Globalization('01~)
무역자동화 (VAN, UN/EDIFACT)	인터넷 전자무역 (Internet, XML/EDI)	글로벌 무역 (Internet, ebXML)
무역자동화	인터넷무역포털	글로벌 비지니스 서비스
Global eBusiness Framework		

자료 : 계명대학교, 전게서.

2. 정부의 전자무역 추진전략[6)]

1) 기본방침으로는 혁신과제별로 우선순위에 따라 2007년까지 3단계에 걸쳐 추진 ;

▸1 단계는 2004년~2005년까지(예산 179.5억원) 핵심인프라 구축

- e-trade 플랫폼 핵심인프라 구축、표준화
  - 전자무역문서보관소 및 표준등록장소 구축
  - 주요 유관기관망 연계 및 서비스 기반 확충
- 무역자동화법개정 등 미래모형 정립을 위한 법제도 개선

▸2 단계는 2006년(예산 113억원) 인프라 고도화

- e-trade플렛폼을 중심으로 주요서비스(e-L/C) 확충
  - 요건확인시스템, 마케팅지원시스템 구축 등
  - 국가간 상호인정협정 등 글로벌연계 기반마련

▸3 단계는 2007년(예산 94억원) 사용자환경고도화

6) 서울디지털대학 무역학부, 임성철 교수, 전자무역법제의 이해, 동영상자료, 2006. 12. 2.

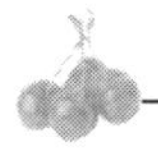

- 사용자 솔루션 개발 등 전자무역 서비스의 고도화
  - 부대비용경제시스템 구축 등
- 전자유가증권(선하증권의 전자에 의한 소유권이전) 유통을 위한 법적 근거 마련

2) 최신 IT기술을 기반으로 미래모형을 구현하되, 투자비용을 최적화

3) 민·관간 협력강화 등 효율적인 추진체계마련

3. 전자무역 추진현황[7)]

1) 전자무역 추진개요

2007년은 '전자무역촉진 3개년 계획(e-Trade Korea 2007년)'의 3차 연도로서 2차 연도에 구축된 무역포털(그림 9-1 참조)에 더해 마케팅. 물류, 은행포털이 추가로 통합 구축된 해이다. 이로서 '인터넷 기반의 단절없는 전자무역시스템'으로서의 전자무역통합포털 체계가 완성되었다.

특히 통합 전자무역서비스 체제를 통해 전자선하증권(e-B/L)서비스 및 전자네고(E-nego) 서비스 시스템 구축으로 네고서류 매입까지의 무역 전 과정을 완벽하게 전자화할 수 있는 준비를 갖추었다. 동시에 e-B/L의 법적효력을 보장하기 위한 법제화 노력을 병행하여, e-B/L 발행 및 유통을 허용하는 상법(해상편) 개정안이 국회를 통과하는 성과를 거두었다.

한편 한국 전자무역의 우수성을 홍보하고 한국형 전자무역을 확산하기 위한 활동이 UN 산하 각 지역기구 및 APEC등 여러 국제기구를 중심으로 확대되었다. 동시에 UN/CEFACT 및 AFACT 등 전자상거래 표준기구 활동을 통해 전자무역문서 국제표준화 논의에 한국 입장을 반영하기 위한 노력을 지속하였다. 전자무역시스템의 국가간 연계를 위한 양자간 협력도 적극적으로 진행되었으며 중남미, 동유럽, 동남아 등 전자무역이 활성화되지 못한 지역을

---

7) 2008 무역연감, 전자무역추진현황, 한국무역협회, 2008.8.14, pp. 88-93.

대상으로 전자정부 로드쇼 등의 개최를 통해 한국의 전자무역을 벤치마킹 선진사례로 제시하였다.

아울러 전자무역의 국내확산과 활성화를 위한 '무역업체용 전자무역 솔루션 개발' 및 'E-무역상사 사업', 전자무역활성화 컨설팅 사업 등으로 무역업체의 전자무역 역량강화를 위한 사업도 활발했다.

〈그림 9-1〉 uTradeHub 통합포탈 Gateway

2) 전자무역서비스 구축사업

(1) 전자무역서비스 구축사업(2차)

2005년 12월부터 2006년 11월까지 12개월간 진행된 전자무역서비스 구축사업(2차)의 주요성과인 전자무역포털이 서비스 안정화 기간을 거쳐 2007년 5월 정식으로 개통되었다.

(2) 전자무역서비스 구축사업(3차)

2007년 7월 개시된 3차 사업을 통해서는 마케팅, 물류, 그리고 은행포털이 추가된 통합포털 uTradeHub(www.utradehub.or.kr)이 하기 그림<9-2>와 같이 완성되어 기존에는 별도로 유지되던 무역업체, 물류업체, 은행, 관세사 등 사용자별 전자무역서비스 접속창구가 단일화 되었다.

새로이 구축된 각 서브포털 중, 마케팅 포털은 여러 무역 유관기관 및 민간업체가 개별적으로 제공하던 해외시장 정보 및 거래알선 정보 등을 통합하여 제공하는 '해외마케팅 종합검색시스템'이다. 에에 따라 무역업체가 시장조사 및 수요예측 등 바이어 발굴에 필요한 마케팅 정보를 개별 사이트에 접속할 필요 없이 일괄적으로 접근할 수 있게 되었다.

〈그림 9-2〉 국가전자무역플렛폼

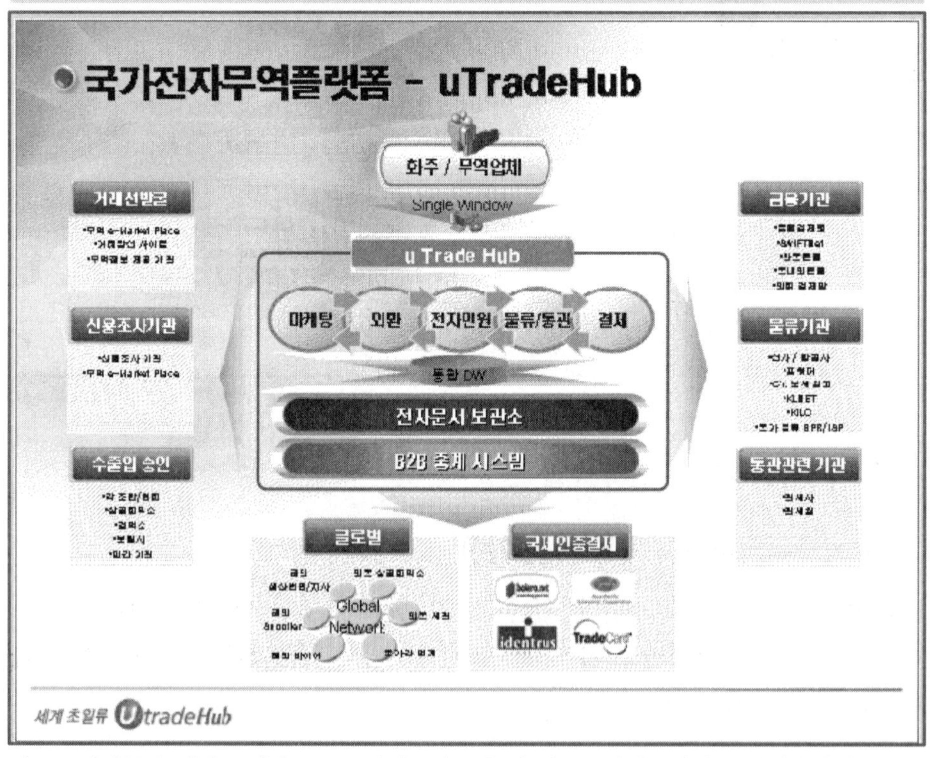

자료 : 전자무역 서비스 현황, 2008 전자무역포럼 및 한국통상정보학회 동계학술대회, 2008. 11.28

한편 물류포털은 선사, 항공사, 포워더 등 수출입 물류업체용 서비스 포털로, 물류업체들의 업무프로세스에 맞춘 운송업무 처리뿐만 아니라 물류업체 간 정보공유 기능 및 화물정보 제출 기능을 제공한다.

은행포털은 1,2차 사업에 걸쳐 개발/고도화된 전자신용장(e-L/C)서비스 시스템을 국내은행에 더해 주한 외국계 은행에도 적용하기 위해 구축되었다. 이제 모든 시중은행이 e-L/C서비스에 참여함으로써 은행은 100% 전자화된 신용장 한도관리가 가능하고 무역업체 신용장 관련 모든 업무를 전자적으로 처리할 수 있게 되었다. 또한 수출환어음의 전자화 및 전자매입 심사 업무의 기반이 마련되었다.

통합 포털 구축과 더불어 기존 무역포털의 기능도 강화되었다. 요건 확인 절차의 간소화 및 관련 정보의 일괄처리를 위해 수출입 요건확인 통합정보시스템이 추가되어 무역업체가 편리하게 요건 확인 정보를 조회, 확인할 수 있고 사후관리 체계를 갖추게 되었다. 또한 상공회의소를 통해 발행된 기존 전자원산지 증명서도 일괄적으로 uTradeHub의 전자문서 보관소에 보관되는 연계 시스템을 갖추었다.

마지막으로 3차 사업의 최대성과로 e-B/L과 e-Nego 서비스 구축을 들 수 있다. 선하증권과 관련하여 선적요청은 일부 전자적으로 이루어지고 있었으나 유가증권인 B/L의 전자화는 시도되지 못하고 있었다. 그러므로 선하증권은 발급에서부터 소유권 양도 및 양수 등 유통의 전 과정을 전자화한 e-B/L 서비스 구축은 전자무역의 획기적인 성과이며e-Nego를 위한 기반을 제공한다. 한편 매입문서를 100% 전자적으로 제시하고 심사하는e-Nego의 도입은 국재 전자무역의 완성을 의미한다고 할 수 있다.

3) 상법(해상편) 개정

(1) 개요

국제무역 환경의 변화에 맞게 상법(해상편) 체제를 정비하기 위해 개정 법률안이 국회에 제출되었고, 2007년 7월 3일부로 통과되었다. 개정 상법은 2008

년 8월 4일부터 시행되고 있으며, 상법의 전자선하증권 규정의 시행에 관한 규정(2008년 6월 20일)도 제정되었다. 이번 개정은 특히 e-B/L 법제화라는 최대의 의의를 지닌다.

(2) 개정과정 및 주요 개정 내용

본 개정은 1991년 개정 이후 16년 만의 상법 개정이다. 2001년 한국해법학회가 해상법 개정 문제 연구회를 구성하여 상법 개정방향에 대한 검토를 개시하였다. 해상운송인의 책임상향 등 쟁점에 대해 의견이 첨예하게 대립되어왔으나, 학계, 법조계 및 선하주업계 등 공동 노력의 결과로 합의안이 도출되었다.

구체적으로 개정된 부분은 상법 제5편 해상편 부분으로, 특히 선박 소유자의 책임 한도와 운송물의 포장, 선적단위당 책임 한도가 국제기준에 맞게 상향조정되었다. 또한 e-B/L 및 해상화물운송장(Seaway Bill)제도 등 새로운 무역환경에 부합하는 제도가 마련되었다.

(3) 기대 효과

기존의 종이 선하증권이 위조ㆍ변조ㆍ분실위험이 있고 이를 제조ㆍ보관ㆍ관리 및 유통하는데 상당한 비용이 드는 문제가 있었던 데 반해, e-B/L은 종이 선하증권 대신 법무부장관이 지정하는 관리기관의 정보통신망에서 전자문서의 형태로 발행ㆍ등록ㆍ배서ㆍ지급제시 되는 것이 특징이다. 이로써 선하증권의 위조ㆍ변조ㆍ분실 위험이 원천적으로 방지되고 선하증권의 제조ㆍ보관ㆍ관리 및 유통비용이 대폭 절감된 것으로 기대된다.

그러나 유가증권인 선하증권의 전자화는 해상운송 과정의 전자화로 인한 업무효율성 제고의 수준을 넘어서서 무역거래 전반의 전자화의 실현에 필요한 가장 커다란 과제를 해결한 것으로 평가할 수 있다. 이는 선하증권의 전자화가 곧 모든 서류를 일괄하여 전자적으로 제시하는 이른바 "단절없는 전자무역의 마지막 단계인 e-Nego"를 구현할 수 있는 법적 근거를 마련하였기 때문이다.

4) 전자무역 활성화사업

(1) e-무역상사 사업

2008년에는 중소기업의 수출마케팅 역량과 무역 전문 인력의 부족을 온·오프라인 수단의 효과적인 연계 및 활용을 통해 지원하는 e-무역상사 사업이 5년차에 접어들었다. 과거 종합 무역상사의 중소제조업체 수출 지원 역할을 현재의 e-무역상사가 전자적 수단으로 수행하고 있다고 평가할 수 있다. e-무역상사 사업은 대상기업의 e-Trade기업(전자무역에 친숙한 기업)화를 통해 기업의 국제경쟁력 제고와 전자무역의 확산에 지속적으로 이바지하고 있다.

(2) 전자무역 사용자솔루션 구축

전자무역서비스 구축사업을 통해 신규로 구축된 전자무역서비스(uTradeHub)를 모든 업체가 편리하게 활용할 수 있는 사용자솔루션 구축이 추진되었다. 즉, 새로이 구축된 전자무역서비스가 인터넷을 통한 포털서비스를 주로 제공하는 반면 전자무역 사용자솔루션은 다양한 기업환경을 반영, 무역업체의 기존 내부업무시스템(legacy)과 전자무역서비스의 시스템적 연계 제공을 목표로 한다. 전자무역 사용자솔루션 활용이 활발해질 경우 무역업체 ERP시스템과 전자무역서비스(uTradeHub)의 효과적인 연계로 데이터 및 문서관리의 효율성 및 무역업체의 업무 처리 편의성을 효과적으로 제고할 수 있을 것으로 기대된다.

(3) 전자무역 활성화 컨설팅 사업

전자무역 활성화 컨설팅 서비스는 기업 내부 전산시스템과 업무 컨설팅을 통해 특정 기업의 전자무역서비스 활용 및 이를 통한 업무 개선방안을 제시하는 것을 목표로 한 사업이다. 국내 100대 기업 중 2개 기업을 선정해 본 컨설팅 사업을 실시하였으며 기업 내 ERP와 전자무역서비스(uTradeHub) 연계 방안을 구체적으로 도출하여 전자무역 활용 활성화를 위한 가이드라인을 제시하였다. 향후 대상기업을 확대, 전자무역 사용자솔루션 기능과의 연계 등을 구체적으로 진단할 경우 전자무역 활성화 및 기업 무역업무 효율성 향상에 효

과적인 사업으로 자리 잡을 수 있을 것이다.

5) 평가 및 향후 과제

2007년은 '전자무역 촉진 3개년 계획'에서 정의한 무역업계 및 은행, 물류업계 등을 위한 전자무역서비스 단일창구를 확립한 해였다. 이로써 한국은 마케팅에서부터 통관, 물류, 그리고 대금결제에 이르는 무역업무의 전 과정을 단절 없이 처리하는 전자무역서비스 구현을 완료하였다. 그러나 이 같은 서비스 인프라의 완성에 더해, 무역업체 및 물류업체, 은행 및 유관기관 등 실사용자 시스템과의 연계 및 활용은 아직 전자무역서비스 확산을 위한 과제로 남아 있다. 또한 부대비용 결제시스템 등 사용편의성 제고를 위한 서비스 확충도 실질적인 관제로 남아 있다.

한편 해외 전자무역서비스와의 연계 및 표준화는 전자무역서비스의 장기적이고도 궁극적인 과제이다. 한국은 UN/CEFACT 등 전자무역 표준화 논의 기구에서 한국의 경험을 더욱 적극적으로 반영하는 등 글로벌 전자무역의 발전을 선도할 과제를 안고 있다.

9.3 전자무역실무

1. 전자무역 마케팅

전자무역마케팅은 계약이전단계로서 시장조사를 통하여 해외거래처를 발굴하는 것을 말하며 인터넷과 같은 정보기술이 보급되면서 해외마케팅을 지원하는 다양한 웹 사이트(한국무역협회와 KOTRA 등)가 개발되어 무역업체의 이용이 가장 활성화되어 있다.

본 장에서의해외시장조사와 거래선 발굴은 인터넷을 통해 정보를 수집하는

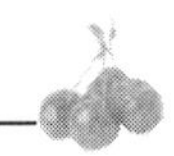

것 외에는 off-line에 의해 정보를 수집하는 제8장 제1절 무역계약의 체결에서의 내용과 크게 다를 바 없으므로 생략하기로 하고, 본 장에서는 전자거래알선의 활용기법에 대해서 만 살펴보기로 한다.

2. 전자거래알선의 활용기법[8]

1) 전자거래알선의 의의

전자거래알선은 무역업체가 인터넷을 이용하여 자사의 회사정보 및 상품정보를 전 세계 바이어에게 홍보하는 동시에 웹 사이트에 등록되어 있는 오퍼정보를 검색 또는 열람을통하여 거래처를 발굴하는 것을 의미한다. 전자거래알선사이트를 활용하기 위해서는 자사의 홈페이지 및 상품 카탈로그, 오퍼 등을 작성하여 사이트에 등록하여, 자사의 회사정보 및 상품정보를 해외바이어에게 홍보하는 동시에 웹 사이트에 등록되어 있는 오퍼정보를 검색 또는 열람을 통하여 거래처를 발굴할 수 있다.

2) 전자거래알선 기법

인터넷을 통한 거래처를 발굴하려면 무역업체는 우선 전자메일과 홈페이지를 보유하고, 이를 통한 상품홍보를 해야 하고, 전자메일은 통한 거래제의 서신을 발송해야 한다. 또한 뉴스그룹 등 동호인집단에 대하여 집중적으로 홍보할 뿐만 아니라 해외유명 검색엔진에 홈페이지 주소를 등록하여 바이어를 유인하여야한다. 한편 전자카다로그의 제작을 통한 홍보와 웹 사이트의 상호링크를 통한 홍보, 해외 유력사이트와의 교류를 추진하고 해외거래알선사이트도 활용해야 한다.

3) 전자거래알선사이트(e-marketplace)의 주요기능

오퍼정보의 열람, 오퍼정보의 검색, 오퍼 등록, 상품 카탈로그 정보의 검색,

8) 전자무역, 한국무역협회 무역아카데미, 2007.6.27, pp. 44-48.

주문 형 오퍼정보 수신, 거래오퍼 관리시스템[9], 홈페이지 자동작성 시스템 등이다.

3. 홈페이지 구축 · 운영 및 웹 프로모션

1) 홈페이지 구축시 고려사항

(1) 홈페이지의 개념

홈페이지란 인터넷에서 특정한 주소(도메인명)를 가지고 불특정한 인터넷 이용자들을 대상으로 웹 방식으로 제반의 정보 및 관련 서비스를 제공하는 화면들의 집합체를 말한다.

정보통신과 컴퓨터의 발달이 가져온 새로운 정보고속도로라는 환경 하에서 기업은 지금까지와는 다른 시장 환경에서 경쟁을 해야만 한다. 이는 인터넷을 통하여 기업은 효과적이고 경제적으로 무역, 전자상거래, 마케팅, 연구 및 지원활동을 수행해야만 경쟁우위를 확보할 수 있기 때문이다. 따라서 기업에서 홈페이지를 제작한다는 것은 기본적으로 홍보역할을 하는 것으로 기업의 상품이나 사업, 서비스에 대해 마케팅을 하는 것으로 많이 활용되고 있다.

그러나 홈페이지의 궁극적인 목적인 고객과의 새로운 거래관계를 모색하고 이를 통하여 쌍방향으로서의 정보 및 의견교환 및 공유를 하는 장을 마련하는 것이라 할 수 있다.

(2) 홈페이지 구축 시 고려사항

기업의 홈페이지를 구축 시 다양한 요소를 고려해야 한다. 먼저 표적시장에 접근이 용이해야한다. 둘째 웹 사이트 변경이 용이해야 한다. 웹 사이트가 정보제공자로서의 역할을 수행하려면 지속적인 유지관리가 필요한데 이를 위하여 갱신이 용이해야 한다.

셋째 독특하고 전문화된 내용을 구성해야 한다. 이용자의 방문을 유도하려

9) 전송한 오퍼를 사후에 관리하는 기능으로서 사용자가 게재한 오퍼의 재목과 건수가 나타나며 Repost(게제된 내용을 수정하여 다시 전송할 때 사용), Delete(오퍼내용 더 이상 유효하지 않을 경우 삭제기능) 기능을 이용.

면 내용이 특이하거나 전문적이어야 한다.

넷째 시간의 제한이 없이 방문할 수 있도록 웹 사이트를 개방하고 이용자와 상호작용이 가능해야 한다. 방문자가 의견을 표시할 수 있도록 전자우편을 개설하고 방문자의 이름과 주소를 확인하여 이용자의 의견에 대한 회신이나 불만사항의 해결방안 등을 제시해야 한다.

2) 홈페이지의 운영 및 관리

(1) 홈페이지 운영

해외거래처를 발굴하기 위해서는 무엇보다도 자사의홈페이지를 적극적으로 홍보해야 한다. 인터넷에서 제공하는 유즈넷을 이용하여 세분화되어 있는 집단에 접근하고 메시지를 게시할 뉴스그룹들을 선정하여 등록하며 해외 유명검색엔진에 등록하면 된다. 이는 해외바이어가 자사의홈페이지에 들어오도록 유인하는 것으로 해외시장개척을 위한 무역업체의 홈페이지에서는 가장 중요하다.

(2) 홈페이지 관리

홈페이지가 잘못된 정보나 오래된 정보를 방치하여 소비자의 흥미를 유발할 수 없을 때에는 웹 사이트를 구축하지 않는 것보다 오히려 악영향을 초래할 수 있다. 따라서 과거의 정보를 삭제하고 새로운 정보를 신속 제공해야 하며 웹 사이트 이용횟수와 각 도메인별 접속횟수 및 접속시간 등을 지속적으로 파악하여 소비자가 원하는 정보유형을 파악해야 한다.

3) 웹 프로모션 정의와 기법

(1) 웹 프로모션의 정의

웹 프로모션이란 네티즌들이 즐겨 사용하는 다양한 서비스 즉, 검색에진, 메일링리스트, 뉴스그룹 등을 효과적으로 동원하여 적합한 대상층에게 적절한 메시지를 노출시킴으로써 자사 웹 사이트에 대한 방문자들을 유인하는 홍보 전략과 전술을 말한다.

인터넷상의 많은 바이어를 고려한 홈페이지 제작과 더불어 검색엔진 등록을 비롯한 여러 가지 웹 프로모션 기법들이 있다.

(2) 웹 프로모션의 유형과 기법

① 해외검색엔진에 등록

홈페이지를 검색엔진에 등록하는 것은 웹 프로모션의 기본적인 방법이라 할 수 있다. 인터넷상의 일반 사용자들이 특정 웹사이트의 주소를 알지 못하는 한 대부분 검색엔진을 통하여 홈페이지에 접근하기 때문이다. 해외 검색엔진에 등록하는 방법은 원하는 검색엔진을 선택하여 "suggest a site"라는 메뉴를 클릭한 다음 홈페이지의 주소와 전자메일을 입력하면 된다. 다만 Yahoo의 경우 주제별 검색엔진으로서 주제를 먼저 선택한 다음 입력해야 한다. 이러한 검색엔진 등록서비스는 등록심사비를 청구하여 유료로 제공하고 있다.

② 메타태그(Meta tag)의 활용

메타태그란 키워드 검색엔진에 특정홈페이지 또는 HTML 문서에 대한 색인정보 즉 키워드와 약간의 정리된 내용을 표현하는 HTML Tag이다.

③ 해외 e-Marketplace 등록

해외 e-Marketplace에서 제공하는 상품 카탈로그 콘텐츠에서 자사홈페이지 주소를 연결시켜 보다 자세한 업체 및 상품정보를 검색하여 볼 수 있도록 연결시켜야 한다.

④ 유즈넷의 활용

유즈넷 공간에서 잠재 고객들에게 자사의 홈페이지 주소와 함께 간단한 홍보 문안을 게시하는 것이 또 하나의 웹 프로모션의 기법이다.

⑤ 메일링 리스트에홈페이지홍보

메일링리스트는 특정 사안이나 주제에 대해 동질적인 문화나 목적을 가진 인터넷 이용자들의 집합이라 할 수 있다. 따라서 이러한 특정 관심분야 또는

동질적 주제에 관심 있는 잠재 고객들에게 업체홈페이지에 대한 오픈소식이나 홍보문안을 알려야 한다.

4. 주요 전자무역업무

1) 수입신용장 개설업무

개설의뢰인은 신용장개설신청 전자문서를 개설은행에 전송하면 개설은행은 국내 개설의뢰인에게 신용장 개설 응답서를 송신하며, 해외 통지은행에게는 SWIFT 전문으로 전송한다.

2) 수출신용장 통지업무

신용장은 우편, 텔렉스, SWIFT 등을 통해 통지되고 있는데, 그 중 SWIFT를 통해 통지되는 신용장이 가장 많다. 현재 KTNET은 SWIFT를 통하여 해외 개설은행으로부터 수신한 신용장 통지업무를 EDI방식으로 서비스하고 있다. 국내의 통지은행은 해외 개설은행으로부터 수신한 SWIF 전문을 전자문서로 변환하여 국내 수익자(수출자)에게 송신한다.

기존의 방식과는 달리 무역업체는 통지은행을 방문하지 않고도 L/C접수가 가능하며, 업체가 출력한 L/C를 원본으로 사용이 가능하다. 기존의 서류나 FAX와는 달리 정형화된 L/C를 수신함에 따라 내부 무역관리시스템이나 경영정보시스템(MIS) 등에 활용이 가능하다.

〈그림 9-3〉 수출신용장 통지업무

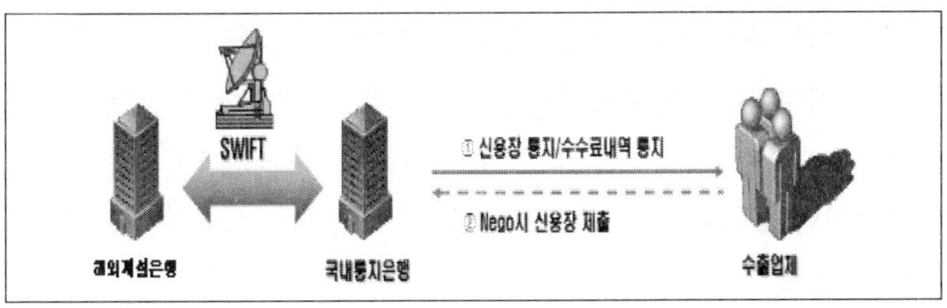

3) 내국신용장 업무

국내 수출업자가 수출용 원자재 또는 완제품을 조달할 때 외국환은행이 그 물품대금의 지급을 보증하는 내국신용장은 물품 공급자를 수혜자로, 공급받는자를 개설의뢰인으로 하여 발행된다. 또한 내국신용장업무 관련서류인 물품매도확약서, 물품수령증명서, 세금계산서 등도 EDI방식으로 처리되고 있어 국내 전자/전기업체를 중심으로 그 사용이 크게 확대되고 있다.

① 수혜자는 물품매도확약서를 작성하여 개설의뢰인에게 송부
② 개설의뢰인은 승낙된 물품매도확약서를 수혜자에게 송부
③ 개설의뢰인은 개설은행에 내국신용장개설(조건변경)신청서를 송부

〈그림 9-4〉 내국신용장 개설업무

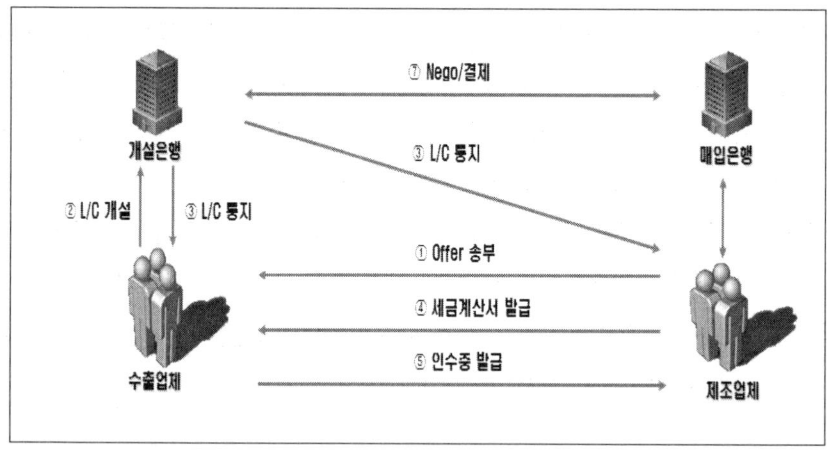

④ 개설은행은 내국신용장개설(조건변경)응답서를 개설의뢰인과 수혜자에게 동시에 전송(개설의뢰인에게는 사본을 수혜자에게는 원본을 통지함)
⑤ 수혜자는 물품을 공급한 후 세금계산서를 개설의뢰인에게 송부
⑥ 개설의뢰인은 물품을 공급받은 사실을 증빙하는 물품수령증명서를 수혜자에게 송부

⑦ 수혜자는 매입은행에 내국신용장매입신청서를 작성하여 송부
⑧ 매입은행은 수혜자에게 매입대금을 지급한 후 매입금액, 환가료 등의 내용이 담긴 계산서를 수혜자에게 송부
⑨ 매입은행은 내국신용장 매입서류를 개설은행에 송부
⑩ 개설은행은 개설의뢰인에게 내국신용장 매입서류를 도착사실(물품수령증명서 번호, 내국신용장번호, 결제금액 및 결제일 등)을 통보

4) 구매확인서 업무

구매승인서업무는 수출업자가 국내에서 외화획득용 원료 등을 조달 시 무역금융 한도의 부족 또는 내국신용장 개설이 불가능한 단순송금방식 수출의 경우 물품공급자에게 구매승인서를 발급하여 수출실적을 인정받도록 하는 업무이다. 주로 그룹계열사간이나 대기업과 대기업사이에서 행해지는 업무이며, 은행에 개설수수료나 매입에 소요되는 비용을 절감할 수 있는 효과가 있다.

〈그림 9-5〉 구매확인서 업무

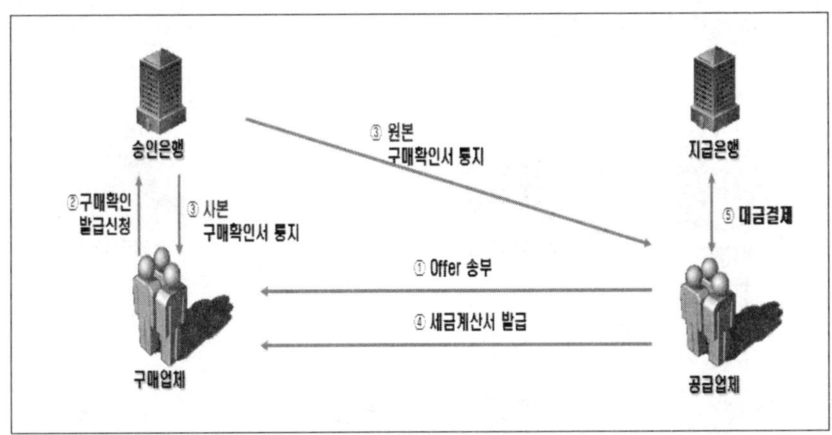

① 공급자는 외화획득용 원료 등을 기재한 물품매도확약서를 구매자에게 전송
② 구매자는 승낙된 물품매도확약서를 공급자에게 전송

③ 구매자는 외국환은행에 외화획득용 원료(물품) 구매승인신청서를 전송
④ 외국환은행은 외화획득용 원료(물품) 구매승인서를 구매자와 공급자에게 통보전송
⑤ 공급자는 공급물품의 세금계산서를 구매자에게 전송
⑥ 구매자는 공급자에게 대금지급 지시문서를 전송
⑦ 외국환은행은 구매자에게 대금결제사실이 담긴 출금통지서를 전송
⑧ 외국환은행은 공급자에게 대금입금 사실을 입금통지서를 통해 전송

5) 원산지증명 발급 업무

수출업체가 KTNET 통신망에 접속하여 원산지발급기관(상공회의소)에 원산지 발급을 신청한다. 상공회의서는 업무를 처리하여 KTNET를 통해 수출업체에 원산지증명서를 발급한다. 수출업체가 원산지증명서를 다른 대금결제서류와 함께 매입은행에 제출하게 되면 개설은행과 수입업체를 경유하여 수입국의 세관에 제출된다.

〈그림 9-6〉 원산지증명 발급업무

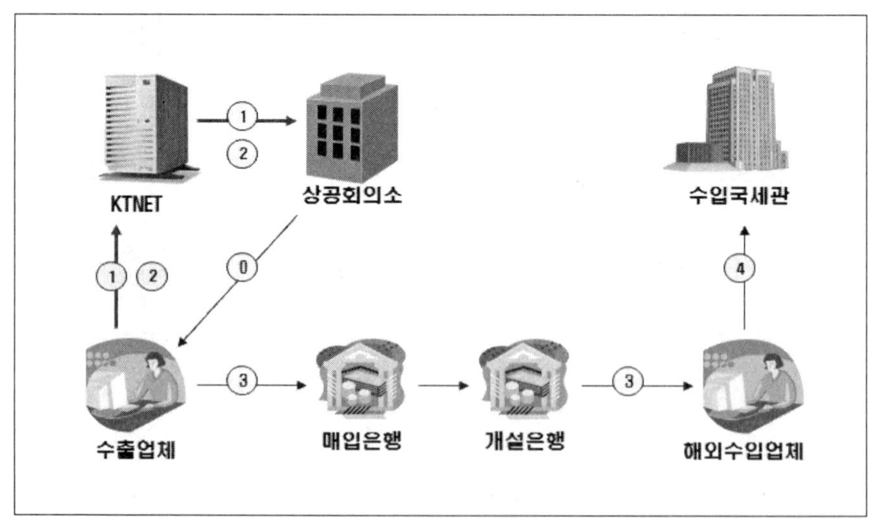

6) 수출입승인업무

무역업체는 수출입승인(요건확인) 신청 전자문서를 KTNET 전산망을 통해 승인(요건확인)기관에 전송한다. 승인기관은 승인업무를 처리하여 KTNET를 통해 무역업체로 전송하며, 승인받은 승인서는 업체가 직접 출력하여 사용하게 된다. 이로써 무역업체는 승인기관을 방문하지 않고 수출입승인을 받을 수 있어 업무처리시간 단축 및 교통비 등의 비용을 절감할 수 있으며, 자신의 컴퓨터에서 수출입승인서를 출력하여 원본으로 사용할 수 있으므로 업무의 효율성이 제고된다.

〈그림 9-7〉 수출입 승인업무

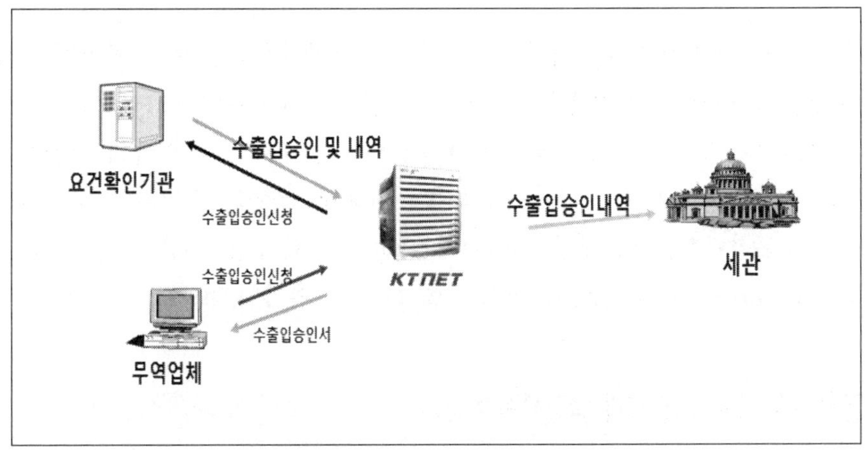

7) 수입대금 결제업무

수입대금은 수입업체가 자신의 거래은행(결제은행)에게 대금지급을 지시하면, 결제은행은 KTNET를 통해 해외의 수출자 거래은행에게 수입대금을 송금하는 한편, 수입업에게는 계산서와 함께 출금통지서를 송부한다.

〈그림 9-8〉 수입대금 결제업무

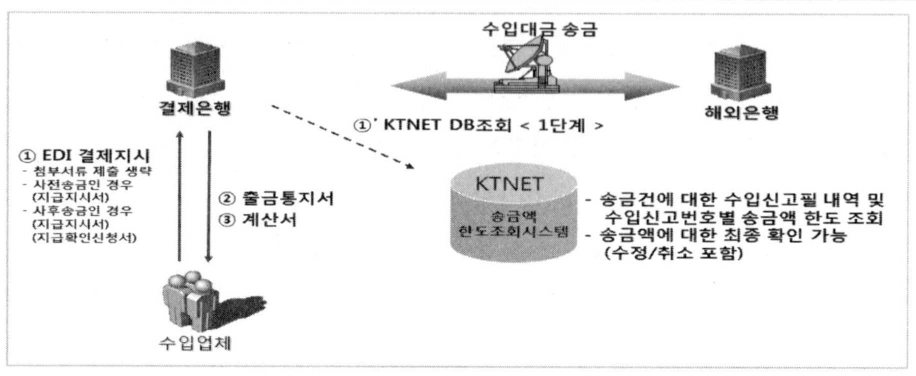

8) L/G- D/O 연계서비스

수입업체가 KTNET 시스템을 통하여 은행에게 LG발급을 신청하면, 은행은 업무를 처리한 후 KTNET를 통해 수입업체에게 L/G를 발급한다. 포워더가 업무처리를 위해 KTNET에 접속하여 L/G발급 여부를 조회하여 확인한 후 화물인도지시서(D/O)발 발급하여 KTNET를 통해 물품이 보관되어 있는 장치장으로 송부한다. 장치장에서는 포워더가 발급한 화물인도지시서와 은행에서 발급한 D/O와의 일치여부를 확인한 후 화물을 수입업체에게 인도한다.

〈그림 9-9〉 L/G와 D/O의 연계서비스

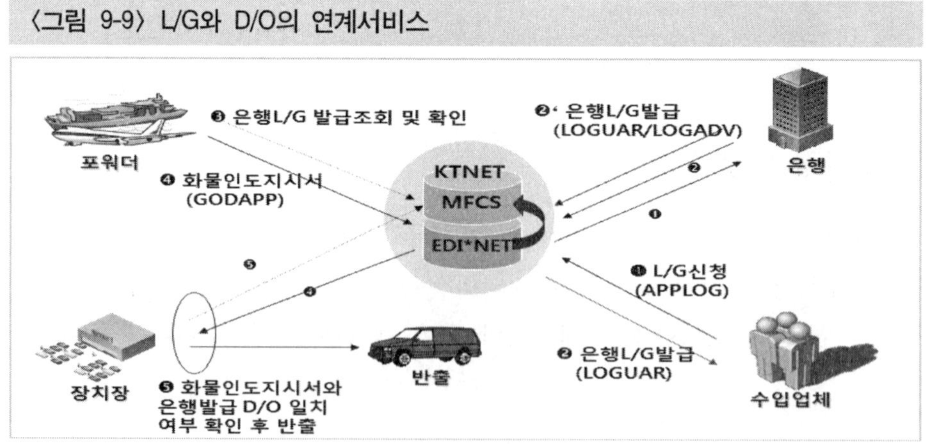

⑨무역통관 정보 서비스

수출입통관, 입출항, 환급, 통계 등의 수요가 많은 수출입기업 및 은행, 협회, 정부투자기관 등을 대상으로 수출입통관, 화물의 Data Base를 고객의 목적과 수요에 맞게 가공하여 서버간의 연계를 통해 FTP로 제공하는 맞춤형 전문 정보제공 서비스를 말한다.

〈그림 9-10〉 무역통관 정보 서비스

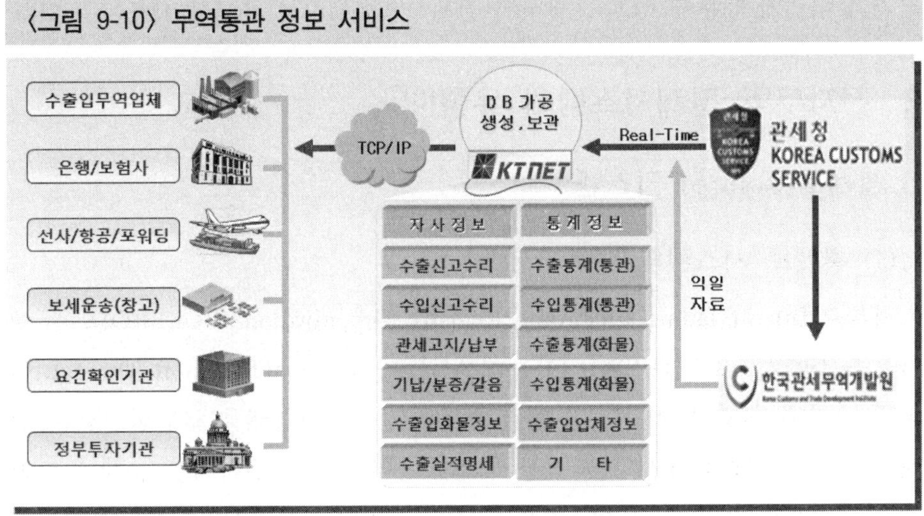

9.4 전자무역 결제시스템

1. 전자무역 결제시스템의 의의

무역거래 시 수출과 수입 공히 결제방식으로 사용해온 신용장에 의한 결제방식의 비중이 점차로 감소하고 송금방식으로 크게 증가[10]하고 있는 반면에,

10) 전체 수출형태별 결제 중 L/C방식이 1997년 43.1%에서 2007년 18.5% , 송금방식의

전자무역이 본격화 되면서 전자자금이체나 무역카드방식, 전자화폐 등의 전자결제시스템이 개발[11]되어 사용되고 있다.

전자결제란 물품이나 서비스의 대가를 전자적 수단을 통하여 지급 및 결제하는 것을 말한다. 일반적으로 지급은 경제주체 간 채권 및 채무 관계에서 지급을 행하는 행위를 의미하고 결제는 대금지급의 과정을 의미한다고 할 수 있다. 그러나 최근 지급수단 및 결제가 전자화되어 지급과 결제를 엄격히 구분하기가 어렵기 때문에 이를 포괄하여 결제시스템이라는 용어를 사용하고 있다.

2. 전자무역 결제시스템의 유형[12]

1) 볼레로(Bolero) 시스템

(1) 볼레로 시스템의 개념

볼레로(Bill of lading Electronic Registry Organization; BOLERO)는 국제금융통신망인 스위프트(SWIFT)와 해운동맹인 TTClub(Transport Through)이 공동 출자해 설립한 회사이다. 볼레로서비스는 선화증권을 포함한 무역관련 서류를 전자결제로 대체하는 것을 목표로 무역서류의 전자화를 통해 무역거래 당사자뿐만 아니라, 은행, 운송사 등을 지원하는 인터넷 기반의 무역결제 네트워크이다. 볼레로넷의 서비스는 인터넷을 통해 수출업체와 해운회사로부터 관련 무역서류를 표준화한 후 은행에 전송함으로써 거래하는 방식을 사용하고 있다.

또한 대금결제는 거래은행간 SWIFT를 통해 이뤄진다. 기존의 모든 절차를 유지하면서 종이서류를 전자서류로 대체하는 것이지만 국제적으로 표준화된 서류를 인터넷으로 전송한다는 점이 다르다. 볼레로는 중립적인 제3자로서 전자 선화증권 배서의 연속성을 보장하며 거래의 보안성과 인증된 정보교환,

---

경우 1997년 이후 29.3%에서 2007년 57.4% : 한국무역협회 무역통계 결제형태별 수출입 자료에서 발췌

11) 무역아카데미, 무역실무개요, 전게서, p.103

12) 전자무역, 전게서, pp.123-130.

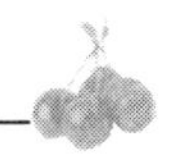

서류교환 제공이 핵심을 이루고 있으며, 법적기반에서 사용자들의 충돌을 예방하고 조정하는 역할을 담당한다.

〈그림 9-11〉 볼레로 서비스 개요

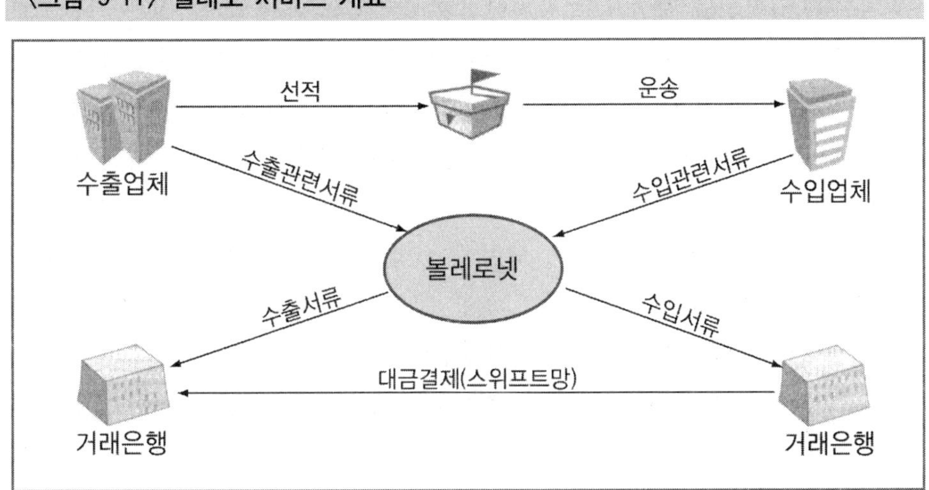

자료 : 전자무역, 전계서, p.124

(2) 볼레로 결제솔루션(SURF)

볼레로는 SURF(Settlement Utility for Managing Risk and Finance)라는 새로운 결제솔루션을 개발하였다. 이것은 볼레로를 기반으로 하여 수출자와 수입자간 지급확약이 포함된 선적서류(상업송장, 포장명세서, 선화증권 등)의 교환을 관리함으로써 자동화된 무역결제과정을 수행하는 서비스이다.

SURF는 무역서류의 자동일치를 보장하고 서류결제와 관련된 일련의 흐름을 관리하는 시스템이다. 수출자가 선화증권을 포함한 무역서류를 전송하면 이 시스템은 서류일치를 체크하고 이상이 없으면 보증은행 또는 구매자에게 결제를 요구한다. 결제가 이뤄지면 선화증권을 포함한 무역서류가 이를 통해 구매자에게 전송된다. 은행과 기업간 또는 은행과 은행간의 자금이체는 기존의 방식대로 이뤄진다. 전자무역에는 전자서류의 확인과 전송이 무엇보다 중요한 만큼 이를 각 은행에 맡기기보다 SURF가 대신해 주는 것이다.

2) 트레이드 카드시스템(Trade Card System)

(1) Trade Card의 개념

Trade Card란 글로벌 전자상거래에서 기업간 무역대금결제를 인터넷상에서 서류의 일치성을 자동으로 점검하고 대금지급을 이행할 수 있는 기반으로 세계무역센터협회(WTCA)등이 개발한 전자무역결제 카드시스템으로서 일종의 무역결제용 솔루션이다. 다국적 은행、물류업체들이 선도하는 볼레로와는 달리 Trade card는 미국의 신용카드、정보기술업계를 이용한 무역결제 서비스이다.Trade Card는 신용장방식과 다른 새로운 지급결제시스템을 제공하여 수입업체와 수출업체, 금융기관, 보험회사 및 화물운송업체를 연결, 수출입계약에서부터 선적서류의 전자전송은 물론 무역금융 및 보험, 대금결제 등을 포괄하는 자동화시스템임과 동시에 전자무역서비스라고 할 수 있다.

Trade Card는 화환신용장거래가 서류점검에 따르는 불일치와 이러한 하자를 수정하고 보증하는데 비용과 시간이 크게 증가하는 전통적인 신용장중심의 무역거래방식에서 탈피, 수출입서류의 전송과 대금결제방법을 전자화하고 무역서류의 전자화 및 서류 점검절차의 자동화를 구현하였다.

(2) Trade Card시스템의 거래절차

Trade Card의 국제간 금융결제는 은행간 전자결제시스템인 ACH (Automatic Clearing House)와 미국계 은행과 연계하여 결제를 해결하고 있다. 은행의 역할은 수입자의 계좌에서 출금하여 수출자의 계좌에 입금함으로써Trade Card 시스템의 핵심 결제기능을 제공한다.

신용장을 사용하지 않기 때문에 지급 확약은 신용보험회사가 담당하면서 전 거래과정이 보험으로 처리돼 수출입대금의 미회수 염려가 전혀 없다. 거래방법도 수출입 오퍼 및 인콰이어리만을 웹상에서 교환하고 나머지 과정은 기존 무역방식을 사용하는데 반해 신용장 개설 등의 과정은 생략된다. 수입업체는 수입신용장을 개설하지 않고 거래은행으로부터 신용한도만 받으면 된다. 그 다음 물품주문서를 트레이드카드로 보내면 은행으로부터 신용을 확인한 다음 수출업체에 전달한다. 수출업체의 경우 은행을 거치지 않고Trade Card

로 관련 서류를 전송하면 전송된 서류를 심사, 수입업체 거래은행에 대금지급을 요청하면 결제가 이뤄진다.

이후 수출업자는 자신의 거래은행으로부터 대금을 지급받으며, 수입업자는 운송인으로부터 물품을 인도 받는다. 만일 수입상의 거래은행에 자금이 입금되지 않는 경우 지급보증기관은 수입업자를 대신하여 대금을 입금한다.

〈그림 9-12〉 Trade Card의 무역거래절차

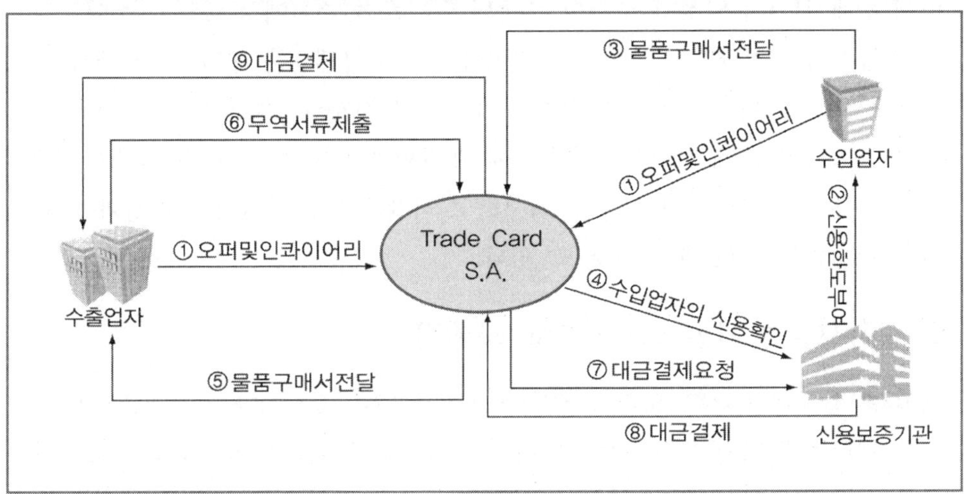

자료 : 전자무역, 전게서, p.130

9.5 전자무역 관련법규

1. 전자무역관련 국제규범[13)]

1) 전자상거래에 관한 UNCITRAL 모델법

전자문서방식에 의한 국제거래가 점차 보편화됨에 따라서 UN국제상거래

13) 이상진, 전자무역, 도서출판 두남, 2007.8.17, pp.329-349.

법위원회(United Nations Commission on International Trade Law : UNCITRAL)는 EDI 및 관련 통신수단의 법적 측면에 관한 모델법 초안(Draft Model Law on legal Aspects of Electronic Data Interchange(EDI) and Related Means of Communication)을 마련하고 논의를 거듭한 끝에 1996년 제29차 회의에서 "전자상거래에 관한 UNCITRAL 모델법(UNCITRAL Model Law on electronic Commerce)"을 채택하였다.

이 모델법의 요지는 EDI, 전자우편 등에 의하여 발생하는 전자문서도 개개의 경우에 있어서 일정한 조건이 충족되면 법률적 측면에서 종래의 종이문서와 마찬가지로 취급하여야 한다는 것이다. 즉 이 모델법은 전자상거래에 관한 국제적으로 승인될 수 있는 법원칙을 제시하고 전자상거래에 따른 법적인 장애와 불명확성을 제거한다는 취지하에 제정되었다. 아울러 관련 국제협약에 대한 유용하나 해석상의 기준을 제시하고 국제거래에 있어서 경제성과 효율성을 촉진하는 것에 목적을 두고 있다.

2) 전자서명에 관한 UNCITRAL 모델법

전자서명에 관한 UNCITRAL 모델법(UNCITRAL Model Law on Electronic Signatures)은 전자서명에 관한 법규범을 정비함에 있어서 국제적인 통일성을 확보하기 위한 의도로 2001년 제34차 회의를 통해 마련되었다. 동 모델법은 순수한 상거래 관계에서 사용되는 전자서명에 관하여 그 적용범위를 두고 있을 뿐만 아니라 소비자의 보호를 목적으로 하는 어떠한 법규범에도 우선하지 않는다는 규정을 둠으로써 UNCITRAL 모델법과 그 적용범위 및 취지를 같이하고 있다.

동 모델법은 외국에서 발행된 증명서와 전자서명의 요건에 관하여 전자서명에 관한 법률을 두고 있는 국가 간의 상호 형평을 고려하고 있는데, 즉 외국인증기관이 국내인증기관과 동일한 수준의 신뢰성이 있을 경우에는 국내에서 발행된 인증서와 같은 효력이 있다고 규정하고 있다.

3) ICC의 GUIDEC(디지털로 보장되는 국제상거래의 일반관례)

ICC는 전자상거래의 법적측면과 인증기관의 설립에 관한 국제적인 가이드

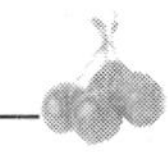

라인의 필요에 따라 그 원칙을 세우고 전자서명의 국제인증에 관한 통일관행 시안을 마련하였다. 그 후 ICC 실무작업반을 토의과정에서 "보장(ensure)"이라는 개념을 추가하여 명칭도 "디지털로 보장되는 국제상거래의 일반관례 "(General Usage for International Digitally Ensured Commerce : GUIDEC)"로 대체하였다.

GUIDEC 기본방침은 안전한 전자상거래의 보장을 위한 제도적 기반의 조성, 전자서명을 통한 인증 및 증명방법에 대한 법률상의 원칙확립, 신뢰할 수 있는 '보장 및 인증시스템'의 개발 촉진, 전자문서의 신뢰성과 사용자 보호, 기존 정책、법률、상관행과 보장시스템간의 조화, 새로 등장하는 보장시스템에 있어서 참가자의 책임관계 명확화, 전자상거래에 있어 신뢰성 제고를 위한 유용한 기준을 전 세계적으로 널리 홍보 등에 두고 있다.

4) 전자적 제기를 위한 신용장 통일규칙 보칙

국제무역거래에 신용장의 전자화와 관련해서 ICC에서는 '화환신용장 통일규칙 및 관례'(Uniform Customs and Practice for Documentary Credits : UCP)에서 이미 전송의 개념을 도입하여 신용장의 전자적 교환이 가능할 수 있도록 규정하고 있다. 또한 실무적으로도 SWIFT를 이용한 신용장 데이터의 송신서비스가 활발히 이용되고 있다. 종이문서에 기반을 둔 국제상거래 관행이 점차 전자문서를 통해 대체되고 있음에 따라 ICC에서는 기존의 UCP규정을 보충할 필요성이 부각되어 '전자적 제시'(electronic presentations)라는 문제를 UCP에 결부하기 위한 논의가 진행되었다.

그결과 2001년 '전자적 제시를 위한 신용장 통일규칙 보칙' (Supplement to UCP 600 for electronic presentations : eUCP)이 제정되어 2002년 4월1일 부로 시행되고 있다.

eUCP는 보칙의 명칭에서와 같이 UCP의 종속적 보충규정이기 때문에 eUCP가 UCP를 대체할 수는 없고, 또한 eUCP는 완전히 전자적으로 제시되거나 또는 종이문서와 전자적 제시를 혼용할 수 있도록 규정하고 있다.

eUCP는 총 12조의 많지 않은 조항으로 이루어져 있고, 각 조는 UCP와의 혼동을 막기 위하여 "e"자를 붙여놓았다.

eUCP는 UCP의 전면개정이 아니며 보칙 일 뿐이다. 이는 어디까지나 신용장거래에서 종이문서에 해당하는 전자적 기록이 전자적으로 제시되는 것에 한하여 적용할 수 있도록 허용한 신용장통일규칙의 특별한 형태로 보아야한다. 그러므로 eUCP에는 UCP처럼 많은 조항들을 가지고 있을 필요가 없다. 따라서 전자적 제시라는 변화에 따라 기존 UCP에서와는 달리 의미가 조정되어야 할 용어들을 재정의하고, 전자적 제시와 관련하여 전자기록의 형태와 관련된 문제, 은행이 영업을 하고 있으면서도 전산시스템이 전자기록을 수신할 수 없는 경우 전자기록의 거절통지 문제, 전자기록의 원본문서 문제, 컴퓨터 바이러스 등에 의한 오염된 전자기록의 문제 등을 중심으로 다루고 있다.

5) 전자선화증권에 관한 CMI 통일규칙

전자 선화증권을 선화증권과 동일한 기능을 갖는 대체수단으로 활용하는데 있어서 핵심문제는 권리증권 또는 유통증권으로서의 법적 성격이나 효과를 어떻게 EDI문서에서도 유지시킬 수 있느냐 하는 것이다. 이러한 선화증권의 전자화를 위해 국제해사위원회(CMI : Committee Maritime International)는 1990년의 국제회의에서 '전자선하증권에 관한 CMI통일규칙'을 채택하게 되었다.

CMI 통일규칙은 기존의 EDI 거래 당사자 간 계약접근방식의 결함을 보완하는 한편, EDI거래를 법적으로 인정하지 않는 사법권에서 당사자 간의 합의에 의해 EDI 거래에 대한 법적효력을 용이하게 해 주는 수단을 제공할 목적으로 제정된 것이다. 따라서 CMI 통일규칙은 종래의 서류에 의한 거래방식도 가능하도록 하고 있다.

이 규칙에서 운송물의 지배 및 처분권의 이전에 관해 규정하고 있는 제7조의 내용은 전자식 데이터에 법적인 효력을 인정하는 것을 전제로 한 규정이라고 볼 수 있다. 선화증권이 발행되는 경우에 전자식 방법을 이용하는 경우에는 권리이전에 대한 통지와 승인에 관한 합의가 즉각적으로 이루어질 수 있으므로, 각각의 운송물에 대한 권리를 이전할 때마다 운송인의 통지수령과 양도합의가 있는 한, 더 이상 권리증권이나 그 권리증권에 대한 배서 행위가 필요없게 하는 규정을 놓고 있다.

따라서 운송계약의 당사자간에 EDI 방식에 의한 거래의 합의가 있을 경우에는 전통적 선화증권은 EDI 시스템을 이용한 화물수령 통지문으로 대체되고, 선화증권의 발행과 그 물리적 이전에 의존하지 않고도 선화증권의 배서에 의하여 얻을 수 있는 것과 유사한 효과를 가질 수 있다.

2. 전자무역관련 국내법률

1) 전자무역 촉진에 관한 법률

(1) 개정배경

1991년 12월에 「무역업무자동화촉진에 관한 법률」을 제정하였고, 1994년 무역자동화서비스를 개통하어 이후 상역ㆍ외환ㆍ통관ㆍ관세환급ㆍ물류부문 서비스 및 통관관련 DB서비스로 확대하였다. 그러나 인터넷의 확산과 초고속 통신망의 구축 등 국내 전자무역의 기반이 조성되고, UNCITRALㆍICC 등 국제기구의 동향에 따라 2000년 대외무역법을 개정하여 전자무역 관련 규정을 처음으로 마련한바 있다. 또한 국내 무역전문 e-MP의 출현과 Bolero, TradeCard 등 해외 전자무역기업의 국내진출로 민간부문에서의 전자무역이 시도되었다.

이러한 배경 하에 2003년 8월 정부혁신ㆍ지방분권위원회는 전자정부 로드맵 과제 일환으로 '전자무역서비스'를 채택하고, 국가전자무역위원회에서도 전자무역서비스를 실현하기위해 각 부처별 무역관련 인프라를 효과적으로 연계할 필요성 대하여 공감하였다.

또한 무역자동화법 제정이후 부문별 자동화는 상당부분 성과를 거두었으나, 무역절차의 신속화와 획기적인 비용절감을 위해서는 무역업무 전반을 혁신할 필요가 있다. 그 이유는 현재 무역절차 중 일부에 대하여만 On-line 업무가 가능하여, Off-line업무는 전자문서를 다시 종이로 출력해야 하므로 비용절감에 장애요인이 되고 있기 때문이다.

따라서 무역업무자동화 촉진에 관한 법률은 전자무역 촉진에 관한 법률로 2005년 12월 국회를 통과하여 2006년 6월 23일부로 그 법률 명칭을 변경하여 효력이 발생되고, 동 법률이 규정하고 있는 기반사업자의 지정과 각종 지원제

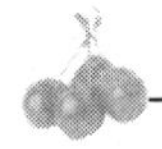

도가 시행되고 있다.

(2) 개정의 주요 방향과 방식

① 개정의 주요 방향

VAN을 통한 EDI위주의 '무역업무자동화'에서 인터넷을 통한 무역업무까지 포괄하는 '전자무역'으로 개념을 확대하고, 대외무역법과 "무역거래 기반 조성에 관한 법률"에 규정되어 있는 전자무역관련 내용을 개정법으로 이관하여 전자무역 관련 내용을 총괄한다.

또한 무역업무별로 단절된 상태의 온라인화에서 무역업무 전반을 단절 없이 전자적으로 처리할 수 있는 온라인화를 위하여 전자무역플랫폼을 구축하고 있는데, 이를 위해 전자무역기반시설과 기반사업에 관한 규정을 두고 있다.

아울러 무역업체 입장에서 모든 무역절차가 전자적으로 진행되도록, 법의 적용범위를 현행 상역、외환에서 마케팅、통관、물류、결제까지 확대하였다.

② 개정방식

현행법의 주요 개념과 제도인 '무역업무자동화'와 '무역업무자동화사업자제도'를 '전자무역'과 '전자무역기반사업자제도'로 개정하는 새로운 법의 제정이 아닌 전문개정의 방식을 채택하였다.

한편 '무역업무자동화'란 무역과정에서 서류를 수작업에 의해 제출하던 것을 EDI에 의해 전자문서로 제출할 수 있도록 하는 것에 주안점을 둔 개념인데 반하여, '전자무역'이란 EDI뿐만 아니라 인터넷을 통한 전자문서의 제출도 포함하므로 무역업무자동화를 포함하는 매우 포괄적인 개념이다. 따라서 인터넷 기반의 전자무역플랫폼을 통해 모든 무역절차가 연계되는 것까지 적용되어야 하는 개정법에 있어서는 무역업무자동화보다 포괄적 개념을 근간으로 하게 되고, 그에 따라 법명도 "전자무역촉진에 관한 법률"로 개정하였다.

(3) 전자무역촉진법의 주요내용

① 전자무역의 개념 반영

「무역업무자동화」란 무역과정에서 서류를 수작업에 의해 제출하던 것을

EDI에 의해 표준화된 전자문서로 제출할 수 있도록 하는 것을 말한다. 무역업무자동화의 경우 상역·외환·통관·물류 등의 부문별 무역절차에서 요구되는 수출입승인서·수출입신고서 등을 VAN 중계사업자를 통해 1:1로 제출하는 것이다. 그러나 전자무역은 EDI뿐만 아니라 인터넷을 통한 전자문서의 제출도 포함하므로 무역업무자동화를 포함하는 보다 포괄적인 개념이다. 특히, 인터넷 기반의 전자무역플렛폼을 통해 모든 무역절차가 단절없이 N:N 연계 네트워킹으로 이루어지는 것을 포함한다.

따라서 촉진법에서는 '무역업무자동화'라는 개념을 '전자무역'이라는 개념으로 대체하고, 현행 대외무역법상의 '전자무역'에 관한 정의와 기본적으로 같은 취지를 담고 있으나, 전자거래기본법상의 전자거래에 관한 정의를 본받아 '정보통신망을 통하여 처리되는 거래'라는 표현 대신 '전자문서에 의하여 처리되는 거래'라는 표현을 사용하였다. 여기서 '전자문서'는 전자거래기본법의 정의규정(제2조 제1호 : 전자문서라 함은 정보처리시스템에 의하여 전자적 형태로 작성, 송신·수신 또는 저장된 정보를 말한다)에 따라 널리 전자적 형태의 모든 정보를 뜻한다.

〈표 9-4〉 무역업무자동화와 전자무역과의 비교

무역업무자동화망	전자무역플렛폼
* 종이서류를 VAN중계사업자(KTNET)를 통해 전자적으로 교환 * 1 : 1 네트워킹으로 기관 간 연계의 한계로, 전자문서서의 반복제출 및 일부 오프라인 문서제출	* 전자무역플렛폼을 통해 One-Stop 처리 * N : N기반 연계네트워킹으로 단절없는 무역업무처리로 전자문서서의 유통성 확보로 반복제출을 방지 할 수 있다.

자료 : 전자무역포럼, 한국무역협회 주최, 2006.11.28자료 일부 수정함.

따라서 촉진법에서는 '무역업무자동화'라는 개념을 '전자무역'이라는 개념으로 대체하고, 현행 대외무역법상의 '전자무역'에 관한 정의와 기본적으로 같은 취지를 담고 있으나, 전자거래기본법상의 전자거래에 관한 정의를 본받아 '정보통신망을 통하여 처리되는 거래'라는 표현 대신 '전자문서에 의하여 처리되는 거래'라는 표현을 사용하였다. 여기서 '전자문서'는 전자거래기본법의 정의규정(제2조 제1호 : 전자문서라 함은 정보처리시스템에 의하여 전자적 형태로 작성, 송신ㆍ수신 또는 저장된 정보를 말한다)에 따라 널리 전자적 형태의 모든 정보를 뜻한다.

② 전자무역과 전자거래의 관계

전자무역은 인터넷 등의 정보통신망을 통해 무역절차가 이루어지는 것을 말하며, 전자거래는 인터넷 등의 정보통신망을 통해 재화나 용역의 거래가 이루어지는 것을 말한다. 따라서 전자문서를 이용하여 인터넷 등의 정보통신망을 통해 재화와 용역을 거래한다는 점은 동일하다. 그러나 전자거래는 국내거래와 국경을 넘는 거래 모두가 포함하지만 전자무역은 국경을 넘는 거래만 해당하고, 거래절차가 아닌 외환ㆍ상역ㆍ통관절차가 포함되며, 증여에 의한 물품 등의 이동도 포함한다. 국경을 넘는 거래인 경우 전자거래 및 전자무역 모두에 해당하나, 전자무역촉진법이 전자거래기본법의 특별법에 해당하므로 우선적으로 적용된다.

③ 법적용 범위의 확대

전자무역촉진법이 상역ㆍ외환뿐 아니라 통관ㆍ물류ㆍ결제 등 모든 무역절차에 거친 업무개선 및 단절 없는 전자무역이 이루어지도록 해야 하므로 무역관련 법령과 무역유관기관의 범위를 확대하였다.

이에 촉진법에서는 "무역업자"에 대한 정의규정에 포함된 "무역관련법령 등"의 예시에 외국환거래법령과 관세법령을 명시적으로 규정하고, "무역유관기관"의 정의규정은 '무역관련법령 등'의 개념을 전제로 하고 있을 뿐만 아니라, '역무를 제공하거나'와 신고의 수리' 등 어구를 첨가하여 그 포괄범위를 확대하고 있다.

④ 전자무역기반시설 및 기반사업자에 대한 규정

무역업체가 개별적으로 전자무역을 수행하려면 수출입유관기관, 물류업체,

금융기관 등과 직접 시스템 연계를 해야 한다. 이는 막대한 투자비용이 소요되는 것으로 전자무역기반시설을 통해 무역유관기관과 연계서비스를 제공하면 투자비용 절감이 가능하다. 또한 무역자동화망을 통한 무역유관기관간 연계로 반복제출을 방지하고 무역절차의 간소화를 달성할 수 있다.

한편 인터넷을 통해 전자무역문서를 송、수신할 경우 VAN/EDI보다 보안이 취약하여 당사자、내용、송수신시점 등에 대하여 증명할 수 있는 '신뢰할 수 있는 제3자'(TTP: Trusted Third Party)에 의한 중계 및 보관이 필요하다. 전자무역문서가 기반시설을 통해 유통된 경우에도 종이서류가 유통된 것과 동일한 수준의 안전성과 법적 효력을 인정하고 있다.

이러한 전자무역기반사업자의 업무는 기반사업자만 할 수 있는 전담업무와 기반사업자와 민간기업 모두가 할 수 있는 개방된 업무로 구분한다. 전담업무는 TTP로서 수행하는 업무로 기반사업자의 전문성과 신뢰성을 바탕으로 법적 효과가 인정되는 업무로서 전자무역문서 중계, 무역유관기관과 연계, 전자무역문서 보관 및 증명업무이다.

개방업무는 전자무역이 활성화될 수 있도록 지원하는 업무로서 전자무역서비스의 수준을 향상시키기 위해 민간기업과 경쟁이 필요하다. 그 업무로서 전자무역서비스사업자 지원, 글로벌 전자무역 네트워크와 연계, 전자무역문서의 표준화에 관한 연구, 무역정보 D/B의 구축 및 보급, 전자무역 관련 기술개발 및 보급 업무이다.

⑤ 전자무역문서의 전자무역기반시설 이용 의무화

전자무역플렛폼이 단절없는 전자무역서비스를 제공하려면 대부분의 무역유관기관과 연계되고, 다수의 무역업자가 이용하여 네트워크 효과의 임계점을 넘을 때 가능하다. 일정 규모까지 무역유관기관과 무역업자의 전자무역플렛폼에 대한 수요를 창출하기 위해서는 법적으로 지원하는 것이 필수적이다. 또한 전자무역플렛폼이 무역업자와 무역유관기관 간에 전자무역문서의 내용의 동일성, 송수신 여부, 당사자 등에 대한 증명기능을 수행하려면 사후 보관이 아닌 중계가 이루어져야 한다. 아울러 공공기관의 전자무역 업무는 안전성과 신뢰성이 더욱 강하게 요구되므로 기반사업자를 통해 이를 보장해야 한다.

이러한 취지를 감안하여 촉진법에서는 이용의무화 대상 업무와 문서를 규정하고 이용 의무화가 어려운 경우 차선책으로 '연계'를 의무화하고 있다. 구체적으로 나열하면 신용장 통지업무, 수입화물선취보증서 발급업무, 내국신용장 개설업무, 수출입요건확인서 발급업무, 구매확인서 발급업무, 원산지증명서 발급업무, 해상적하보험 증권 발급업무, 화물인도지시서 발급업무이다. 다만 수출입신고필증과 세관장이 발급하는 원산지증명서는 전자무역기반사업자의 업무와 연계될 수 있도록 하고 있다.

⑥ 전자무역기반사업자와 무역유관기관과의 연계

전자무역기반시설이 TTP로서의 역할을 그대로 수행하도록 하기 위해서는 무역유관기관이 기반시설의 중계를 거치도록 의무화하는 것이 가장 바람직하나, 예외적인 경우가 있을 수 있다. 그러나 이 경우에도 최소한 사후적인 '연계'를 통해 필요한 모든 정보가 기반시설에 통합되어 전자무역기반시설의 본연의 역할이 원활하게 수행될 수 있도록 뒷받침할 필요가 있으므로, "대통령이 정하는 바에 따라 전자무역문서의 전부 또는 일부를 기반사업자에게 전송하여 기반사업자가 수행하는 전자무역문서의 중계、보관 등의 업무와 연계될 수 있도록 의무를 부과하고 있다.

⑦ 전자무역기반사업자의 중계 · 보관 · 증명의 효력

중계의 효력은 무역업자、무역유관기과 등이 전자무역기반사업자를 통하여 법령에서 정한 신청이나 승인 등을 한 경우에는 관련 법령에서 정한 절차에 의해 처리된 것으로 간주한다. 즉, 전자무역을 활성화하기 위해 기반사업자가 전자무역문서를 중계한 경우 Off-line 절차와 동일한 법적 효력을 부여한다.

보관의 효력은 무역업자、무역유관기관에게 문서보관 의무가 있는 경우, 당해 문서를 기반사업자에게 전자문서로 보관하면 의무를 준수한 것으로 간주한다. 기반사업자은 전자문서 보관에 있어 안전성, 전문성을 가진 TTP이므로, 문서보관 업무를 대행하여 보관에 따른 무역업자 등의 비용과 리스크를

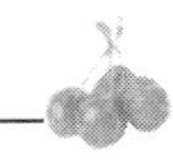

절감하는 효과가 있다.

증명의 효력은 기반사업자가 전자문서를 중계한 경우, 전자문서의 내용·시점·당사자 등에 대한 증명을 하고 이에 대해 법적 증명력(내용의 진정성 추정)을 부여함으로써, 전자무역문서 이용자의 법적 안정성을 보장하고 전자무역기반사업자를 통한 전자무역문서 이용의 활성화를 유도한다.

⑧ 전자무역문서의 표준화

현재 전자문서 표준은 EDI전자문서가 1,585종, XML전자문서가 85종이며, 한국전자문서교환위원회에 제출하여 국가표준으로 제정된 것이 EDI 155종, XML이 31종에 이른다. 이러한 전자문서 표준화는 한국전자문서교환위원회가 주관하나, 전자무역문서에 대한 표준화는 전자무역종합계획 및 기반사업자의 업무수행에 필수적 내용이므로 표준화 절차에 대한 체계화가 필요하다. 따라서 촉진법에서는 전자무역문서의 표준화 절차에 대한 규정을 대통령으로 정하여 고시도록 하였다.

⑨ 전자무역문서 제출시 첨부서류의 전자화

무역업무의 서류제출을 On-line화함에 있어 신청서는 전자문서로 제출할 수 있지만 첨부서류를 전자문서로 제출할 수 없는 경우가 빈번하여 전자무역 활성화에 장애요인으로 작용하고 있다. 이를 해결하는 방안으로 촉진법에서 제시하고 있다. 첫째 생략으로 첨부서류가 다른 기관을 통해 검증되는 서류인 경우, 전자무역문서로 신청서 등을 제출하면 첨부서류의 제출을 면제하는 방법이다.

둘째 신청서에 통합하는 방법이다. 첨부서류의 내용이 단순한 경우, 전자무역문서로 된 신청서에 해당내용이 포함되도록 신청양식을 변경하는 방법이다. 이는 촉진법에 규정하지 않았지만 사실상 행정절차 간소화라는 차원에서 각 행정절차별로 관련 규정 등을 손질할 필요가 있다.

셋째 표준화된 전자무역문서를 첨부하는 방법이다. 첨부서류가 표준화된 전자무역문서인 경우 이를 '전자문서'형태대로 첨부하여 제출할 수 있도록 하는 방식이다.

마지막으로 전자사본에 의한 제출이다. 첨부서류가 종이문서로 이미 작성된 경우, 위・변조가 불가능한 방식으로 스캔 등을 통해 전자문서로 제작하여 제출할 수 있도록 하는 방식이다. 위조가능성의 문제가 발생할 여지가 있으나 첨부서류의 중요성 등을 감안하여 경우에 따라 신청인의 전자서명을 전제로, 이 방식을 채택하는 것을 긍정적으로 고려할 수 있다.

⑩ 전자무역전문서비스업자의 지원

현행 대외무역법상의 '전자무역중개기관' 지정 및 지원에 관한 제도를 전자무역촉진에 반영하였다. 다만, 그 명칭. 역할 등을 수정하여 전자무역 프로세스 가운데 특정분야에 한정하여 서비스를 제공할 수 있는 전문사업자를 선정하여 지원하고자 하는 법 취지를 명확히 하였다.

2) 전자거래기본법

전자거래기본법은 UNCITRAL 모델법의 입법례를 토대로 마련되어 1999년 발효된 이래 전자거래에 대한 기본법으로써 전자거래의 법률관계를 규율하고 전자거래의 안전성을 확보하기 위한 법적 기틀을 마련함으로써 전자거래의 활성화와 기반조성에 기여한 법률로서 평가된다.

동법은 전자문서에 의하여 이루어지는 모든 거래에 대하여 적용함으로써 전자거래의 주체를 총체적으로 망라하고 있다. 또한 전자문서 및 전자서명에 대한 효력을 부여함과 동시에 전자문서의 법률관계를 정립하여 전자거래의 활성화를 위한 법적 장애를 제거하고 전자거래에 대하여 전통적 상행위와 동일한 수준의 법적 효력을 부여하고 있다. 아울러 전자거래 이용자가 상호 신뢰하고 안전하게 전자거래에 임할 수 있도록 민간 자율적 전자거래를 촉진하고 있다는 차원에서 동 법률의 의의를 찾아 볼 수 있다.

3) 전자서명법

전자서명법의 전자문서의 안전성과 신뢰성을 확보하고 그 이용을 활성화하기 위하여 전자서명에 관한 기본적 사항을 정함으로써 국민사회의 정보화를

촉진하고 국민 생활의 편익을 증진함을 목적으로 두고 있다.

전자서명법은 전자거래기본법과 같이 1999년 7월1일 부로 시행되었으나 전자서명에 관한 기술 중립적 접근방식을 채택하지 않고, 주요 국제기구 및 선진국들의 최근 입법동향을 반영하지 못하고 있다는 지적에 따라 2001년12월31일 일부개정을 통해 2002년4월1일 부로 시행되고 있다. 일례로 개정 전에 전자서명을 '비대칭 암호화방식'에 제한하였던 규정을 "서명자를 확인하고 서명자가 당해 전자문서에 서명을 하였음을 나타내는데 이용하기 위하여 당해 전자문세에 첨부되거나 논리적으로 결합된 전자적 형태의 정보를 말한다."라고 개정하였다. 따라서 향후 '생체인식 전자서명(biometric signature) 등 다양한 전자서명기술을 수용할 수 있도록 그 개념을 확대하고 있다. 이는 UNCITRAL 전자서명 모델법 등에서 취하고 있는 소위 기술 중립주의를 반영한 결과이다.

찾아보기

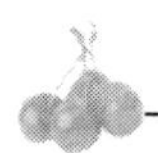

A

B

C

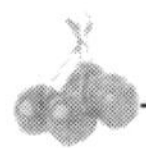

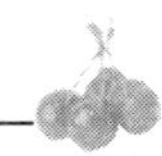

‖ U ‖

‖ V ‖

‖ W ‖

‖ X ‖

■ 저자약력

황 호 만

- 전북대학교 상과대학 무역학과(상학사)
- 전북대학교 대학원 무역학과(경제학 박사)
- California University for Advanced Studies(경영학 박사)
- University of Pujet Sound 객원교수
- 한국항만경제학회 회장
- 한국무역학회 부회장
- 한국관세학회 부회장
- 군산대학교 사회과학대학 무역학과 교수(현재)

인 지

무역학개론

초 판 1쇄 발행 —— 2011년 8월 25일
초 판 2쇄 발행 —— 2013년 1월 30일
지은이 —— 황 호 만
펴낸이 —— 전 두 표
펴낸데 —— 도서출판 두남
서울시 강동구 성내 1동 455-12 두남빌딩
신고 : 제25100-1988-9호
(구 제2-624호, 1988. 7. 21)
TEL : (02) 478-2065, 2066, 2067, 2311
FAX : (02) 478-2068
E-mail : dunam1@unitel.co.kr
http://www.dunam.co.kr

정가 24,000원

ISBN 978-89-6414-238-7 93320